Álvaro Zimmermann Aranha
Manoel Benedito Rodrigues

(Os autores são Professores do Colégio Bandeirantes de São Paulo)

Exercícios de Matemática – vol. 1
Revisão de 1º grau

site: http://editorapolicarpo.com.br

e – mail: contato@editorapolicarpo.com.br

telefone: (11) 3284 – 8916 ou (11) 3288 – 0895

Editoração Eletrônica:
Prepress Editorial e Gráfica LTDA.

**Dados Internacionais de Catalogação,
na Publicação (CIP)
(Câmara Brasileira do Livro, SP, Brasil)**

Aranha, Álvaro Zimmermann. Rodrigues, Manoel Benedito

Matemática / Álvaro Zimmermann Aranha, Manoel Benedito Rodrigues. - São Paulo: Editora Policarpo,

2ª Ed. - 1994
ISBN: 978-85-87592-05-7

1. Matemática 2. Ensino Médio 3. Problemas, exercícios

I. Aranha, Álvaro Zimmermann II. Rodrigues, Manoel Benedito III.

94-4485   CDD-372.7076

Índices para catálogo sistemático:

Todos os direitos reservados à:
EDITORA POLICARPO LTDA
Rua: Dr. Rafael de Barros, 175 - Conj. 01
São Paulo - SP - CEP: 04003-041

Apresentação

Os livros da coleção **Exercícios de Matemática** apresentam forte intenção de oferecer aos estudantes de Matemática (do que é lecionado no Ensino Fundamental II e Ensino Médio) uma numerosa e abrangente lista de exercícios, todos com resposta, que foram elaborados e colocados em ordem tal que resultasse num crescimento extremamente suave do seu grau de dificuldade, isto é, desde os muito simples até aqueles exercícios e problemas mais complexos.

Para facilitar a utilização deste livro por alunos e professores, cada capítulo é formado por Resumos Teóricos, Exercícios, Exercícios de Fixação e Exercícios Suplementares.

Na parte que chamamos Exercícios, estão aqueles iniciais e básicos que, normalmente, são resolvidos em sala de aula; os Exercícios de Fixação têm a finalidade de fazer com que o aluno adquira uma razoável prática nos diversos tópicos estudados; em seguida, os Exercícios Suplementares, geralmente mais sofisticados, visam ampliar e aprofundar os conhecimentos obtidos anteriormente.

No final de cada volume desta coleção, o leitor encontrará uma seleção de testes e questões, recentes ou não, retirados dos principais exames vestibulares não só de São Paulo como de outros Estados brasileiros.

Desde já, agradecemos por eventuais comentários, críticas ou sugestões que nos sejam enviados pelos leitores deste trabalho, pois, para nós, terão grande importância e serão muito bem recebidos.

Índice

Capítulo 1 - Conjuntos — 7

- A – Introdução ... 9
- Exercícios ... 12
- B - Subconjunto ... 15
- C. Igualdade de Conjuntos ... 15
- D - Conjunto das Partes de um Conjunto ... 15
- E - Operações entre Conjuntos ... 17
- F - Conjuntos Numéricos ... 21
- G - Intervalos (subconjuntos notáveis de R) ... 24
- H - Produto Cartesiano ... 27
- Exercícios de Fixação ... 30
- Exercícios Suplementares ... 36

Capítulo 2 - Números — 39

- A - Introdução ... 41
- B - Números Naturais ... 47
- C - Números Inteiros ... 49
- Exercícios ... 54
- D - Números Racionais ... 57
- Exercícios de Fixação ... 66
- Exercícios Suplementares ... 72

Capítulo 3 - Potenciação — 77

- A - Potência de expoente natural ... 79
- B - Potência de expoente inteiro negativo ... 79
- C - Potência de expoente racional ... 79
- D - Potência de expoente irracional ... 80
- E - Potência de expoente real ... 80
- F - Propriedades das potências ... 80
- Exercícios ... 80
- Exercícios de Fixação ... 86
- Exercícios Suplementares ... 89

Capítulo 4 - Radiciação — 91

- A - Nomenclatura ... 93
- Exercícios ... 94

B - Módulo de um número real 94
C - Propriedades dos radicais 96
D - Operações com radicais 98
E - Racionalização de denominadores 100
Exercícios de Fixação *103*
Exercícios Suplementares *108*

Capítulo 5 - Cálculo Algébrico   111

A - Operações 113
Exercícios *114*
B - Produtos Notáveis 116
C - Fatoração 119
D - Frações Algébricas 125
Exercícios de Fixação *128*
Exercícios Suplementares *138*

Capítulo 6 - Equações e Sistemas   155

A – Equação do 1º grau 157
Exercícios *158*
B - Equação do 2º grau em R 160
C. Equação do Tipo $ax^{2n} + bx^n + c = 0$ 166
D. Equações Irracionais 168
E – Equações Fracionárias 170
F - Equações Literais 171
G - Sistemas de Equações 174
H – Radicais duplos 181
Exercícios de Fixação *182*
Exercícios Suplementares *195*

Capítulo 7 - Problemas   207

A - Problemas do 1º grau 209
Exercícios *212*
B - Razões e Proporções 213
C - Problemas do 2º Grau 221
Exercícios de Fixação *226*
Exercícios Suplementares *231*

Testes e Questões de Vestibulares   239

Respostas   291

Capítulo 1

Conjuntos

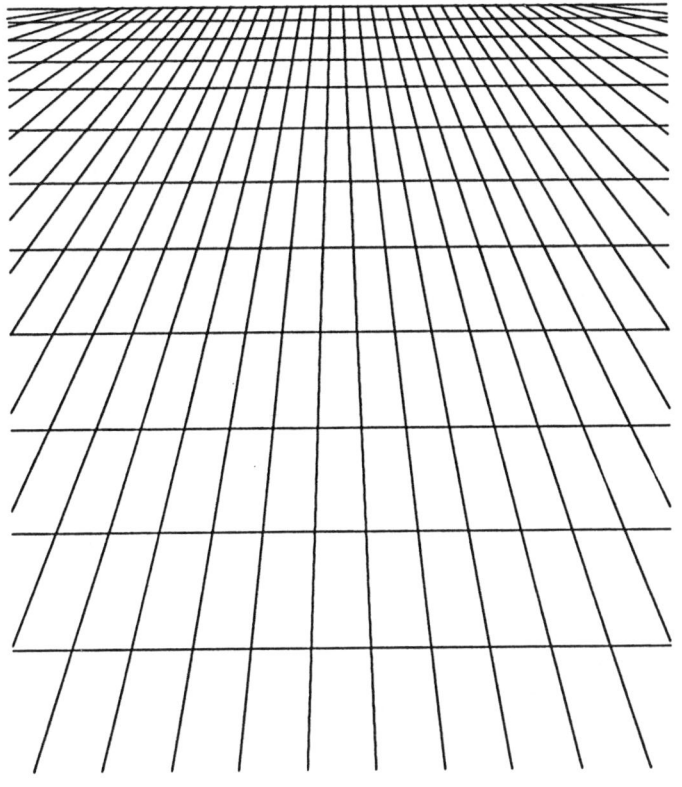

A – Introdução

Em Matemática, os conceitos de conjunto, elemento e pertinência são considerados primitivos, isto é, são aceitos sem definição.

Exemplos
Sejam os conjuntos

a) $A = \{1, 2, 4\}$
Seus elementos são 1, 2 e 4 e devem, sempre, estar colocados entre chaves.
Indicamos:
$1 \in A$ (1 pertence a A)
$2 \in A$ (2 pertence a A)
$4 \in A$ (4 pertence a A)
O conjunto A não tem, por exemplo, o elemento 3, e nesse caso, indicamos:
$3 \notin A$ (3 não pertence a A)

b) $B = \{2, 3, \{2\}, 5\}$
Os elementos de B são 2, 3, $\{2\}$, 5.
Note que $2 \neq \{2\}$, isto é, 2 e $\{2\}$ são elementos distintos de B.
A respeito de B, são corretas as afirmações:
$2 \in B \qquad 3 \in B \qquad \{2\} \in B \qquad 5 \in B$
$0 \notin B \qquad \{3\} \notin B$ (pois $\{3\}$ não é elemento de B)

A.1 - Determinação de um conjunto

Podemos determinar um conjunto de três modos:
a) Por enumeração
Isto é, enumerando os seus elementos

Exemplo
$A = \{1; 3; 5; 7; 9\}$
Os elementos devem estar, sempre, colocados entre chaves e separados por vírgula ou ponto e vírgula.

b) Através de uma propriedade
Isto é, o conjunto fica definido por uma propriedade a que todos os seus elementos satisfaçam.

Exemplo
B = conjunto dos divisores positivos de 20

Note que o conjunto B é finito, está perfeitamente determinado e pode também, ser representado por enumeração:
B = {1, 2, 4, 5, 10, 20}

c) **Graficamente - Diagrama de Venn-Euler**
Exemplo

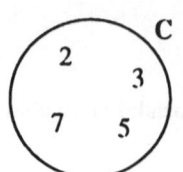

É evidente que o conjunto C também pode ser representado por enumeração:
C = {2, 3, 5, 7}
ou por uma propriedade:
C = conjunto dos números primos positivos e menores que dez.

A.2 - Resumo dos Símbolos Utilizados

$\in$ = pertence
$\notin$ = não pertence
$\forall$ = qualquer que seja
$\exists$ = existe = existe pelo menos um
$\nexists$ = não existe
$\exists |$ = existe um e somemte um = existe um único
$\wedge$ = e
$\vee$ = ou
$p \wedge q$ = conjunção das sentenças p e q
    *Obs: a conjunção $p \wedge q$ é verdadeira se **ambas** as proposições (p e q) forem verdadeiras.*
$p \vee q$ = disjunção das sentenças p e q
    *Obs: a disjunção $p \vee q$ é verdadeira se **pelo menos uma** das proposições (p ou q) for verdadeira.*
$|$ = tal que
$\Rightarrow$ = implica
$p \Rightarrow q$ = se p então q (relação de implicação)
$\Leftrightarrow$ = se e somente se
$p \Leftrightarrow q$ = p se e somente se q (relação de equivalência)
$\mathbb{N}$ = {0, 1, 2, 3, 4,...} = conjunto dos números naturais
$\mathbb{Z}$ = {..., – 4, –3, –2, –1, 0, 1, 2, 3,...} = conjunto dos números inteiros
$a < b$ = a é menor que b
$a \leq b$ = a é menor ou igual a b
$a > b$ = a é maior que b
$a \geq b$ = a é maior ou igual a b
$\varnothing$ = conjunto vazio

Exemplos de utilização dessa simbologia

a) $\exists\, x \in \mathbb{N} \mid 0 \cdot x = 2$
lê-se: existe um número natural x que multiplicado por 0 é igual a 2
(proposição falsa)

b) $\exists |\, x \in \mathbb{N} \mid$ (x é par) $\wedge$ (x é primo)
lê-se: existe um único número natural par e, ao mesmo tempo, primo
(proposição verdadeira: é o número 2)

c) $A = \{\, x \in \mathbb{Z} \mid x$ é múltiplo de 3$\}$
lê-se: conjunto A formado pelos números inteiros que são múltiplos de 3.
Note que o conjunto $A = \{..., -6, -3, 0, 3, 6, 9, ...\}$ é infinito.

d) $A = \{\, x \in \mathbb{N} \mid 2x = 10\}$
lê-se: A é o conjunto formado pelos números naturais que satisfazem à equação $2x = 10$.
Neste caso, o conjunto $A = \{5\}$ é chamado de conjunto unitário pois tem apenas um elemento.
Indicamos: n (A) = 1 (número de elementos do conjunto A é igual a um)

e) $A = \{x \in \mathbb{Z} \mid x^2 = \frac{1}{4}\}$
lê-se: A é o conjunto formado pelos números inteiros x que satisfazem à equação $x^2 = \frac{1}{4}$.
Como os números $\frac{1}{2}$ e $-\frac{1}{2}$ que satisfazem à equação dada não são inteiros, então A não tem nenhum elemento.
Neste caso A é chamado de conjunto vazio: $A = \emptyset$
Indicamos:
n (A) = 0 (número de elementos do conjunto A é igual a zero).

A.3 - Conjunto-Universo (U)

O conjunto-universo deve vir definido nos exercícios, exemplos, etc., que nos são apresentados em Matemática: ele é o conjunto ao qual pertencem todos os elementos envolvidos nesses exercícios, exemplos, etc.

Exercícios

1 Representar por enumeração, os seguintes conjuntos: (Observe o modelo do item a)

a) $A = \{x \in N \mid x < 6\} = \{0, 1, 2, 3, 4, 5\}$
b) $B = \{x \in Z \mid -3 < x \leq 4\}$
c) $C = \{x \in N \mid x < 11 \wedge x \text{ é par}\}$
d) $D = \{x \in N \mid x \text{ é divisor de } 12\}$
e) $E = \{x \in N \mid x < 30 \wedge x \text{ é múltiplo de } 7\}$
f) $F = \{x \in N \mid 0 \cdot x = 5\}$
g) $G = \{x \in N \mid 0 \cdot x = 0\}$
h) $H = \{x \in Z \mid x \text{ é ímpar}\}$
i) $I = \{x \in N \mid x^2 = 9\}$
j) $J = \{x \in Z \mid x^2 = 1\}$
k) $K = \{x \in Z \mid x > 4 \wedge x < -3\}$

2 Representar através de uma propriedade conveniente, os seguintes conjuntos:

a) $A = \{0, 5, 10, 15, 20, ...\} = \{x \in N \mid x \text{ é múltiplo de } 5\}$
b) $B = \{1, 2, 3, 6\}$
c) $C = \{..., -5, -3, -1, 1, 3, 5, 7, ...\}$
d) $D = \{1, -1, 2, -2, 4, -4\}$
e) $E = \{0, 1, 2, 3, 4, 5, 6, 7\}$
f) $F = \{4, 5, 6, 7, 8, 9\}$
g) $G = \{-4, -3, -2, -1, 0, 1\}$
h) $H = \{6, 7, 8, 9, 10, ...\}$
i) $I = \{3, 2, 1, 0, -1, ...\}$
j) $J = \{2, 3, 5, 7, 11, 13, 17, 19\}$

3 Dizer se é verdadeira (V) ou falsa (F) cada uma das sentenças abaixo:

a) $2 \in \{1, 2, 3, 4\}$
b) $0 \in \{1, 2\}$
c) $5 \notin \{1, 2\}$
d) $1 \notin \{1, 2, 3\}$
e) $\emptyset = \{0\}$
f) $\emptyset = \{\emptyset\}$
g) $4 = \{4\}$
h) $5 \in N$
i) $0 \notin N$
j) $-4 \in N$
k) $0 \notin Z$
l) $-1 \in Z$
m) $-2 \notin Z$
n) $\exists x \mid x \in \emptyset$
o) $\nexists x \mid x \in \emptyset$
p) $3 \in \{3\}$
q) $3 = \{3\}$
r) $0 \notin \{0\}$
s) $2 \in \emptyset$
t) $0 \notin \emptyset$

4 Dado o conjunto $A = \{1, 2, \{2\}, 3\}$, dar o valor verdadeiro ou falso:

a) $1 \in A$
b) $2 \in A$
c) $\{2\} \in A$
d) $3 \in A$
e) $\{3\} \in A$
f) $\{1\} \notin A$
g) $\emptyset \notin A$

5 Uma empresa que pretendia contratar uma secretária, entrevistou 9 candidatas ao emprego e obteve as informações que aparecem no diagrama de Venn-Euler seguinte:

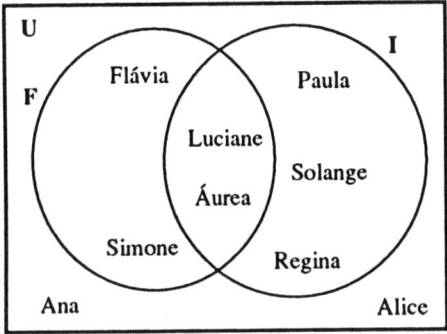

onde:
U é o conjunto de todas as candidatas
F é o conjunto das candidatas que falam francês
I é o conjunto das candidatas que falam inglês

Nessas condições, escreva por enumeração os conjuntos seguintes:

a) F   b) I
c) A: das candidatas que falam francês **e** inglês.
d) B: das candidatas que falam francês **ou** inglês.
e) C: daquelas que falam só francês.
f) D: daquelas que não falam francês nem inglês.

6 Observando o diagrama de Venn-Euler ao lado, escrever por enumeração os conjuntos dos elementos que:

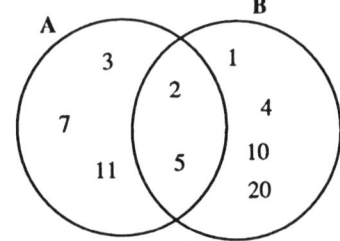

a) são de A   b) são de B
c) são de A e B   d) são de A ou B
e) são só de A   f) são só de B

7 Observando o diagrama de Venn-Euler ao lado, escrever por enumeração os conjuntos dos elementos que são:

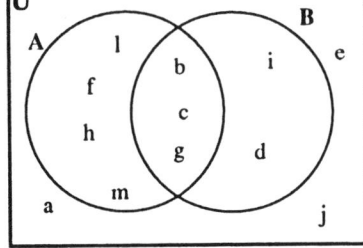

a) de A   b) de B   c) de U
d) de A e não são de B
e) de B e não são de A
f) de A e B
g) de A ou B
h) do conjunto universo, mas não são de A e nem de B.

A seguir, determinar o número de elementos de cada um dos conjuntos escritos nos itens anteriores.

Exercícios de Matemática - vol 1

8 Observando o diagrama, escreva por enumeração os conjuntos:

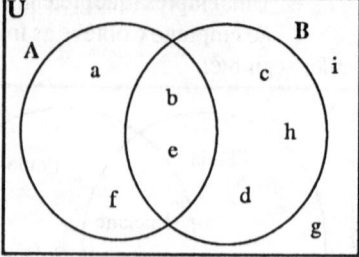

a) C = {x | x ∈ A e x ∈ B}
b) D = {x | x ∈ A ou x ∈ B}
c) E = {x | x ∈ A e x ∉ B}
d) F = {x | x ∈ U e x ∉ A}

9 Observando o diagrama do exercício anterior e sabendo que n (A) é o número de elementos do conjunto A, determine:
a) n (G) onde G = {x | x ∈ U e x ∉ B}
b) n (H) onde H = {x | x ∈ B e x ∉ A}
c) n (J) onde J = {x | x ∈ A ou x ∈ U}
d) n (L) onde L = {x | x ∈ U e x ∉ D}

10 Dados os conjuntos   A = {1, 2, 5}
B = {2, 4, 5, 6, 8}
e o conjunto-universo U = {1, 2, 3, 4, 5, 6, 7, 8},
fazer um diagrama de Venn-Euler representando esses conjuntos.

11 Observando o diagrama do exercício anterior, determinar:
a) n (B)
b) n (C) onde C = {x | x ∈ A e x ∈ B}
c) n (D) onde D = {x | x ∈ A ou x ∈ B}
d) n (E) onde E = {x | x ∈ B e x ∉ A}
e) n (F) onde F = {x ∈ U | x ∉ A e x ∉ B}

12 Num grupo de 29 pessoas, sabe-se que 10 são sócias de um clube A, 13 são sócias de um clube B e 6 são sócias de A e B.
Pergunta-se:
a) quantas pessoas do grupo não são sócias de A e nem de B?
b) quantas são sócias somente de A?
c) quantas são sócias de A ou B?
Sugestão: representar os conjuntos num diagrama de Venn.

✓ Faça também os Exercícios de Fixação 52 → 58

B - Subconjunto

Definição

$$A \subset B \Leftrightarrow (\forall x)(x \in A \Rightarrow x \in B)$$

lê-se: A está contido em B
A é subconjunto de B
A é parte de B
B contém A (B ⊃ A)

Propriedades

1) $A \subset A, \forall A$ (propriedade reflexiva).
2) $\emptyset \subset A, \forall A$.
3) $A \subset B \wedge B \subset C \Rightarrow A \subset C$ (propriedade transitiva).
4) $A \not\subset B \Leftrightarrow \exists x \in A \mid x \notin B$.

Observações:
1) Lê-se:
   $A \not\subset B$: A não está contido em B
   $B \not\supset A$: B não contém A
2) Quando $A \subset B$ e $A \neq B$ dizemos que A é subconjunto próprio de B.

C. Igualdade de Conjuntos

Definição

Dizemos que dois conjuntos A e B são iguais se, e somente se, A está contido em B e B está contido em A. Em símbolos, temos:

$$A = B \Leftrightarrow A \subset B \wedge B \subset A$$

D - Conjunto das Partes de um Conjunto

Definição

Chama-se conjunto das partes de A, e indica-se P(A), ao conjunto formado por todos os subconjuntos de A. Em símbolos:

$$P(A) = \{X \mid X \subset A\}$$

Observações:
1) P(A) é um conjunto cujos elementos são, também, conjuntos.
2) $A \in P(A)$, $\forall A$.
3) $\emptyset \in P(A)$, $\forall A$.
4) $X \subset A \Leftrightarrow X \in P(A)$
5) $n(A) = \alpha \Rightarrow n[P(A)] = 2^\alpha$ *(Teorema da linha no triângulo de Pascal)*
   $n[P(A)]$ é o número de elementos do conjunto das partes de A

13 Dizer se é verdadeiro ou falso:

a) $\{1, 2, 3\} = \{3, 1, 2\}$ b) $\{1, 4, 5, 4\} = \{1, 4, 5\}$
c) $\{0, 1, 2\} = \{0, 1\}$ d) $\{a, b, a\} = \{a, b, c\}$
e) $\{x \mid x$ é letra da palavra banana$\} = \{a, b, n\}$
f) $\{x \in N \mid 2x = 5\} = \emptyset$ g) $\{x \in N \mid 0 \cdot x = 0\} = \emptyset$

14 Dado o conjunto $A = \{0, 1, 2, 3\}$, dizer se é (V) ou (F);

a) $1 \in A$ b) $4 \in A$ c) $2 \notin A$ d) $5 \notin A$
e) $1 \subset A$ f) $\{1\} \subset A$ g) $\{1, 3\} \subset A$ h) $\emptyset \subset A$
i) $A \not\subset A$ j) $\{1, 2, 3, 4\} \subset A$ k) $\{2, 5, 6\} \not\subset A$ l) $\{0, 5\} \subset A$
m) $\{4, 5\} \not\subset A$ n) $\{0\} \in A$ o) $\{0\} \subset A$ p) $\{1\} \notin A$
q) $\{1\} \not\subset A$ r) $\{0, 1, 2, 3\} \subset A$ s) $\{1, 2\} \subset A$ t) $\{1, 2\} \in A$

15 Dado o conjunto $A = \{\emptyset, 1, 2, \{2\}, \{1, 2\}\}$ dizer se é (V) ou (F).

a) $\emptyset \in A$ b) $\emptyset \subset A$ c) $1 \in A$
d) $2 \notin A$ e) $\{2\} \subset A$ f) $\{2\} \in A$
g) $\{1, 2\} \not\subset A$ h) $\{1, 2\} \notin A$ i) $\{1\} \in A$
j) $\{1\} \subset A$ k) $\{\emptyset, 1, \{2\}\} \subset A$ l) $\{\{2\}, \emptyset, \{1, 2\}\} \not\subset A$
m) $\{\emptyset, \{1\}, \{2\}\} \subset A$

16 Determinar o conjunto das partes de A, n(A) e n[P(A)] nos seguintes casos:

a) $A = \{2, 3\}$ b) $A = \{5\}$ c) $A = \{2, 4, 6\}$
d) $A = \emptyset$ e) $A = \{0, 1, 2, 3\}$

✓ **Faça também os Exercícios de Fixação 59 → 63**

E - Operações entre Conjuntos

E.1 - Intersecção
Definição

$$A \cap B = \{x \mid x \in A \land x \in B\}$$

(A inter B)

Propriedades
1) $A \cap A = A$
2) $A \cap \emptyset = \emptyset$
3) $A \cap B = B \cap A$ (**comutativa**)
4) $(A \cap B) \cap C = A \cap (B \cap C)$ (**associativa**)
5) $A \subset B \Leftrightarrow A \cap B = A$

Observação:
*Dois conjuntos A e B tais que $A \cap B = \emptyset$ são chamados de **conjuntos disjuntos**.*

E.2 - União
Definição

$$A \cup B = \{x \mid x \in A \lor x \in B\}$$

(A união B)

Propriedades
1) $A \cup A = A$
2) $A \cup \emptyset = A$
3) $A \cup B = B \cup A$ (**comutativa**)
4) $(A \cup B) \cup C = A \cup (B \cup C)$ (**associativa**)
5) $A \subset B \Leftrightarrow A \cup B = B$
6) $x \in A \cup B \Rightarrow \begin{cases} x \in A \text{ e } x \notin B \\ ou \\ x \notin A \text{ e } x \in B \\ ou \\ x \in A \text{ e } x \in B \end{cases}$

E.3 - Diferença
Definição

$$A - B = \{x \mid x \in A \land x \notin B\}$$

(A menos B)

Propriedades

1) $A - \varnothing = A$
2) $A - A = \varnothing$
3) $A \subset B \Leftrightarrow A - B = \varnothing$

Observação: A diferença de conjuntos não é comutativa nem associativa.

E.4 - Complementar

Definição

Se $B \subset A$ então $C_A^B = A - B$

(complementar de B em A)

Observações

1) Se $B \not\subset A$ então não se define C_A^B

*2) quando se trata do complementar de B em relação ao conjunto universo **U**, valem as notações:*

$$C_U^B = C^B = \overline{B} = B'$$

(lê-se: "B complementar")

Propriedades

Sejam A e B dois conjuntos tais que $B \subset A$:

1) $C_A^A = \varnothing$
2) $C_A^\varnothing = A$
3) $C_A^B \cap B = \varnothing$
4) $C_A^B \cup B = A$
5) $C_A\left(C_A^B\right) = B$

Sejam A, B e C subconjuntos do universo **U**:

6) $C^\varnothing = U$
7) $C^U = \varnothing$
8) $C\left(C^A\right) = A$
9) $A \cap \overline{A} = \varnothing$

10) $A \cup \overline{A} = U$ 11) $\overline{A \cap B} = \overline{A} \cup \overline{B}$
12) $\overline{A \cup B} = \overline{A} \cap \overline{B}$ 13) $A - (B \cup C) = (A - B) \cap (A - C)$
14) $A - (B \cap C) = (A - B) \cup (A - C)$

17 Dados os conjuntos $A = \{0, 1, 2, 3, 5, 6\}$ e $B = \{1, 2, 3, 4, 6, 8, 9\}$, fazer um diagrama representando esses conjuntos e, a seguir, determinar por enumeração:
a) $A \cap B$ b) $A \cup B$ c) $A - B$ d) $B - A$
e) C_B^A f) $B \cap A$

18 Dados os conjuntos $A = \{a, b, c\}$ e $B = \{m, n, p, q\}$, determinar:
a) $A \cap B$ b) $A \cup B$ c) $A - B$ d) $B - A$
e) C_A^B f) $B \cup A$ g) $A \cap \varnothing$ h) $B \cup \varnothing$

19 Dados os conjuntos $A = \{x \in N \mid 2 \le x < 8\}$ e $B = \{3, 4, 6\}$, determinar:
a) $A \cap B$ b) $A \cup B$ c) $A - B$ d) $B - A$
e) $\varnothing \cap B$ f) C_B^A g) C_A^B h) $\varnothing \cup A$

20 Observando o diagrama, determinar por enumeração:
a) $\overline{A}$ b) $\overline{B}$
c) $C^{(A \cap B)}$ d) $\overline{A \cup B}$
e) $C^{(A - B)}$ f) $C^{(B - A)}$
g) $\overline{A} \cap \overline{B}$

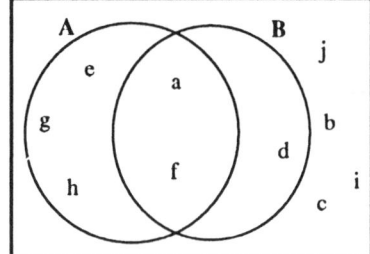

21 No diagrama seguinte, cada região foi denominada com um número entre parênteses. Indicar as regiões que determinam:
a) $A \cap B$ b) $A \cup B$ c) $A - B$
d) C^A e) $\overline{B}$ f) $\overline{A \cap B}$
g) $\overline{A \cup B}$ h) $C^{(A - B)}$ i) $\overline{B - A}$

Exercícios de Matemática - vol 1

22 No diagrama seguinte, cada região foi denominada com um número entre parênteses. Indicar as regiões que determinam os conjuntos dos elementos que são de:

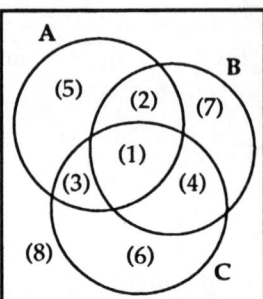

a) A
b) B
c) A e B
d) A ∩ C
e) B ∩ C
f) A e B e C
g) A ou B
h) A ∪ C
i) B ∪ C
j) A ou B ou C
k) U
l) $\overline{A}$
m) $\overline{B}$
n) $\overline{A \cap B}$
o) $\overline{B \cap C}$
p) $\overline{A \cup C}$
q) $\overline{A \cup B}$
r) $\overline{A \cap B \cap C}$
s) $\overline{A \cup B \cup C}$

23 Considerando o diagrama, indicar as regiões que determinam:

a) X = [(A ∩ B) − C] ∪ $\overline{(A \cup B \cup C)}$
b) Y = [(B ∩ C) − A] ∪ [(A ∩ C) − (A ∩ B)]
c) Z = (A ∩ B ∩ C) ∪ [C − (A ∪ B)]
d) Y ∪ Z
e) $\overline{X} \cap \overline{(Y \cup Z)}$

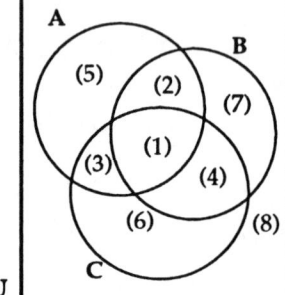

24 Dados os conjuntos A e B contidos em E, tais que:

n(A) = 2549
n(B) = 1217
n(A ∩ B) = 412
n(E) = 3614,
determinar: n[E − (A ∪ B)]. *(Sugestão: rever o exercício 12)*

25 Dados os conjuntos A e B contidos no conjunto universo U, tais que:

n(A) = 31
n(B) = 16
n(U) = 130
n$\overline{(A \cup B)}$ = 83,
determinar: n (A ∩ B).

26 Num universo de 1000 pessoas, foi feita uma pesquisa a respeito do consumo de três produtos A, B e C, obtendo-se os resultados ao lado: A partir dessa tabela, determinar quantas pessoas pesquisadas consomem:
a) só o produto A
b) A ou B
c) A ou B ou C
d) nenhum dos três produtos

Produtos	Consumidores
A	430
B	560
C	470
A e B	265
A e C	275
B e C	300
A e B e C	230

✓ Faça também os Exercícios de Fixação 64 → 80

F - Conjuntos Numéricos

Números naturais
$\mathbb{N} = \{0, 1, 2, 3, ...\}$

Números naturais não nulos
$\mathbb{N}^* = \{1, 2, 3, ...\}$

Números inteiros
$\mathbb{Z} = \{..., -3, -2, -1, 0, 1, 2, ...\}$

Números inteiros não nulos
$\mathbb{Z}^* = \mathbb{Z} - \{0\} = \{x \in \mathbb{Z} \mid x \neq 0\}$

Números inteiros não negativos
$\mathbb{Z}_+ = \{x \in \mathbb{Z} \mid x \geq 0\} = \{0, 1, 2, 3, ...\}$
Observação: o número zero é não positivo e não negativo

Números inteiros positivos
$\mathbb{Z}_+^* = \{x \in \mathbb{Z} \mid x > 0\} = \{1, 2, 3, ...\}$

Números inteiros não positivos
$\mathbb{Z}_- = \{x \in \mathbb{Z} \mid x \leq 0\} = \{0, -1, -2, -3, ...\}$

Números inteiros negativos
$Z_-^* = \{x \in Z \mid x < 0\} = \{-1, -2, -3, ...\}$

Números racionais

$$Q = \left\{\frac{a}{b}, a \in Z, b \in Z^*\right\}$$

Observação: Todo número racional pode, também, ser colocado na forma $\frac{p}{q}$,

$p \in Z$, $q \in N^*$, *p e q primos entre si (fração irredutível)*

Números reais (R)
Todo número real x admite uma representação na forma:

$$x = \pm A, a_1 a_2 \ldots a_n \ldots$$

chamada desenvolvimento decimal de x; o número de casas decimais pode ser finito ou infinito e, tendo infinitas casas decimais, a representação pode ser **periódica ou não periódica**.

Observação: ë importante notar que são verdadeiras as igualdades:
2,3 = 2,30000... = 2,29999...
5 = 4,9999... = 5,0000...,
isto é, quando o período da dízima periódica é 0 (zero) ou 9 (nove), costumamos omitir tais zeros ou noves e dizemos que o número de casas decimais é finito.

Números irracionais
Números irracionais são os números reais que não são racionais e, por isso, tal conjunto é mais freqüentemente indicado por $R - Q$ ou C_R^Q ou ainda $\overline{Q}$ se o universo for o conjunto dos números reais.

Denotaremos, aqui, $R - Q = I$
Observações:
a) *Todo número racional tem número finito de casas decimais (nº decimal exato) ou é dízima periódica.*
b) *Todo número irracional tem infinitas casas decimais e não é dízima periódica.*
c) $I \cup Q = R$
   $I \cap Q = \emptyset$
d) *É útil conhecer o diagrama ao lado:*
e) *Em estudo posterior define-se o conjunto **C** dos números complexos onde tem solução a equação $x^2 = -1$, conjunto esse que contém **R**.*
f) *Os **radicais inexatos** são os exemplos mais comuns de números irracionais.*

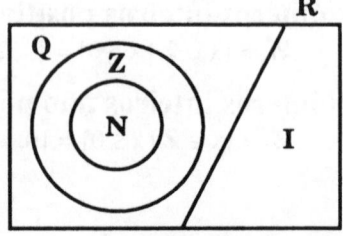

g) Demonstra-se que se $y \in I$ e $x \in Q$ então são irracionais os números:

$x + y, x \cdot y \ (x \neq 0), \dfrac{x}{y} \ (x \neq 0)$ e $\dfrac{y}{x} \ (x \neq 0)$.

h) Observe, a seguir, os valores aproximados de alguns números irracionais:
$\sqrt{2} \cong 1,414 \qquad \sqrt{3} \cong 1,732 \qquad \sqrt{5} \cong 2,236$
$\pi \cong 3,142 \qquad e \cong 2,718$ (número de Euler)

27 Dizer se é verdadeiro ou falso:

a) $5 \in N$ b) $0 \in N$ c) $-3 \in N$ d) $\dfrac{3}{4} \in N$

e) $0,7 \in N$ f) $0,333... \in N$ g) $\sqrt{2} \in N$ h) $0,2020020002... \in N$
i) $0 \in N^*$ j) $N = N^*$ k) $e \in Q$

28 Dizer se é (V) ou (F):

a) $7 \in Z$ b) $\dfrac{1}{2} \in Z$ c) $-5 \in Z$ d) $0 \in Z$ e) $-0,131313... \in Z$

f) $2,5 \in Z$ g) $-\dfrac{8}{4} \in Z_+$ h) $-\dfrac{10}{5} \in Z_-$ i) $\sqrt{3} \in Z_+^*$

29 Dizer se é (V) ou (F):

a) $\dfrac{1}{5} \in Q$ b) $\pi \in Q$ c) $-2 \in Q$ d) $0 \in Q$ e) $4 \in Q$

f) $1,2 \in Q$ g) $0,666... \in Q$ h) $-\sqrt{3} \in Q$ i) $-\dfrac{11}{12} \in Q$ j) $-0,3 \in Q$

30 Completar, segundo o modelo do item a):

a) $Q_+ = \{x \in Q \mid x \geq 0\}$ = racionais não negativos
b) $Q_- = \{x \in Q \mid x \leq 0\}$ =
c) $Q_+^* = \{x \in Q \mid x > 0\}$ =
d) $Q_-^* = \{\qquad\}$ = racionais negativos
e) $Q^* = \{\qquad\}$ = racionais não nulos
f) $R^* = \{x \in R \mid x \neq 0\}$ =
g) $R_+ = \{\qquad\}$ =
h) $R_+^* = \{\qquad\}$ = reais positivos
i) $R_- = \{\qquad\}$ =
j) $R_-^* = \{\qquad\}$ =

31 Dizer se é (V) ou (F):

a) $N \subset Z$ b) $N \subset Q$ c) $N \subset R$ d) $N \subset Z^*$
e) $N^* \subset Z$ f) $R \subset Q$ g) $(R-Q) \subset R$ h) $Z_+^* = N$
i) $N = Z_+$ j) $Z \subset Q$ k) $Z \subset N$ l) $Z \subset R$
m) $Q \subset N$ n) $Q \subset Z$ o) $Q \subset R$

32 Dizer se é (V) ou (F):

a) $-2 \in (Z-N)$ b) $0 \in (Z-N)$ c) $\sqrt{2} \in (R-Q)$

d) $\pi \in (R-Q_-^*)$ e) $\dfrac{3}{4} \notin (N-Z)$ f) $0{,}171717\ldots \in (Q-Z)$

g) $-\dfrac{21}{3} \in (Q-Z)$ h) $-10 \in (N \cap Q)$ i) $\dfrac{7}{8} \in (Z \cup Q)$

j) $\dfrac{1}{6} \in (R-Q_+^*)$ k) $\dfrac{1}{6} \in (R-Q_-)$

G - Intervalos (subconjuntos notáveis de R)

Sejam a e b reais tais que a < b

Intervalo aberto
$]a, b[= \{x \in R \mid a < x < b\}$

*Obs.: Existe uma correspondência biunívoca entre os elementos de **R** e os pontos da reta real.*

Intervalo fechado
$[a,b] = \{x \in R \mid a \leq x \leq b\}$

Intervalo fechado à esquerda e aberto à direita
$[a, b[= \{x \in R \mid a \leq x < b\}$

Intervalo aberto à esquerda e fechado à direita
$]a, b] = \{x \in \mathbf{R} \mid a < x \leq b\}$

Intervalos com extremo não finito
$[a, +\infty[= \{x \in \mathbf{R} \mid x \geq a\} = [a, +\infty)$
$]a, +\infty[= \{x \in \mathbf{R} \mid x > a\} =]a, +\infty)$
$]-\infty, a] = \{x \in \mathbf{R} \mid x \leq a\} = (-\infty, a]$
$]-\infty, a[= \{x \in \mathbf{R} \mid x < a\} = (-\infty, a[$

*Observação: Chamaremos [a, b] de **notação de intervalo** e $\{x \in \mathbf{R} \mid a \leq x \leq b\}$ de **notação de desigualdades**.*

33 Reescrever os seguintes conjuntos usando a notação de intervalo e, a seguir, representá-los graficamente:

a) $A = \{x \in \mathbf{R} \mid x > 2\}$
b) $B = \{x \in \mathbf{R} \mid 0 < x \leq 3\} = \{x \in \mathbf{R} \mid x > 0 \wedge x \leq 3\}$
c) $C = \{x \in \mathbf{R} \mid x \leq -4\}$
d) $D = \{x \in \mathbf{R} \mid \frac{3}{4} < x < 1\}$
e) $E = \{x \in \mathbf{R} \mid -\pi \leq x \leq -3\}$
f) $F = \{x \in \mathbf{R} \mid \sqrt{2} \leq x < \frac{3}{2}\}$
g) $G = \{x \in \mathbf{R} \mid 2 < x < 1\} = \{x \in \mathbf{R} \mid x > 2 \wedge x < 1\}$
h) $H = \{x \in \mathbf{R} \mid x < \frac{7}{3} \vee x > 3\}$
i) $I = \{x \in \mathbf{R} \mid x \leq -3 \vee 0 < x \leq 5\}$
j) $J = \{x \in \mathbf{R} \mid 0 < x < 1 \vee 2 \leq x \leq 3\}$
k) $K = \{x \in \mathbf{R} \mid x \leq -2 \vee x > 1\}$
l) $L = \{x \in \mathbf{R} \mid 1 \leq x \leq -2\}$
m) $M = \{x \in \mathbf{R} \mid x < 0 \vee \sqrt{2} < x < e \vee x > \pi\}$

34 Representar os seguintes conjuntos, dados graficamente, usando a "notação de intervalo" e a notação de desigualdades".

a)

b)

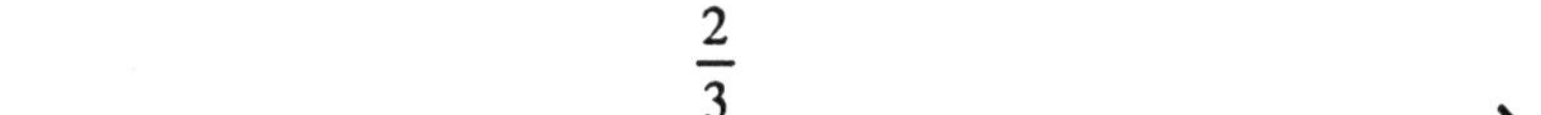

c)

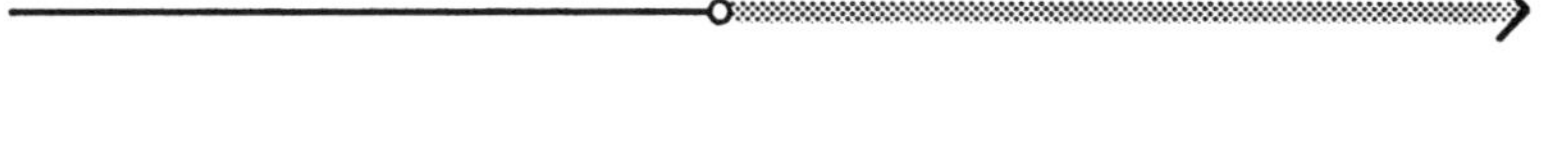

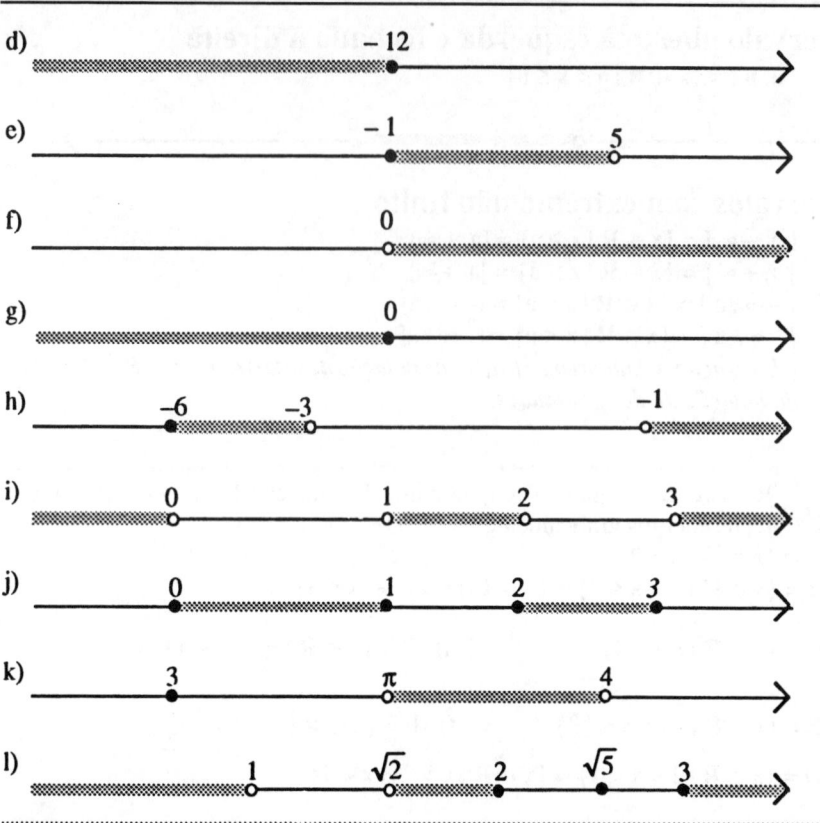

35 Dados os conjuntos A =] –2, 3] e B =] 0, 4], efetuar:

a) A ∩ B   b) A ∪ B   c) A – B   d) B – A   e) C^A_B

Observação: dar as respostas usando as duas notações.

36 Dados os conjuntos $A = \left[-\frac{1}{2}, \frac{15}{7} \right]$ e $B = \left] -\frac{1}{3}, 2 \right]$, efetuar:

a) A ∩ B   b) A ∪ B   c) A – B   d) B – A   e) C^A_B f) C^B_A

37 Dados os conjuntos A = {x ∈ **R** | $\sqrt{2}$ < x < 3} e B = {x ∈ **R** | 3 ≤ x ≤ π}, determinar:

a) A ∩ B   b) A ∪ B   c) A – B   d) B – A   e) C^A_B

38 Dados os conjuntos A = [0,2]; B =] 1,4]; C =] 3,4] e U = **R**, determinar:

a) $A \cap B$ b) $A \cup B$ c) $A - B$ d) $B - A$ e) $C_R^A = \overline{A}$

f) $A \cap C$ g) $A \cup C$ h) $A - C$ i) $C - A$ j) $\overline{B}$

k) $B \cap C$ l) $B \cup C$ m) $B - C$ n) $C - B$ o) C_B^C

39 Com os mesmos conjuntos do exercício anterior efetuar: $C_R^C - C_R^{(A \cap B)}$

40 Dados os conjuntos $A = \{x \in \mathbf{R} \mid -2 < x < 1 \text{ ou } 2 < x < 4\}$,
$B = \{x \in \mathbf{R} \mid -3 \leq x \leq 0 \text{ ou } x = 5\}$ e
$C = \{x \in \mathbf{R} \mid -1 < x \leq 3\}$,

determinar o conjunto $M = [(A \cap B \cap C) \cup (\overline{B \cup C})] - A$.

*Observação: Quando nada for dito em contrário, adotaremos U=**R**.*

✓ Faça também os Exercícios de Fixação 81 → 83

H - Produto Cartesiano

(a,b) = par ordenado

H.1 - Igualdade de pares ordenados
Definição

$$(a, b) = (c, d) \Leftrightarrow \begin{cases} a = c \\ \wedge \\ b = d \end{cases}$$

Observação: O conceito de par ordenado pode, mais rigorosamente, ser definido da seguinte forma: (a, b) = {{a} , {a, b}}

H.2 - Produto cartesiano de dois conjuntos
Definição
Dados os conjuntos A e B não vazios define-se:
$A \times B = \{(x, y) \mid x \in A \wedge y \in B \}$
lê-se: "produto cartesiano de A por B" ou "A cartesiano B".
No caso em que $A = \emptyset$ ou $B = \emptyset$ define-se: $A \times B = \emptyset$

Observações:
1) É usada a notação $A \times A = A^2$ para o produto cartesiano de conjuntos iguais.
2) Para três conjuntos A, B, C, define-se:
$A \times B \times C = \{(x, y, z) \mid x \in A \land y \in B \land z \in C\}$, onde (x, y, z) é um terno ordenado. Analogamente pode-se definir produto cartesiano para n conjuntos (ênuplas ordenadas).

Propriedades
a) Se $A \neq B$, $A \neq \emptyset$ e $B \neq \emptyset$ então $A \times B \neq B \times A$ (não comutativa)
b) $A \times B \times C \neq (A \times B) \times C \neq A \times (B \times C)$ (não associativa)
c) $A \times (B \cup C) = (A \times B) \cup (A \times C)$ (distributiva em relação à união)
d) $A \times (B \cap C) = (A \times B) \cap (A \times C)$ (distributiva em relação à intersecção)
e) $n(A \times B) = n(A) \cdot n(B)$ = número de elementos do produto cartesiano $n(A \times B \times C) = n(A) \cdot n(B) \cdot n(C)$, e assim por diante.

41 Dados os conjuntos $A = \{1, 2\}$ e $B = \{3, 4, 5\}$, determinar por enumeração os seguintes conjuntos:
a) $A \times B$ b) $B \times A$ c) $A \times A$ d) B^2 e) $A \times \emptyset$

42 Representar graficamente, no plano cartesiano, os seguintes pares ordenados:
a) $A = (2, 3)$ b) $B = (-1, 4)$ c) $C = (-3, -1)$ d) $D = (4, -2)$
e) $E = (0, 0)$ f) $F = (3, 3)$ g) $G = (-2, -2)$ h) $H = (4, -4)$

43 Representar, no plano cartesiano:
a) $A = (4, 0)$ b) $B = (-2, 0)$ c) $C = (\sqrt{2}, 0)$ d) $D = (0, 0)$
e) $E = (0, 3)$ f) $F = (0, -1)$ g) $G = (0, \pi)$ h) $H = (0, -\frac{9}{2})$

44 Dizer onde se localizam os pontos $P(x, y)$ do plano cartesiano que:
a) têm abscissa nula $\Leftrightarrow P = (0, y), \forall y \in \mathbb{R}$
b) têm ordenada nula $\Leftrightarrow P = (x, 0), \forall x \in \mathbb{R}$
c) têm a abscissa igual à ordenada $\Leftrightarrow P = (a, a), \forall a \in \mathbb{R}$

45 Representar graficamente, no plano cartesiano, o produto cartesiano $A \times B$ nos seguintes casos:
a) $A = \{1, 3\}$ b) $A = \{-3, -1, 2\}$ c) $A = \{-1, 1, 3\}$
 $B = \{1, 2, 4\}$ $B = \{1, 2, 3, 4\}$ $B = \{-4, -2, 2\}$

46 Representar graficamente A × B nos seguintes casos:

a) A = {–1, 0, 2}
   B = { –2, 1, 3, 4}

b) A = {–3, –2, –1}
   B = { 0, 3}

c) A = {–2, 0, 4, 5}
   B = {– 4, –3, 0, 1, 2}

47 Determinar por enumeração e, a seguir, representar graficamente o conjunto A × B, sendo:

$$A = \left\{-\frac{3}{2}, \sqrt{2}\right\} \quad e \quad B = \{0, 1, \pi\}$$

48 Representar graficamente o produto A × B, nos seguintes casos:

a) A = [1, 3]
   B = [1, 4]

b) A = [–2, 1]
   B = [– 4, –1]

c) A = [0, 5]
   B = $[-\frac{5}{2}, 0]$

49 Representar graficamente o conjunto A × B, nos seguintes casos:

a) A =] –1, 1 [
   B =] –2, 2 [

b) A =] –1, 1 [
   B = [–2, 2]

c) A = [–1, 1 [
   B = [–2, 2]

d) A =] –1, 1]
   B = [–2, 2 [

50 Representar graficamente o conjunto A × B, sendo:

a) A = {–1, 2, 3}
   B = [–1, 4]

b) A =] 2, 5 [
   B = {–1, 0, 2, 3}

c) $A = \left[-\frac{3}{2}, \pi\right[$
   B = {–3, –1, 1, 3, 5}

51 Representar graficamente o conjunto A × B, sendo:

a) A = [–2, 3]
   B = {x ∈ **R** | x > 1}

b) A = {x ∈ **R** | x ≤ 2}
   B =] –3, –1]

c) A = {x ∈ **R** | x ≥ –2}
   B = {x ∈ **R** | x < 3}

d) A = {–1, 1, 2}
   B = {x ∈ **R** | x < 2}

e) A = [–3, + ∞ [
   B = {0, 2}

f) A = [–2, –1]
   B = **R**

g) A = **R**
   B = [1, 4[

h) A = {2, 3, 5}
   B = **R**

i) A = **R**
   B =]– ∞, 1 [

j) A = **R**$_+^*$
   B = {–3, –2, –1, 0}

✓ Faça também os Exercícios de Fixação 84 → 86

Exercícios de fixação

52 Representar por enumeração os seguintes conjuntos:

a) $A = \{x \in Z \mid x \text{ é divisor de } -14\}$ b) $B = \{x \in Z \mid x \text{ é múltiplo de } 3\}$
Lembre-se: os números 1 e –1 não são primos.
c) $C = \{x \in N \mid x < 30 \land x \text{ é primo}\}$ d) $D = \{x \in Z \mid -10 < x < 10 \land x \text{ é primo}\}$
e) $E = \{x \in N \mid x \text{ é par e primo}\}$
f) $F = \{x \in N \mid (x > 3) \land (x \text{ é par e primo})\}$
g) $G = \{x \mid x \text{ é letra da palavra ARARA}\}$

53 Representar por enumeração os seguintes conjuntos:

a) $A = \{x \in N \mid 5 < x < 2\}$ b) $B = \{x \mid x = 2m \land m \in N\}$
c) $C = \{x \mid x = 2m + 1 \land m \in N\}$ d) $D = \{x \mid x = 3m \land m \in Z\}$
e) $E = \{x \mid x = 5m - 1 \land m \in N\}$ f) $F = \{x \in N \mid 7 < 2x < 11\}$
g) $G = \{x \in N \mid 5 < 2x - 3 < 13\}$ h) $H = \{x \in N \mid 21 < 5x - 3 < 25\}$
i) $I = \{x \in N \mid 19 < 5x - 7 < 22\}$

54 Dado o conjunto $B = \{\emptyset, 4, \{4\}, 5, 3\}$, dizer se é verdadeiro ou falso:

a) $4 \notin B$ b) $\{4\} \in B$ c) $5 \in B$ d) $\{5\} \in B$ e) $\emptyset \in B$
f) $2 \notin B$ g) $\{\emptyset\} \in B$ h) $\{3\} \in B$ i) $3 \notin B$

55 Dado o conjunto $A = \{1, \emptyset, \{1,5\}, \{1\}, 5\}$, determine o valor verdadeiro ou falso:

a) $1 \in A$ b) $\{1\} \in A$ c) $5 \in A$ d) $\{5\} \in A$ e) $\{\{1\}\} \in A$
f) $\{5, 1\} \in A$ g) $\emptyset \notin A$ h) $\{\emptyset\} \notin A$

56 Numa escola com 450 alunos, sabe-se que: 217 jogam vôlei, 276 jogam futebol e 29 não praticam vôlei nem futebol. Nessas condições, determinar quantos alunos praticam futebol e vôlei.

57 Observando o diagrama ao lado, escrever por enumeração os seguintes conjuntos:
a) A
b) $D = \{x \mid x \in A \text{ e } x \in B\}$
c) $E = \{x \mid x \in A \text{ ou } x \in C\}$
d) $F = \{x \mid x \in A \text{ e } x \in B \text{ e } x \in C\}$
e) $G = \{x \mid x \in B \text{ e } x \notin C\}$
f) $H = \{x \mid x \in U \text{ e } x \notin B\}$

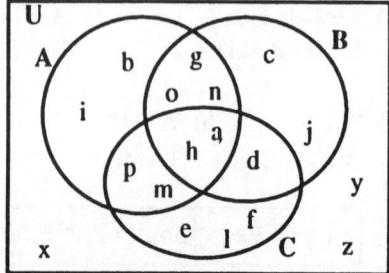

58 Observando o diagrama do exercício anterior, determinar:

a) n (B) = nº de elementos do conjunto B
b) n (J) onde J = {x | x ∈ A ou x ∈ B ou x ∈ C}
c) n (L) onde L = {x | x ∈ B e x ∈ C}
d) n (M) onde M = {x | x ∈ C ou x ∈ B}
e) n (P) onde P = {x | x ∈ A e x ∉ M}
f) n (Q) onde Q = {x | x ∈ A e x ∈ M}
g) n (R) onde R = {x | x ∈ U e x ∉ M}

59 Dado o conjunto A = {1, ∅, {1,5}, {1}, 5}, dizer se é verdadeiro ou falso:

a) 1 ∈ A   b) 1 ⊂ A   c) {1} ∈ A
d) {1} ⊂ A   e) {5} ∈ A   f) {5} ⊂ A
g) ∅ ∈ A   h) ∅ ⊂ A   i) {1, 5} ∈ A
j) {1, 5} ⊂ A   k) {1, {1}} ⊂ A   l) {1, {1,5}, {5}} ⊂ A

60 Dizer se é (V) ou (F):

a) {1, 4, 5, 6,} ⊃ {1, 4}   b) {1, 3} ⊄ ∅
c) {2} ⊂ ∅   d) 1 ⊂ {1, {1}}
e) 1 ∈ {1, {1}}   f) {1} ⊂ {1, {1}}
g) {1} ∈ {1, {1}}   h) ∅ ∈ {∅, {1}}

61 Dizer se é (V) ou (F):

a) ∅ ⊂ {∅, {1}}   b) ∅ ⊂ {1, {2}}
c) ∅ ∈ {1, {2}}   d) {1} ∉ {1, {2}}
e) {2} ∉ {1, {2}}   f) {4, 5, {4}} ⊃ {4, 5}
g) {4, 5, {4}} ⊃ {4, {4}}   h) {4, {5}, {4}} ⊃ {5}
i) {4, {5}, {4}} ⊃ {4, ∅}

62 Determinar o conjunto das partes de A sendo A = {a, b, c, d}

63 Determinar todos os subconjuntos do conjunto A = {1, 2, 4, 5, 6} que tenham exatamente 3 elementos.

64 Nos diagramas seguintes, hachurar as regiões que determinam o conjunto A ∩ B, em cada caso:

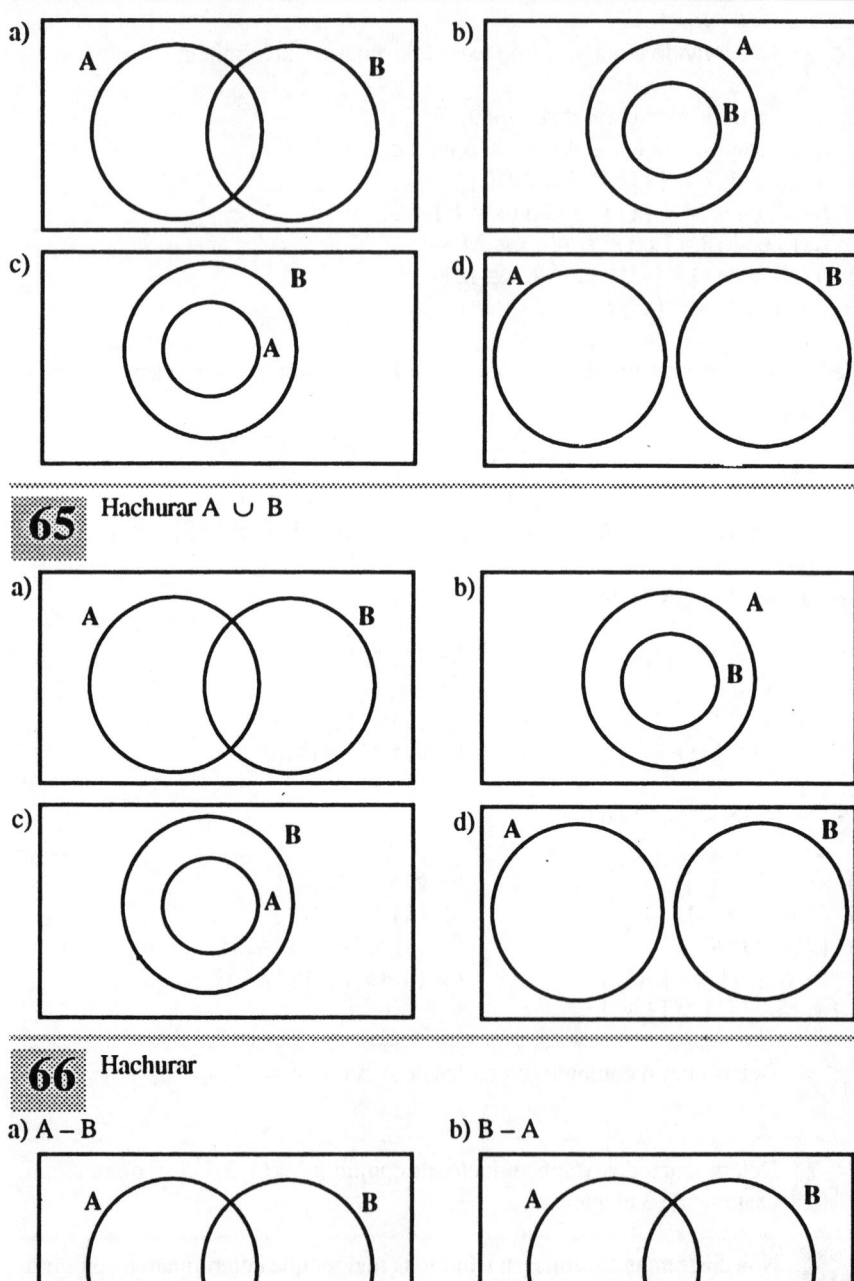

65 Hachurar A ∪ B

66 Hachurar

a) A − B

b) B − A

c) A − B

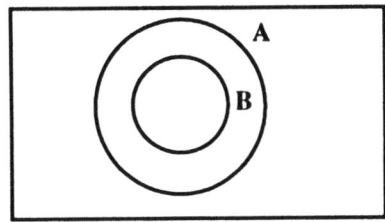

d) B − A

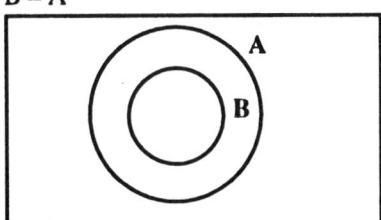

e) A − B

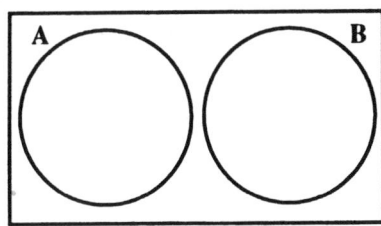

f) B − A

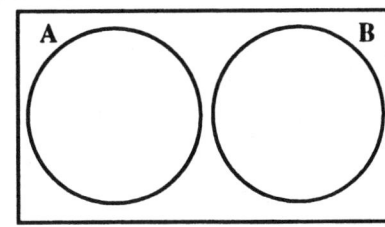

Atenção: Os conjuntos A = {x ∈ N | x < 10}, B = {0, 2, 4, 6, 8}, C = {1, 3, 7} e D = {−2, −1, 0, 2, 3, 5} são válidos para os **exercícios 67 até 74**.

67 Efetuar

a) A ∩ D   b) A ∩ B   c) A ∩ C   d) B ∩ C
e) C ∩ ∅   f) B ∩ D   g) A ∩ C ∩ D   h) A ∩ B ∩ C ∩ D

68 Determinar

a) A ∪ D   b) A ∪ B   c) A ∪ C   d) B ∪ C
e) B ∪ ∅   f) B ∪ C ∪ D

69 Determinar

a) A − B   b) B − A   c) A − C   d) C − A   e) A − D
f) D − A   g) A − ∅   h) ∅ − A   i) B − C   j) C − B

70 Efetuar

a) C_A^B b) C_A^C c) C_A^D d) $C_A^\varnothing$ e) C_C^C
f) C_C^B g) C_D^B h) C_B^A i) C_C^A

71 Efetuar:

a) $A - (B \cup C)$
b) $\complement_A^{(C \cap A)}$
c) $A - (B \cap C)$.

72 Definição: Chama-se diferença simétrica dos conjuntos B e D ao conjunto $B \triangle D = (B - D) \cup (D - B)$
Nessas condições, determine:
a) $B \triangle D$
b) $(B \cup D) - (B \cap D)$

73 Efetuar:

a) $B \cap (C \cup D)$
b) $(B \cap C) \cup (B \cap D)$

74 Efetuar:

a) $A \cup (B \cap D)$
b) $(A \cup B) \cap (A \cup D)$

75 No diagrama de Venn seguinte, hachurar as regiões que determinam o conjunto $A \triangle B = (A - B) \cup (B - A)$, chamado de diferença simétrica de A e B.

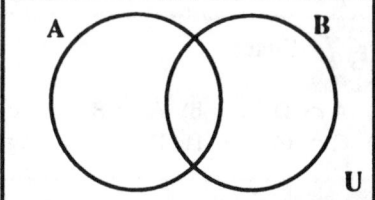

76 Dados os conjuntos $U = \{x \in \mathbb{N} \mid x \leq 10\}$, $A = \{0, 1, 4, 6, 7, 8, 9\}$ e $B = \{0, 1, 2, 3, 6\}$, fazer um diagrama e, em seguida, determinar:

a) $n(A \cap B)$
b) $n(A \cup B)$
c) $n(\overline{A})$
d) $n(\overline{B})$
e) $n(\overline{A \cap B})$
f) $n(\overline{A \cup B})$

77 Utilizando-se do diagrama ao lado, verifique que a igualdade $n(A \cup B \cup C) = n(A) + n(B) + n(C) - n(A \cap B) - n(A \cap C) - n(B \cap C)$ nem sempre é verdadeira. Em seguida, complete tal igualdade de modo que ela se torne sempre verdadeira, quaisquer que sejam os conjuntos A, B e C.

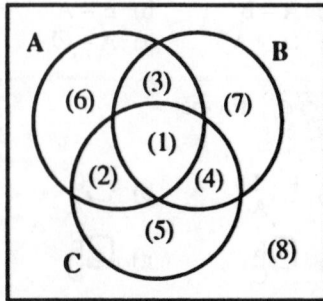

78 Numa classe com 50 alunos sabe-se que: 26 falam francês, 31 falam inglês, 8 não falam francês e nem inglês. Nessas condições pergunta-se:
a) quantos falam francês ou inglês?　　b) quantos falam as duas línguas?

79 Sobre três conjuntos A, B e C finitos, sabe-se que:
$n(A \cap B \cap C) = 4$, $n(A \cap B) = 6$, $n(A \cap C) = 7$, $n(B \cap C) = 14$, $n(A) = 15$, $n(A \cup B) = 34$, $n(B \cup C) = 41$.
Nestas condições, determinar:
a) $n(B)$　　　　　　　c) $n(A \cup B \cup C)$　　　　e) $n(C - A)$
b) $n(C)$　　　　　　　d) $n(A - B)$　　　　　　　f) $n[(A \cap B) - C]$

80 Sendo A e B subconjuntos de U tais que $n(A) = 9$, $n(B) = 11$, $n(A \cap B) = 5$, $n(U) = 22$, determinar:
a) $n(A \cup B)$　　b) $n(A - B)$　　c) $n(B - A)$　　d) $n(\overline{A \cup B})$

81 Dados os conjuntos $A = \left]-3, -\frac{1}{3}\right[\cup \left[\frac{\pi}{5}, +\infty\right[$ e

$B = \left]-\infty, -\frac{2}{3}\right[\cup \left]\frac{\sqrt{3}}{3}, \frac{\sqrt{2}}{2}\right]$, determinar:

a) $A \cap B$　　b) $A \cup B$　　c) $A - B$　　d) $B - A$

82 Dados os conjuntos $A = \{x \in \mathbb{R} \mid x \geq \frac{17}{10}\}$, $B = \{x \in \mathbb{R} \mid \sqrt{5} < x \leq e \lor x > \pi\}$

e $C = \{x \in \mathbb{R} \mid \sqrt{3} < x \leq \sqrt{5} \lor \frac{5}{2} < x < \pi\}$, determinar o conjunto $M = \overline{C_A^C} - C_A^B$.
Obs.: $U = \mathbb{R}$

83 Dados os conjuntos $A = \{x \in \mathbb{R} \mid -\frac{7}{4} < x \leq \sqrt{2}\}$,

$B = \{x \in \mathbb{R} \mid -\frac{7}{4} \leq x < 0,25 \lor 0,\overline{3} \leq x < 2\}$ e $C = \{x \in \mathbb{R} \mid -1 \leq x < \sqrt{2}\}$,

determinar o conjunto C_A^X onde $X = (A - C) \cup (B \cap C)$

84 Dados os conjuntos $A = \{1, 3\}$, $B = \{-2, 1, 2\}$ e $C = \{-1, 0, 1, 4\}$, determinar por enumeração e representar graficamente os seguintes conjuntos:
a) $A \times B$　　　　b) $B \times A$　　　　c) $A \times A$　　　　d) B^2
e) $A \times C$　　　　f) $C \times A$　　　　g) $B \times C$　　　　h) $C \times B$

Exercícios de Matemática - vol 1

85 Dados os conjuntos A = {−2, 1}, B = [2, 4], C = [−1, 3 [e D =] 0, 2 [, representar graficamente os conjuntos:
a) A × B   b) B × A   c) A × C   d) C × A   e) A × D
f) D × A   g) A × **R**   h) **R*** × A   i) **R**$_+$ × A   j) A × **R**$_-^*$
k) **R** × **R**   l) **R**$_+$ × **R**$_+$ m) **R**$_-$ × **R**$_+$ n) B × C   o) B × D
p) C × D   q) B^2 r) D^2

86 Dados os conjuntos A = {1, 2, 4}, B = {x ∈ **R** | x ≥ −1} e C = {x ∈ **R** | x < 2}, representar graficamente:
a) A × B   b) B × A   c) A × C   d) C × A
e) B × C   f) C × B   g) B × **R**$_+$

Exercícios Suplementares

87 Determinar todos os conjuntos A tais que {4, 5} ⊂ A ⊂ {0, 4, 5, 6}

88 Dados os conjuntos A = {x ∈ N | 1 ≤ x ≤ 8} e B = {x ∈ N | x < 40}, determinar o número de subconjuntos de:
a) A   b) B

89 Sabendo que o conjunto A tem 30 elementos, dizer se A pode ser o conjunto das partes de um conjunto X qualquer. Justificar.

90 Dizer se é verdadeiro ou falso:
a) Se A ⊂ B então A ∩ B = A   b) Se A ⊂ B então A ∪ B = B
c) Se A ⊂ B então A − B = A   d) Se A ⊂ B então A − B = ∅
e) Se A ⊂ B então B − A = ∅   f) Se A ∩ B = ∅ então A − B = A
g) A ∩ ∅ = A, ∀ A   h) A ∪ ∅ = A, ∀ A
i) Se A ∩ B = ∅ então n (A ∪ B) = n (A) + n (B)*
j) ∅ ⊂ A, ∀ A

*Lembre-se: n(A) = número de elementos de A.

91 Dados os conjuntos U = {x ∈ N | x < 14}, A = {0, 1, 2, 3, 7, 9, 12, 13}, B = {0, 1, 2, 5, 8, 9, 10} e C = {0, 2, 4, 7, 8}, determinar os conjuntos
a) X = [(A ∩ B) − C] ∪ $\overline{(A ∪ B ∪ C)}$
b) Y = {[(B ∩ C) − A] ∪ [(A ∩ C) − (A ∩ B)]} ∪ (A ∩ B ∩ C) ∪ [C − (A ∪ B)]
c) $\overline{X} ∩ \overline{Y}$

92 Dados os conjuntos A = {1, 5, 9}, B = {1, 6, 7, 8, 9} subconjuntos de U = {x ∈ N | 0 < x < 10}, determinar:
a) $\overline{A \cap B}$ b) $\overline{A \cup B}$ c) $\overline{A} \cup \overline{B}$ d) $\overline{A} \cap \overline{B}$

93 No diagrama ao lado, hachurar as regiões que determinam
$(B - D) \cup \{[(C \cap A) \cup (A \cap B)] - D\} \cup (D - A)$

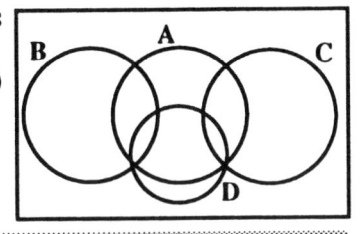

94 Sendo A e B subconjuntos de U, tais que: n(A) = 80, n(B) = 60, n(A ∪ B) = 117 e n(U) = 200, determinar:
a) $n(\overline{A \cup B})$ b) n(A - B)   c) n(B - A)   d) n(A ∩ B)

95 Sendo A e B conjuntos finitos tais que: n(A) = 30, n(A ∪ B) = 60 e n(A ∩ B) = 20, determinar:
a) n(B)   b) n(B - A)   c) n(A - B)

96 Os conjuntos A, B e C são tais que: n(A) = 17, n(B) = 20, n(C) = 15, n(A∩B) = 7, n(A∩C) = 5, n(B∩C) = 6 e n(A∪B∪C) = 36, determinar:
a) n(A ∩ B ∩ C)   b) n(A - B)   c) n[A - (B ∪ C)]   d) n[A - (B ∩ C)]

97 Representar graficamente no plano cartesiano o conjunto dos pontos P = (x, y) tais que:
a) x = 2   b) x = –3   c) y = 1   d) y = –2
e) x ∈ R | x ≥ –2   f) y ∈ R | y < 3   g) x ∈ R | –1 < x ≤ 2

98 Considerando os conjuntos A = {1,3}, B = {–2,1,2} e C = {–1,0,1,4}, determinar por enumeração os conjuntos:
a) A × B × C   b) A × A × A = A^3
Sugestão: fazer uma "árvore de possibilidades".

99 Dados os conjuntos A = [1, 3], B =] 1, 5], C = [2, 4 [e D =] 3, 6 [, representar graficamente:
a) (A × B) – (C × D)   b) (C × D) – (A × B)
c) (A × B) ∩ (C × D)   d) (A × B) ∪ (C × D)

100 Dados os conjuntos A = [–1, 4], B =] –3, 3 [, C =] 1, 2] e D = [–1, 4], representar graficamente:

a) $(A \times B) - (C \times D)$
b) $(C \times D) - (A \times B)$
c) $(A \times B) \cap (C \times D)$
d) $(A \times B) \cup (C \times D)$

101 Dados os conjuntos $A = [\,1, 5\,]$, $B = [\,-2, 5\,]$, $C = [\,3, 4\,[$ e $D = \,]\,2, 4]$, representar graficamente:

a) $(A \times B) - (C \times D)$
b) $(C \times D) - (A \times B)$
c) $(A \times B) \cap (C \times D)$
d) $(A \times B) \cup (C \times D)$

Capítulo 2

Números

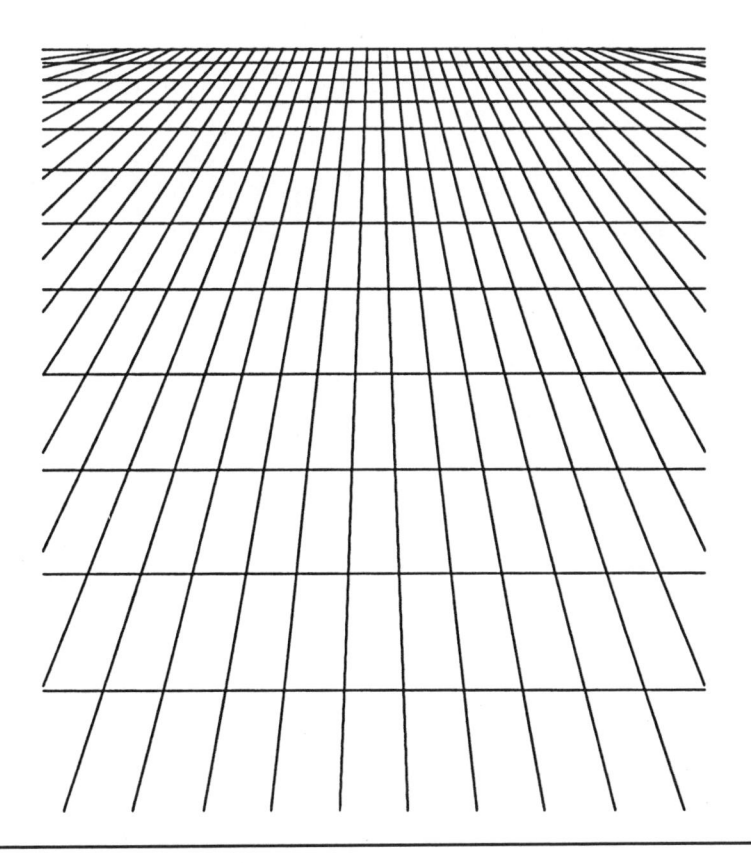

A - Introdução

Em matemática elementar consideramos os números reais como conceitos primitivos que satisfazem um certo número de propriedades chamadas axiomas. Todas as outras propriedades que enunciamos podem ser deduzidas dos axiomas. Se não for dito nada em contrário, as letras a, b, c, d ... x, y, z que aparecem nos axiomas representam números reais quaisquer.

Os axiomas que enunciamos dizem respeito a duas operações, que aqui nesta abordagem não definiremos, que são a adição e a multiplicação. A adição é a operação que forma, a partir de dois números reais a e b, um único número real designado por a + b que é chamado soma de a com b. E a multiplicação é a operação que forma, a partir de dois números reais a e b, um único número real designado por ab ou (a.b) que é chamado produto de a por b.

$$\{a,b\} \subset \mathbf{R} \Rightarrow \begin{cases} \exists\, s \in \mathbf{R} \mid s = a+b \\ \exists\, p \in \mathbf{R} \mid p = ab \end{cases}$$

Note que:

$$\begin{cases} a+b = s \land a+b = s' \Rightarrow s = s' \\ ab = p \land ab = p' \Rightarrow p = p' \end{cases}$$

A.1 Axiomas

A1) Propriedade comutativa da adição $\qquad$ **a + b = b + a**

A2) Propriedade associativa da adição $\qquad$ **(a + b) + c = a + (b + c)**

A3) Propriedade comutativa da multiplicação $\qquad$ **ab = ba**

A4) Propriedade associativa da multiplicação $\qquad$ **(ab) c = a (bc)**

A5) Existência do elemento neutro para a adição

   Existe um número real que se indica por 0 tal que $\qquad$ **0 + a = a + 0 = a**

A6) Existência do elemento neutro para a multiplicação

   Existe um número real que se indica por 1, diferente de 0, tal que

   $\qquad$ **1 . a = a . 1 = a**

A7) Existência do oposto (ou inverso aditivo)

   Para cada número real a, existe um número real, que se indica por – a tal que $\qquad$ a + (– a) = (– a) + a = 0

onde o número 0 é o mesmo do A5

A8) Existência do recíproco (ou inverso multiplicativo)

Para cada número real a ≠ 0, existe um número real, que se indica por

$\dfrac{1}{a}$ (ou por a^{-1}) tal que $\qquad a \cdot \dfrac{1}{a} = \dfrac{1}{a} \cdot a = 1$

A9) Propriedade distributiva $\qquad$ a (b+c) = ab + ac

Nota: *Se a = b, quando considerarmos os números reais a e c, é o mesmo que considerarmos os números reais b e c. Então dados: o número real a = b e o número real c, podemos afirmar que a soma a + c e a soma b + c são somas de mesmos pares de números reais e como para cada par de números reais, existe um único número real que é a sua soma, obtemos que a + c = b + c. Analogamente obtemos que se a = b então ac = bc. Então:*

$$a = b \Rightarrow a + c = b + c$$
$$a = b \Rightarrow ac = bc$$

A.2 - Definição de Subtração

Dados a e b, subtrair b de a, que significa também achar a diferença entre a e b, que designaremos por a – b, definimos por

$$a - b = a + (- b)$$

Uma vez que a soma existe para quaisquer número reais, a existência de a – b depende então da existência de –b para cada b, o que já está afirmando no axioma 7.

A. 3 - Definição de Divisão

Dados a e b com b ≠ 0, dividir a por b, que significa também achar o quociente entre a e b, que designaremos por $\dfrac{a}{b}$, definimos por

$$\dfrac{a}{b} = a \cdot \dfrac{1}{b}. \text{ Lembre-se que } \dfrac{1}{b} = b^{-1}$$

Uma vez que o produto existe para quaisquer número reais, a existência de $\dfrac{a}{b}$ depende da existência de $\dfrac{1}{b}$ para cada b ≠ 0, o que já está afirmado no axioma 8.

A.4 - Propriedades

Usando os axiomas dados e as definições, provam-se as propriedades a seguir.
E os axiomas e as propriedades mostram-nos como escrever e simplificar as expressões dadas nos exercícios deste capítulo.

(P-01) Propriedade de simplificação para a adição
$a + b = a + c \Rightarrow b = c$

(P-02) $b + x = a \Rightarrow x = a - b$

(P-03) $a - b = 0 \Rightarrow a = b$

(P-04) Propriedade de simplificação para a multiplicação
$ab = ac, a \neq 0 \Rightarrow b = c$

(P-05) $b \neq 0, bx = a \Rightarrow x = \dfrac{a}{b}$

(P-06) $\dfrac{a}{b} = 1 \Rightarrow a = b$

(P-07) $0 - a = -a$

(P-08) $-0 = 0$

(P-09) $a \cdot 0 = 0$

(P-10) $\dfrac{0}{a} = 0$, se $a \neq 0$

(P-11) $a \cdot b = 0 \Rightarrow a = 0 \vee b = 0$

(P-12) $-(-a) = a$

(P-13) $(-a) b = -(ab)$

(P-14) $(-a) b = a (-b)$

(P-15) $(-a)(-b) = ab$

(P-16) $a (b - c) = ab - ac$

(P-17) $-(a + b) = -a - b$

(P-18) $-(a-b) = -a+b$

(P-19) $a-b = b-a \Rightarrow a = b$

(P-20) $1^{-1} = 1$

(P-21) O número 0 não tem recíproco. Isto é: não existe 0^{-1} ou $\dfrac{1}{0}$. Como $\dfrac{a}{b}$ foi definido por $a \cdot b^{-1}$, uma vez que não existe 0^{-1}, não existirá também $\dfrac{a}{0}$. Logo a divisão por 0 é indefinida.

(P-22) $\left(a^{-1}\right)^{-1} = a$, se $a \neq 0$

(P-23) $(ab)^{-1} = a^{-1} b^{-1}$, se $a \neq 0$, $b \neq 0$

(P-24) $\dfrac{a}{b} = \dfrac{ac}{bc}$, se $b \neq 0$, $c \neq 0$

(P-25) $\dfrac{a}{b} + \dfrac{c}{d} = \dfrac{ad+bc}{bd}$, se $b \neq 0$, $d \neq 0$

(P-26) $\dfrac{a}{b} \cdot \dfrac{c}{d} = \dfrac{ac}{bd}$, se $b \neq 0$, $d \neq 0$

(P-27) $\dfrac{\frac{a}{b}}{\frac{c}{d}} = \dfrac{ad}{bc}$, se $b \neq 0$, $c \neq 0$, $d \neq 0$

(P-28) $\dfrac{a}{b} = \dfrac{c}{d} \Leftrightarrow ad = bc$, se $b \neq 0$, $d \neq 0$

(P-29) $-\left(\dfrac{a}{b}\right) = \dfrac{-a}{b} = \dfrac{a}{-b}$, se $b \neq 0$

(P-30) $\dfrac{a}{b} - \dfrac{c}{d} = \dfrac{ad-bc}{bd}$, se $b \neq 0$, $d \neq 0$

Nota: As operações elementares: potenciação e radiciação, com as respectivas propriedades serão vistas nos capítulos 3 e 4.

As demonstrações seguintes, que apresentaremos como exemplos, possuem um certo grau de dificuldade exigindo do leitor um certo nível de abstração e afinidade com o assunto. Elas estão aqui apenas como ilustração e não com a convicção que sejam abordadas num curso de colegial.

Nas demonstrações a seguir, além dos axiomas e convenções adotadas anteriormente, usamos as seguintes propriedades da igualdade:

a) propriedade reflexiva: $x = x$
b) propriedade simétrica: $x = y \Rightarrow y = x$
b) propriedade transitiva: $x = y \wedge y = z \Rightarrow x = z$

Exemplos

(P-01) Propriedade de simplificação para a adição
$a + b = a + c \Rightarrow b = c$

Demonstração
$a + b = a + c \Rightarrow$
$\Rightarrow (-a) + (a + b) = (-a) + (a + c)$ (somamos o oposto de a a ambos os membros da igualdade)
$\Rightarrow [(-a) + a] + b = [(-a) + a] + c$ (propriedade associativa)
$\Rightarrow 0 + b = 0 + c$ (lembrando que $a + (-a) = 0$)
$\Rightarrow b = c$ (0 é elemento neutro)

Então: $a + b = a + c \quad \Rightarrow \quad b = c$

(P-04) Propriedade de simplificação para a multiplicação
$ab = ac, a \neq 0 \Rightarrow b = c$

Demonstração
$ab = ac \Rightarrow$

$\dfrac{1}{a} \cdot (ab) = \dfrac{1}{a}(ac)$ (multiplicamos pelo recíproco de a ambos os membros)

$\left(\dfrac{1}{a} \cdot a\right) b = \left(\dfrac{1}{a} \cdot a\right) c$ (associativa)

$1 b = 1 c$ (lembrando que $\dfrac{1}{a} \cdot a = 1$)
$b = c$ (elemento neutro)
Então: $ab = ac, a \neq 0 \quad \Rightarrow \quad b = c$

(P-07) Mostrar que: $0 - a = -a$
Demonstração
$0 - a = 0 + (-a)$ (Def. de diferença)
$\Rightarrow 0 - a = -a$ (0 é elemento neutro)

(P-08) Mostrar que: $-0 = 0$

Demonstração
Sabemos que $a + (-a) = 0$. Para $a = 0$ obtemos: $0 + (-0) = 0$

$\Rightarrow -0 = 0$ (Lembrando que $0 + (-0) = -0$)

(P-09) Mostrar que: $a \cdot 0 = 0$
Demonstração
Note que $a \cdot 0 + a \cdot 0 = a(0+0)$
              $a \cdot 0 + a \cdot 0 = a \cdot 0$
              $[a \cdot 0 + a \cdot 0] + [-(a \cdot 0)] = a \cdot 0 + [-(a \cdot 0)]$
              $a \cdot 0 + \{a \cdot 0 + [-(a \cdot 0)]\} = a \cdot 0 + [-(a \cdot 0)]$
              $a \cdot 0 + 0 = 0$
              $a \cdot 0 = 0$

(P-11) Mostrar que: $ab = 0 \Rightarrow a = 0 \vee b = 0$
Demonstração
Vejamos o que ocorre quando $a \neq 0$:
$ab = 0 \Rightarrow$

$\Rightarrow \dfrac{1}{a}(ab) = \dfrac{1}{a} \cdot 0$

$\Rightarrow (\dfrac{1}{a} \cdot a) b = 0$

$\Rightarrow 1 \cdot b = 0 \Rightarrow b = 0$
Então se $a \cdot b = 0$ e $a \neq 0$ obtemos que $b = 0$.
Analogamente, se $b \neq 0$ obtemos que $a \cdot b = 0 \Rightarrow a = 0$
Logo, $a \cdot b = 0 \Rightarrow a = 0 \vee b = 0$
podendo eventualmente ser $a = 0$ e $b = 0$

(P-12) Provar que o oposto de $(-a)$ é igual a $\underline{a}$, isto é:

        $-(-a) = a$

Demonstração
O oposto de $(-a)$ é um número x tal que:
$(-a) + x = 0$. Determinemos x
$(-a) + x = 0 \Rightarrow$
$\Rightarrow a + [(-a) + x] = a + 0$ (somamos a a ambos os membros)
$\Rightarrow [a + (-a)] + x = a + 0$ (associativa)
$0 + x = a + 0$ (Lembrando que $a + (-a) = 0$)
$x = a$ (elemento neutro)

Então o oposto de $(-a)$ é a, isto é: $-(-a) = a$

(P-13) Provar que $(-a) b = -(ab)$

Demonstração
Note que $(-a) b + ab = [(-a) + a] b$ (propriedade distributiva)
$\Rightarrow (-a) b + a b = 0 \cdot b$

$\Rightarrow (-a)b + ab = 0$ (Lembrando que $0 \cdot x = 0, \forall x$)
$\Rightarrow [(-a)b + ab] + [-(ab)] = 0 + [-(ab)]$
$\Rightarrow (-a)b + \{ab + [-(ab)]\} = -(ab)$
$\Rightarrow (-a)b + 0 = -(ab)$
$\Rightarrow (-a)b = -(ab)$

Observação: Observando as propriedades demonstradas, procure demonstrar as restantes.

B – Números Naturais

$N = \{0, 1, 2, 3, 4, 5, 6, 7, 8, 9, 10, 11, ...\}$

O conjunto dos números naturais N é um subconjunto do conjunto dos reais, isto é, todo número natural é real.

Observações:

1ª) No conjunto dos números naturais não vale o axioma 7, isto é, dado um número natural a, com $a \neq 0$, não existe número x em N, tal que $a + x = 0$ (o oposto ou simétrico de um número natural diferente de 0, não é natural).

2ª) No conjunto dos números naturais não vale o axioma 8, isto é, dado um número natural a, com $a \neq 1$, não existe número x em N tal que $a \cdot x = 1$.

3ª) A diferença entre dois números naturais nem sempre é um número natural: $5 - 2 = 3 \in N$ mas $2 - 5 = -3 \notin N$

4ª) O quociente entre dois números naturais nem sempre é um número natural

$$\frac{6}{3} = 2 \in N \text{ mas } \frac{3}{6} = \frac{1}{2} \notin N.$$

B.1 – Divisor e Múltiplo em N

Dados dois números naturais a e b, se $\frac{a}{b} \in N$ dizemos que **b** é divisor de **a**, que **a** é multiplo de **b** e que **a** é divisível por **b**.

Exemplos:

1ª) $\frac{6}{2} = 3 \in N \begin{cases} 2 \text{ é divisor de } 6 \\ 6 \text{ é múltiplo de } 2 \end{cases}$

2ª) $\frac{0}{7} = 0 \in N \begin{cases} 7 \text{ é divisor de } 0 \\ 0 \text{ é múltiplo de } 7 \end{cases}$

3ª) $\frac{3}{2} \notin N \begin{cases} 2 \text{ não é divisor de } 3 \\ 3 \text{ não é múltiplo de } 2 \end{cases}$

B.2 – Divisibilidade (alguns critérios)

I) 2 - Um número natural é divisível por 2 se o algarismo da ordem das unidades desse número for 0, 2, 4, 6, ou 8.
(Quando um número natural é divisível por 2, ele é chamado número par e se ele não o for, ele é chamado número impar.)

II) 3 - Um número é divisível por 3 se a soma de seus algarismos for divisível por 3.

III) 5 - Um número é divisível por 5 se o algarismo da ordem das unidades desse número for 0 ou 5.

IV) 6 - Um número é divisível por 6 se for divisível por 2 e por 3.

V) 9 - Um número é divisível por 9 se a soma dos seus algarismos for divisível por 9.

VI) 4 - Um número é divisível por 4 se o número formado pelos dois últimos algarismos for divisível por 4.

VII) Um número é divisível por:
12 se for divisível por 3 e 4.
15 se for divisível por 3 e 5.
18 se for divisível por 2 e 9.

Generalizando: Se a e b são primos entre si (ver definição de primos no ítem C.3) então se um número for divisível por a e b, ele será divisível também por ab.

Exemplos
1º) 1548 é divisível por:
2 (termina em 8)
3 (1 + 5 + 4 + 8 = 18 que é divisível por 3).
4 (48 é divisível por 4)
6 (é por 2 e por 3)
9 (1 + 5 + 4 + 8 = 18 que é divisível por 9)
12 (é por 3 e por 4)
18 (é por 2 e por 9)
36 (é por 4 e por 9)
1548 tem outros divisores que agora não nos interessam.

2º) 1980 é divisível por 2, 3, 4, 5, 6, 9, 10, 12, 15, 18, 20, 30, 36, 45, 60, 90, 180 e outros num total de 36 divisores naturais.

B.3 – Algoritmo da divisão (em N)

Sejam a e b número naturais, com $b \neq 0$, então existem números naturais q e r, únicos, tais que

$$\boxed{a = b \cdot q + r} \quad e \quad \boxed{r < b}$$

Os números q e r chamam-se quociente e resto da divisão de a por b. Se o resto for igual a 0, diremos que a é divisível por b.

Dividir a por b em N significa achar os números q e r acima mencionados.

Exemplos

Determine q e r, dados a e b, nos casos:
1º) $a = 13, b = 5 \Rightarrow 13 = 5 \cdot 2 + 3 \Rightarrow q = 2$ e $r = 3$
2º) $a = 18, b = 3 \Rightarrow 18 = 3 \cdot 6 + 0 \Rightarrow q = 6$ e $r = 0$
3º) $a = 12, b = 15 \Rightarrow 12 = 15 \cdot 0 + 12 \Rightarrow q = 0$ e $r = 12$
4º) $a = 0, b = 7 \Rightarrow 0 = 7 \cdot 0 + 0 \Rightarrow q = 0$ e $r = 0$

C – Números inteiros

$$Z = \{ ..., -4, -3, -2, -1, 0, 1, 2, 3, 4, ...\}$$

O conjunto dos números ineiros Z é um subconjunto do conjunto do reais. E o conjunto Z contém o conjunto N dos naturais. Isto é, todo número inteiro é real e todo número natural é também inteiro.

$$Z = \{ ..., -4, -3, -2, -1, \underbrace{0, 1, 2, 3, 4, ...}_{N}\}$$

Observações:

1º No conjunto dos números inteiros não vale o axioma 8, isto é, dado um número inteiro a, com $a \neq 1$ e $a \neq -1$, não existe número x em Z tal que $a \cdot x = 1$

2º) O quociente entre dois números inteiros nem sempre é um número inteiro:

$$\frac{15}{3} = 5 \in Z, \ -\frac{8}{2} = -4 \in Z, \ \frac{18}{-3} = -6 \in Z \text{ mas } \frac{-2}{7} \notin Z \text{ e } \frac{7}{-2} \notin Z.$$

C.1 – Divisor e Múltiplo

Se a e b são números inteiros, dizemos que b divide a (ou que b é divisor de a, ou também que a é múltiplo de b), se existe um inteiro c tal que $b \cdot c = a$.

Quando b divide a escrevemos b | a.

Observações:

1) Se $b \neq 0$, o inteiro c da definição é único e é chamado quociente de a por b e indicamos $c = \frac{a}{b}$.

2) Se $b = 0$, obtemos que 0 | a apenas quando $a = 0$, e para qualquer c, teremos $0 \cdot c = 0$. Como c não é o único, costumamos excluir o caso em que $b = 0$. Então quando escrevemos b | a, estaremos admitindo $b \neq 0$.

Exemplos
- 1ª) $2 \mid 6$ pois para $c = 3$ temos $2 \cdot 3 = 6$
  2 é divisor de 6 e 6 é múltiplo de 2.
- 2ª) $3 \mid 6$ pois para $c = 2$ temos $3 \cdot 2 = 6$
  3 é divisor de 6 e 6 é múltiplo de 3.
- 3ª) $1 \mid 7$ pois para $c = 7$ temos $1 \cdot 7 = 7$
- 4ª) $9 \mid 9$ pois para $c = 1$ temos $9 \cdot 1 = 9$
- 5ª) $7 \mid 0$ pois para $c = 0$ temos $7 \cdot 0 = 0$
- 6ª) $3 \mid -15$ pois para $c = -5$ temos $3 \cdot (-5) = -15$
- 7ª) $-4 \mid -12$ pois para $c = 3$ temos $-4 \cdot (3) = -12$
- 8ª) $-3 \mid 21$ pois para $c = -7$ temos $(-3) \cdot (-7) = 21$

C.2 – Algoritmo da Divisão (em Z)

Sejam a e b números inteiros, com $b \neq 0$, então existem números inteiros q e r, únicos, tais que $a = bq + r$ e $0 \leq r < \mid b \mid$.

Os números q e r desta proposição são chamados respectivamente quociente e resto da divisão de **a** por **b**.

Exemplos
- 1ª) $a = 16 \wedge b = 3 \Rightarrow 16 = 3(5) + 1 \Rightarrow q = 5 \wedge r = 1$
- 2ª) $a = 23 \wedge b = 7 \Rightarrow 23 = 7(3) + 2 \Rightarrow q = 3 \wedge r = 2$
- 3ª) $a = 23 \wedge b = -7 \Rightarrow 23 = -7(-3) + 2 \Rightarrow q = -3 \wedge r = 2$
- 4ª) $a = -23 \wedge b = 7 \Rightarrow -23 = 7(-4) + 5 \Rightarrow q = -4 \wedge r = 5$
- 5ª) $a = -23 \wedge b = -7 \Rightarrow -23 = -7(4) + 5 \Rightarrow q = 4 \wedge r = 5$
- 6ª) $a = 30 \wedge b = 5 \Rightarrow 30 = 5(6) + 0 \Rightarrow q = 6 \wedge r = 0$
- 7ª) $a = 5 \wedge b = 7 \Rightarrow 5 = 7(0) + 5 \Rightarrow q = 0 \wedge r = 5$
- 8ª) $a = 0 \wedge b = 3 \Rightarrow 0 = 3(0) + 0 \Rightarrow q = 0 \wedge r = 0$
- 9ª) $a = 5 \wedge b = -7 \Rightarrow 5 = -7(0) + 5 \Rightarrow q = 0 \wedge r = 5$
- 10ª) $a = -5 \wedge b = 7 \Rightarrow -5 = 7(-1) + 2 \Rightarrow q = -1 \wedge r = 2$
- 11ª) $a = -5 \wedge b = -7 \Rightarrow -5 = -7(1) + 2 \Rightarrow q = 1 \wedge r = 2$

*Nota: Se o resto da divisão de **a** por b for 0, então diremos que **a** é divisível por b.*

C.3 – Números Primos

Um número p é chamado primo se tem apenas quatro divisores distintos 1, -1, p e $-p$.

Observe que 0, 1 e -1 não são primos.
- a) o 0 porque tem infinitos divisores
- b) o 1 e -1 porque têm apenas dois divisores distintos
  Conjunto dos números primos entre -20 e 20:
  $\{-19, -17, -13, -11, -7, -5, -3, -2, 3, 5, 7, 11, 13, 17, 19\}$

C.4 – Números Compostos

Se um número inteiro é diferente de 0, 1 e –1 não é primo, então ele é chamado número composto.

Todo número composto pode ser expresso como produto de ± por números primos positivos, de forma única, a não ser pela ordem dos fatores.
(Teorema fundamental da aritmética)

Exemplos
1º) $15 = 3.5$
2º) $12 = 2.2.3 = 2^2 . 3$
3º) $18 = 2.3.3 = 2 . 3^2$
4º) $90 = 2.3.3.5 = 2.3^2.5$
5º) $-24 = -2.2.2.3 = -2^3.3$

Para decompormos um número composto em seus fatores primos basta dividirmos o número pelo seu menor divisor primo positivo e depois irmos fazendo o mesmo com os quocientes obtidos:
Exemplo: Decomposição de 180

$$180 = 2^2 \cdot 3^2 \cdot 5$$

C.5 - Divisores

Para achar todos os divisores naturais de um número inteiro, observe o diagrama seguinte. Achemos os divisores naturais de 72.

		1
72	2	2
36	2	4
18	2	8
9	3	3, 6, 12, 24
3	3	9, 18, 36, 72
1		

Os divisores naturais de 72 são: 1, 2, 3, 4, 6, 8, 9, 12, 18, 24, 36 e 72. Então o conjunto dos divisores de 72 é:

D (72) = {±1, ±2, ±3, ± 4, ± 6, ±8, ± 9, ±12, ±18, ±24, ±36, ±72}

Para acharmos o número de divisores naturais de um número inteiro, basta multiplicarmos os sucessivos dos expoentes dos fatores primos da decomposição do número.

Exemplos
1º) $72 = 2^3 \cdot 3^2 \Rightarrow n = 4 \cdot 3 = 12$ é o número dos divisores naturais de 72.
2º) $18900 = 2^2 \cdot 3^3 \cdot 5^2 \cdot 7^1 \Rightarrow n = 3.4.3.2 = 72$ é o número de divisores naturais de 18900.

C.6 – Números primos entre si

Dois ou mais números inteiros são chamados primos entre si quando apresentam apenas 1 e –1 como divisores comuns.

Exemplos
1º) 12 e 49 são primos entre si
D(12) = {–12, – 6, – 4, –3, –2, –1, 1, 2, 3, 4, 6, 12}
D(49) = {– 49, –7, –1, 1, 7, 49}
D(12) ∩ D (49) = {–1,1} ⇒ 12 e 49 são primos entre si.

2º) 10 e 15 não são primos entre si
D(10) = {–10, –5, –2, –1, 1, 2, 5, 10}
D(15) = {–15, –5, –3, –1, 1, 3, 5, 15}
D(10) ∩ D(15) = {–5, –1, 1, 5} ⇒ 10 e 15 não são primos entre si.

C.7 – Máximo divisor comum (mdc) e Mínimo múltiplo comum (mmc)

mdc: Chamamos máximo divisor comum dos números inteiros **a** e **b**, o maior de seus divisores comuns. Designamos por mdc (a,b).

mmc: Chamamos mínimo múltiplo comum dos números inteiros **a** e **b**, o menor de seus múltiplos comuns positivos. Designamos por mmc (a,b).

Estas definições são entendidas para mais de dois números. Para acharmos o mdc e o mmc de dois ou mais números inteiros podemos fazer o seguinte:
1) Decompomos os números em fatores primos (fatoramos os números).
2) O **mdc** é o produto dos fatores primos comuns às fatorações dos números dados, tomados cada um deles com o menor expoente com que aparece nas fatorações.
3) O **mmc** é o produto dos fatores primos que aparecem em pelo menos uma das fatorações dos números dados, tomados cada um deles com o maior dos expoentes com que aparece nas fatorações.

*Nota: Se dois números inteiros **a** e **b** são primos entre si então:*

$$\begin{cases} mdc\,(a,b) = 1 \\ mmc\,(a.b) = a \cdot b \end{cases}$$

Exemplos

1º) 8 e 12
   D (8) = {−8, − 4, −2, −1, 1, 2, 4, 8}
   D (12) = {−12, − 6, − 4, −3, −2, −1, 1, 2, 3, 4, 6, 12}
   D (8) ∩ D(12) = {− 4, −2, −1, 1, 2, 4} ⇒ mdc (8, 12) = 4
   M (8) = {....− 24, − 16, − 8, 0, 8, 16, 24, 32, 40, 48 ...}
   M (12) = {..., −24, −12, 0, 12, 24, 36, 48, 60, ...}
   M (8) ∩ M (12) = {...., −24, 0, 24, 48, ...} ⇒ mmc (8, 12) = 24

2º) 8 e 9 (Note que 8 e 9 são primos entre si)
   D (8) = { −8, − 4, −2, −1, 1, 2, 4, 8}
   D (9) = { − 9, −3, −1, 1, 3, 9}
   D (8) ∩ D (9) = {−1, 1} ⇒ mdc (8, 9) = 1
   M (8) = {...., − 16, − 8, 0, 8, 16, 24, 32, 40, 48, 56, 64, 72, 80, ...}
   M (9) = {...., −18, − 9, 0, 9, 18, 27, 36, 45, 54, 63, 72, 81, 90...} ⇒
   mmc (8, 9) = 72

Nota: Como 8 e 9 são primos entre si, então:

$$\begin{cases} mdc\,(8,9) = 1 \\ mmc\,(8,9) = 8 \cdot 9 = 72 \end{cases}$$

3º) 96 e 144

$$\begin{cases} 96 = 2^5 \cdot 3^1 \\ 144 = 2^4 \cdot 3^2 \end{cases} \Rightarrow \begin{cases} mdc\,(96,144) = 2^4 \cdot 3^1 = 48 \\ mmc\,(96,144) = 2^5 \cdot 3^2 = 288 \end{cases}$$

4º) 260, 840 e 3300

$$\begin{cases} 260 = 2^2 \cdot 5 \cdot 13 \\ 840 = 2^3 \cdot 3 \cdot 5 \cdot 7 \\ 3300 = 2^2 \cdot 3 \cdot 5^2 \cdot 11 \end{cases} \Rightarrow$$

$$\Rightarrow \begin{cases} mdc\,(260, 840, 3300) = 2^2 \cdot 5 = 20 \\ mmc\,(260, 840, 3300) = 2^3 \cdot 3 \cdot 5^2 \cdot 7 \cdot 11 \cdot 13 = 600600 \end{cases}$$

Exercícios

102 Efetuar

a) 5 + 7   b) 13 + 5   c) 11 + 13   d) 9 – 3   e) 14 – 6
f) 27 – 13   g) – 3 – 4   h) – 5 – 7   i) – 12 – 5   j) – 9 + 2
k) – 5 + 7   l) + 7 – 3   m) + 2 – 8   n) + 9 – 9   o) – 8 + 8
p) – 13 + 4   q) 7 – 11   r) 9 – 17

103 Simplificar

a) 2 + 3 + 4 + 5 + 6 + 7   b) – 3 – 4 – 6 – 5 – 7 – 3
c) 10 + 12 + 13 + 15 + 25   d) – 17 – 13 – 3 – 7 – 23
e) – 1 – 2 – 3 + 4 + 5 + 6   f) 4 + 5 + 7 – 3 – 9 – 8
g) – 2 + 3 – 4 + 7 – 8 + 9   h) –11 + 8 – 13 + 7 – 15 + 9

104 Simplificar as expressões:

a) 7 + 2   b) –10 – 8   c) 7 + 9   d) –5 – 4 – 7
e) 4 + 5 + 6 + 7 f) – 8 + 6   g) – 5 + 2   h) – 17 + 8
i) 7 – 5   j) 8 – 13   k) –11 + 11   l) –17 + 36
m) –2 + 4 – 5 + 6 – 7 – 8 – 13   n) 7 – 2 – 1 + 6 – 3 – 5 + 13 – 17
o) 9 – 3 – 5 – 1 – 6 – 7 – 8 + 3 – 2 + 5 – 4 + 15

105 Simplificar

a) – (–3) + (–7)   b) +(–5) – (–8)   c) (–7) – (–9)
d) (–9) – (+4)   e) (–6) + (–10)   f) (–8) – (+10)

106 Simplificar

a) (–5) – (–3) + (–2) – (+7)   b) –(–2) – (–3) + (+5) – (–9)
c) (–5) + (–2) – (–4) + (–7)   d) +(–2) + (–7) – (–3) – (+8)
e) (–2 + 7) – (–5 + 9)   f) –(–3+4) – (–5 + 6)

107 Efetuar:

a) –(–2) – (–3)   b) (–7) – (+ 9)   c) – (+7) + (–5)
d) (–2) + (–3) – (+ 4) – (–7)   e) – 6 – (–3) + (–5) – (+7)

108 Simplificar as expressões:

a) $-3-(-3+2)-5$
b) $5+(-5+2)-3-(-7+7)$
c) $(-3+5)-(-7+16)$
d) $-(-2+7)-[-2+(-3-1)]-8$
e) $-3-2-\{-4+2-[3-1-(+5-6)+2]-5\}-6$
f) $-1-(-5+2)-[-5-(3-7)]-\{-5+[-4-(-2-1)]\}$
g) $-2-(-3+4)-\{-5-(-2+5)-[-3-(-2+7)-(1-7)]\}$

109 Achar os produtos:

a) $(+5)(+8)$ b) $(-5)(-7)$ c) $(-8)(+6)$ d) $(+3)(-4)$ e) $-5(-3)$
f) $-4(5)$ g) $+7(-8)$ h) $-9(-7)$ i) $+8(+9)$

110 Achar os produtos:

a) $(-3)(-5)$ b) $(-7)(8)$ c) $(9)(-7)$ d) $(-6)(-9)$ e) $-7(11)$
f) $41(3)$ g) $0(-13)$ h) $-13(-23)$ i) $(-2)(-3)(5)$
j) $(-3)(-5)(-2)$ k) $-2(-1)(-7)(-3)$
l) $5(-2)(-6)(-4)$

111 Simplificar as expressões:

a) $(-2+9)(-1-7)$
b) $(-5-1-2)(-4+9)$
c) $-2(-1+3)(-5+1)(7-5)$
d) $-3(-2)(-1-2)(-5+6-4)$

112 Achar os quocientes

a) $(-16):(-8)$ b) $(-20):(+5)$ c) $(+18):(+9)$ d) $(+32):(-4)$ e) $-26:(-13)$
f) $-52:(+2)$ g) $+56:(-8)$ h) $-63:9$ i) $-72:(-8)$

113 Achar os quocientes:

a) $\dfrac{-8}{-4}$ b) $\dfrac{-24}{12}$ c) $\dfrac{48}{-16}$ d) $\dfrac{72}{18}$ e) $\dfrac{-144}{-36}$
f) $(-18):(-9)$ g) $-100:(-25)$ h) $-144:(24)$
i) $216:(-36)$ j) $169:(-13)$ k) $\dfrac{100:(-5)}{-4}$
l) $\dfrac{(-120):5}{108:(-36)}$ m) $\dfrac{-54:(-27)}{-17:17} : \dfrac{60:(-5)}{-216:36}$ n) $34:\{24:[-144:(-12)]\}$

114 Simplificar as expressões:

a) $(-5-7):(-5+1)$
b) $(-20+2):(-2-7)$
c) $(-1-7+20):(-3-5+2)$
d) $(1-22-9):(-2+7-20)$

115 Simplificar:

a) $-2(-1+5)+3(-4+1)-2(-1+2)-3(-1-3)$
b) $-2-\{-3-2(2-3)-2[-3(-2+4)-4(-5+6)-5]-3(-2+6)-2\}-2(5-3)$
c) $3\{-4:(-3+1)-8:[6:(-5+3)-12:(-5+9)-72:(-21+3)]\}-51:(-17)$

116 Dados os números 96, 2745, 43524 e 6420, sem efetuar a divisão, dizer quais são divisíveis por:

a) 2   b) 3   c) 4   d) 5   e) 6   f) 9

117 Dados os números 1260, 1440, 1998 e 4590, sem efetuar a divisão, dizer quais são divisíveis por:

a) 12   b) 15   c) 18   d) 45

118 Dados os números 3024, 7056, 3920 e 11088 efetuando a divisão apenas po 7 ou por 11, quando for necessário, dizer quais são divisíveis por:

a) 21   b) 28   c) 35   d) 42   e) 63   f) 132

119 Determinar o quociente q e o resto r da divisão, em Z, de a por b nos casos:

a) $a = 19, b = 5$
b) $a = 32, b = 4$
c) $a = 3, b = 5$
d) $a = 0, b = 9$
e) $a = 25, b = 9$
f) $a = 25, b = -9$
g) $a = -25, b = 9$
h) $a = -25, b = -9$
i) $a = 11, b = 15$
j) $a = 11, b = -15$
k) $a = -11, b = -15$
l) $a = -11, b = 15$

120 Decompor (ou fatorar) os números inteiros:

a) 12   b) 18   c) 90   d) 300   e) 504

121 Achar os divisores naturais de:

a) 18   b) 20   c) 36   d) 48

122 Achar o número de divisores naturais de:

a) 360   b) 450   c) 350   d) 495

123 Achar os divisores de:

a) 12   b) 30   c) 45

124 Achar o mdc e o mmc, decompondo separadamente cada número, nos casos:

a) 24 e 60   b) 70 e 99   c) 108 e 144   d) 504 e 540

✓ **Faça também os Exercícios de Fixação 155 → 163**

D - Números Racionais

Número racional é todo número real que pode ser posto na forma $\frac{a}{b}$ onde a e b são inteiros quaisquer, com $b \neq 0$.

O conjunto Q dos números racionais é um subconjunto de R

$$Q = \{ x \mid x = \frac{a}{b} \wedge (a, b) \in Z \times Z^* \}$$

Observações:
1º) Todo número inteiro é também racional, pois todo inteiro a, pode ser escrito $a = \frac{a}{1}$. Então, Z é um subconjunto de Q.

2º) Se a é múltiplo de b, a fração $\frac{a}{b}$ é número racional inteiro.

3º) Se a não for múltiplo de b, a fração $\frac{a}{b}$ não é inteiro, a fração $\frac{a}{b}$ é número racional fracionário ($\frac{a}{b}$ é chamada fração ordinária).

4º) Cada número racional pode ser representado por infinitas frações:
Exemplos:

$$\frac{2}{3} = \frac{4}{6} = \frac{6}{9} = \frac{8}{12} = \ldots$$

$$-\frac{1}{2} = -\frac{4}{8} = -\frac{7}{14} = \ldots$$

$$5 = \frac{5}{1} = \frac{10}{2} = \frac{15}{3} = \ldots$$

5º) Todo número racional $\frac{a}{b}$ pode ser posto na forma $\frac{p}{q}$, com $p \in Z$ e $q \in N^*$, de modo que p e q sejam primos entre si ($\frac{p}{q}$, nestas condições, é chamado fração irredutível).
Exemplos

$\frac{8}{12} = \frac{2}{3}$ (2 e 3 são primos entre si)

$\frac{10}{12} = \frac{5}{6}, \frac{2}{4} = \frac{1}{2}, \frac{-9}{15} = -\frac{3}{5}, \frac{15}{5} = \frac{3}{1}$, etc

6º) Todo número racional pode ser representado por um número decimal exato ou periódico.
Exemplos

$\frac{3}{2} = 1,5$ (decimal exato)

$\frac{2}{3} = 0,666... = 0,\overline{6}$ (decimal periódico ou dízima periódica)

7º) Se a>0 e b>0, o número racional fracionário positivo $\frac{a}{b}$ é dito fração própria, se a<b e é dito fração imprópria se a>b.
Exemplos

$\frac{2}{3}, \frac{5}{7}$ e $\frac{1}{3}$ são frações próprias

$\frac{5}{2}, \frac{7}{5}$ e $\frac{11}{2}$ são frações impróprias.

8º) Uma fração imprópria pode ser escrita como a soma de um número inteiro com uma fração própria, que para simplificar a notação a escrevemos de um modo que é chamado número misto.
Exemplos

$\frac{5}{3} = 1 + \frac{2}{3} = 1\frac{2}{3}$

$\frac{17}{5} = 3 + \frac{2}{5} = 3\frac{2}{5}$

9º) Fração decimal é toda fração cujo denominador seja 10, 100, 1000, etc.
Exemplos

$\frac{5}{10}, \frac{31}{100}, \frac{7}{1000}$, etc

10º) *Geratriz de uma dízima periódica é a fração ordinária cuja representação decimal é essa dízima.*

Exemplo

$\frac{2}{3} = 0,666...$ $\left(\frac{2}{3} \text{ é a geratriz da dízima } 0,666...\right)$

$\frac{37}{30} = 1,2333...$ $\left(\frac{37}{30} \text{ é a geratriz da dízima } 1,2\overline{3}\right)$

11º) *Entre dois números racionais r e s distintos, há sempre um outro número racional* $\left(\frac{r+s}{2} \text{ por exemplo}\right)$.

D.1 - Simplificação

Para simplificarmos uma fração usamos a propriedade p – 24

$\frac{a}{b} = \frac{ac}{bc}$, se $b \neq 0$ e $c \neq 0$

Exemplos

1º) $\frac{15}{20} = \frac{3 \cdot 5}{4 \cdot 5} = \frac{3}{4}$

2º) $\frac{16}{24} = \frac{2 \cdot 8}{3 \cdot 8} = \frac{2}{3}$

3º) $\frac{8}{10} = \frac{4}{5}$

D.2 - Adição e Subtração

Para somarmos ou subtrairmos duas frações, usamos as propriedade 25 e 30

$\frac{a}{b} \pm \frac{c}{d} = \frac{ad \pm bc}{bd}$, se $b \neq 0$ e $d \neq 0$

Neste caso, para simplificarmos, ao invés de usarmos bd no denominador, usamos o mmc (b, d)

1º) $\frac{2}{3} + \frac{7}{4} = \frac{2 \cdot 4 + 7 \cdot 3}{3 \cdot 4} = \frac{29}{12}$

2º) $\frac{1}{8} + \frac{5}{6} = \frac{1 \cdot 6 + 5 \cdot 8}{48} = \frac{46}{48} = \frac{23}{24}$. É melhor:

$\frac{1}{8} + \frac{5}{6} = \frac{1 \cdot 3 + 5 \cdot 4}{24} = \frac{23}{24}$, onde 24 = mmc (8, 6)

3º) $\dfrac{7}{5} - \dfrac{1}{5} = \dfrac{7-1}{5} = \dfrac{6}{5}$

D.3 - Multiplicação

Para multiplicarmos duas frações, usamos a propriedade 26

$\dfrac{a}{b} \cdot \dfrac{c}{d} = \dfrac{ac}{bd}$, se $b \neq 0$ e $d \neq 0$

Exemplos:

1º) $\dfrac{5}{7} \cdot \dfrac{2}{3} = \dfrac{10}{21}$

2º) $\dfrac{2}{5} \cdot \dfrac{3}{4} = \dfrac{6}{20} = \dfrac{3}{10}$

D.4 - Divisão

Para dividirmos duas frações, usamos a propriedade 27

$\dfrac{a}{b} : \dfrac{c}{d} = \dfrac{ad}{bc}$, se $b \neq 0$, $c \neq 0$ e $d \neq 0$

Como $\dfrac{ad}{bc} = \dfrac{a}{b} \cdot \dfrac{d}{c}$,, podemos transformar a divisão $\dfrac{a}{b} : \dfrac{c}{d}$ em $\dfrac{a}{b} \cdot \dfrac{d}{c}$.

Exemplos:

1º) $\dfrac{4}{3} : \dfrac{5}{7} = \dfrac{4}{3} \cdot \dfrac{7}{5} = \dfrac{28}{15}$

2º) $\dfrac{9}{5} : 3 = \dfrac{5}{9} \cdot \dfrac{1}{3} = \dfrac{5}{27}$

3º) $\dfrac{4}{9} : \dfrac{8}{15} = \dfrac{4}{9} \cdot \dfrac{15}{8} = \dfrac{1}{3} \cdot \dfrac{5}{2} = \dfrac{5}{6}$

D.5 - Geratriz

Para achar a geratriz de uma dízima periódica podemos fazer como nos exemplos:

1º) $x = 0,666...$

$\begin{cases} 10x = 6,666... \\ x = 0,666... \end{cases}$

$9x = 6 \Rightarrow x = \dfrac{6}{9} \Rightarrow x = \dfrac{2}{3} \Rightarrow 0,666... = \dfrac{2}{3}$

2º) $x = 0,2424...$

$$\begin{cases} 100x = 24,2424... \\ x = 0,2424... \end{cases}$$

$$99x = 24 \Rightarrow x = \frac{24}{99} \Rightarrow x = \frac{8}{33} \Rightarrow 0,\overline{24}... = \frac{24}{99} = \frac{8}{33}$$

125 Simplificar as seguintes frações:

a) $\frac{4}{6}$ b) $\frac{8}{20}$ c) $\frac{12}{18}$ d) $\frac{36}{45}$ e) $\frac{30}{75}$ f) $\frac{54}{72}$

g) $\frac{75}{50}$ h) $\frac{138}{46}$ i) $\frac{210}{126}$ j) $\frac{51}{153}$ k) $\frac{126}{294}$

126 Reduzir ao menor denominador comum:

a) $\frac{1}{2}, \frac{2}{3}, \frac{3}{4}, \frac{5}{6}$ b) $1, \frac{1}{2}, \frac{1}{3}, \frac{1}{4}$ c) $2, \frac{2}{3}, \frac{1}{5}, \frac{5}{6}$

127 Reescrever, colocando em ordem crescente:

a) $\frac{1}{2}, \frac{1}{4}, \frac{1}{3}, \frac{2}{3}$ b) $\frac{1}{3}, \frac{5}{12}, \frac{1}{4}, \frac{1}{6}, \frac{5}{6}, \frac{2}{3}$ c) $2, \frac{3}{5}, \frac{4}{3}, \frac{5}{3}, \frac{3}{2}$

128 Efetuar

a) $\frac{1}{5} + \frac{2}{5}$ b) $\frac{5}{9} - \frac{1}{9}$ c) $\frac{1}{8} + \frac{3}{8}$ d) $\frac{5}{4} - \frac{3}{4}$ e) $\frac{5}{12} - \frac{13}{12}$

f) $-\frac{7}{15} - \frac{2}{15}$

129 Efetuar

a) $3 + \frac{1}{4}$ b) $2 + \frac{3}{5}$ c) $5 - \frac{3}{4}$ d) $-2 - \frac{2}{3}$ e) $\frac{5}{2} - 1$ f) $-\frac{3}{4} - 2$

130 Determinar:

a) $\frac{5}{6} + \frac{3}{4}$ b) $\frac{5}{9} - \frac{7}{12}$ c) $-\frac{7}{15} - \frac{3}{10}$ d) $\frac{1}{2} + \frac{1}{6}$ e) $\frac{4}{21} - \frac{5}{14}$

f) $\dfrac{5}{6}+\dfrac{4}{9}$ g) $\dfrac{3}{5}+\dfrac{2}{3}$ h) $\dfrac{3}{4}-\dfrac{5}{9}$ i) $\dfrac{9}{4}-\dfrac{11}{15}$

131 Simplificar

a) $\dfrac{1}{2}-\dfrac{3}{4}+\dfrac{2}{3}-\dfrac{5}{6}$ b) $\dfrac{5}{6}-\dfrac{4}{5}-\dfrac{7}{15}+\dfrac{1}{2}+\dfrac{1}{3}$

c) $3-\dfrac{1}{2}-\dfrac{1}{4}-\dfrac{1}{5}-\dfrac{1}{6}$ d) $\dfrac{3}{2}-\dfrac{2}{3}-\dfrac{5}{9}+\dfrac{5}{6}-2$

132 Simplificar as expressões:

a) $\dfrac{3}{7}+\dfrac{2}{7}$ b) $\dfrac{5}{3}-\dfrac{4}{3}$ c) $\dfrac{3}{4}-\dfrac{5}{6}$ d) $\dfrac{3}{8}+\dfrac{5}{12}$ e) $\dfrac{1}{2}+\dfrac{2}{3}$

f) $\dfrac{2}{3}-\dfrac{1}{4}$ g) $5-\dfrac{3}{2}$ h) $3+\dfrac{2}{7}$ i) $-3-\dfrac{1}{5}$ j) $-5+\dfrac{2}{5}$

k) $\dfrac{1}{2}-\dfrac{2}{3}-\dfrac{3}{4}+\dfrac{5}{6}-\dfrac{7}{12}$ l) $2-\dfrac{1}{2}-\dfrac{3}{4}+\dfrac{2}{3}-\dfrac{1}{6}-\dfrac{3}{8}$

133 Passar para a forma mista as frações impróprias:

a) $\dfrac{13}{5}$ b) $\dfrac{26}{7}$ c) $\dfrac{59}{7}$ d) $\dfrac{71}{9}$ e) $\dfrac{145}{11}$ f) $\dfrac{228}{13}$

134 Transformar em número racional do tipo $\pm\dfrac{a}{b}$ com $a \in N$ e $b \in N^*$, os números mistos seguintes. Lembre-se que:

I) $2\dfrac{2}{5}=2+\dfrac{3}{5}=\dfrac{5\cdot 2+3}{5}=\dfrac{13}{5}$

II) $-5\dfrac{2}{3}=-\left(5+\dfrac{2}{3}\right)=-5-\dfrac{2}{3}=\dfrac{3\cdot(-5)-2}{3}=-\dfrac{17}{3}$

a) $5\dfrac{1}{3}$ b) $3\dfrac{7}{8}$ c) $6\dfrac{3}{5}$ d) $1\dfrac{1}{2}$ e) $13\dfrac{7}{9}$

f) $-2\dfrac{1}{3}$ g) $-1\dfrac{2}{7}$ h) $-5\dfrac{5}{7}$ i) $-4\dfrac{8}{9}$ j) $-17\dfrac{3}{5}$

135 Simplificar as expressões:

a) $-\dfrac{1}{2}-\left(2-\dfrac{1}{3}\right)+\dfrac{1}{4}-\left(-3+\dfrac{1}{2}\right)$
b) $2\dfrac{1}{3}-\left(3\dfrac{1}{4}-2\dfrac{1}{3}\right)-5\dfrac{1}{2}$

c) $\left[2\dfrac{1}{5}-\left(3\dfrac{1}{4}-7\dfrac{2}{3}\right)\right]-5\dfrac{1}{15}$
d) $1\dfrac{1}{2}-\left[\dfrac{4}{3}-\left(\dfrac{1}{4}-2\dfrac{1}{2}\right)\right]+3\dfrac{1}{2}$

136 Efetuar as multiplicações:

a) $\dfrac{3}{4}\cdot\dfrac{5}{7}$
b) $\dfrac{2}{9}\cdot\dfrac{4}{3}$
c) $\dfrac{4}{7}\cdot\dfrac{21}{8}$
d) $\dfrac{15}{12}\cdot\dfrac{18}{25}$
e) $\left(-\dfrac{5}{6}\right)\cdot\left(-\dfrac{4}{15}\right)$

f) $\left(-\dfrac{7}{6}\right)\cdot\left(-\dfrac{6}{7}\right)$
g) $-\dfrac{5}{7}\left(\dfrac{2}{5}\right)$
h) $\dfrac{35}{39}\left(-\dfrac{26}{21}\right)$
i) $5\cdot\dfrac{2}{3}$

j) $14\cdot\dfrac{5}{21}$
k) $-18\cdot\dfrac{4}{27}$
l) $\dfrac{25}{52}\cdot 65$

137 Efetuar:

a) $\dfrac{1}{2}\cdot\dfrac{3}{4}\cdot\dfrac{5}{6}\cdot\dfrac{7}{8}\cdot\dfrac{9}{10}$
b) $\left(-\dfrac{5}{6}\right)\left(-\dfrac{8}{7}\right)\left(\dfrac{14}{15}\right)\left(-\dfrac{9}{4}\right)$

138 Simplificar:

a) $\left(\dfrac{2}{3}-\dfrac{3}{4}\right)\cdot\left(\dfrac{1}{2}+\dfrac{3}{4}\right)$
b) $\left(\dfrac{3}{4}-\dfrac{1}{6}\right)\left(\dfrac{5}{6}-\dfrac{4}{9}\right)$

c) $\left(3\dfrac{1}{4}-5\dfrac{1}{3}\right)\left(2-\dfrac{22}{5}\right)$
d) $\left(\dfrac{2}{5}-3\right)\left(\dfrac{8}{13}-1\right)$

139 Efetuar as multiplicações:

a) $\dfrac{5}{3}\cdot\dfrac{2}{7}$
b) $\dfrac{5}{7}\cdot\dfrac{2}{9}$
c) $\dfrac{4}{5}\cdot\dfrac{15}{8}$
d) $12\cdot\dfrac{5}{24}$
e) $\dfrac{1}{2}\cdot\dfrac{2}{3}\cdot\dfrac{3}{4}\cdot\dfrac{4}{5}\cdot\dfrac{5}{7}$

f) $(-\dfrac{1}{2})(-\dfrac{3}{5})(\dfrac{15}{9})$
g) $(-2+\dfrac{1}{3})(1-\dfrac{3}{5})(\dfrac{2}{3}-\dfrac{3}{2})$

exercícios de Matemática - vol 1

140 Efetuar as divisões:

a) $\dfrac{3}{5}:\dfrac{7}{4}$ b) $\dfrac{6}{5}:\dfrac{2}{15}$ c) $\dfrac{21}{5}:14$ d) $12:\dfrac{16}{7}$ e) $\dfrac{\frac{4}{9}}{\frac{5}{7}}$ f) $\dfrac{\frac{8}{15}}{\frac{16}{25}}$

g) $\dfrac{\frac{12}{8}}{\frac{8}{3}}$ h) $\dfrac{\frac{28}{9}}{21}$ i) $\left(-\dfrac{10}{19}\right):\left(-\dfrac{15}{38}\right)$ j) $\left(-\dfrac{23}{17}\right):\dfrac{46}{51}$

141 Simplificar:

a) $\left(\dfrac{3}{4}-\dfrac{5}{6}\right):\left(\dfrac{1}{2}-\dfrac{1}{3}\right)$ b) $\left(\dfrac{5}{8}-\dfrac{7}{16}\right):\left(-\dfrac{5}{6}-\dfrac{5}{8}\right)$

c) $\left(2-\dfrac{2}{5}\right):\left(3+\dfrac{3}{4}\right)$ d) $\left(\dfrac{3}{2}+1\right):\left(-\dfrac{5}{4}-5\right)$

142 Simplificar:

a) $\dfrac{\frac{5}{4}-\frac{1}{6}}{-1+\frac{5}{8}}$ b) $\dfrac{-2-\frac{3}{4}}{-4-\frac{3}{2}}$ c) $\dfrac{\frac{1}{2}+\frac{1}{3}}{1+\frac{5}{4}}:\dfrac{-2-\frac{1}{5}}{\frac{1}{3}-\frac{1}{5}}$

143 Efetuar as divisões:

a) $\dfrac{2}{3}:\dfrac{5}{7}$ b) $\dfrac{1}{4}:\dfrac{5}{3}$ c) $\dfrac{7}{5}:3$ d) $\dfrac{6}{5}:\dfrac{9}{10}$ e) $\dfrac{\frac{5}{4}}{\frac{7}{8}}$

f) $\dfrac{\frac{5}{3}}{7}$ g) $\left[\left(-\dfrac{3}{4}\right):\left(-\dfrac{8}{9}\right)\right]:\dfrac{54}{128}$ h) $\dfrac{\dfrac{\frac{2}{3}:\frac{4}{9}}{\frac{1}{3}:\frac{5}{6}}}{\dfrac{\frac{2}{23}:\frac{1}{46}}{7:\frac{7}{2}}}:\dfrac{\dfrac{1:\frac{5}{4}}{\frac{6}{10}:5}}{\dfrac{3:\frac{1}{17}}{2:\frac{1}{34}}}:\dfrac{9}{64}$

144 Transformar em fração decimal:

a) 0,13   b) 0,113   c) 2,32   d) $\frac{3}{5}$ e) $\frac{5}{2}$ f) $\frac{3}{4}$

g) $\frac{1}{125}$ h) $\frac{3}{20}$ i) $\frac{23}{40}$

145 Transformar em fração decimal e simplificar:

a) 0,25   b) 2,5   c) 1,25   d) 4,04   e) 13,04   f) 0,136

146 Transformar em número decimal:

a) $\frac{173}{100}$ b) $\frac{123}{10}$ c) $\frac{13}{10000}$ d) $\frac{7}{50}$ e) $\frac{13}{25}$ f) $\frac{21}{125}$

g) $\frac{33}{16}$ h) $\frac{11}{32}$ i) $\frac{17}{125}$ j) $\frac{13}{64}$

147 Dada a fração geratriz, determinar a dízima periódica:

a) $\frac{1}{3}$ b) $\frac{2}{3}$ c) $\frac{5}{3}$ d) $\frac{25}{11}$ e) $\frac{58}{33}$ f) $\frac{23}{18}$

148 Achar a fração geratriz das seguintes dízimas periódicas:

a) 0,333...   b) 0,272727...   c) $0,\overline{6}$ d) $0,\overline{12}$ e) $0,\overline{135}$ f) $0,\overline{185}$

149 Achar a geratriz:

a) $0,16\overline{66}...$ b) $0,12\overline{57}$ c) $1,3\overline{5}$

150 Achar as somas e diferenças (operar e dar as respostas com números decimais):

a) 23,57 − 11,42   b) 132,5 − 3,143   c) 5 + 3,142
d) 1,34 + 13,415   e) 5 − 2,132   f) 1,7 − 13,17

151 Efetuar: (não transformar em fração decimal)

a) 2,431.10   b) 0,0132.1000   c) 0,34.1000   d) 12,5.20   e) 0,75.32
f) 1,5.13   g) 12,5.2,2   h) 15,5.0,11   i) 0,03.5,2

152 Efetuar:

a) 234,5:10   b) 341,2:1000   c) 345:100   d) 12,5:2   e) 4,53:3
f) 17,1:5   g) 12,8:0,4   h) 7,42:0,07   i) 2:0,05   j) 3:0,6
k) 13,546:1,3   l) 21,528:1,04

153 Simplificar as seguintes expressões (operar e dar a resposta com números decimais):

a) 1,2345 · 100   b) 0,0013 · 1000   c) 235,6 : 100   d) 1,7 : 1000
e) 9567 : 10000   f) 1,05 · 50,1   g) 8,957 + 19,78   h) 3,123 − 0,9875
i) 0,32 − 3,101   j) 1,03 : 0,1   k) 0,03 : 0,001   l) 2,057 : 0,17

154 Simplificar:

a) $\dfrac{\dfrac{1}{2}-3\left(\dfrac{1}{4}-0,\overline{3}\right)+0,125}{0,1\overline{6}-\left(0,25-\dfrac{3}{4}\right)+1}$

b) $\dfrac{\dfrac{3}{5}-3\left(0,6-0,\overline{6}\right)-1}{2-\dfrac{2}{5}\left(0,4\overline{9}-4\right)-0,\overline{9}}$

✓ **Faça também os Exercícios de Fixação 164 → 176**

Exercícios de Fixação

155 Simplificar as expressões:

a) −5 + 9   b) 7 − 10   c) −8 + 1   d) 13 − 5
e) −2 − 5 − 6 − 9 − 5 − 7   f) 6 + 1 + 3 + 9 + 8 + 11
g) 8 − 2 + 3 − 5 − 9 + 4 − 6 + 9   h) −13 + 14 − 15 + 16 − 17 + 18
i) −3 − 4 − 5 + 6 + 7 + 8 − 13 − 14 − 15 + 16 + 17 + 18 − 23 − 24 − 25
j) −1413 + 1419 − 1111 + 1119 − 3243 + 3237 + 8775 − 8784 + 101
k) (−1 + 7) − (−5 + 9) + (6 − 13) − (−7 − 1) − (− 4 − 5)
l) − 4 − (3 − 5) − [−2 + (−3 + 7) + 2] − 2 + (3 − 7) + (−8)
m) −2 − [−5 − (−3 + 2) −5] − {−2 − [−3 + 7 − (5 −1)] + 2} − 3
n) −5 − {−5 − 3 − [−2 + (−3) − (− 4 + 1)] − 6} − 4 − (−5 + 7)

156 Efetuar:

a) (−1) (−7)   b) (−9) (+6)   c) (4) (−7)   d) (−1 + 6) (−5 − 6)
e) (−3 −2) (−7 + 2)   f) −2 (−1) (−3) (− 4)
g) 3(−5) (−3) (−5) (−1) (−1)   h) (−12) (−15) (14) (−25)

i) $(-5)(14)(-24)(35)$

j) $(21-30):(-1-8)$

k) $(-2-1-21):(1+13-6)$

l) $(-144:4):\{[-18:(-3)]:3\}$

m) $\dfrac{\dfrac{-216}{12}:\dfrac{74}{37}}{\dfrac{144}{-24}:\dfrac{-102}{51}} : \dfrac{12:\dfrac{-8}{2}}{\dfrac{-27}{9}:3}$

157 Simplificar as expressões:

a) $2-(-2-5)-2(-5+2)-3\{-3-2[-5-3(-1+3)]-5\}-7$

b) $-5-2\{-3-2[-4-2(-6+10)(-3+1)]-(-9-5):(-2-5)\}-48$

c) $(-1+5)(5-1)-3[-3+2(3-2)+8:(-5+3)]-12(5 \cdot 2 - 3 \cdot 2)$

d) $\dfrac{[-3+(-2+4)+7]:[-2(3-5)-1]}{(-2+3)(5-1-4)-[6:3-3:(3-2)]} : \dfrac{-3+4-(-2+3)-1-2(-3+5)}{-5+1[-3-8:(-2)-1]}$

e) $\dfrac{4-2(3-1)-2[-3+2(5-7)-3(12-15)-1]-2(-3)(-2)}{[-3-2(5-1)+4:(3-1)]:[-12:(-1-6:2)]+10} : \dfrac{-2(-3)(4)}{[144:(24:2)]}$

158 Decompor os números inteiros:

a) 30   b) 720   c) 2250   d) 546   e) 2499   f) 9009

159 Ache o conjunto dos divisores naturais de:

a) 50   b) 100   c) 150

160 Ache o número de divisores naturais de:

a) 108   b) 324   c) 4608

161 Ache o número de divisores de:

a) 1440   b) 9720   c) 81000

162 Em cada caso é dado um número a cujo algarismo das unidades é x. Determinar x para que a seja divisísel por b:

a) $a = \boxed{1\ 4\ x}$, $b = 3$

b) $a = \boxed{5\ 4\ x}$, $b = 4$

c) $a = \boxed{3\ 6\ x}$, $b = 6$

d) $a = \boxed{3\ 7\ 4\ x}$, $b = 9$

e) $a = \boxed{6\ 1\ 5\ x}$, $b = 12$

f) $a = \boxed{1\ 4\ 7\ x}$, $b = 15$

g) $a = \boxed{3\;|\;4\;|\;7\;|\;x}$, $b = 18$ h) $a = \boxed{3\;|\;8\;|\;5\;|\;x}$, $b = 36$

i) $a = \boxed{1\;|\;2\;|\;3\;|\;x}$, $b = 45$ j) $a = \boxed{6\;|\;5\;|\;4\;|\;x}$, $b = 18$

163 Achar o mdc e o mmc, decompondo separadamente cada número, nos casos:
a) 54, 72 e 75
b) 150, 180 e 240
c) 28, 40 e 117
d) 18, 54 e 72
e) 45, 90 e 126

164 Simplificar as frações:

a) $\dfrac{25}{35}$ b) $\dfrac{18}{30}$ c) $\dfrac{45}{60}$ d) $\dfrac{1100}{1320}$ e) $\dfrac{396}{891}$ f) $\dfrac{600}{525}$

g) $\dfrac{693}{1078}$ h) $\dfrac{3465}{3850}$ i) $\dfrac{6930}{7392}$ j) $\dfrac{2541}{3003}$ k) $\dfrac{2431}{17017}$

165 Reduzir ao menor denominador comum:

a) $\dfrac{11}{12}, -\dfrac{1}{8}, -\dfrac{1}{3}, \dfrac{5}{4}$ b) $3, \dfrac{1}{7}, \dfrac{1}{2}, \dfrac{2}{3}$ c) $-\dfrac{2}{3}, -\dfrac{1}{2}, \dfrac{2}{3}, -2$

166 Colocar em ordem crescente:

a) $\dfrac{3}{2}, \dfrac{9}{10}, \dfrac{3}{5}, \dfrac{5}{4}, \dfrac{7}{10}, \dfrac{1}{2}$ b) $\dfrac{19}{23}, \dfrac{13}{23}, \dfrac{11}{23}, \dfrac{7}{23}, \dfrac{17}{23}$

c) $\dfrac{19}{5}, \dfrac{19}{17}, \dfrac{19}{13}, \dfrac{19}{7}, \dfrac{19}{11}$ d) $\dfrac{7}{10}, \dfrac{1}{2}, \dfrac{-2}{3}, \dfrac{5}{6}, \dfrac{3}{5}, \dfrac{-7}{10}, \dfrac{2}{3}, \dfrac{-3}{5}, \dfrac{3}{4}, \dfrac{-5}{8}, \dfrac{5}{8}$

167 Simplificar as expressões:

a) $-\dfrac{3}{8} + \dfrac{5}{8}$ b) $\dfrac{7}{3} - \dfrac{1}{3}$ c) $\dfrac{-3}{10} + \dfrac{7}{15}$ d) $\dfrac{-7}{12} - \dfrac{5}{18}$ e) $\dfrac{1}{5} + \dfrac{5}{6}$

f) $-\dfrac{5}{9} - \dfrac{3}{4}$ g) $2 - \dfrac{1}{5}$ h) $5 - \dfrac{1}{4}$ i) $-7 - \dfrac{3}{8}$ j) $7 - \dfrac{5}{4}$

k) $3 - \dfrac{1}{3} - \dfrac{2}{5} - \dfrac{5}{6} - \dfrac{7}{15} + \dfrac{1}{2}$ l) $-4 + \dfrac{1}{2} + \dfrac{1}{3} - \dfrac{1}{5} - \dfrac{1}{6} + \dfrac{1}{9} + \dfrac{1}{10}$

168 Passar para a forma mista:

a) $\dfrac{7}{5}$ b) $\dfrac{15}{7}$ c) $\dfrac{25}{9}$ d) $\dfrac{404}{17}$ e) $\dfrac{724}{7}$

f) $-\dfrac{2672}{13}$ g) $-\dfrac{1937}{18}$ h) $\dfrac{1763}{64}$

169 Efetuar:

a) $\dfrac{1}{5} - \left(\dfrac{2}{3} - 1\right) - \dfrac{1}{3} - \left(\dfrac{3}{5} + 1\right)$ b) $1 - \left[-\dfrac{2}{3} - \dfrac{1}{2} - \left(\dfrac{1}{5} - 1\right)\right] - 3\dfrac{1}{2}$

c) $-2\dfrac{1}{2} - \left(3 - 5\dfrac{1}{2}\right) - 7\dfrac{1}{7}$

d) $-1 - \dfrac{1}{2} + \left(15\dfrac{1}{3} - 14\dfrac{1}{4}\right) - \left\{-3 - 3\dfrac{1}{3} - \left[-2\dfrac{1}{3} - \left(31\dfrac{1}{4} - 29\dfrac{1}{2}\right)\right]\right\}$

e) $\dfrac{1}{2} - \left\{2\dfrac{1}{3} - \left(\dfrac{51}{17} - 3\dfrac{1}{2}\right) - \left[-\dfrac{172}{43} + 4\dfrac{1}{4} - \left(\dfrac{195}{13} - 15\dfrac{1}{4}\right)\right]\right\} - 3\dfrac{1}{5}$

170 Efetuar as multiplicações:

a) $5\left(\dfrac{3}{2}\right)$ b) $7\left(\dfrac{7}{3}\right)$ c) $5 \cdot \dfrac{3}{5}$ d) $51\left(-\dfrac{5}{17}\right)$

e) $\left(-\dfrac{23}{56}\right)\left(-\dfrac{51}{46}\right)\left(-\dfrac{16}{68}\right)$ f) $\left(1 - \dfrac{2}{3}\right)\left(1 + \dfrac{1}{2}\right)\left(\dfrac{1}{2} - \dfrac{1}{3}\right)$

g) $\left(2\dfrac{1}{3}\right)\left(-3\dfrac{2}{3}\right)\left(1\dfrac{1}{11}\right)\left(-2\dfrac{1}{7}\right)$ h) $\left(-3\dfrac{1}{2}\right)\left(1\dfrac{9}{14}\right)\left(-8\dfrac{6}{23}\right)\left(-1\dfrac{5}{19}\right)$

171 Efetuar:

a) $\dfrac{4}{9} : \dfrac{3}{2}$ b) $5 : \dfrac{3}{5}$ c) $\dfrac{12}{51} : \dfrac{15}{34}$ d) $\dfrac{46}{38} : \dfrac{69}{95}$ e) $\dfrac{\frac{5}{3}}{7}$ f) $\dfrac{1}{\frac{5}{9}}$

g) $\left\{\dfrac{52}{7}:\left[\left(\dfrac{72}{38}\right):\left(\dfrac{54}{57}\right)\right]\right\}:\left(-\dfrac{39}{49}\right)$

h) $\dfrac{2:\dfrac{-2:\dfrac{4}{3}}{\dfrac{6}{9}:2}}{6:\dfrac{-1:\dfrac{2}{3}}{2:\dfrac{3}{2}}} : \dfrac{-\dfrac{9}{2}:15}{\dfrac{5}{2}:25} : \dfrac{3}{4}$

$\dfrac{-\dfrac{1}{2}:2}{\dfrac{3}{7}:\dfrac{4}{7}} : \dfrac{3}{2}$

i) $\left\{\left[\left(\dfrac{2}{3}+\dfrac{1}{2}\right):\left(1-\dfrac{3}{5}\right)\right]:\left(-4\dfrac{1}{12}\right)\right\}:\left\{\dfrac{2}{3}\left[2\dfrac{1}{3}-\left(35\dfrac{1}{2}-34\dfrac{1}{3}\right)\right]-3\dfrac{1}{5}\right\}$

172 Transformar em fração decimal:

a) 25,7   b) 0,0035   c) 0,5   d) $\dfrac{7}{8}$ e) $\dfrac{15}{16}$ f) $\dfrac{12}{25}$

173 Transformar em fração decimal e simplificar:

a) 0,125   b) 3,75   c) 0,34375   d) 0,044   e) 0,0176   f) 0,0625

174 Achar a fração geratriz nos casos:

a) 0,1515...   b) $0,\overline{45}$ c) $1,\overline{81}$ d) $0,\overline{037}$ e) $0,1\overline{3}$

f) $1,\overline{3}$ g) $0,01\overline{6}$ h) $0,1\overline{27}$ i) $0,03\overline{21}$

175 Simplificar as expressões: (operações e respostas com números decimais):

a) 10000 . 0,0132
b) 1356,7 : 100
c) 3 · 5,73
d) 2,12 · 21,2
e) 2,31 + 13,7 + 5
f) 50,75 + 3,078
g) 5 − 0,0345
h) 0,345 : 0,001
i) 12,5 : 0,25
j) 3,36 : 3,2
k) (0,005 − 0,0005) : 0,003 − 1,0506 : (0,13 − 0,028) + 10,3
l) 5,814 : 5,7 − [2,16 : 2,4 − 1,2 (2,1 − 2,03)] − 0,3 : 2,5
m) 2,35 − {0,4 [0,156 : 13 − 12,5 (0,08 − 3,1)]} − 0,3 : (0,2 − 0,08)

176 Simplificar as expressões:

a) $\dfrac{\left[\left(40\dfrac{7}{30}-38\dfrac{5}{12}\right):10,9+\left(\dfrac{7}{8}-\dfrac{7}{30}\right)\cdot 1\dfrac{9}{11}\right]\cdot 4,2}{0,008}$

b) $\left[\dfrac{\left(2,4+1\dfrac{5}{7}\right)\cdot 4,375}{\dfrac{2}{3}-\dfrac{1}{6}}-\dfrac{\left(2,75-1\dfrac{5}{6}\right)\cdot 21}{8\dfrac{3}{20}-0,45}\right]:\dfrac{67}{200}$

c) $\left[\dfrac{\left(6-4\dfrac{1}{2}\right):0,03}{\left(3\dfrac{1}{20}-2,65\right)\cdot 4+\dfrac{2}{5}}-\dfrac{\left(0,3-\dfrac{3}{20}\right)\cdot 1\dfrac{1}{2}}{\left(1,88+2\dfrac{3}{25}\right)\cdot \dfrac{1}{80}}\right]:2\dfrac{1}{20}$

d) $26:\left[\dfrac{3:(0,2-0,1)}{2,5(0,8+1,2)}+\dfrac{(34,06-33,81)\cdot 4}{6,84:(28,57-25,15)}\right]+\dfrac{2}{3}:\dfrac{4}{21}$

e) $\dfrac{3:\dfrac{2}{5}-0,09:\left(0,15:2\dfrac{1}{2}\right)}{0,32\cdot 6+0,03-(5,3-3,88)+0,67}$

f) $1\dfrac{7}{20}:2,7+2,7:1,35+\left(0,4:2\dfrac{1}{2}\right)\cdot\left(4,2-1\dfrac{3}{40}\right)$

g) $\left(10:2\dfrac{2}{3}+7,5:10\right)\cdot\left(\dfrac{3}{40}-\dfrac{7}{30}\cdot 0,25+\dfrac{157}{360}\right)$

h) $\left(\dfrac{0,216}{0,15}+\dfrac{2}{3}:\dfrac{4}{15}\right)+\left(\dfrac{196}{225}-\dfrac{7,7}{24\dfrac{3}{4}}\right)+0,695:1,39$

i) $1,7:\dfrac{\left(4,5\cdot 1\dfrac{2}{3}+3,75\right)\cdot\dfrac{7}{135}}{\dfrac{5}{9}}-\left(0,5+\dfrac{1}{3}-\dfrac{5}{12}\right)$

j) $\left(4-\dfrac{0,\overline{6}-1:\dfrac{3}{2}+2}{0,\overline{3}-\dfrac{2}{1,\overline{6}}+0,2}\right) : \left[1-\dfrac{0,4-0,\overline{6}\left(\dfrac{3}{2}-1\right)}{0,\overline{1}-3(0,2\overline{7}-0,25)}\right]$

Exercícios Suplementares

177 Simplificar as expressões:

a) $13 - 8 - \{13 - 18 - [-28 + 23 - (18 - 33)] + 43 - 18\} - (113 - 128)$
b) $7 + 6 - (-17 - 6) - \{27 + 16 - [(37 + 6) - (27 + 26)] - (-66 - 77)\}$
c) $-2 - 3 \{-5 - 2 [-6 - 3 (-1 - 4) - 3 - (-1 - 4)] - 3 (-7 + 11) - 1\} - 11$
d) $-2 (-3) (-5+7) - 3 \{-6 - [-7 - 2 (-5 + 8 - 6)] (-5 + 1 + 7)\} - 20$

e) $\dfrac{-288:\left\{\dfrac{-72}{-3}:\left[\dfrac{-108}{36}:\left(\dfrac{-28}{7}:4\right)\right]\right\}}{\left\{\left[-24:\left(\dfrac{-12}{2}:3\right)\right]:(-1)\right\}:\dfrac{48:(-16)}{-72:24}}$

f) $-3-14 : \{-2+2[-5-30 : (-2+5-18)-2 (-12 : 3)]-1\}+6$

178 Simplificar:

a) $\left\{-3+\dfrac{-1-3[-2+2(-5+5)]}{-54:(-9+36)+1}\right\} : \left\{\left[\dfrac{-48:16-78}{-5-64:16}+28-\dfrac{28}{7}\right]:(-3-8)-1\right\}$

b) $\left[\dfrac{(1326:13):3}{24:2+25:5}-\dfrac{2412:12}{67}+(10-2)-\dfrac{52:(-11-2)}{-68:17}\right] : \dfrac{(57:3-1):(-96:16)}{2+2:(-8+42:7)}$

c) $\dfrac{-2\{-3(-4+5)-[2(7-3.2)-3(8-12:2)]\}-[12:(-3+8:2)]}{[1819:(-17)+7]:(72:18-81:9)+52:(-10+6)+5}$

179 Simplificar as expressões:

a) $\dfrac{8}{16} - \left\{5\dfrac{3}{7} - \left[6\dfrac{3}{7} - \dfrac{41}{164} - \left(21\dfrac{7}{19} - 19\dfrac{7}{19}\right)\right]\right\} - \dfrac{187}{68} + 2\dfrac{3}{4}$

b) $5\frac{3}{13} - 2\frac{21}{91} - \left\{\frac{26}{39} - \left[8\frac{5}{7} - 9\frac{65}{91} - \left(1\frac{1}{3} - 2\frac{51}{68}\right)\right] + 3\frac{46}{69} - 5\frac{1}{4}\right\} - 3\frac{58}{87}$

180 Simplificar as expressões:

a) $\dfrac{\left(152\frac{3}{4} - 148\frac{3}{8}\right).0,3}{0,2}$

b) $\dfrac{172\frac{5}{6} - 170\frac{1}{3} + 3\frac{5}{12}}{0,8.0,25}$

c) $\dfrac{215\frac{9}{16} - 208\frac{3}{4} + \frac{1}{2}}{0,0001:0,005}$

d) $\left(\dfrac{0,012}{5} + \dfrac{0,04104}{5,4}\right).4560 - 42\frac{1}{3}$

e) $\dfrac{\left(85\frac{7}{30} - 83\frac{5}{18}\right):2\frac{2}{3}}{0,04}$

f) $\dfrac{\left(140\frac{7}{30} - 138\frac{5}{12}\right):18\frac{1}{6}}{0,002}$

g) $\dfrac{\left(95\frac{7}{30} - 93\frac{5}{18}\right).2\frac{1}{4} + 0,373}{0,2}$

h) $\dfrac{\left(49\frac{5}{24} - 46\frac{7}{20}\right).2\frac{1}{3} + 0,6}{0,2}$

i) $\dfrac{\left(12\frac{1}{6} - 6\frac{1}{27} - 5\frac{1}{4}\right).13,5 + 0,111}{0,02}$

j) $\dfrac{\left(1\frac{1}{12} + 2\frac{5}{32} + \frac{1}{24}\right).9\frac{3}{5} + 2,13}{0,4}$

k) $\dfrac{\left(6\frac{3}{5} - 3\frac{3}{14}\right).5\frac{5}{6}}{(21-1,25):2,5}$

l) $\dfrac{2\frac{5}{8} - \frac{2}{3}.2\frac{5}{14}}{\left(3\frac{1}{12} + 4,375\right):19\frac{8}{9}}$

m) $\dfrac{0,134 + 0,05}{18\frac{1}{6} - 1\frac{11}{14} - \frac{2}{15}.2\frac{6}{7}}$

n) $\dfrac{\left(58\frac{4}{15} - 56\frac{7}{24}\right):0,8 + 2\frac{1}{9}.0,225}{8\frac{3}{4}.\frac{3}{5}}$

o) $\dfrac{\left(68\frac{7}{30} - 66\frac{5}{18}\right):6\frac{1}{9} + \left(\frac{7}{40} + \frac{3}{32}\right).4,5}{0,04}$

p) $\dfrac{(2,1 - 1,965):(1,2.0,045)}{0,00325:0,013} - \dfrac{1:0,25}{1,6 \cdot 0,625}$

181 Simplificar as expressões:

a) $\dfrac{1}{3}:\dfrac{2}{3}+0,228:\left[\left(1,5291-\dfrac{14,53662}{3-0,095}.0,305\right):0,12\right]$

b) $\left\{\dfrac{8,8077}{20-[28,2:(13,333.0,3+0,0001)].2,004}+4,9\right\}.\dfrac{5}{32}$

c) $\dfrac{\left[\left(6,2:0,31-\dfrac{5}{6}.0,9\right).0,2+0,15\right]:0,02}{\left(2+1\dfrac{4}{11}.0,22:0,1\right).\dfrac{1}{33}}$

d) $6:\dfrac{1}{3}-0,8:\dfrac{1,5}{\dfrac{3}{2}.0,4.\dfrac{50}{1:\dfrac{1}{2}}}+\dfrac{1}{4}+\dfrac{1+\dfrac{1}{2}.\dfrac{1}{0,25}}{6-\dfrac{46}{1+2,2.10}}$

e) $\dfrac{\left(1,75:\dfrac{2}{3}-1,75.1\dfrac{1}{8}\right):\dfrac{7}{12}}{\left(\dfrac{17}{80}-0,0325\right):400}:(6,79:0,7+0,3)$

f) $\dfrac{4,5:\left[47,375-\left(26\dfrac{1}{3}-18.0,75\right).2,4:0,88\right]}{17,81:1,37-23\dfrac{2}{3}:1\dfrac{5}{6}}$

g) $\left(46\dfrac{2}{25}:12+41\dfrac{23}{35}:260\dfrac{5}{14}+800:12\dfrac{28}{21}\right).\dfrac{0,8.7,2.4,5.1,3}{6,5.2,7.1,92}$

h) $\left[15:\dfrac{(0,6+0,425-0,005):0,01}{30\dfrac{5}{9}+3\dfrac{4}{9}}\right]\left(0,645:0,3-1\dfrac{107}{180}\right).\left(\dfrac{4}{6,25}-\dfrac{1}{5}+\dfrac{1}{7}.1,96\right)$

i) $\left[\left(7\dfrac{2}{3}-6\dfrac{8}{15}.\dfrac{5}{14}\right):\left(8\dfrac{3}{4}.\dfrac{2}{7}-1\dfrac{1}{6}\right)+\dfrac{7}{18}:\dfrac{14}{27}\right].\left(\dfrac{5}{6}-0,75\right).\dfrac{20,4.4,8.6,5}{22,1.1,2}$

j) $\dfrac{2,045.0,033+10,518395-0,464774:0,0562}{0,003092:0,0001-5,188}$

k) $\left(7\dfrac{1}{9}-2\dfrac{14}{15}\right):\left(2\dfrac{2}{3}+1\dfrac{3}{5}\right)-\left(\dfrac{3}{4}-\dfrac{1}{20}\right)\left(\dfrac{5}{7}-\dfrac{5}{14}\right)$

l) $\left(41\dfrac{23}{84}-40\dfrac{49}{60}\right)\left\{\left[4-3\dfrac{1}{2}\left(2\dfrac{1}{7}-1\dfrac{1}{5}\right)\right]:0,16\right\}$

182 Simplificar as expressões:

a) $\dfrac{45\dfrac{10}{63}-44\dfrac{25}{84}}{\left(2\dfrac{1}{3}-1\dfrac{1}{9}\right):4-\dfrac{3}{4}}:31$ b) $\dfrac{0,8:\left(\dfrac{4}{5}\cdot 1,25\right)}{0,64-\dfrac{1}{25}}+\dfrac{\left(1,08-\dfrac{2}{25}\right):\dfrac{4}{7}}{\left(6\dfrac{5}{9}-3\dfrac{1}{4}\right)\cdot 2\dfrac{2}{17}}+(1,2.0,5):\dfrac{4}{5}$

c) $\left[41\dfrac{29}{72}-\left(18\dfrac{7}{8}-5\dfrac{1}{4}\right)\left(10\dfrac{1}{2}-7\dfrac{2}{3}\right)\right]:22\dfrac{7}{18}$

d) $\left[\dfrac{\left(6-4\dfrac{1}{2}\right):0,003}{\left[\left(3\dfrac{1}{20}-2,65\right)4\right]:\dfrac{1}{5}}-\dfrac{\left(0,3-\dfrac{3}{20}\right)\cdot 1\dfrac{1}{2}}{\left(1,88+2\dfrac{3}{25}\right)\cdot\dfrac{1}{8}}\right]:62\dfrac{1}{20}+\dfrac{17,81}{0,0137}$

e) $\dfrac{36:0,18-\dfrac{1-\dfrac{1-0,\bar{1}}{0,\bar{6}}}{0,\bar{43}}+\dfrac{8}{25}:0,02}{0,08\bar{3}-\dfrac{1,\bar{6}\left(\dfrac{1}{2}+0,25\right)-0,24\bar{9}}{\left(0,0\bar{5}-\dfrac{1}{0,58\bar{3}-0,\bar{3}}\right):71}}-\dfrac{46\left(0,41\bar{6}-0,5:\dfrac{6}{7}\right)}{0,8\bar{3}-\left(\dfrac{2}{5}-0,\bar{3}\right)}$

Capítulo 3

Potenciação

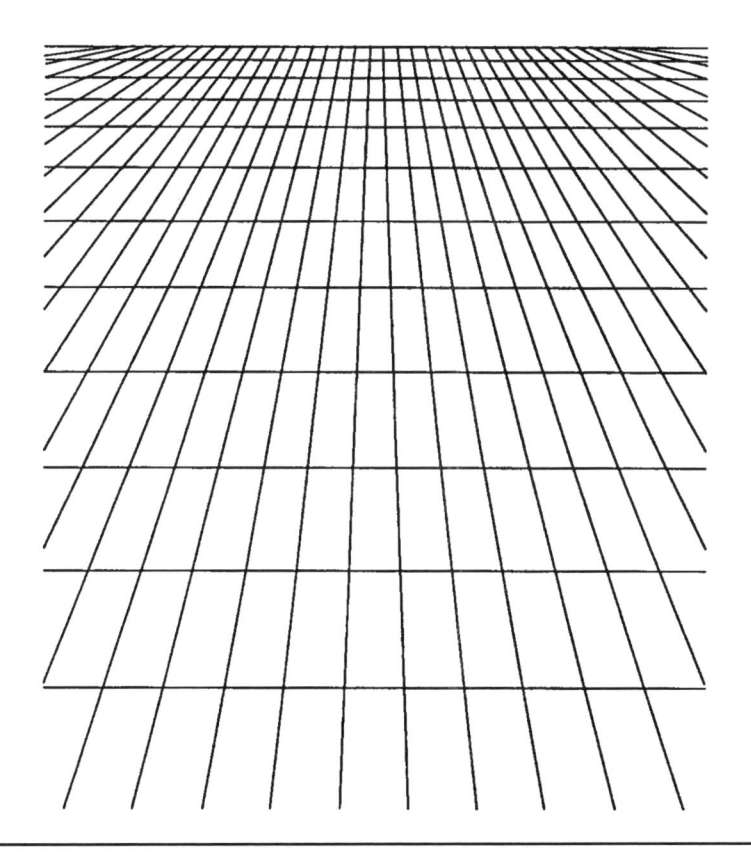

A - Potência de expoente natural

Sendo $a \in \mathbf{R}$ e $n \in \mathbf{N}$, temos:

Definição $\begin{cases} a^0 = 1 \\ a^{n+1} = a^n \cdot a \end{cases}$

Como conseqüência da definição, temos que

$a^1 = a$ e $a^n = \underbrace{a \, a \, a \ldots a}_{n \text{ fatores}}, (n > 1)$

a = base
n = expoente
a^n = potência enésima de a

Exemplos
$2^5 = 2 \cdot 2 \cdot 2 \cdot 2 \cdot 2 = 32$

$\left(-\dfrac{1}{3}\right)^2 = \left(-\dfrac{1}{3}\right)\left(-\dfrac{1}{3}\right) = \dfrac{1}{9}$

B - Potência de expoente inteiro negativo

Sendo $a \in \mathbf{R}^*$ e $n \in \mathbf{N}^*$, temos:

Definição $a^{-n} = \dfrac{1}{a^n}$

Em particular, $a^{-1} = \dfrac{1}{a}$ é chamado de inverso ou recíproco do número $a \neq 0$.

Exemplos

$5^{-2} = \dfrac{1}{5^2} = \dfrac{1}{25}$

$\left(\dfrac{3}{2}\right)^{-3} = \left(\dfrac{2}{3}\right)^3 = \dfrac{8}{27}$

C - Potência de expoente racional

Sendo $a \in \mathbf{R}_+^*$ e $\dfrac{p}{q} \in \mathbf{Q} \left(p \in \mathbf{Z} \text{ e } q \in \mathbf{N}^*\right)$, temos:

Definição $a^{\frac{p}{q}} = \sqrt[q]{a^p}$ (raiz de índice q do número a^p)

Em particular se a = 0 e p ∈ N* (isto é, $\frac{p}{q} > 0$) $0^{\frac{p}{q}} = 0$

Observação: a radiciação será detalhadamente estudada no próximo capítulo

Exemplo

$5^{\frac{2}{3}} = \sqrt[3]{5^2} = \sqrt[3]{25}$

D - Potência de expoente irracional

Sendo a ∈ R_+^* e α um número irracional, existe um único número real a^α ($a^\alpha > 0$) que é a potência de expoente α do número a. Se α é irracional e positivo então $0^\alpha = 0$.

Observação: A definição rigorosa do número a^α é dada no 3º grau.

E - Potência de expoente real

Considerando as restrições que foram feitas à base a nas definições anteriores, constatamos que está definida a potência a^r, ∀ r ∈ R.

F - Propriedades das potências

Supondo satisfeitas as condições de existência das potências em cada caso, são válidas as seguintes propriedades:

P.1) $a^m \cdot a^n = a^{m+n}$

P.2) $a^m : a^n = \frac{a^m}{a^n} = a^{m-n}$

P.3) $(a^m)^n = a^{m \cdot n}$

P.4) $(a \cdot b)^n = a^n \cdot b^n$

P.5) $\left(\frac{a}{b}\right)^n = \frac{a^n}{b^n}$

Exercícios

183 Efetuar

a) 2^4 b) 3^2 c) 7^3 d) 5^1 e) 1^6
f) 0^0 g) 0^5 h) 4^0

184 Efetuar

a) 11^2 b) 15^1 c) 2^{10} d) 1^{13} e) 0^{20}
f) 173^1 g) 1^{173} h) 1024^0

185 Efetuar

a) $1^n, n \in N$ b) $a^1, a \in R$ c) $a^0, a \in R$ d) $0^n, n \in N$

186 Efetuar

a) $(-2)^4$ b) $(-3)^6$ c) $(-5)^3$ d) $(-10)^1$ e) $(-2)^5$ f) $(-12)^2$

187 Efetuar

a) $(+13)^2 = 13^2 = 169$ b) $(+5)^3$ c) $(+3)^4$ d) $(+2)^7$
e) $(+125)^4$ f) $(+14)^2$

188 Efetuar
(Lembre-se: $1^a = 1, \forall a \in R$)

a) $(-1)^{40}$ b) $(-1)^{91}$ c) $(+1)^{53}$ d) $(+1)^{64}$

189 Sendo: $a \in R \mid a > 0$; $b \in R \mid b < 0$; $m \in N \mid m$ é par e $n \in N \mid n$ é ímpar, dizer se são positivas ou negativas as seguintes potências:

a) a^m b) a^n c) b^m d) b^n

190 Efetuar

a) -2^4 b) $(-2)^4$ c) $(-4)^3$ d) -4^3 e) $+10^2$
f) $(+10)^2$ g) $+1^{13}$ h) $(+1)^{13}$

191 Efetuar

a) $(-1^3)^4$ b) $(-1^4)^3$ c) $(-1^2)^4$ d) $(-1^5)^3$ e) $(+1^2)^3$ f) $(+1^3)^2$

192 Efetuar, operando com as bases na forma de frações:

a) $\left(\dfrac{1}{2}\right)^5$ b) $\left(\dfrac{2}{3}\right)^2$ c) $\left(\dfrac{-5}{2}\right)^2$ d) $\left(-\dfrac{1}{4}\right)^3$

e) $0{,}2^3$　　　f) $0{,}5^4$　　　g) $(-0{,}5)^3$　　　h) $(-0{,}25)^2$

193 Efetuar, operando com as bases na forma de frações:

a) $\left(\dfrac{-2}{3}\right)^4$　　b) $\left(\dfrac{-1}{5}\right)^0$　　c) $0{,}125^2$　　d) $(-0{,}25)^5$

194 Efetuar, operando e dando respostas na forma decimal:

a) $0{,}2^2$　　b) $0{,}5^2$　　c) $0{,}1^2$　　d) $0{,}13^2$
e) $0{,}03^2$　　f) $0{,}2^3$　　g) $0{,}4^3$　　h) $0{,}08^3$

195 Efetuar, operando e dando respostas na forma decimal:

a) $1{,}2^2$　　b) $0{,}3^2$　　c) $-0{,}2^4$　　d) $(-0{,}07)^3$

196 Calcule o valor das seguintes expressões aritméticas:

a) $2^2 - 3^3 - 2 \cdot 2^2 - 5^2 + 7^2$

b) $\left[(3^0 + 3^2) \cdot (7^2 - 47) - (2{,}4^2 - 2{,}5^2)\right] : (3^3 - 10^2 : 2)$

c) $\left\{(3-2^2)^4 + \left[6^0 - 0^2 + (-2)^3\right]^2\right\} : \left[(-4)^3 - 28 : (-2)\right] - (0{,}5^3 - 0{,}25) \cdot (-2)^3$

✓ **Faça também os Exercícios de Fixação 215 → 217**

197 Simplificar, usando as propriedades das potências:

a) $a^5 \cdot a^7$　　b) $\dfrac{2^6}{2^4}$　　c) $5^4 : 5^4$　　d) $(a^{10})^3$　　e) $3^4 : 3^6$

f) $\dfrac{x^4}{x^6}$　　g) $(3a^3 \cdot b^2)^4$　　h) $\left(\dfrac{3}{7^5}\right)^6$　　i) $\left(\dfrac{1}{11^2}\right)^7$　　j) $(7^2)^3$

k) 7^{2^3}　　l) $\left(\dfrac{2 \cdot a \cdot b^2}{c^3 \cdot d^4}\right)^5$　　m) $\left[(x^2)^3\right]^2$　　n) $x^{2^{3^2}}$　　o) $(2^4 \cdot 2) : 2^6$

p) $(3:3^5)^2 \cdot 3^{3^2}$

198 Usando as propriedades, simplificar e dar a resposta na forma de potências de números primos (como está resolvido no item (a)):

a) $(6^5)^7 = 6^{35} = (2 \cdot 3)^{35} = 2^{35} \cdot 3^{35}$

b) $(5^3)^4$ c) 5^{3^4} d) $(-2^5)^8 \cdot 2^{2^{3^2}}$ e) $-(-9^2)^3$ f) $-(-9^3)^2$

g) $2^{11^2} \cdot 2^{2^{2^2}}$ h) $(-32)^{3^2}$ i) $\left(\dfrac{10^{12} \cdot 15^7}{6^5}\right)^2$ j) $\left[\left(\dfrac{-8^4 \cdot 32^2}{2^2 \cdot 4^{10}}\right)^3\right]^{2^2}$

199 Efetuar:

a) 2^{-5} b) 5^{-1} c) $\left(\dfrac{2}{3}\right)^{-2}$ d) $\left(\dfrac{5}{7}\right)^{-1}$ e) 10^{-2}

f) $\dfrac{1}{3^{-4}}$ g) $\dfrac{4}{7^{-2}}$ h) $\dfrac{2.7^{-1}}{5.3^{-2}}$ i) $\left(\dfrac{1}{2}\right)^{-4}$ j) $\dfrac{2^{-2}.3^{-3}}{3^{-4}.5^{-5}}$

200 Simplificar:

a) $(-10)^{-2}$ b) $(-9)^{-3}$ c) $(-1)^{-10}$ d) $(-1)^{-9}$ e) $(+1)^{-8}$ f) $(+1)^{-7}$

g) $\left[-\left(\dfrac{-1}{3}\right)^2\right]^{-3}$ h) $\left\{-\left[-(-4)^3\right]^2\right\}^5$ i) $-\left\{-\left[-\left(-\dfrac{1}{2^{-2}}\right)^2\right]^{-2}\right\}^3$

201 Simplificar, usando as propriedades:

a) $2^3 \cdot 2^{-3}$ b) $a^3 \cdot a^{-4}$ c) $x^{-2} \cdot x^5$ d) $5^7 : 5^{-7}$ e) $3^{-3} \cdot 3^{-5}$
f) $a^6 : a^{-8}$ g) $m^{-3} : m^2$ h) $8^{-3} : 2^{-5}$ i) $4^6 : 16^5$

j) $(27^3 : 3^{-5}) : 9^{-4}$ k) $\dfrac{49^4 : 343^{-2}}{0{,}142857 : 7^5}$

202 Dizer, em cada caso, se a igualdade é verdadeira ou falsa:

a) $(2 \cdot 3)^2 = 2^2 \cdot 3^2$ b) $(3+4)^2 = 3^2 + 4^2$ c) $2^5 : 2^3 = 2^2$

d) $4^5 : 3^3 = \left(\dfrac{4}{3}\right)^2$ e) $(a-b)^2 = a^2 - b^2$ f) $\left(\dfrac{a}{b}\right)^2 = a^2 - b^2$

Exercícios de Matemática - vol 1

g) $\dfrac{a^2}{b^2} = a^2 - b^2$ h) $\dfrac{a^2}{b^2} = \left(\dfrac{a}{b}\right)^2$ i) $\left(a^2\right)^3 = a^{2^3}$

j) $-2^4 = (-2)^4$ k) $\dfrac{14^2}{7^2} = 4$ l) $5^3 \times 2^3 = 10^3$

> ✓ Faça também os Exercícios de Fixação 218 → 220

203 Simplificar o quanto for possível, dando as respostas na forma de potências de 10:
a) $1000 = 10^3$ b) 1   c) 100   d) 100000   e) 0,1
f) 0,01   g) 0,001   h) 0,000001   i) 100^3 j) $(-0,1)^{-3}$
k) $(-0,001)^{-4}$ l) $-0,01^6$ m) $(-10000)^{-5}$ n) $-(-1000)^3$

204 Simplifique, dando as respotas na forma de potências de 10:
a) $1000^2 \cdot 0,01^2$ b) $0,1^3 : 100^4$ c) $(-100)^4 : (-10)^5$
d) $(0,001)^{-3} : (-100)^{-2}$

205 Simplificar:

$$\dfrac{100^3 \cdot (-0,1)^{-3} \cdot (-0,001)^{-4} \cdot \left[-(-1000)^3\right]}{-0,01^6 \cdot (-10000)^{-5}}$$

206 Simplificar, dando as respostas na forma de potências de 2:

a) $-(-0,5)^{-3}$ b) $-0,25^4$ c) $(-0,125^2)^{-3}$ d) $\left[-(-0,0625)^{-2}\right]^3$
e) $0,03125^{-5}$ f) $8^4 \cdot 0,5^3$ g) $16^{-2} : 0,25^{-3}$ h) $(-0,25)^{-2} \cdot (-32)^{-3}$
i) $(-0,125)^{-3} : (-0,25)^{-4}$

207 Simplificar:

$$\dfrac{-0,25^4 \cdot \left(-0,125^2\right)^{-3} \cdot \left[-(-0,0625)^{-2}\right]^3}{-(-0,5)^{-3} \cdot 0,03125^{-5}}$$

208 Simplificar, dando a resposta na forma de potência de base 3:

$$\frac{(-27^3)^5 \cdot \left[(-243)^{-2}\right]^4 \cdot 0,\overline{037}^4}{\left[-\left(-0,\overline{1}\right)^{-2}\right]^{-3} \cdot (-729^2)^{-3} \cdot \left[-\left(0,\overline{3}^4\right)^{-2}\right]^5 \cdot 9}$$

> ✓ Faça também os Exercícios de Fixação 221 → 223

209 Simplificar:

$$\frac{2^x + 2^{x+1} - 5 \cdot 2^{x+2}}{2^x - 2^{x+3} - 17 \cdot 2^x}$$

210 Simplificar:

$$\frac{3^{2x-1} - 9^x \cdot 5 + 2 \cdot 9^{x-1}}{9^x + 27 \cdot 3^{2x-3} - 2\left(3^{x-1}\right)^2}$$

211 Simplificar:

$$\frac{5 \cdot 8^{x-1} - 16^{\frac{3x}{4} + \frac{1}{2}}}{3 \cdot 64^{\frac{x}{2} - \frac{5}{6}} - \frac{3}{4} \cdot 512^{\frac{x+1}{3}}}$$

> ✓ Faça também os Exercícios de Fixação 224 → 226

212 Tornar verdadeiras as igualdades seguintes, multiplicando os segundos membros por potências de 10 convenientes (seguir o modelo do item (a)):
a) $0,00092 = 0,92 \cdot 10^{-3}$ b) $5100 = 5,1 \cdot$ c) $80 = 8000 \cdot$
d) $0,0483 = 483 \cdot$ e) $127000 = 127 \cdot$ f) $201 = 2,01 \cdot$
g) $604 = 0,0604 \cdot$ h) $0,02 = 0,002 \cdot$ i) $80,21 = 80210 \cdot$
j) $0,0005009 = 500,9 \cdot$

213 Usando as potências de 10, transformar os números decimais seguintes, conforme os modelos dos itens (a) e (b) (ou seja, um número inteiro não múltiplo de dez multiplicado pela potência de dez conveniente):
a) $230000 = 23 \cdot 10^4$ b) $0,023 = 23 \cdot 10^{-3}$ c) $1,2 =$
d) $0,0005 =$ e) $70 =$ f) $0,3 =$
g) $5400 =$ h) $0,06 =$ i) $0,025 =$
j) $200 =$ k) $9000 =$ l) $0,002 =$

m) 6 000 000 =   n) 15 000 000 000 =   o) 0,123 =
p) 0,0045 =   q) 0,000104 =   r) 203000 =
s) 0,000005009 =

> ✓ Faça também os Exercícios de Fixação 227 → 228

214 Efetuar as seguintes expressões aritméticas:

a) $\left[\dfrac{-0,15:2\dfrac{1}{2}}{0,25-(-2)^{-3}}-0,34\right]^{-4}$ b) $\left\{\left[\left(\dfrac{1}{2}\right)^2-\left(\dfrac{2}{3}\right)^{-3}\right]\cdot\left(1-\dfrac{3}{5}\right)^4-1,92\right\}^{-5}$

c) $\left[\left(6\dfrac{1}{6}-5\dfrac{1}{2}\right)-\left(\dfrac{1}{6}-\dfrac{1}{4}\right)\right]^2:\left(\dfrac{2}{3}\right)^{-3}$

Exercícios de Fixação

215 Efetuar:

a) 2^8 b) 0^{12} c) 5^0 d) 0^0 e) $(-12)^2$ f) -13^2

g) $(-1)^{21}$ h) $(-1)^{32}$ i) $(+1)^{17}$ j) -1^{14} k) $\left(-1^5\right)^6$ l) $\left(-1^8\right)^3$

216 Efetuar, operando com as bases na forma de frações:

a) $0,5^3$ b) $0,1^2$ c) $0,12^0$ d) $(-0,0625)^4$

217 Efetuar, operando e dando as respostas na forma decimal:

a) $(0,2)^2$ b) $-0,9^2$ c) $0,11^2$ d) $1,3^2$
e) $0,01^2$ f) $(-0,3)^5$ g) $-0,42^2$ h) $(-0,15)^2$

218 Simplificar, usando as propriedades das potências:

a) $2 \cdot 2^2 \cdot 2^5 \cdot 2$ b) $\dfrac{3^0 \cdot 3 \cdot 3^5}{\left(3^2\right)^4}$ c) $(-2)^6$ d) -2^6

e) -2^5 f) $(-2)^5$ g) $(-13^2)^5$ h) $(-13^5)^2$ i) $-(13^2)^5$

j) $-(13^5)^2$ k) $(-5a^3)^7$ l) $(-2a^7)^3$ m) $(-11^6)^4$ n) $(-11^4)^6$

219 Dizer se são verdadeiras ou falsas, cada uma das igualdades seguintes:

a) $5^3 \cdot 5^2 = 5^5$ b) $a^3 \cdot a^2 = a^6$ c) $7^3 \cdot 4^3 = 28^3$

d) $x^{15} : x^5 = x^3$ e) $(a^2 + b^3)^4 = a^8 + b^{12}$

f) $(2+5)^2 = 2^2 + 5^2$ g) $(9^4)^6 = 9^{24}$ h) $\dfrac{a^6}{a^5} = a$

i) $\dfrac{a^8}{a^4} = (-a)^4$ j) $(5-4)^2 = 5^2 - 4^2$ k) $5^2 - 4^2 = 3^2$

l) $2^2 \cdot 5^2 = 10^4$ m) $2^3 \cdot 5^2 = 10^5$

220 Simplificar, dando a resposta na forma de potências de números primos:

a) $(-8^8)^5$ b) $(2^{11})^2$ c) $[(-28)^2]^3$ d) $[(-28)^3]^2$ e) $(-16)^{2^3}$

f) 10^5 g) $(-30^2)^7$ h) $(3 \cdot 2^5 \cdot 2^{13})^2$ i) $\left[-\left(\dfrac{3^6 \cdot 6^{3^2}(4^2)^4}{27^2 \cdot 2}\right)^2\right]^3$

221 Simplificar, dando a resposta como potência de base 10:
$$\dfrac{(10^{-5} : 2^{-4})^2 : (5^{-3} : 10^{-2})^3}{[(-2)^{-3} \cdot (-10)^2] : 5^2}$$

222 Calcular e exprimir a resposta na forma de potência de 10:

a) $\dfrac{\left[\dfrac{1}{0,001^{-2}} \cdot 0,1^2\right] : \dfrac{1}{10}}{[0,001^3 : 100^{-2}] : \dfrac{1}{0,01^2}}$

b) $\left\{\left[\dfrac{(-100^2)^{3^2}}{(-0,01)^{(-3)^3}} : \left(-0,1^{(-3)^2}\right)^2\right] : 0,001^{-2^2}\right\} : \left(\dfrac{1}{1000^{-4}}\right)^{-1}$

223 Simplificar:

a) $x = \left(-128^2\right)^{3^2} \cdot \left(-64^2\right)^{(-3)^2} \cdot \left(512^3\right)^{-3^2}$

b) $y = \left[\left(0,125^{-2}\right)^3 \cdot \left(0,0625^{-1}\right)^2\right]^2 : (0,25)^{-2}$

c) $z = (0,0625)^{\frac{1}{4}} : \left[(-0,125)^6 \cdot (-1024)^{-2} \cdot \left(0,485^3\right)^0\right]^{-2}$

224 Calcular o valor da expressão:

$$\frac{2^{n+4} + 2^{n+2} + 2^{n-1}}{2^{n-2} + 2^{n-1}}$$

225 Simplificar:

$$\frac{3^{x+4} - \left(\frac{1}{9}\right)^{-\frac{x}{2}+1} - 3^{x+5}}{9^{\frac{x}{2}-1} + 2 \cdot 3^{x+4}}$$

226 Simplificar:

$$\frac{\left(\frac{1}{8}\right)^{\frac{x}{3}-1} - \left(4^{-1}\right)^{\frac{x}{2}-3}}{0,0625^{\frac{x}{4}-1,5} + 30 \cdot 0,03125^{\frac{x}{5}} + \left(\frac{1}{2}\right)^{x-2}}$$

227 Usando as potências de 10, transformar os números decimais seguintes, conforme os modelo do item (a) (ou seja, deixando apenas um algarismo não nulo à esquerda da vírgula):

a) $0,00092 = 9,2 \cdot 10^{-4}$
b) $51000 =$
c) $80 =$
d) $0,000483 =$
e) $1270000 =$
f) $20,1 =$
g) $604 =$
h) $0,0000000002 =$
i) $802100000000 =$
j) $0,0005009 =$

228 Tornar verdadeiras as igualdades seguintes, completando os parênteses vazios (seguir o modelo do item (a)):

a) $9,2 \cdot 10^{-4} = (9200) \cdot (10^{-7})$
b) $483 \cdot 10^{-4} = (\quad) \cdot (10^{-2})$
c) $8000 \cdot 10^{-2} = (\quad) \cdot (10^3)$
d) $127 \cdot 10^3 - (0,0127) \cdot (\quad)$

e) $0,0604 \cdot 10^4 = (6040) \cdot ($ $)$ 	f) $0,002 \cdot 10 = ($ $) \cdot (10^2)$
g) $80210 \cdot 10^{-24} = (8,021) \cdot ($ $)$ 	h) $2,01 \cdot 10^{40} = ($ $) \cdot (10^{38})$
i) $5,1 \cdot 10^{32} = (0,00051) \cdot ($ $)$ 	j) $500,9 \cdot 10^{-47} = (50090000) \cdot ($ $)$

Exercícios Suplementares

229 Calcule o valor da expressão $E = \dfrac{0,1 \cdot 0,001 \cdot 10^{-1}}{10 \cdot 0,0001}$ e, a seguir, determine o valor de x em cada caso, sabendo que:
a) $a \cdot x = E$ e $a = 10^{-3}$ 	b) $a : x = E$ e $a = 10^{-5}$
c) $x : a = E$ e $a = 10.000$ 	d) $(x : a)^2 = E$ e $a = 1.000$

230 Efetuar as operações seguintes, dando as respostas, da mesma forma que no exercício 227:
a) $1002 \cdot 10^{-1} + 32 \cdot 10^{-5}$ 	b) $25 - 12 \cdot 10^{-3}$
c) $5 \cdot 10^{40} + 9 \cdot 10^{42}$ 	d) $62 \cdot 10^{-25} + 104 \cdot 10^{-27}$
e) $9,43 \cdot 10^{-13} - 0,0001025 \cdot 10^{-8}$ 	f) $(0,0809 \cdot 10^{32}) \cdot (0,37 \cdot 10^{45})$
g) $(1,311 \cdot 10^{-41}) : (5700 \cdot 10^{-30})$

231 Simplificar

$$\dfrac{10 \cdot 0,01 + 0,2 \cdot 10^{-3}}{0,005} - \dfrac{4 \cdot 10^{-3} \cdot 3 \cdot 10^{-5}}{0,0005 \cdot 10^{-3}}$$

232 Simplificar:

a) $\left\{\left[0,1^{-2} \cdot \left(0,0001^{-\frac{1}{4}}\right)^5\right] : \dfrac{1}{(1000^{-2})^{\frac{1}{6}}}\right\} \cdot \left[(100^{-2})^3 \cdot (0,1^3)^{-4}\right]$

b) $\dfrac{(-2^2)^3 \cdot \left(16^{\frac{1}{3}}\right)^{-3^2} \cdot \left[(-32)^2\right]^{\frac{1}{5}} \cdot (-1024)^{-7}}{(0,0625^{-2})^{\frac{1}{2}} \cdot (-8^2)^3 \cdot \left(0,125^{2^3}\right)^{2^2}}$

c) $\dfrac{32^{\frac{x}{15} + \frac{3}{5}} + 3 \cdot \left(\frac{1}{8}\right)^{-\frac{x}{9} - \frac{2}{3}} - 9 \cdot 4^{\frac{x}{6} + \frac{1}{2}}}{2^{\frac{x}{3} + 4} + 9 \cdot \left(\frac{1}{2}\right)^{-\frac{x}{3} - 1} - 2^{\frac{x}{3} + 5}}$

233 Simplificar:

a) $\dfrac{(-2^3)^2 \cdot (16^3)^{\frac{1}{2}} \cdot \left[(-64)^{10}\right]^{\frac{1}{2}}}{(0,0625^{-1})^4 \cdot (-32^2)^3 \cdot (-4)^{-1}}$

b) $\dfrac{3 \cdot 2^{-2x+6} - 2^{-2x+5} - 9 \cdot 2^{-2x+4}}{5 \cdot 2^{-2x+2} - 2^{-2x+4} - 3 \cdot 2^{-2x}}$

234 Calcular, dando a resposta na forma $\pm a^n$ onde $a \in \mathbf{N}$, e $n \in \mathbf{Z}$, sendo a o menor possível:

$$\dfrac{\left[-(0,\overline{037})^{-10}\right] \cdot (-0,111\ldots)^{-1}}{(-9)^{-3^2} \cdot (0,\overline{3})^{-18} \cdot 729^{\frac{1}{3}} \cdot \left\{\left[\left(-\dfrac{1}{2}\right)^{-2}\right]^5\right\}^{-3}}$$

Capítulo 4

Radiciação

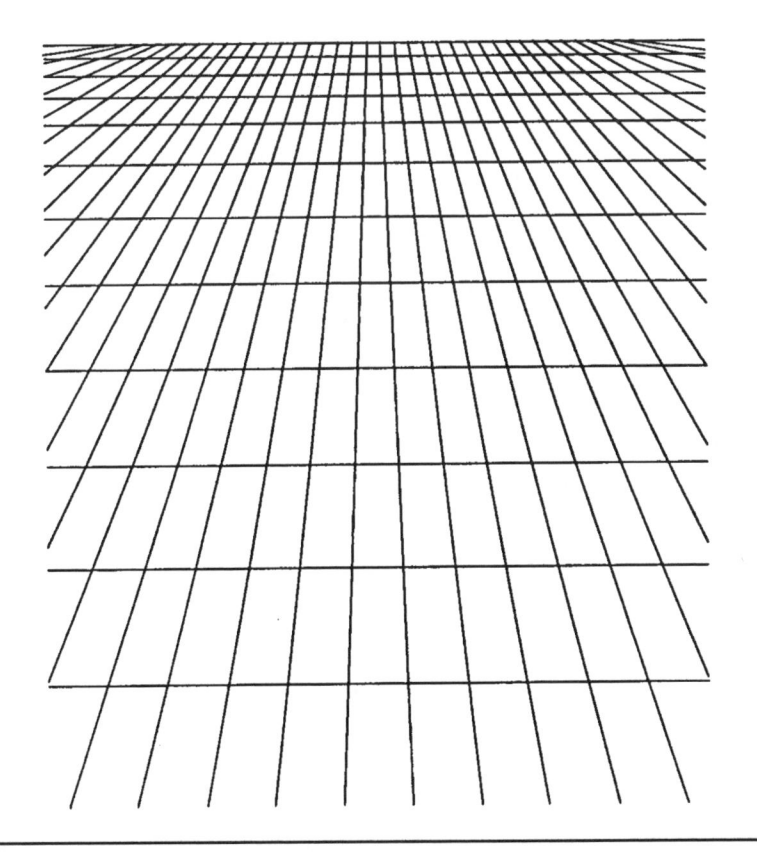

A - Nomenclatura

$\sqrt[n]{a}$ = raiz enésima de a
n = índice da raiz
a = radicando
$\sqrt{}$ = radical

Definição
Sendo n ∈ **N***, dividiremos em dois casos a definição, **em R**, da raiz enésima de a.

1º caso: $\begin{cases} n \in N^* / n \text{ é impar} \\ a \text{ e } b \text{ são reais quaisquer} \end{cases}$

Definição:
$$\sqrt[n]{a} = b \Leftrightarrow b^n = a$$

2º caso: $\begin{cases} n \in N^*/n \text{ é par} \\ a \in R/a \geq 0 \\ b \in R/b \geq 0 \end{cases}$

Definição
$$\sqrt[n]{a} = b \Leftrightarrow b^n = a$$

Observações:
01. *Não se define em R, raiz de índice par de número negativo (isto só ocorrerá no conjunto C dos números complexos).*
02. *Raiz de índice ímpar sempre está definida.*
03. *A raiz enésima de a, se estiver definida, tem sempre resultado único com mesmo sinal que o radicando.*
04. *Como conseqüência da definição temos que $\sqrt[1]{a} = a, \forall a \in R$.*
05. *Quando o índice é 2 (raiz quadrada) é usual omiti-lo: $\sqrt[2]{3} = \sqrt{3}$*

Exemplos:
a) $\sqrt{9} = 3 \Leftrightarrow 3^2 = 9$
   (Note que –3 não é resposta pois, por definição, a, b ∈ **R₊**)
b) $\sqrt{-9} \notin R$ (não se define em **R**)

Exercícios de Matemática - vol 1

c) $\sqrt{0} = 0 \Leftrightarrow 0^2 = 0$
d) $\sqrt[3]{64} = 4 \Leftrightarrow 4^3 = 4$
e) $\sqrt[3]{-64} = -4 \Leftrightarrow (-4)^3 = -64$
f) $\sqrt[3]{0} = 0 \Leftrightarrow 0^3 = 0$

Exercícios

235 Calcular:

a) $\sqrt[3]{8}$ b) $\sqrt[3]{-27}$ c) $\sqrt[3]{0}$ d) $\sqrt[5]{32}$ e) $\sqrt[7]{-128}$ f) $\sqrt[9]{0}$
g) $\sqrt{25}$ h) $\sqrt{0}$ i) $\sqrt{-9}$ j) $\sqrt{49}$ k) $\sqrt[4]{625}$ l) $\sqrt[6]{-64}$
m) $\sqrt[8]{256}$ n) $\sqrt[4]{81}$

B - Módulo de um número real

Definição $\begin{cases} |x| = x \text{ se } x \geq 0 \\ |x| = -x \text{ se } x < 0 \end{cases}$

Importante $\sqrt{x^2} = |x|, \forall x \in \mathbf{R}$ e, generalizando

$\sqrt[n]{x^n} = |x|, \forall x \in \mathbf{R}$ e n par

$\sqrt[n]{x^n} = x, \forall x \in \mathbf{R}$ e n ímpar

Exemplos
a) $|+4| = +4 = 4$
b) $|-3| = -(-3) = +3 = 3$
c) $|0| = 0$
d) $\sqrt{(a+b)^2} = |a+b|, \forall a, b \in \mathbf{R}$
e) $\sqrt[3]{(a+b)^3} = a+b, \forall a, b \in \mathbf{R}$
f) $\sqrt[6]{(a+b)^6} = |a+b|, \forall a, b \in \mathbf{R}$

B.1 - Interpretação geométrica do módulo

Seja P o ponto do eixo dos números reais que corresponde ao número $x \in \mathbb{R}$ e 0 a origem.

Nessas condições temos:

$|x| = d_{op}$ módulo de x = distância de O até P

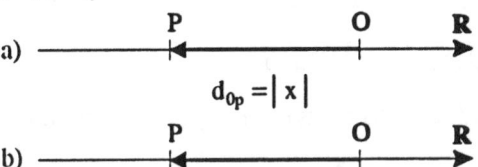

a)
```
       P         O      R
  ─────┤◄────────┼──────►
        d_op = |x|
```

b)
```
       P         O      R
  ─────┤◄────────┼──────►
      -3         0
       |-3| = d_op = 3
```

Observação:
No volume 2 desta coleção, o leitor encontrará o aprofundamento do estudo de módulo de um número real: funções modulares, equações e inequações modulares, etc.

236 Calcule

a) $|5|$ b) $|-10|$ c) $|0|$ d) $\left|-\frac{1}{2}\right|$ e) $|0,\overline{3}|$

f) $|7-5|$ g) $|5-7|$ h) $|a-a|, \forall a \in \mathbb{R}$

237 Calcular

a) $|2+\sqrt{3}|$ b) $|2-\sqrt{3}|$ c) $|\sqrt{3}-2|$ d) $|-2-\sqrt{3}|$

e) $|a-b|$ onde $a > b$ f) $|m-n|$ onde $m < n$

238 Simplificar os radicais:

a) $\sqrt{5^2}$ b) $\sqrt{(-7)^2}$ c) $\sqrt{-3^2}$ d) $\sqrt[3]{4^3}$ e) $\sqrt[3]{(-2)^3}$ f) $\sqrt[3]{-6^3}$

239 Simplificar:

a) $\sqrt[7]{11^7}$ b) $\sqrt[4]{(-3)^4}$ c) $\sqrt[4]{-3^4}$ d) $\sqrt[5]{(-2)^5}$ e) $\sqrt[5]{-7^5}$ f) $\sqrt[10]{2^{10}}$

g) $\sqrt{(2-\sqrt{3})^2}$ h) $\sqrt[4]{(2-\sqrt{5})^4}$ i) $\sqrt[3]{(\pi-3)^3}$

j) $\sqrt[3]{(3-\pi)^3}$ k) $\sqrt[n]{6^n}, n \in \mathbb{N}^*$

> ✓ Faça também os Exercícios de Fixação 261 → 263

C - Propriedades dos Radicais

Observando as condições de existência das potências e das raízes, são válidas as seguintes propriedades:

(P.1) $\sqrt[n]{a^m} = \sqrt[n \cdot p]{a^{m \cdot p}}$

(P.2) $\sqrt[n]{a} \cdot \sqrt[n]{b} = \sqrt[n]{a \cdot b}$

(P.3) $\dfrac{\sqrt[n]{a}}{\sqrt[n]{b}} = \sqrt[n]{\dfrac{a}{b}}$

(P.4) $\left(\sqrt[n]{a}\right)^m = \sqrt[n]{a^m}$

(P.5) $\sqrt[p]{\sqrt[q]{a}} = \sqrt[p \cdot q]{a}$

Observação: Neste capítulo, quando o radical for literal, salvo aviso em contrário, fica aqui convencionado que os radicandos que aparecerem representarão, sempre, **números reais positivos**.

240 Simplificar os radicais seguintes:

a) $\sqrt[14]{5^6}$ b) $\sqrt[12]{2^4}$ c) $\sqrt[10]{a^5}$ d) $\sqrt[3]{7^{12}}$ e) $\sqrt{3^2}$

f) $\sqrt[5]{7^{40}}$ g) $\sqrt[9]{3^6}$ h) $\sqrt[3]{x^3}$ i) $\sqrt[3]{5^{21}}$ j) $\sqrt[6]{2^{18}}$

k) $\sqrt[10]{a^{20}}$ l) $\sqrt[n]{a^{np}}$

241 Extrair, quando possível, os fatores dos radicais (observe o modelo do item a):

a) $\sqrt[3]{a^6 \cdot b^3 \cdot c} = \sqrt[3]{a^6} \cdot \sqrt[3]{b^3} \cdot \sqrt[3]{c} = a^2 b \sqrt[3]{c}$

b) $\sqrt[5]{2^5 \cdot 2^3}$ c) $\sqrt{7^6 \cdot 7}$ d) $\sqrt[3]{2^3 \cdot 2 \cdot 3^{12}}$ e) $\sqrt[4]{a^4 \cdot a^3 \cdot b^{20} \cdot b}$

f) $\sqrt{2^{14} \cdot 2 \cdot 5^6 \cdot 5}$ g) $\sqrt[3]{5^6 \cdot 5 \cdot a^9 \cdot a^2 \cdot x^{15} \cdot x^3}$

242 Decompor o radicando em fatores primos e, a seguir, simplificar (observe o item a):

a) $\sqrt[10]{64} = \sqrt[10]{2^6} = \sqrt[5]{2^3}$ b) $\sqrt[4]{256}$ c) $\sqrt[4]{625}$ d) $\sqrt[3]{729}$ e) $\sqrt[15]{512}$

f) $\sqrt[3]{512}$ g) $\sqrt[20]{16}$ h) $\sqrt[6]{216}$ i) $\sqrt[10]{25a^6}$ j) $\sqrt[21]{128a^{14}}$

243 Extrair os fatores dos radicais e, quando possível, simplificar:

a) $\sqrt[4]{1024a^6b^{22}} = \sqrt[4]{2^8.2^2.a^4.a^2.b^{20}.b^2} = 2^2.a.b^5\sqrt[4]{2^2a^2b^2} = 4ab^5\sqrt{2ab}$

b) $\sqrt[6]{a^{31}}$ c) $\sqrt{27a^4b^6}$ d) $\sqrt[3]{48}$ e) $\sqrt[10]{a^{20}.b^{10}.c^4}$

f) $\sqrt[3]{432a^6b^{20}}$ g) $\sqrt{72x^5y^4}$

244 Transformar os radicais seguintes em potênciais de expoentes fracionários e, a seguir, simplificar os expoentes quando for possível:

Lembre-se: $\sqrt[n]{a^m} = (a^m)^{\frac{1}{n}} = a^{\frac{m}{n}}$

a) $\sqrt[12]{5^8} = 5^{\frac{8}{12}} = 5^{\frac{2}{3}}$ b) $\sqrt[30]{x^{18}}$ c) $\sqrt{a^{10}}$ d) $\sqrt[3]{11^{21}}$ e) $\sqrt{7}$

f) $\sqrt[3]{5}$ g) $\sqrt[n]{6}, n \in \mathbb{N}^*$ h) $\sqrt[4]{2^{14}}$ i) $\sqrt[3]{3^{20}}$ j) $\sqrt[6]{1024}$

245 Simplificar, dando as respostas irracionais na forma de radicais:

a) $16^{\frac{1}{8}} = (2^4)^{\frac{1}{8}} = 2^{\frac{4}{8}} = 2^{\frac{1}{2}} = \sqrt{2}$ b) $-49^{\frac{1}{2}}$ c) $(-6)^{0,5}$ d) $2^{\frac{3}{12}}$

e) $-27^{-\frac{1}{3}}$ f) $\left(\dfrac{1}{625}\right)^{-4^{-1}}$ g) $243^{0,25}$ h) $\left(\dfrac{1}{16}\right)^{-2^{-3}}$

246 Determine, em cada caso, se a afirmação é verdadeira ou falsa:

a) $\sqrt[3]{a+b} = \sqrt[3]{a} + \sqrt[3]{b}$ b) $\sqrt[4]{a.b} = \sqrt[4]{a.b} = \sqrt[4]{a}.\sqrt[4]{b}$ c) $\dfrac{\sqrt{a}}{\sqrt{b}} = \sqrt{\dfrac{a}{b}}$

d) $\sqrt[5]{a} - \sqrt[5]{b} = \sqrt[5]{a-b}$ e) $\sqrt[6]{x^3y} = \sqrt{xy}$ f) $\sqrt{27} = 3\sqrt{3}$

g) $\sqrt{(a-b)^2} = a-b, \forall a, b \in \mathbb{R}$ h) $\sqrt{64} + \sqrt{36} = \sqrt{100}$

i) $\sqrt[3]{(a-b)^3} = a-b, \forall a, b \in R$ j) $a < b \Rightarrow \sqrt{(a-b)^2} = b-a$
k) $\sqrt{32} = 4\sqrt{2}$ l) $3\sqrt{5} = \sqrt{45}$

> ✓ Faça também os Exercícios de Fixação 264 → 270

D - Operações com radicais

D.1 - Soma algébrica (radicais semelhantes)
Exemplos
a) $2\sqrt{3} + 4\sqrt{3} - 3\sqrt{3} + \sqrt{3} = (2+4-3+1)\sqrt{3} = 4\sqrt{3}$
b) $\sqrt[3]{2} + \sqrt[3]{5} - 3\sqrt[3]{2} + 4\sqrt[3]{2} - \sqrt{5} = (1-3+4)\sqrt[3]{2} + (2-1)\sqrt{5} = 2\sqrt[3]{2} + \sqrt{5}$

D.2 - Multiplicação e divisão (radicais de mesmo índice)
Exemplos
a) $(2\sqrt{3}).(3\sqrt{5}) = (2.3).(\sqrt{3}.\sqrt{5}) = 6\sqrt{15}$
b) $(6\sqrt[3]{36}):(-3\sqrt[3]{12}) = \dfrac{6}{-3} \cdot \sqrt[3]{\dfrac{36}{12}} = -2\sqrt[3]{3}$

D.3 - Potenciação e radiciação
Exemplos:
a) $\left(\sqrt[5]{2}\right)^7 = \sqrt[5]{2^7} = \sqrt[5]{2^5 . 2^2} = 2\sqrt[5]{4}$
b) $\sqrt[4]{\sqrt[3]{9}} = \sqrt[12]{3^2} = \sqrt[6]{3}$

247 Efetuar as seguintes somas algébricas de radicais, simplificando as respostas:

a) $3\sqrt[3]{2} + 2\sqrt[3]{2} - 7\sqrt[3]{2} + \sqrt[3]{2}$
b) $\sqrt[5]{4} + 10\sqrt[5]{8} - 4\sqrt[5]{16} - \sqrt[5]{2^2} + 5\sqrt[5]{2^4} - 9\sqrt[5]{2^3}$
c) $4\sqrt{7} - \left[9\sqrt{5} - \left(2\sqrt{7} - \sqrt{5}\right)\right] - \left[8\sqrt{5} - \left(6\sqrt{5} - \sqrt{7}\right)\right]$
d) $\dfrac{1}{6}\sqrt[3]{3} - \dfrac{1}{4}\sqrt[3]{3} + \sqrt{3} - \dfrac{2}{3}\sqrt[3]{3} - \dfrac{1}{2}\sqrt[4]{9}$

248 Simplificar:

a) $\sqrt[5]{2} + \sqrt[5]{2^6} - 3\sqrt[5]{2^{11}}$ b) $6\sqrt{3} - \frac{1}{5}\sqrt{75} + \frac{1}{2}\sqrt{48} - 4\sqrt{12} + \frac{1}{3}\sqrt{27}$

c) $-2\sqrt[3]{25} - 0,4\sqrt[3]{625} + \frac{3}{4}\sqrt[3]{320} + 0,3\sqrt[3]{675}$ d) $\frac{2\sqrt[4]{512}}{3} - \frac{3\sqrt[4]{1250}}{4} + \frac{\sqrt[4]{162}}{2}$

249 Efetuar as multiplicações e divisões seguintes, simplificando o resultado quando for possível:

a) $\sqrt[6]{a} \cdot \sqrt[6]{b}$ b) $\sqrt[3]{144} : \sqrt[3]{6}$ c) $\sqrt[5]{2x} \cdot \sqrt[5]{3x^2} \cdot \sqrt[5]{x}$

d) $\left(\sqrt[4]{8a^3} \cdot \sqrt[4]{4a^3}\right) : \sqrt[4]{2a}$ e) $\left(\sqrt{162 \cdot 1600} : \sqrt{12}\right) : \sqrt{15}$

250 Reduzir os radicais ao mesmo índice (o menor possível):

a) $\sqrt[6]{a^5}; \sqrt[4]{a^3}$ b) $\sqrt[3]{a^2b}; \sqrt[15]{2a^4b^3}$ c) $\sqrt[12]{4x^2y}; \sqrt[10]{x^5}; \sqrt[24]{9x^2y^4}; \sqrt[18]{12x^4y^3}$

d) $\sqrt[3]{a^2}; \sqrt[4]{b^3}; \sqrt[12]{c^5}; \sqrt[6]{d}$ e) $\sqrt{2}; \sqrt[3]{2}; \sqrt[4]{2}$

f) $\sqrt{3}; \sqrt[8]{a^3b^4}$ g) $\sqrt[10]{a^2b^2}; \sqrt[3]{ab}; \sqrt[15]{a^3b^2}$

251 Efetuar e simplificar quando for possível:

a) $\sqrt[15]{x^2} \cdot \sqrt[10]{x^3}$ b) $\sqrt[4]{a} : \sqrt[12]{a}$ c) $\dfrac{\sqrt[24]{8x^2y^5}}{\sqrt[16]{4xy^2}}$ d) $\dfrac{\sqrt[15]{m^2} \cdot \sqrt[20]{m^{17}}}{\sqrt[30]{m^{11}}}$

e) $\left(9\sqrt[8]{32a^4b^2c} \cdot 6\sqrt[12]{8a^4b^5c^3}\right) : 27\sqrt[6]{16a^5b^3c^2}$ f) $\dfrac{\dfrac{3xy}{4a} \cdot \sqrt[3]{\dfrac{2a^2}{9xy^2}}}{\dfrac{9x}{2a} \cdot \sqrt[4]{\dfrac{3x^2}{8ay}}}$

252 Simplificar:

a) $\sqrt[5]{\sqrt[4]{2}}$ b) $\left(\sqrt[8]{a}\right)^{13}$ c) $\sqrt{\sqrt[3]{5^8}}$ d) $\sqrt[3]{\sqrt{\sqrt[5]{1024}}}$

e) $\left(16\sqrt[4]{8}\right)^2$ f) $\left(2\sqrt{x}\right)^3$ g) $\left(\sqrt[3]{\dfrac{\sqrt[6]{5^{10}}}{\sqrt[3]{5^2}}}\right)^4$ h) $\left(\sqrt[3]{\sqrt[7]{8x^3}}\right)^{14}$

253 Passe os coeficientes (fatores) para dentro dos radicais (observe o item (a)):

a) $2\sqrt{5} = \sqrt{2^2}\cdot\sqrt{5} = \sqrt{2^2\cdot 5} = \sqrt{20}$ b) $a\sqrt[4]{x}$ c) $\dfrac{1}{a}\sqrt[3]{b}$

d) $a^3\sqrt[5]{b^2}$ e) $\dfrac{a^2}{b^3}\sqrt{\dfrac{b^5}{a^3}}$ f) $\dfrac{4}{5}\sqrt[5]{\dfrac{625}{8}}$ g) $\sqrt{8\cdot\sqrt[3]{\dfrac{5}{2}}}$ h) $2\cdot\sqrt[3]{\dfrac{3}{4}}\cdot\sqrt{\dfrac{2}{3}}$

✓ Faça também os Exercícios de Fixação 271 → 277

E - Racionalização de Denominadores

Racionalizar o denominador de uma fração significa fazer desaparecer os radiciais do denominador, ou seja, tornar os denominadores racionais.

E.1   1º caso: $\dfrac{a}{\sqrt[n]{b}}$

Lembre-se: $\sqrt[n]{b^n} = b$ (supondo $b > 0$)

Exemplos

a) $\dfrac{6}{\sqrt[7]{2^3}} = \dfrac{6}{\sqrt[7]{2^3}}\cdot\dfrac{\sqrt[7]{2^4}}{\sqrt[7]{2^4}} = \dfrac{6\sqrt[7]{2^4}}{\sqrt[7]{2^7}} = \dfrac{6\sqrt[7]{2^4}}{2} = 3\sqrt[7]{16}$

b) $\dfrac{1}{\sqrt{5\sqrt{2}}} = \dfrac{1}{\sqrt{\sqrt{5^2\cdot 2}}}\cdot\dfrac{\sqrt[4]{5^2 2^3}}{\sqrt[4]{5^2 2^3}} = \dfrac{\sqrt[4]{25\cdot 8}}{\sqrt[4]{(5\cdot 2)^4}} = \dfrac{\sqrt[4]{200}}{10}$

254 Racionalizar os denominadores das seguintes frações:

a) $\dfrac{1}{\sqrt[3]{2^3}}$ b) $\dfrac{10}{\sqrt[4]{5}}$ c) $\dfrac{1}{\sqrt{3}}$ d) $\dfrac{7}{\sqrt[3]{49}}$ e) $\dfrac{6\sqrt{3}}{\sqrt{\sqrt{3}}}$

f) $\dfrac{1}{\sqrt[5]{ab^2}}$ g) $\dfrac{120}{\sqrt{2\sqrt[3]{3}}}$ h) $\dfrac{15}{10\sqrt[3]{3}}$ i) $\dfrac{-30}{\sqrt[3]{18}}$

Observação Importante: Os próximos casos de racionalização de denominadores dependem do conhecimento de produtos notáveis que serão vistos no próximo capítulo.

E.2   2º caso: $\dfrac{a}{\sqrt{b} \pm \sqrt{c}}$

Lembre-se: $(a+b)(a-b) = a^2 - b^2$

Exemplos

a) $\dfrac{1}{\sqrt{5}+\sqrt{3}} = \dfrac{1}{\sqrt{5}+\sqrt{3}} \cdot \dfrac{\sqrt{5}-\sqrt{3}}{\sqrt{5}-\sqrt{3}} = \dfrac{\sqrt{5}-\sqrt{3}}{(\sqrt{5})^2-(\sqrt{3})^2} =$

$\dfrac{\sqrt{5}-\sqrt{3}}{5-3} = \dfrac{\sqrt{5}-\sqrt{3}}{2}$

b) $\dfrac{\sqrt{2}-1}{\sqrt[4]{2}-1} = \dfrac{\sqrt{2}-1}{\sqrt[4]{2}-1} \cdot \dfrac{\sqrt[4]{2}+1}{\sqrt[4]{2}+1} = \dfrac{(\sqrt{2}-1)(\sqrt[4]{2}+1)}{\sqrt{2}-1} = \sqrt[4]{2}+1$

c) $\dfrac{1}{\sqrt{2}+\sqrt{5}-\sqrt{10}} = \dfrac{1}{(\sqrt{2}+\sqrt{5})-\sqrt{10}} \cdot \dfrac{(\sqrt{2}+\sqrt{5})+\sqrt{10}}{(\sqrt{2}+\sqrt{5})+\sqrt{10}} =$

$\dfrac{\sqrt{2}+\sqrt{5}+\sqrt{10}}{(\sqrt{2}+\sqrt{5})^2-(\sqrt{10})^2} = \dfrac{\sqrt{2}+\sqrt{5}+\sqrt{10}}{7+2\sqrt{10}-10} =$

$$\dfrac{\sqrt{2}+\sqrt{5}+\sqrt{10}}{2\sqrt{10}-3} \cdot \dfrac{2\sqrt{10}+3}{2\sqrt{10}+3} =$$

$$\dfrac{\left(\sqrt{2}+\sqrt{5}+\sqrt{10}\right)\left(2\sqrt{10}+3\right)}{\left(2\sqrt{10}\right)^{2}-3^{2}} = \dfrac{13\sqrt{2}+7\sqrt{5}+3\sqrt{10}+20}{31}$$

255 Racionalizar os denominadores:

a) $\dfrac{1}{\sqrt{3}+\sqrt{2}}$ b) $\dfrac{6}{\sqrt{5}-\sqrt{2}}$ c) $\dfrac{-1}{\sqrt{3}-2}$ d) $\dfrac{9\sqrt{2}}{2\sqrt{2}+\sqrt{5}}$ e) $\dfrac{\sqrt{2}-3}{1-\sqrt{2}}$

256 Racionalizar os denominadores e efetuar os produtos nos numeradores:

a) $\dfrac{1}{\sqrt[4]{3}+\sqrt[4]{2}}$ b) $\dfrac{12}{\sqrt[4]{10}-\sqrt[4]{4}}$ c) $\dfrac{1}{\sqrt[4]{2}+1}$ d) $\dfrac{121}{-\sqrt[4]{3}-\sqrt{5}}$ e) $\dfrac{3}{\sqrt[4]{5}-\sqrt[4]{2}}$

257 Racionalizar os denominadores e efetuar os produtos nos numeradores:

a) $\dfrac{1}{\sqrt{3}+\sqrt{2}-\sqrt{6}}$ b) $\dfrac{-31}{2-\sqrt{5}+\sqrt{2}}$

c) $\dfrac{11}{\sqrt[4]{6}-\sqrt{3}-\sqrt{2}}$ d) $\dfrac{1}{\sqrt{6}+2-\sqrt{2}-\sqrt{3}}$

E.3   3º caso $\dfrac{a}{\sqrt[3]{b}\pm\sqrt[3]{c}}$

Lembre-se: $(a+b)(a^2-ab+b^2) = a^3+b^3$
$(a-b)(a^2+ab+b^2) = a^3-b^3$

Exemplos

a) $\dfrac{5}{\sqrt[3]{3}+\sqrt[3]{2}} = \dfrac{5}{\sqrt[3]{3}+\sqrt[3]{2}} \cdot \dfrac{\left(\sqrt[3]{3}\right)^2-\left(\sqrt[3]{3}\cdot\sqrt[3]{2}\right)+\left(\sqrt[3]{2}\right)^2}{\left(\sqrt[3]{3}\right)^2-\left(\sqrt[3]{3}\cdot\sqrt[3]{2}\right)+\left(\sqrt[3]{2}\right)^2} =$

$$\frac{5\left(\sqrt[3]{3^2}-\sqrt[3]{2^2}\right)}{\left(\sqrt[3]{3}\right)^3+\left(\sqrt[3]{2}\right)^3}=\frac{5\left(\sqrt[3]{9}-\sqrt[3]{6}+\sqrt[3]{4}\right)}{5}=\sqrt[3]{9}-\sqrt[3]{6}-\sqrt[3]{4}$$

b) $\dfrac{1}{\sqrt[3]{9}+\sqrt[3]{6}+\sqrt[3]{4}}=\dfrac{1}{\sqrt[3]{9}+\sqrt[3]{6}+\sqrt[3]{4}}\cdot\dfrac{\sqrt[3]{3}-\sqrt[3]{2}}{\sqrt[3]{3}-\sqrt[3]{2}}=$

$\dfrac{1\cdot\left(\sqrt[3]{3}-\sqrt[3]{2}\right)}{\left(\sqrt[3]{3}\right)^3-\left(\sqrt[3]{2}\right)^3}=\sqrt[3]{3}-\sqrt[3]{2}$

258 Racionalizar os denominadores:

a) $\dfrac{2}{\sqrt[3]{5}-\sqrt[3]{3}}$ b) $\dfrac{1}{1+\sqrt[3]{2}}$ c) $\dfrac{10}{\sqrt[3]{5}+\sqrt[3]{7}}$ d) $\dfrac{2}{2-\sqrt[3]{7}}$

259 Racionalizar os denominadores e efetuar os produtos nos numeradores:

a) $\dfrac{-2}{\sqrt[6]{3}-\sqrt[6]{5}}$ b) $\dfrac{1}{\sqrt[8]{2}+1}$ c) $\dfrac{1}{\sqrt[3]{2}-\sqrt[6]{3}}$ d) $\dfrac{-21}{\sqrt[6]{4}+\sqrt[3]{5}}$

260 Racionalizar os denominadores e efetuar os produtos nos numeradores:

a) $\dfrac{1}{\sqrt[3]{4}+\sqrt[3]{2}+1}$ b) $\dfrac{14}{\sqrt[3]{25}-\sqrt[3]{10}+\sqrt[3]{4}}$

c) $\dfrac{1}{\sqrt[3]{2}+\sqrt[6]{2}+1}$ d) $\dfrac{1}{\sqrt[3]{4}-\sqrt[6]{12}+\sqrt[3]{3}}$

✓ Faça também os Exercícios de Fixação 278 → 281

Exercícios de Fixação

261 Calcular:

a) $\sqrt[3]{125}$ b) $\sqrt{36}$ c) $\sqrt[5]{-1}$ d) $\sqrt[4]{-81}$ e) $\sqrt[7]{0}$ f) $\sqrt[6]{0}$

g) $\sqrt{144}$ h) $\sqrt[12]{1}$ i) $\sqrt[8]{-1}$ j) $\sqrt[7]{1}$ k) $\sqrt[15]{-1}$ l) $\sqrt{-121}$

262 Calcular:

a) $\left|\dfrac{1}{3}-\dfrac{1}{2}\right|$ b) $|\pi-3|$ c) $|3-\pi|$ d) $|\sqrt{2}-1|$ e) $|1-\sqrt{2}|$

f) $|a-b|$, onde $a=b$

263 Simplificar:

a) $\sqrt[5]{\left(\sqrt{8}-3\right)^5}$ b) $\sqrt[6]{\left(\sqrt{8}-3\right)^6}$ c) $\sqrt[8]{(a-b)^8}$, onde $a \geq b$ d) $\sqrt{a^2}$

e) $\sqrt[3]{m^3}$ f) $\sqrt[4]{(x-y)^4}$ g) $\sqrt[n]{a^n}$, onde $n \in \mathbb{N}^*$

264 Simplificar:

a) $\sqrt[3]{2^{12}}$ b) $\sqrt[6]{3^4}$ c) $\sqrt[24]{a^{18}}$ d) $\sqrt{(-5)^2}$ e) $\sqrt{x^6}$

f) $\sqrt[3]{(-7)^3}$ g) $\sqrt[4]{\left(1-\sqrt{2}\right)^4}$ h) $\sqrt[n]{a^n}$, sendo $a>0$

265 Simplificar e extrair, quando possível, os fatores dos radicais:

a) $\sqrt{a^2 \cdot a \cdot b^6 \cdot b \cdot c^4}$ b) $\sqrt[4]{2^4 \cdot 3^2 \cdot x^8 \cdot x^3}$ c) $\sqrt[7]{x^{16}}$

d) $\sqrt[7]{256\,a^8 b^5 c^{24}}$ e) $\sqrt[6]{64\,a^8 b^{16}}$ f) $\sqrt[3]{432}$

266 Simplificar:

a) $\sqrt[3]{a^3 b^2}$ b) $\sqrt[3]{2^3 a^6}$ c) $\sqrt[5]{2^{15} a^2}$ d) $\sqrt[4]{256 a^3}$

e) $\sqrt{32 a^5 b}$ f) $\sqrt[4]{512 x^6}$ g) $\sqrt[4]{1250 x^{10}}$ h) $\sqrt[3]{6 a^9 b^8 c^{16}}$

i) $\sqrt{32}$ j) $\sqrt{27 x^2 y^5}$ k) $\sqrt{\left(\sqrt{3}-2\right)^2}$

267 Transformar os radicais seguintes em potências de expoentes fracionários e, a seguir, simplificar os expoentes quando for possível:

a) $\sqrt[15]{3^{10}}$ b) $\sqrt[3]{9}$ c) $\sqrt{16a^6}$ d) $\sqrt{x}$ e) $\sqrt[3]{a}$

f) $\sqrt[4]{2^3}$ g) $\sqrt[5]{1024}$ h) $\sqrt{5^{17}}$ i) $\sqrt[4]{7^{30}}$

268 Simplificar, dando as respostas irracionais na forma de radicais:

a) $256^{-\frac{1}{2}}$ b) $a^{\frac{np}{p}}, p \in \mathbb{N}^* \text{ e } a \in \mathbb{R}_+^*$ c) $(0,111...)^{-0,5}$

d) $\left[\left(\frac{-1}{64}\right)^2\right]^{0,0625}$ e) $\left[343^{(-3)^2}\right]^{0,\overline{037}}$ f) $\left[5^{(-9)^2}\right]^{-3^{-6}}$

269 Simplifcar:

a) $4 \cdot (0,5)^4 + \sqrt{0,25} + 8^{-\frac{2}{3}}$ b) $-\sqrt[3]{-8} + 16^{-\frac{1}{4}} - \left(-\frac{1}{2}\right)^{-2} + 8^{-\frac{4}{3}}$

270 Dizer se é verdadeiro ou falso:

a) $\sqrt[12]{a^4 b^5} = \sqrt[3]{ab^5}$ b) $\sqrt[10]{25} = \sqrt{5}$ c) $\sqrt[3]{a^3 + b^3} = a + b$

d) $\sqrt{(a+b)^2} = a + b$ se $a + b \geq 0$ e) $\sqrt[4]{\frac{x}{16}} = \frac{\sqrt[4]{x}}{2}$ f) $\sqrt[5]{a^5 - b} = a - \sqrt[5]{b}$

g) $\sqrt[20]{2^8 \cdot x^{12}} = \sqrt[5]{4x^3}$ h) $\sqrt[12]{16} = \sqrt[3]{2}$ i) $\sqrt[3]{2a} = \sqrt[3]{2} \cdot \sqrt[3]{a}$

j) $\sqrt{\frac{x}{49}} = \frac{\sqrt{x}}{7}$ k) $\sqrt{8} = 2\sqrt{2}$ l) $\sqrt{9+16} = \sqrt{9} + \sqrt{16}$

m) $\sqrt{4 \cdot 9} = \sqrt{4} \cdot \sqrt{9}$ n) $\sqrt[3]{27-8} = \sqrt[3]{27} - \sqrt[3]{8}$

271 Simplifcar (reduzir os radicais semelhantes):

a) $\sqrt{3} + 5\sqrt{3} - 7\sqrt{3} + 2\sqrt{3}$

b) $3\sqrt[3]{2} - \sqrt{2} + 5\sqrt{2} - \sqrt[3]{2} - 4\sqrt{2}$

c) $2\sqrt{6} - \left[\sqrt{5} - \left(2\sqrt{5} - 3\sqrt{6}\right) - \left(\sqrt{6} - \sqrt{5}\right)\right] - \left[\sqrt{6} - \left(\sqrt{5} + \sqrt{6}\right) - \left(2\sqrt{6} - 3\sqrt{5}\right)\right]$

d) $\frac{1}{6}\sqrt{2} - \frac{1}{2}\sqrt[4]{2^2} - \frac{1}{4}\sqrt[6]{8} - \frac{5}{12}\sqrt[4]{4}$

272 Simplificar:

a) $\sqrt{125} - 3\sqrt{5} + \sqrt{20}$

b) $4\sqrt[4]{4} - \sqrt[4]{128} - \sqrt{162} + 3\sqrt[4]{8} + \sqrt{50}$

c) $3\sqrt{13} - \frac{2}{3}\sqrt{117} + \frac{5}{2}\sqrt{52} - \frac{3}{5}\sqrt{325}$

d) $3\sqrt[3]{56} + \sqrt[3]{189} + \sqrt[3]{448} - 2\sqrt[6]{49} + \sqrt[9]{343}$

273 Simplificar:

a) $\sqrt[3]{3a^2} \cdot \sqrt[3]{9ab} \cdot \sqrt[3]{27a^2b^2}$

b) $(\sqrt{24} \cdot \sqrt{6}) : \sqrt{12}$

c) $(\sqrt[3]{5^{10}} : \sqrt[3]{5^2}) : \sqrt[3]{625}$

d) $2\sqrt{27} \cdot 3\sqrt{6}$

274 Efetuar e simplificar:

a) $(\sqrt[3]{2} - 2\sqrt[3]{3})(2\sqrt[3]{2} - 3\sqrt[3]{3})$

b) $2\sqrt{6}(3\sqrt{2} - 2\sqrt{3}) - 4\sqrt{2}(3\sqrt{6} - \sqrt{3} - 2)$

c) $(\sqrt{2} - 2\sqrt{3})(2\sqrt{2} + \sqrt{3}) - (2\sqrt{3} - \sqrt{2})^2$

275 Simplificar:

a) $\sqrt[4]{3} \cdot \sqrt[6]{3}$

b) $\sqrt[6]{a} : \sqrt[9]{a}$

c) $\dfrac{\sqrt{2} \cdot \sqrt[3]{4}}{\sqrt[4]{8}}$

d) $\left(\sqrt[10]{x^3} : \sqrt{x}\right) \cdot \sqrt[5]{x^2}$

e) $\left(\dfrac{b}{3a} \cdot \sqrt[12]{\dfrac{4a^3}{9b^2}}\right) : \left(\dfrac{2b}{9a} \cdot \sqrt[18]{\dfrac{8a^2}{81b^5}}\right)$

276 Simplificar:

a) $\sqrt{\sqrt[3]{3^7}}$

b) $\left(\sqrt[3]{a}\right)^7$

c) $\left(3\sqrt{2}\right)^2$

d) $\left(\sqrt[3]{\sqrt{\sqrt[3]{2^{20}}}}\right)^5$

e) $\sqrt[4]{\dfrac{\sqrt[4]{7^9}}{\sqrt[6]{7^5}}}$

277 Passar os coeficientes (fatores) para dentro dos radicais:

a) $ab^2 \sqrt[3]{cd}$
b) $a^2b^3 \sqrt[5]{a^4b^3}$
c) $8\sqrt[5]{16}$
d) $\dfrac{1}{9}\sqrt[4]{27}$

e) $\dfrac{2ab}{3(a+b)} \sqrt{\dfrac{a+b}{2ab}}$
f) $2\sqrt{2\sqrt{2\sqrt{2^{-7}}}}$
g) $3\sqrt{\dfrac{1}{3}\sqrt{\dfrac{1}{3}\sqrt{\dfrac{1}{3}}}}$

278 Racionalizar os denominadores das seguintes frações:

a) $\dfrac{3}{\sqrt{6}}$
b) $\dfrac{\sqrt{3}}{\sqrt{2}}$
c) $\dfrac{25}{\sqrt[3]{5}}$
d) $\dfrac{4}{\sqrt[5]{16}}$
e) $\dfrac{27}{\sqrt{3\sqrt[5]{3}}}$
f) $\dfrac{1}{2\sqrt[3]{7}}$

g) $\dfrac{6}{\sqrt{12}}$
h) $\dfrac{a^2}{\sqrt[n]{a^m}}$ ($a \in R_+$, $m \in N^*$, $n \in N^*$ e $n > m$)

279 Racionalizar os denominadores:

a) $\dfrac{1}{1+\sqrt{3}}$
b) $\dfrac{32\sqrt{11}}{2\sqrt{11}-\sqrt{12}}$
c) $\dfrac{2\sqrt{5}+3\sqrt{2}}{2\sqrt{5}-3\sqrt{2}}$

d) $\dfrac{\sqrt[4]{12}}{\sqrt{2}+\sqrt{6}}$
e) $\dfrac{1}{-\sqrt{5}-\sqrt{6}}$

280 Racionalizar os denominadores e efetuar os produtos nos numeradores das seguintes frações:

a) $\dfrac{1}{\sqrt[4]{9}-1}$
b) $\dfrac{1}{\sqrt[4]{4}+\sqrt[4]{3}}$
c) $\dfrac{-2}{\sqrt{5}-\sqrt{2}-1}$
d) $\dfrac{6}{\sqrt{10}-1+\sqrt{2}-\sqrt{5}}$

281 Racionalizar os denominadores das seguintes frações:

a) $\dfrac{-2}{\sqrt[3]{6}-2}$
b) $\dfrac{b-a}{\sqrt[3]{a^2}+\sqrt[3]{ab}+\sqrt[3]{b^2}}$ ($a \neq b$)
c) $\dfrac{a-1}{\sqrt[6]{a}-1}$ ($a \neq 1$)

d) $\dfrac{3+\sqrt{2}}{\sqrt[3]{2}-\sqrt[6]{18}+\sqrt[3]{9}}$

Exercícios Suplementares

282 Simplificar:

a) $\sqrt{\dfrac{x}{y}\sqrt[3]{\dfrac{y}{x}}}$ com $x > 0$ e $y > 0$
b) $12.\left[\left(\sqrt{2}\right)^{-2}-\left(\sqrt{3}\right)^{-2}\right]$

283 Dados: $A = \left(2\sqrt{3}+3\sqrt{2}-\sqrt{5}\right)\cdot\left(3\sqrt{2}-2\sqrt{3}+\sqrt{5}\right)-\left(2\sqrt{3}+\sqrt{5}\right)^2$

$B = \dfrac{2\sqrt{45}}{3}+\dfrac{\sqrt{192}}{2}-\dfrac{\sqrt{320}}{4}-\dfrac{2\sqrt{27}}{3}+\dfrac{4\sqrt{144}}{3}$

calcular $A + B$.

284 Simplificar:

a) $\sqrt{2}\cdot\sqrt{2+\sqrt{2}}\cdot\sqrt{2+\sqrt{2+\sqrt{2}}}\cdot\sqrt{2-\sqrt{2+\sqrt{2}}}$

b) $\dfrac{\sqrt{4+2\sqrt{2}}\cdot\sqrt{2-\sqrt{2}}}{\left(\sqrt{3+\sqrt{5}}-\sqrt{3-\sqrt{5}}\right)^2}$

285 Diga, em cada proposição, se é falsa ou verdadeira:

I) $\sqrt[5]{3} > \sqrt[3]{2}$
II) $\dfrac{\sqrt{2}}{\sqrt{8}-2} = 1+\dfrac{\sqrt{2}}{2}$
III) $\sqrt[4]{5}\cdot\sqrt[3]{6} = \sqrt[12]{30}$

286 Simplificar a expressão:

$\left[\dfrac{\sqrt{a+b}-\sqrt{a}}{b}\right]^{-1}$, onde a e b são números positivos.

287 Determinar, dentre os números a e b, qual é o maior. Justificar a resposta.

$a = \dfrac{\sqrt{5}-\sqrt{2}}{\sqrt{7}+\sqrt{3}}$ $b = \dfrac{\sqrt{7}-\sqrt{3}}{\sqrt{5}+\sqrt{2}}$ (Sugestão: dividir **a** por **b**.)

288 Racionalizar o denominador e desenvolver os produtos obtidos no numerador:

$$\frac{1}{\sqrt{\sqrt[3]{729}} - \sqrt{\sqrt{32}} + 3\sqrt{\sqrt{\sqrt{4}}} - \sqrt[4]{\sqrt{256}}}$$

289 Racionalizar os denominadores das frações abaixo, efetuando os produtos dos numeradores:

a) $\dfrac{1}{\sqrt{3} - \sqrt{2} + \sqrt{5}}$ b) $\dfrac{1}{2\sqrt[3]{2} + \sqrt[3]{3}}$ c) $\dfrac{1}{1 + \sqrt{2} - \sqrt{3}}$

290 Racionalizar o denominador da fração

$$\frac{1}{\left(2 \cdot \sqrt[12]{\sqrt[5]{7}} + 3\sqrt[6]{\sqrt[10]{7}} - 3\sqrt[8]{\sqrt[12]{7}} - \sqrt[10]{\sqrt[6]{7}}\right)^{30} + 1}$$

291 Simplificar:

a) $\left(\dfrac{3}{2}\sqrt{8} - \sqrt{\dfrac{32}{4}} + \sqrt{50}\right) \cdot \left(\dfrac{-10}{\sqrt{2}} + \dfrac{\sqrt{72}}{6} + \dfrac{\sqrt{1250}}{5}\right)$

b) $\sqrt{3 + \dfrac{1}{3}} + \sqrt{7 + \dfrac{1}{2}} - \sqrt{\dfrac{5}{6}} - \dfrac{2}{3}\sqrt{30}$ c) $\dfrac{4\sqrt{45} - 5\sqrt{12} + 4\sqrt{50}}{9\sqrt{20} - 3\sqrt{75} + 15\sqrt{8}}$

292 Simplificar: $\dfrac{2+\sqrt{3}}{1-\sqrt{5}} + \dfrac{2-\sqrt{3}}{1+\sqrt{5}}$

293 Dados: $A = \sqrt{\sqrt{32}} - \sqrt[8]{4} + \sqrt{32} - \sqrt{\sqrt[3]{\sqrt{64}}} - \sqrt[8]{4}$ e $B = \dfrac{\sqrt{54} - \sqrt{90}}{\sqrt[4]{9} - \sqrt[4]{25}}$, calcular o produto $A \cdot B$.

294 Calcular a soma: $S = \dfrac{1}{2\sqrt{1} + 1\sqrt{2}} + \dfrac{1}{3\sqrt{2} + 2\sqrt{3}} + \ldots + \dfrac{1}{100\sqrt{99} + 99\sqrt{100}}$

Sugestão: racionalizar o denominador da fração $\dfrac{1}{(n+1) \cdot \sqrt{n} + n \cdot \sqrt{n+1}}$

295 Simplificar:

a) $\left(\sqrt{2}+\sqrt{3}\right)^2$
b) $\sqrt{\left(\sqrt{2}+\sqrt{3}\right)^2}$
c) $\sqrt{5+2\sqrt{6}}$
d) $\left(\sqrt{3}-2\right)^2$
e) $\sqrt{7-4\sqrt{3}}$
f) $\sqrt[12]{\left(3-\sqrt{10}\right)^6}$
g) $\sqrt[10]{\left(1-\sqrt{2}\right)^5}$

296 Racionalizar os denominadores das seguintes frações:

a) $\dfrac{\sqrt{\sqrt{5}+\sqrt{3}}}{\sqrt{\sqrt{5}-\sqrt{3}}}$
b) $\dfrac{\sqrt{2-\sqrt{3}}}{\sqrt{\sqrt{3}+2}}$
c) $\dfrac{2}{\sqrt{14}+\sqrt{21}+\sqrt{15}+\sqrt{10}}$
d) $\dfrac{2}{\sqrt[4]{2}+\sqrt[4]{4}+\sqrt[4]{8}+2}$
e) $\dfrac{2+\sqrt{6}}{2\sqrt{2}+2\sqrt{3}-\sqrt{6}-2}$

Capítulo 5

Cálculo Algébrico

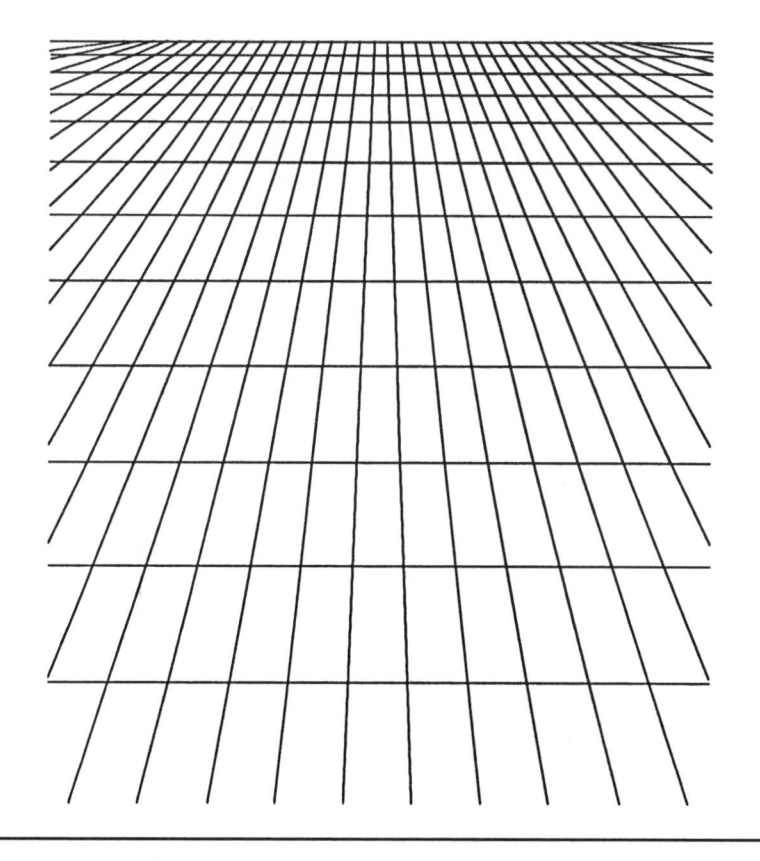

A - Operações

A.1 - Introdução

I) Expressão algébrica racional
É aquela que não tem variáveis em radical.

II) Expressão algébrica racional inteira ou polinômio
É a expressão racional que não tem variável em denominador.

III) Expressão algébrica fracionária
É a expressão racional que tem variável em denominador.

IV) Expressão algébrica irracional
É aquela que tem variável em radical.

V) Grau de um monômio
É igual a soma dos expoentes das variáveis, se ele as contém, é igual a zero se le for constante não nulo e não se define, se ele for nulo.

VI) Termos semelhantes
São aqueles que têm a mesma parte literal, ou não têm parte literal.

VII) Grau de um polinômio
É igual ao grau do monômio de maior grau deste polinômio, quando este polinômio estiver na forma reduzida.

A.2 - Adição e Subtração

Para acharmos a soma ou a diferença de expressões algébricas, basta fazermos a redução dos termos semelhantes, quando houver.

Exemplos:
1º) $(2x^2+3xy-5y^2)+(3x^2-5xy+2y^2)=2x^2+3xy-5y^2+3x^2-5xy+2y^2=$
$=5x^2-2xy-3y^2$
2º) $(5x^2-7x-9)-(2x^2-3x-4)=5x^2-7x-9-2x^2+3x+4=3x^2-4x-5$

A.3 - Multiplicação e Divisão

Para efetuarmos a multiplicação ou divisão de expressões algébricas, basta aplicarmos as propriedades vistas nos capítulos anteriores (comutativa, associativa, distributiva, as de potenciação, etc.)

Exemplos:
1º) $(-2x^3y)(-7x^2y^5z)=14x^5y^6z$
2º) $3x^2y(3x-2xy-y^2)=9x^3y-6x^3y^2-3x^2y^3$
3º) $(3x-5)(2x+3)=6x^2+9x-10x-15=6x^2-x-15$
4º) $(6x^5y^6z):(-2x^2y^2)=-3x^3y^4z$
5º) $(-12x^5y^2-8x^2y^3+20x^3y^4):(-4x^3y^2)=3x^2+2xy-5y^2$

Exercícios

297 Classificar em RI (racional inteira), RF (racional fracionária) ou I (irracional) as expressões:

a) $\frac{2}{3}x^2y^3 - 5\sqrt{3}x^3y^2$ b) $\frac{5x}{y} - \frac{x+1}{x-1}$ c) $3x^3 - 2x - 3x^{-1}$

d) $3\sqrt{x-y} - x - y$ e) $3ab^2 - 5ab^{\frac{1}{3}} - a^{\frac{1}{2}}$ f) $\frac{2}{a} - \frac{3a}{b} + \frac{b}{a}$

g) $2x^3 - 3x + 1$ h) $3a^2 - 2b - 5$

298 Calcular o valor numérico da expressão $2a - 3b - c$ nos casos

a) $a = 2, b = 3, c = 1$ b) $a = \frac{1}{2}, b = \frac{1}{3}, c = -2$

c) $a = -3\sqrt{2}, b = \sqrt{18}, c = -\sqrt[4]{4}$

299 Calcular o valor numérico de $\frac{x^2 - x + 2}{x^2 + x - 2}$ nos casos

a) $x = 0$ b) $x = -1$ c) $x = -\frac{1}{2}$ d) $x = \sqrt{2}$ e) $x = 1$

300 Dizer qual o grau dos monômios e polinômios

a) $3a^2b$ b) $5x^2yz^3$ c) $2a^3x^2yz$
d) $3x^2y^3 + 2^2x^3y^2$ e) $3x^4y^2 - 5x^5 + 3y^7$ f) $3x^5 - 2x^3 - 6x - 1$
g) $3y^4 - 2y^3 - 5y^2 - 3y$ h) $0x^3 + 2x^2 - 3x - 2$ i) 8
j) $0x^2 + 0x + 0$

301 Reduzir os termos semelhantes

a) $3x - 2y + x - 4y + 5x - y$ b) $2a - 3b - 5a + 7b + 8a - 4b$
c) $5x^2 - 3xy + 4y^2 - 3x^2 + xy - y^2$ d) $6x^2 - 3x + 2 - 4x^2 - 6x - 1 + 7x - 3$
e) $2x^2 - 3x - 4 - 7x^2 + 3x - 1 - 5x^2 - 2x + 4 + 14x^2 + 8x + 8$

302 Efetuar:

a) $(-3x^2 + 7x + 1) + (3x^2 - 4x + 7)$
b) $(3x^2 - 3xy + y^2) - (-5x^2 + 7xy - 2y^2)$
c) $-2x - \{-3x - 2 - [-5x + 3 - (3x - 5) - (-3x - 5)] - 2x - 1\}$
d) $-3x^2 - \{-4x^2 - 2x - [-5x^2 - 3x - 1 - (2x^2 - 5x - 2)] - (-x^2 - x - 1)\} + 8x^2 - 2x$

303 Efetuar as multiplicações:

a) $(-3x^3y^5)(-2x^2y^3)$ b) $2xy(3x^2y)$ c) $-4ax(-3by)$
d) $(3ab^3c)(2a^2bc^3)(5ab^2c^5)$ e) $-2a^2b(-3b^2c)(-4a^3c^2)$
f) $3x^2y^3(2x^3 - 4xy - 5y^2)$ g) $-3x^2(-5x^2 - 4xy + 6y^2)$

304 Efetuar:

a) $(2x - 3y)(5x - 2y)$ b) $(3x - 7)(2x^2 + 5x - 3)$
c) $(2x^2 - 3x + 2)(3x^2 + 2x - 5)$ d) $(x^2 - xy + y^2)(x^2 + 2xy - y^2)$
e) $(3x - 1)(2x - 3)(3x - 2)(x + 4)$ f) $(2x - 1)(x^2 - x + 2)(x^3 - 2x^2 - x + 5)$

305 Efetuar as multiplicações:

a) $(2ax^3)(-3bx^2)$ b) $\left(-\dfrac{2}{3}a^2b\right)\left(-\dfrac{3}{5}ab^3\right)$ c) $(3x^ny^{n-1})(2x^ny^{n+1})$
d) $(-2ax)(-3a^2x^3)(5ab)$ e) $2x(x^2 + 3x - 1)$ f) $-3xy(x - 2y)$
g) $(2x + 3)(3x - 2)$ h) $(2x - 3)(-4x^2 - 2x - 1)$
i) $(3x - 2)(-x + 1)(-2x - 1)$ j) $\left(\dfrac{3}{2}x - \dfrac{1}{3}\right)\left(\dfrac{4}{3}x + 2\right)$

> ✓ Faça também os Exercícios de Fixação 360 → 363

306 Achar os quocientes:

a) $(-30x^5) : (-6x^2)$ b) $(28x^6y^7) : (-4x^2y)$ c) $-32ax^3y : (-4xy)$
d) $-6x^4y^3 : 4x$ e) $[(-144x^7y) : (-4x^5)] : 9xy$
f) $36x^3y^2 : [(-27x^2y) : (-3x)]$

307 Achar os quocientes:

a) $(a^6 + a^5 + a^4) : a^2$ b) $(25x^6 - 30x^3) : 5x^2$
c) $(-8x^4y^3 + 12x^3y^4) : (-4x^3y^3)$ d) $(2ax^4 - 8bx^3) : 6x^3$

308 Efetuar as divisões:

a) $(12a^6b^8) : (-4a^2b^2)$ b) $(-15a^3b^2c) : (3ab^2)$
c) $\left[\dfrac{5}{3}x^5y^4 : (25x^2y : 5xy)\right] : \dfrac{1}{6}x^3y^4$ d) $16x^{2m}y^{3m+1} : 2x^{2m-3}y^{3m-1}$
e) $(6x^3 - 9x^2 - 12x) : 3x$ f) $(2x^3y^2 - 3x^2y^3 - x^2y^2) : 5x^2y^2$

Exercícios de Matemática - vol 1

A.4 - Divisão de Polinômios

Definição

Efetuar a divisão de polinômios A : B, B ≠ 0, significa obter dois polinômios Q e R tais que:

1º) $A = Q \cdot B + R$
2º) $gr(R) < gr(B)$ ou $R = 0$

onde: $\begin{array}{c|c} A & B \\ \hline R & Q \end{array}$

A é o dividendo   B é o divisor
Q é o quociente   R é o resto
gr (R) = grau do resto gr (B) = grau do divisor
R = 0 é o polinômio nulo (não se define grau)

309 Determinar o quociente Q e o resto R da divisão de A por B nos casos:

a) $A = 12x^2 - 26x + 15, B = 3x - 5$
b) $A = 6x^2 - 11x + 3, B = 2x - 3$
c) $A = 6x^2 - 3x - 2, B = 2x^2 - 3$
d) $A = 2x - 3 + 4x^5 - x^3, B = 3x + 2x^2 + 2$
e) $A = 2x - 3, B = 3x^2 - 4x + 1$
f) $A = 2, B = x + 3$
g) $A = 0, B = x^2 + 1$

310 Simplificar:

a) $2x - 2x^2 \{2x - 3[2x - 2x(x + 3)] - 6x^2\} - 3x$
b) $-2x - 2x(2x - 3)(3x - 1) - 3(x - 1)(4x - 1)(-x - 1)$
c) $(4x^4 - 3x^3) : \{8 + [(4x^2 - 12x) : 4x + 1](x^2 + 2x + 4)\}$
d) $\dfrac{4x^5}{2x^3} - \dfrac{12x^3 - 8x^2}{4x^2} - \dfrac{2x^3 - 5x^2 + x + 3}{x^2 - x - 1} - \dfrac{9x^3 - 7x - 2}{3x + 2}$

> ✓ Faça também os Exercícios de Fixação 364 → 366

B - Produtos Notáveis

I) $(x + a)(x + b) = x^2 + (a + b)x + ab$
II) $(x + y)(x - y) = x^2 - y^2$
III) $(x + y)^2 = x^2 + 2xy + y^2$
IV) $(x - y)^2 = x^2 - 2xy + y^2$
V) $(x + y + z)^2 = x^2 + y^2 + z^2 + 2xy + 2xz + 2yz$
VI) $(x + y)(x^2 - xy + y^2) = x^3 + y^3$

VII) $(x-y)(x^2+xy+y^2) = x^3-y^3$
VIII) $(x+y)^3 = x^3+3x^2y+3xy^2+y^3$
IX) $(x-y)^3 = x^3-3x^2y+3xy^2-y^3$

Lembre-se que as potências de expoentes pares iguais e bases opostas são iguais.

Exemplos
$(-x-y)^2 = (x+y)^2$
$(-x+y)^2 = (x-y)^2$
$(-a+b-c)^2 = (a-b+c)^2$

311 Efetuar:

a) $(x+3)(x+7)$　　b) $(x-5)(x-4)$　　c) $(x+7)(x-5)$
d) $(x+2)(x-9)$　　e) $(a-5)(a-3)$　　f) $(y+6)(y-4)$

312 Efetuar

a) $(x+3)(x+5)$　　b) $(x-5)(x-7)$　　c) $(x-3)(x+6)$
d) $\left(y-\dfrac{1}{2}\right)\left(y-\dfrac{1}{3}\right)$　　e) $(x^2-8)(x^2+2)$　　f) $(x-\sqrt{3})(x-3\sqrt{3})$
g) $(x+3m)(x-7m)$　　h) $(x+p)(x+q)$　　i) $(3x-7)(3x+4)$
j) $(2x-5)(2x-3)$

313 Efetuar

a) $(3x+4)(3x-4)$　　b) $(4x+5)(4x-5)$　　c) $(5x-6)(5x+6)$
d) $(6-7y)(6+7y)$　　e) $(4x^4+3y^5)(4x^4-3y^5)$　　f) $(3\sqrt{x}+y^n)(3\sqrt{x}-y^n)$

314 Efetuar

a) $(a+b)(a-b)$　　b) $(x+6)(x-6)$　　c) $\left(a-\dfrac{1}{2}\right)\left(a+\dfrac{1}{2}\right)$
d) $(y-3\sqrt{2})(y+3\sqrt{2})$　　e) $(5x^5-3y^3)(5x^5+3y^3)$
f) $(\sqrt{x}+\sqrt{3})(\sqrt{x}-\sqrt{3})$　　g) $\left(6x^6+y^{\frac{1}{2}}\right)\left(6x^6-y^{\frac{1}{2}}\right)$

Exercícios de Matemática - vol 1

315 Efetuar: (Lembre-se que $(-x)^2 = (x)^2$ ou seja: $(-a-b)^2 = (a+b)^2$ e $(a-b)^2 = (-a+b)^2$)

a) $(2x + 3y)^2$
b) $(3x - 5y)^2$
c) $(3x + 2y)^2$
d) $(4x - 3y)^2$
e) $(x - 5)^2$
f) $(y + 3)^2$
g) $(-7x - 5y)^2$
h) $(-9x + 5y)^2$
i) $\left(-\sqrt{3}x - \sqrt{12}y\right)^2$

316 Efetuar

a) $(a + b)^2$
b) $(3x + 5)^2$
c) $(-a + b)^2$
d) $(-5x + 7y)^2$
e) $(-6x^6y^5 - 4x^4y^3)^2$
f) $\left(\frac{3}{5}x^3 + \frac{5}{3}x\right)^2$
g) $\left(\sqrt{x} - \sqrt{y}\right)^2$
h) $(5y^{3m-2} - 7y^{2m+3})^2$
i) $(a + a^{-1})^2$

317 Efetuar, reduzindo os termos semelhantes quando houver, usando produtos notáveis

a) $(a + b + c)(a + b - c)$
b) $(a - b + c)(a - b - c)$
c) $(a + b + c + d)(a + b - c - d)$
d) $(x^2 + 2x - 3)(x^2 + 2x + 3)$

318 Efetuar, reduzindo os termos semelhantes

a) $(a + b + c)^2$
b) $(a - b - c)^2$
c) $(3a^2 - 2a + 3)^2$
d) $(-2x^6 - 3x^3 - 5)^2$
e) $(2x^3 - 3x^2 - 4x + 5)^2$

319 Efetuar

a) $(a + b + c + d)(a + b + c - d)$
b) $(2x^3 - 3x^2 + 2x - 3)(2x^3 - 3x^2 + 2x + 3)$

320 Simplificar as expressões

a) $-2(x^2 + 2x + 1)^2 + 3(3x^2 - 2)^2 - 2(x - 5)(x - 6) - 2(2x - 1)(2x + 1)$
b) $\left(\sqrt{3} - 2\sqrt{2} + 1\right)^2 - \left(3\sqrt{2} - 2\sqrt{3}\right)^2 - \left(3\sqrt{3} - 2\right)^2 - \left(2\sqrt{2} - 3\right)^2$

✓ Faça também os Exercícios de Fixação 367 → 373

321 Efetuar

a) $(a+b)(a^2-ab+b^2)$
b) $(x-a)(x^2+ax+a^2)$
c) $(3x-y)(9x^2+3xy+y^2)$
d) $(5x^3+1)(25x^6-5x^3+1)$
e) $(4x^4-5)(16x^8+20x^4+25)$
f) $(x^{5m}+y^{7n})(x^{10m}-x^{5m}y^{7n}+y^{14n})$
g) $(2x+3y)(4x^2-6xy+9y^2)$
h) $(16x^2+12x+9)(4x-3)$
i) $(49x^2+36y^2-42xy)(7x+6y)$

322 Efetuar

a) $(a+b)^3$ b) $(a-b)^3$ c) $(x-3y)^3$ d) $(3x+2y)^3$ e) $(3a^2b-2ab^2)^3$

323 Efetuar

a) $(2x-3)(4x^2+6x+9)(8x^3+27)$
b) $(3x+y)(3x-y)(81x^4+9x^2y^2+y^4)$
c) $(3x+2y)(3x-2y)(9x^2+6xy+4y^2)(9x^2-6xy+4y^2)$

324 Simplificar as expressões

a) $-2(2x-1)^3-(2x+3)(4x^2-6x+9)+3(2x+3)^3-(x-3)^2$
b) $(x+5)(x-3)-2(2x-1)^2-(2x-4)(4x^2+8x+16)-(-3x-1)(3x-1)$

✓ Faça também os Exercícios de Fixação 374 → 377

C. Fatoração

C. 1 - 1º Caso – Fator Comum

$$ax + ay = a(x+y)$$ propriedade distributiva

325 Fatorar

a) $mx+my$ b) $5a-5b$ c) x^2-xy d) $x^2y^3-x^3y^2$
e) $8x-12y$ f) x^3+x^2+x g) $6ax^4y-9bx^3y^2+12cx^2y^3$

326 Fatorar

a) $ax+ay$
b) $8x^2y^3-12x^3y^2$
c) $34xy+85z$
d) $26x^2+39x^2y+52xy$
e) $2x^{n-1}y^{n+1}+4x^{n+1}y^{n-1}$
f) $(a+b)x+(a+b)y$

C.2 - 2º Caso – Agrupamento

327 Fatorar

a) $mx + my + ax + ay$
b) $x^2 - xy + ax - ay$
c) $ax + ay - bx - by$
d) $ax + ay + x + y$
e) $x^3 - x^2 + x - 1$
f) $2x^3 - 3x^2y - 4xy + 6y^2$

328 Fatorar

a) $ax + ay + bx + by$
b) $2x^2 - 4xy - 3x + 6y$
c) $mn - mp - n + p$
d) $3x^2 - 6xy - 4xz + 8yz - 2x + 4y$
e) $4a^2 - 9b^3 - 6ab^2 + 6ab$

329 Fatorar

a) $9x^3y + 3x^2y^2 - 12x^2y - 4xy^2$
b) $24x^4 - 12x^3y^2 - 16x^3y + 8x^2y^3$

C.3 - 3º Caso – Diferença de Quadrados

$$x^2 - y^2 = (x + y)(x - y)$$

330 Fatorar

a) $a^2 - b^2$
b) $x^2 - 9$
c) $4x^2 - 25$
d) $49x^6y^2 - 1$

331 Fatorar

a) $x^4 - y^4$
b) $x^4 - 144$
c) $100a^4 - 64a^2b^2$
d) $8x^3 - 4x^2y - 18xy^2 + 9y^3$
e) $216x^6y - 54x^4y^3 - 24x^4y + 6x^2y^3$

332 Fatorar

a) $(a + b)^2 - c^2$
b) $x^2 - (y - z)^2$
c) $(a + b)^3 - c^2(a + b)$
d) $(x - y)^3 - (x - y)(y - z)^2$

> ✓ Faça também os Exercícios de Fixação 378 → 383

C. 4 - 4º Caso – Trinômio Quadrado Perfeito

$$x^2 + 2xy + y^2 = (x + y)^2$$
$$x^2 - 2xy + y^2 = (x - y)^2$$

333 Fatorar

a) $x^2 + 6xy + 9y^2$
b) $x^2 - 12xy + 36y^2$
c) $4x^2 - 12x + 9$
d) $y^2 + 8y + 16$
e) $x^6 + 14x^3y + 49y^2$
f) $9x^2 - 6x + 1$

334 Fatorar

a) $a^2 + 2ab + b^2$
b) $x^2 - 10xy + 25y^2$
c) $y^2 + 289x^2 + 34xy$
d) $x^2 + 2 + \dfrac{1}{x^2}$
e) $x^2 + x^{-2} + 2$
f) $\dfrac{9}{4}x^2 + \dfrac{4}{9}y^2 - 2xy$
g) $12xy - 4x^2 - 9y^2$

335 Fatorar:

a) $2x^3 + 8x^2y + 8xy^2$
b) $36x^4y^2 - 24x^3y^3 + 4x^2y^4$
c) $16x^4 - 72x^2 + 81$
d) $48x^5 - 72x^3 + 27x$
e) $9x^2 + 6xy + y^2 - 25$
f) $36 - 25x^2 + 20xy - 4y^2$

C.5 - 5º Caso – Soma e diferença de cubos

$$x^3 + y^3 = (x + y)(x^2 - xy + y^2)$$
$$x^3 - y^3 = (x - y)(x^2 + xy + y^2)$$

336 Fatorar

a) $a^3 + 8$
b) $x^3 + 27$
c) $343x^3 + 8$
d) $216x^6 - 125y^3$
e) $x^3 + 16$
f) $64x^3 - 27y^3$

337 Fatorar

a) $x^4 - 8x$
b) $x^4y + xy^4$
c) $24x^5 - 3x^2$
d) $64x^6 + 216x^3y^3$
e) $x^9 - 512$
f) $x^6 - y^6$
g) $64x^6 - 729$
h) $x^6 - 8$

C.6 - 6º Caso – Cubo perfeito

$$x^3 + 3x^2y + 3xy^2 + y^3 = (x + y)^3$$
$$x^3 - 3x^2y + 3xy^2 - y^3 = (x - y)^3$$

338 Fatorar

a) $a^3 + 3a^2b + 3ab^2 + b^3$
b) $x^3 - 3x^2y^2 + 3xy^4 - y^6$
c) $27x^3 - 54x^2 + 36x - 8$
d) $8x^3 + 60x^2 + 150x + 125$
e) $27x^6 + 1 + 27x^4 + 9x^2$
f) $64 - x^3 + 12x^2 - 48x$

339 Fatorar

a) $16x^4 + 72x^3 + 108x^2 + 54x$
b) $64x^6 - 96x^5 + 48x^4 - 8x^3$
c) $64x^6 - 48x^4 + 12x^2 - 1$
d) $27x^9 - 81x^7 + 81x^5 - 27x^3$

✓ Faça também os Exercícios de Fixação 384 → 388

C. 7 - 7º Caso – Trinômio do 2º grau

$$x^2 + (a + b)x + ab = (x + a)(x + b)$$

340 Fatorar

a) $x^2 + 7x + 10$
b) $a^2 + 9a + 8$
c) $y^2 + 3y - 10$
d) $x^2 - 3x - 18$
e) $x^2 + x - 2$
f) $x^2 + 4x - 5$
g) $x^2 - 10x + 21$
h) $x^2 - x - 56$
i) $x^2 - 15x + 36$
j) $a^4 + 11a^2 + 24$
k) $a^{2n} + 6a^n + 5$
l) $x^2 - 10ax - 24a^2$

341 Fatorar

a) $2x^3 - 2x^2 - 24x$
b) $3x^3 - 15x^2 + 18x$
c) $3x^3 + 3ax^2 - 36a^2x$
d) $5x^4 + 5mx^3 - 210m^2x^2$
e) $x^4 - 29x^2 + 100$
f) $x^6 - 4x^4 + 3x^2$
g) $x^4 - 13a^2x^2 + 36a^4$
h) $x^4 - 26a^2x^2 + 25a^4$

C. 8 - 8º Caso – Trinômio do 2º Grau

$$ax^2 + bx + c = a(x - x')(x - x'')$$

342 Fatorar (Neste caso, utiliza-se a fórmula de Báskara para o cálculo das raízes x' e x'')

a) $6x^2 - 13x + 6$
b) $6x2 + 5x + 1$
c) $2x^2 + 5x - 3$
d) $2x^2 - 2x - 12$
e) $12x^2 - 11ax + 2a^2$
f) $-4x^2 - 6x + 18$
g) $x^2 - 4x + 2$
h) $x^2 - 2x + 4$

343 Fatorar

a) $12x^3 - 34x^2 + 10x$
b) $4x^4 - 25x^2 + 36$
c) $18x^5 - 48x^3 - 18x$
d) $6x^3 - 25x^2 + 24x - 6x^2y + 25xy - 24y$
e) $x^2 - 3ax + 2a^2 + a - 1$
f) $x^2 - 3ax + 2a^2 - 2b^2 - bx + 3ab$

344 Fatorar

a) $x^2 - (3a + b)x + 2a^2 + 3ab - 2b^2$
b) $x^2 - 2y^2 - xy - x - 7y - 6$
c) $6x^2 - 3y^2 - 7y(x + 1) + x - 2$

C.9 - 9º Caso – Artifícios

Exemplos
1º) $x^3 - 2x - 4$
Façamos: $-2x = -4x + 2x$. Então:
$x^3 - 4x + 2x - 4 =$
$= x(x^2 - 4) + 2(x - 2) =$
$= x(x + 2)(x - 2) + 2(x - 2) =$
$= (x - 2)[x(x + 2) + 2] =$
$= (x - 2)(x^2 + 2x + 2)$. Então:
$x^3 - 2x - 4 = (x - 2)(x^2 + 2x + 2)$

Podemos também fazer: $-4 = -8 + 4$ e agrupamos de outro modo. Isto é:
$x^3 - 2x - 4 =$
$= x^3 - 8 - 2x + 4 =$
$= (x - 2)(x^2 + 2x + 4) - 2(x - 2) =$
$= (x - 2)(x^2 + 2x + 4 - 2) =$
$= (x - 2)(x^2 + 2x + 2)$

2º) $x^3 + x - 10 =$
$x^3 - 4x + 5x - 10 =$
$= x(x^2 - 4) + 5(x - 2) =$
$= x(x + 2)(x - 2) + 5(x - 2) = (x - 2)(x^2 + 2x + 5)$
ou: $x^3 + x - 10 =$
$= x^3 - 8 + x - 2 =$
$= (x - 2)(x^2 + 2x + 4) + 1(x - 2) = (x - 2)(x^2 + 2x + 5)$

3º) $x^3 - 5x^2 - 2x + 24 =$
$= x^3 - 3x^2 - 2x^2 + 6x - 8x + 24 =$
$= x^2(x-3) - 2x(x-3) - 8(x-3) =$
$= (x-3)(x^2 - 2x - 8)$
$= (x-3)(x+2)(x-4)$

4º) $x^4 + x^2 + 1 =$
$= x^4 + 2x^2 + 1 - x^2 =$
$= (x^2 + 1)^2 - x^2 =$
$= (x^2 + 1 + x)(x^2 + 1 - x) = (x^2 + x + 1)(x^2 - x + 1)$

345 Fatorar

a) $x^3 + x - 2$
b) $x^3 - 4x + 15$
c) $x^3 + x^2 - 5x + 3$
d) $2x^3 - 9x^2 + 10x - 3$
e) $x^5 + x^3 + 12x^2 - 2x - 12$
f) $x^4 + 3x^2 + 4$

346 Fatorar

a) $x^4 + x^2y^2 + y^4$
b) $x^4 - x^2y^2 + y^4$
c) $x^4 - 3x^2 + 9$
d) $x^4 + y^4$
e) $x^3 - 7x - 6$
f) $x^4 + x^3 + 2x^2 + x + 1$
g) $x^3 - 7x^2 + 7x + 15$
h) $(x^2 + x + 3)(x^2 + x + 4) - 12$

347 Observar os exemplos e depois fatorar as expressões dadas:

1º) $5 + 2\sqrt{6} = 3 + 2\sqrt{6} + 2 = (\sqrt{3} + \sqrt{2})^2$

2º) $7 - 4\sqrt{3} = 7 - 2\sqrt{12} = 4 - 2\sqrt{12} + 3 = (2 - \sqrt{3})^2$

3º) $3 - \sqrt{5} = \frac{1}{2}(6 - 2\sqrt{5}) = \frac{1}{2}(5 - 2\sqrt{5} + 1) = \frac{1}{2}(\sqrt{5} - 1)^2$

a) $8 + 2\sqrt{15}$
b) $3 + 2\sqrt{2}$
c) $9 - 4\sqrt{5}$
d) $4 - \sqrt{7}$
e) $7 + 3\sqrt{5}$
f) $8 - 4\sqrt{3}$

348 Transformar em radicais simples os radicais duplos

a) $\sqrt{5 + 2\sqrt{6}}$
b) $\sqrt{8 - 2\sqrt{15}}$
c) $\sqrt{8 + 2\sqrt{12}}$
d) $\sqrt{9 - 6\sqrt{2}}$
e) $\sqrt{25 + 10\sqrt{6}}$
f) $\sqrt{9 - 4\sqrt{5}}$

349 Simplificar as expressões:

a) $\sqrt{5-2\sqrt{6}} + \sqrt{9+4\sqrt{2}} - \sqrt{5+2\sqrt{6}}$

b) $\sqrt{17-\sqrt{288}} - (3\sqrt{2}-1)\sqrt{3-2\sqrt{2}} - 3\sqrt{3}\sqrt{9-\sqrt{72}}$

> ✓ Faça também os Exercícios de Fixação 389 → 399

D - Frações Algébricas

D.1 - Simplificação

Divide-se o numerador e denominador por um fator comum, quando houver.

Exemplos

1º) $\dfrac{2x^2y^3}{4x^5y} = \dfrac{y^2}{2x^3}$

2º) $\dfrac{x^2-4xy+4y^2}{x^2-4y^2} = \dfrac{(x-2y)^2}{(x+2y)(x-2y)} = \dfrac{x-2y}{x+2y}$

D.2 - Multiplicação e Divisão

Fatora-se e simplifica-se, quando for possível, antes de efetuar a multiplicação ou divisão.

Exemplos

1º) $\dfrac{x^2-4}{x^2+6x+9} \cdot \dfrac{x^2+3x}{2x-4} = \dfrac{(x+2)(x-2)}{(x+3)^2} \cdot \dfrac{x(x+3)}{2(x-2)} = \dfrac{x+2}{x+3} \cdot \dfrac{x}{2} = \dfrac{x^2+2x}{2x+6}$

2º) $\dfrac{2x+6}{x^2+2x} : \dfrac{4x-4}{x^2-4} = \dfrac{2(x+3)}{x(x+2)} \cdot \dfrac{(x+2)(x-2)}{4(x-1)} =$

$= \dfrac{x+3}{x} \cdot \dfrac{x-2}{2(x-1)} = \dfrac{x^2+x-6}{2x^2-2x}$

D.3 - Adição e Subtração

Reduz-se ao mesmo denominador.

Exemplo

$\dfrac{x-3}{2x-2} + \dfrac{x+6}{x+1} - \dfrac{x^2+x-4}{x^2-1} =$

Exercícios de Matemática - vol 1

$$\text{mmc} = 2(x+1)(x-1)$$

$$= \frac{(x+1)(x-3) + 2(x-1)(x+6) - 2(x^2+x-4)}{2(x+1)(x-1)} =$$

$$= \frac{x^2 - 2x - 3 + 2x^2 + 10x - 12 - 2x^2 - 2x + 8}{2(x+1)(x-1)} = \frac{x^2 + 6x - 7}{2(x+1)(x-1)} =$$

$$= \frac{(x+7)(x-1)}{2(x+1)(x-1)} = \frac{x+7}{2x+2}$$

350 Achar o máximo divisor comum (mdc) e mínimo múltiplo comum (mmc) das expressões:

a) $a^3 b^2 c;\ a^2 b^3 d;\ a^2 b^4 e$ b) $2^2 \cdot 3^3 x^2 y^3 z;\ 2^3 \cdot 3^2 x^3 y$
c) $8a^2 b;\ 10b^2 c;\ 12ac^2$
d) $2x(x+y)^2;\ 4x^2(x+y)(x-y);\ 6y(x+y)(x^2-xy+y^2)$
e) $x^2 - y^2;\ x^2 - y^2;\ x^2 + 2xy + y^2;\ x^3 + y^3$
f) $2x^2 + 2xy;\ x^3 + 2x^2 y + xy^2;\ 3x^3 - 3xy^2$

351 Reduzir ao menor denominador comum (Não é preciso fazer as multiplicações)

a) $\dfrac{3b}{2a^2};\ \dfrac{2a}{3b^2};\ \dfrac{3}{4ab}$ b) $\dfrac{a-b}{(a+b)^2};\ \dfrac{b+c}{(a+b)(a-b)};\ \dfrac{a-b}{(a+b)(b+c)}$

c) $\dfrac{ab}{a^2 - b^2};\ \dfrac{a-b}{a^2 + ab};\ \dfrac{a+b}{ab - b^2}$

352 Simplificar as frações:

a) $\dfrac{12a^4 b^5 c}{16a^6 b^2 d}$ b) $\dfrac{2x(a-b)}{4xy(a+b)}$ c) $\dfrac{(x-y)^3}{(x-y)(x^2 + xy + y^2)}$

353 Simplificar:

a) $\dfrac{x^2 - xy}{xy - y^2}$ b) $\dfrac{4x^2 - 6x}{4x^2 - 9}$ c) $\dfrac{x^2 - 3x - 10}{x^2 + 4x + 4}$

d) $\dfrac{x^3 + 6x^2 - 4x - 24}{x^2 + 4x - 12}$ e) $\dfrac{x^3 + y^3}{x^3 - x^2 y + xy^2}$ f) $\dfrac{a^2 - 4b + 2ab - 2a}{a^2 + 4b + 2ab + 2a}$

g) $\dfrac{4a^2+b^2-4ab}{8a^3-4a^2b-2ab^2+b^3}$

h) $\dfrac{x^4+x^2y^2+y^4}{x^3-x^2y+xy^2-x^2+xy-y^2}$

i) $\dfrac{27x^3-54x^2+36x-8}{9x^3-21x^2+16x-4}$

j) $\dfrac{x^5-x^4-8x^3+8x^2+16x-16}{x^6-12x^4+48x^2-64}$

354 Efetuar as multiplicações:

a) $\dfrac{3x-2}{5x+3} \cdot \dfrac{4x-1}{3x+2}$

b) $\dfrac{2a}{3b} \cdot \dfrac{2b}{3a} \cdot \dfrac{9c}{4d}$

c) $\dfrac{(x-y)^2}{(x+y)} \cdot \dfrac{(x+y)^2}{(x+y)(x-y)}$

d) $\dfrac{9x^2-1}{9x-3} \cdot \dfrac{6x+12}{15x+5}$

e) $\dfrac{2x^3-6x^2+4x}{3x^3-3x} \cdot \dfrac{6x^2-6x-12}{12x+24}$

f) $\dfrac{x^2-4}{x^2-3x} \cdot \dfrac{x^3-9x}{x^2-4x+4}$

355 Simplificar as expressões:

a) $\dfrac{2x}{3y} : \dfrac{3y^2}{4x^3}$

b) $\left(\dfrac{2x^3}{5y^3} : \dfrac{4x}{15y}\right) \cdot \dfrac{6x}{9y^2}$

c) $\dfrac{x^3-4x}{x^3-27} : \dfrac{2x^2-2x-12}{2x^2-12x+18}$

d) $\dfrac{32x^3-48x^2+18x}{9x^3-48x^2+85x-50} : \dfrac{256x^4-576x^3+432x^2-108x}{81x^3-405x^2+675x-375}$

> ✓ Faça também os Exercícios de Fixação 400 → 404

356 Efetuar:

a) $\dfrac{-4xy}{x^2-y^2} - \dfrac{x-y}{x+y} - \dfrac{x+y}{x-y}$

b) $\dfrac{x+2}{x^2+x} - \dfrac{x+1}{x^2+2x+1} - \dfrac{1}{x}$

c) $\dfrac{a-3}{a+4} - \dfrac{a-5}{3-a} - \dfrac{a^2-9a-3}{a^2+a-12}$

d) $\dfrac{a}{(a-b)(a-c)} + \dfrac{b}{(b-a)(b-c)} - \dfrac{c}{(c-a)(b-c)}$

Exercícios de Matemática - vol 1

357 Simplificar as expressões:

a) $\left(\dfrac{3}{1-2x} - \dfrac{7}{1+2x} - \dfrac{5-22x}{4x^2-1}\right) \cdot \left(\dfrac{x-2}{x+2} + \dfrac{5}{2x+4}\right)$

b) $\left[\dfrac{a+b}{a-b} \cdot \left(\dfrac{2a-b}{a+b} - \dfrac{a-b}{a}\right)\right] : \left(\dfrac{a-b}{a+b} - \dfrac{a+b}{a} + \dfrac{a^2+2ab+2b^2}{a^2+ab}\right)$

358 Simplificar

a) $\dfrac{a^2 - a^{\frac{3}{2}}x^{\frac{1}{2}} - 2a^{\frac{1}{2}}x^{\frac{1}{4}} + 2x^{\frac{3}{4}}}{a^{\frac{1}{2}} - x^{\frac{1}{2}}}$

b) $\dfrac{\left[1 - \left(\dfrac{x}{y}\right)^{-2}\right] \cdot x^2}{\left(\sqrt{x} - \sqrt{y}\right)^2 + 2\sqrt{xy}}$

359 Resolver:

a) Se $x + x^{-1} = a$, determinar $x^2 + x^{-2}$
b) Se $x - x^{-1} = a$, determinar $x^2 + x^{-2}$
c) Se $x - x^{-1} = a$, determinar $x^3 - x^{-3}$

✓ Faça também os Exercícios de Fixação 405 → 410

Exercícios de Fixação

360 Calcular o valor de $y = 2a - 3b - c$, dados a, b e c nos casos:

a) $a = b = c = 1$ b) $a = 0,3,\ b = -0,\overline{3},\ c = -\dfrac{2}{5}$

c) $a = 2\sqrt{3} - \sqrt{2},\ b = \sqrt{3} - 3\sqrt{2},\ c = \sqrt{2}$

361 Calcular os valores de $x = (a+b)^2$, $y = a^2 + b^2$ e $z = a^2 + 2ab + b^2$ nos casos:

a) $a = 0,\ b = 3$ b) $a = 3,\ b = 2$

c) $a = \dfrac{1}{2},\ b = -1$ d) $a = \sqrt{3} - \sqrt{2},\ b = \sqrt{3} + \sqrt{2}$

362 Simplificar:

a) $5x^2 - 3x - 1 - 2 - 5x + x^2 - 7x + 7 + 4x - 3x^2 - 5$
b) $a^2 - 2ab + b^2 - 5ab - b^2 + a^2 - 5b^2 - 7a^2 + 3ab + 8a^2$
c) $\frac{2}{3}x^2y - \frac{1}{2}xy^2 + 3x^2y - xy^2$
d) $0,5x^2 - \frac{1}{2}x + 0,\overline{3}x^2 - x + x^2 - 0,3x$
e) $(-4 + 3x^3 - 2x + 2x^2) + (3x^2 - 5x + 2 - 7x^3)$
f) $\left(\frac{a^3}{3} - \frac{1}{2}a^2b - o,3ab^2 - \frac{b^3}{5}\right) - \left(a^3 - 2a^2b + 0,\overline{3}ab^2 - \frac{1}{3}b^3\right)$
g) $2y^2 - 3y - 1 - \{y^2 - y - 1 + [y^2 + y + 1 - (3y^2 - 5y - 2)]\}$

363 Efetuar as multiplicações:

a) $\left(\frac{2}{3}xy\right)\left(\frac{4}{5}x^2y^2\right)(15x^3y)$
b) $3xy(2x^2 - 3xy - 2y^2)$
c) $6x\left(-\frac{1}{3}x^2 - \frac{1}{2}x - \frac{1}{6}\right)$
d) $\frac{1}{6}x^{m+1}y^{m-1}\left(\frac{3}{2}x^{m-1}y^{m+1} - \frac{4}{3}x^{m+2}y^{m-2} - \frac{6}{5}x^my^n\right)$
e) $(3x - 1)(2x - 3)$
f) $(3y^2 - 3y - 2)(y^2 - 3y + 2)$
g) $\left(\frac{2}{3}x - \frac{1}{2}y\right)\left(\frac{3}{2}x + \frac{1}{3}y\right)$
h) $(3x - 2)(4x + 3)(5x - 3)(2x + 1)$

364 Efetuar as divisões:

a) $-30x^4y^3z : (-6x^3y)$
b) $(36x^4y^5 : 3xy^2) : (-4x^2y^2)$
c) $\dfrac{\frac{8}{3}x^5y^5 : \frac{1}{3}x^2y^3}{\frac{4}{5}x^3y : \frac{1}{5}x} : \dfrac{\frac{3}{8}x^3y : \frac{15}{4}x}{\frac{1}{3}x^4y^2 : 2x^3y}$
d) $(12x^4 - 8x^3 - 6x^2) : 2x^2$
e) $(a^3b - a^2 - a) : a$
f) $\left(\frac{4}{15}x^3y - \frac{6}{25}x^2y^2 - \frac{3}{10}xy^3\right) : \left(-\frac{12}{35}xy\right)$
g) $(6a^{2m}b^{2m} - 4a^{2m+1}b^{2m+1} - 10a^{2m+2}b^{2m+2}) : (2a^{m-1}b^{m+1})$

Exercícios de Matemática - vol 1

365 Determinar o quociente e o resto das seguintes divisões:

a) $0 : 2x^2 - 3x + 1$
b) $7 : 4x^2 + 3x + 2$
c) $8x^2 : 2x^2 - 3x - 5$
d) $(2x^5y^5 + 2x^3y^7 + 2x^7y^3) : (x^4y^2 - x^3y^3 + x^2y^4)$
e) $(8x^4 - 5) : (2x - 1)$

366 Simplificar:

a) $2(3x - 1)(2x - 3) - 3(x + 4)(2x - 1) - (x - 9)(6x + 8)$
b) $3(2x - 1)(x + 2) - (3x - 1)(2x + 1)(x + 3) + 6x(x^2 + 2x - 1)$
c) $-3 \{-2x^2 - (2x - 1)[3x^2 + 3x - (3x + 2)(x - 1)] - x\} (3x - 5)$

367 Utilizando os produtos notáveis, simplificar:

a) $(x + 10)(x + 2)$
b) $(x + 7)(x - 2)$
c) $(y - 5)(y - 8)$
d) $(x - 4)(x - 6)$
e) $(a + 9)(a - 1)$
f) $(y - 3)(y + 2)$
g) $(2x + 5)(2x - 5)$
h) $(7x + 9)(7x - 9)$
i) $(4y - 5)(4y + 5)$
j) $(3x + 5)^2$
k) $(5y - 4)^2$
l) $(5x - 6y)^2$
m) $(-8x + 5)^2$
n) $(-6x - 5y)^2$
o) $(-3x - 7)^2$

368 Efetuar

a) $(x + 2)(x + 1)$
b) $(x - 5)(x + 2)$
c) $(y + 5)(y - 7)$
d) $(x + 7)(x - 7)$
e) $(y + 0,3)(y - 0,3)$
f) $\left(x^3 - \sqrt{5}y^2\right)\left(x^3 + \sqrt{5}y^2\right)$

369 Efetuar

a) $(a - b)^2$
b) $(7x - 3y)^2$
c) $(-x - y)^2$
d) $(5x^5 - 7y^7)^2$
e) $(m + 0,5)\left(m - \dfrac{1}{3}\right)$
f) $(y^2 + 11)(y^2 - 7)$
g) $\left(x^2 + \sqrt{3}\right)\left(x^2 + \sqrt{2}\right)$
h) $(x - 4m)(x - 5m)$

370 Efetuar

a) $\left(3\sqrt{x} + \dfrac{1}{2}y\right)\left(3\sqrt{x} - \dfrac{1}{2}y\right)$
b) $(7x + 5y)(7x - 5y)$
c) $(mx^n + y^{3m})(mx^n - y^{3m})$
d) $\left(\dfrac{3}{2}x - \dfrac{1}{3}y\right)^2$
e) $\left(x - \dfrac{1}{x}\right)^2$

f) $(3x^{n+1} + 4x^{n-1})^2$ g) $(2\sqrt{3}x - \sqrt{2})^2$ h) $(-3\sqrt{3}x - 2\sqrt{5}y)^2$

371 Efetuar
a) $(a + b - c)^2$
b) $(3x - 2y - 4)^2$
c) $(-2y^2 - 3y - 4)^2$
d) $(a + b + c + d)^2$

372 Efetuar
a) $(a - b + c)(a + b - c)$
b) $(2a - 3b + 4)(2a - 3b - 4)$
c) $(x^3 - 2x^2 + 3x - 2)(x^3 - 2x^2 - 3x + 2)$
d) $(x^3 - 4x^2 + 2x - 3)(x^3 + 4x^2 + 2x + 3)$
e) $(3x^3 - 3x^2 + 2x - 5)(3x^3 + 3x^2 - 2x + 5)$
f) $(2x^4 - 3x^3 + 2x^2 + 5x - 2)(2x^4 - 3x^3 + 2x^2 - 5x + 2)$

373 Simplificar as expressões
a) $(a + b)^2 - (a - b)^2 - (a + b)(a - b)$
b) $(a + b + c)^2 - (a + b)^2 - (a + c)^2 - (b + c)^2 - (a + b)(a - b)$
c) $(x + 2)(x - 5) - (x - 2)^2 - (2x + 3)^2 - (3 - 4x)(3 + 4x)$
d) $(3\sqrt{2} - 1)^2 - (2\sqrt{3} + 3)^2 - (3\sqrt{2} - 2\sqrt{3})^2 - (2\sqrt{5} + \sqrt{7})(2\sqrt{5} - \sqrt{7})$

374 Efetuar:
a) $(4x - 3y)(16x^2 + 9y^2 + 12xy)$
b) $(36x^2 - 30xy + 25y^2)(6x + 5y)$
c) $(\sqrt[3]{x} + \sqrt[3]{y})(\sqrt[3]{x^2} - \sqrt[3]{xy} + \sqrt[3]{y^2})$
d) $\left(\dfrac{2}{3}x - \dfrac{1}{4}y\right)^3$
e) $(x\sqrt{x} - y\sqrt{y})^3$
f) $(x\sqrt{y} + y\sqrt{x})^3$
g) $(3\sqrt{2} - 2\sqrt{3})^3$

375 Efetuar:
a) $\left(a^{\frac{2}{3}} + a^{\frac{1}{3}} + 1\right)\left(a^{\frac{1}{3}} - 1\right)$
b) $\left(\dfrac{4x^2}{9} - 2x + 9\right)\left(\dfrac{2x}{3} + 3\right)$
c) $(\sqrt[3]{4} - 2)(2\sqrt[3]{2} + 2\sqrt[3]{4} + 4)$
d) $(\sqrt{3} - 1)(4 + \sqrt{3})$
e) $(3\sqrt{3} + 2)(31 - 6\sqrt{3})$

Exercícios de Matemática - vol 1

376 Simplificar:
a) $(2x-1)^3 (8x^3 - 12x^2 - 6x + 1)$
b) $(x - \sqrt[3]{4})(x^2 + \sqrt[3]{4}x + \sqrt[3]{16})(x^6 + 4x^3 + 16)$
c) $(x+y)(x-y)(x^2+y^2)(x^2+\sqrt{2}xy+y^2)(x^2-\sqrt{2}xy+y^2)$

377 Simplificar:
a) $(3x-1)^3 - (3x-1)(9x^2 - 3x + 1) + (2x-1)^3 - (2x+1)(4x^2+2x+1)$
b) $(3x-1)(3x+1)(9x^2-1) - (-2x^2-3x-1)^2 - (2x+3)(4x^2+6x+9)$

378 Fatorar
a) $ax + bx + cx$ b) $7x^2 + 4x$ c) $a^3 + a^2 + a$
d) $38a^3b^4c - 57a^3b^3d - 95a^4b^3d$ e) $5x^{n-1} + 10x^n + 15x^{n+1}$
f) $3(a+b)^2 - 2(a+b)(a-b) - (a+b)$

379 Fatorar
a) $x^2 - xy + xz - yz$ b) $a^2 - ab + a - b$ c) $x^3 - x^2 + x - 1$
d) $2x^2 + 4xy - 6x - 3xz - 6yz + 9z$ e) $9x^2 - 9x - 12xy + 12y - 6xy^2 + 8y^3$

380 Fatorar
a) $15y^2 - 15xy^2 - 45xy - 10x^2y^2 + 5y^3 + 30x^3y$
b) $36x^{n+2} + 24x^{n-1} - 18x^n y - 48x^{n+1} - 18x^n + 24x^{n-1}y$
c) $12a^2c - 18ac - 6abc + 9bc - 8a^2 + 12a + 4ab - 6b$
d) $6x^3z - 12x^2z + 2x^2yz - 4xyz - 18x^3 + 36x^2 - 6x^2y + 12xy$

381 Fatorar
a) $\dfrac{x^2}{36} - \dfrac{y^2}{121}$ b) $x^2 - 5$ c) $x^2y^2 - 12$ d) $a^2 - \sqrt{2}$ e) $a^2 - 0{,}09$

382 Fatorar
a) $625a^4 - 81b^4$ b) $180a^3b - 5ab^3$ c) $324x^4y^2 - 144x^2y^4$
d) $36x^4 - 4x^2y^2 - 9x^2 + y^2$

383 Fatorar

a) $(x^3 - x^2)^2 - (x-1)^2$ b) $(2x^3 + 2x^2 + x + 1)^2 - (x^3 + x^2 + 2x + 2)^2$

c) $\left(3x^3 + x^2 - \frac{5}{2}\right)^2 - \left(x^3 + 7x^2 - x + \frac{1}{2}\right)^2$

384 Fatorar

a) $m^2 - 2mn + n^2$
b) $9a^2 + 12ab + 4b^2$
c) $a^2 - 10a + 25$
d) $x^2 + y^{-2} - 2xy^{-1}$
e) $x^{2n} + 2x^n y^n + y^{2n}$
f) $x^6 + 2x^3y + y^2$
g) $(2x + y)^2 - 8(2x + y) + 16$
h) $(x + y)^2 - 6z(x + y) + 9z^2$
i) $4(x-1)y - 4y^2 - (x-1)^2$

385 Fatorar

a) $8x^3 - 24x^2y - 12x^2 + 18xy^2 + 36xy - 27y^3$
b) $a^2x^2 - 2a^2xy + a^2y^2 + 2abx^2 - 4abxy + 2aby^2 + b^2x^2 - 2b^2xy + b^2y^2$
c) $16x^4 - 16x^3 + 4x^2 - 4x^2y^2 + 4xy^2 - y^2$

386 Fatorar

a) $x^3 - 64$ b) $x^3 - 125y^3$ c) $x^{3n} + y^{3n}$ d) $x^3 - \frac{1}{8}y^3$

387 Fatorar

a) $64x^6 + 16x^3y^3 + y^6$
b) $a^6 - 54a^3b^3 + 729b^6$
c) $(x + y)^3 + z^3$
d) $a^3 - (b - c)^3$
e) $81x^4 - 54x^3 - 24x + 16$
f) $32x^5 - 72x^3 + 4x^2 - 9$
g) $4x^5 - 32x^2 + 12x^4y - 96xy + 9x^3y^2 - 72y^2$
h) $(x^5 + x^3 - 2x)^2 - (2x^4 - x^2 - 1)^2$

388 Fatorar

a) $24x^7 - 108x^5 + 162x^3 - 81x$
b) $512x^9 - 192x^6 + 24x^3 - 1$
c) $x^3 + 3x^2y + 3xy^2 + y^3 - z^3$
d) $8x^3 - 1 + 6x - 12x^2$

389 Fatorar

a) $x^2 + 6x + 8$
b) $x^2 - 7x + 12$
c) $x^2 - 2x - 15$
d) $x^2 + 2x - 35$
e) $x^2 + x - 42$
f) $x^2 - x - 30$
g) $x^2 + 11ax + 18a^2$
h) $x^2 - 15ax + 36a^2$
i) $x^2 + 21x + 108$

390 Fatorar

a) $x^2 - 2x - 48$
b) $a^2 + a - 72$
c) $x^2 + 2ax - 35a^2$
d) $y^2 + 2my - 24m^2$
e) $x^2 - 2xy - 48y^2$
f) $10mx - 75m^2 + x^2$
g) $15x^2 - 8xy + y^2$
h) $n^2 - ny - 12y^2$
i) $x^2 + (a + 2b)x + 2ab$
j) $x^2 - (2a - 3b)x - 6ab$

391 Fatorar

a) $4a^2y^4 - 68a^4y^2 + 64a^6$
b) $9y^6 - 360a^2y^4 + 1296a^4y^2$
c) $25x^6 - 150x^4y^2 + 200x^2y^4$
d) $x^6 + 7a^3x^3 - 8a^6$
e) $2x^5 - 6a^2x^3 - 8a^4x$
f) $3x^5 - 21a^2x^3 - 24a^4x$
g) $(x + 2y)^2 - 7(x + 2y) + 10$
h) $(x - 3)^2 - 3y(x - 3) - 10y^2$

392 Fatorar

a) $5x^2 + 9x - 2$
b) $3x^2 - 4x - 4$
c) $12x^2 + 17ax - 5a^2$
d) $x^2 - 2x - 1$
e) $15x^2 + 11mx + 2m^2$
f) $2x^2 - 2x + 1$
g) $2x^2 - (3a - 2b)x + a^2 - ab$
h) $3x^2 - y^2 + 2xy - 3x + 5y - 6$

393 Fatorar

a) $x^3 - 2x^2 + 2x - 1$
b) $x^3 - 3x + 2$
c) $x^3 - x^2 + 2$
d) $x^3 + 4x^2 + 5x + 6$
e) $2x^3 - 3x^2 + 1$
f) $x^3 - 5x^2 + 4$
g) $x^3 + 3x^2 - 4$
h) $x^3 - 6x^2 + 11x - 6$

394 Fatorar

a) $x^7 + x^4 + 9x^3 + 9$
b) $3x^6 + 3x^4 + 3x^2$
c) $4x^5y - 4x^3y + 4xy$
d) $a^6 + 2a^4b^2 + 2a^2b^4 + b^6$
e) $x^6 + 11x^4 + 59x^2 + 49$
f) $x^6 + y^6$
g) $(x^2 + x + 7)(x^2 + x + 8) - 6$

395 Fatorar

a) $7 + 2\sqrt{10}$
b) $10 - 2\sqrt{21}$
c) $14 + 2\sqrt{33}$
d) $12 - 2\sqrt{35}$
e) $16 + 2\sqrt{55}$
f) $18 - 2\sqrt{77}$

396 Fatorar

a) $9 + 2\sqrt{14}$
b) $\sqrt{3} + 2$
c) $\sqrt[5]{27} + 3\sqrt[5]{18} + 3\sqrt[5]{12} + \sqrt[5]{8}$
d) $\sqrt{21} + \sqrt{15} + \sqrt{14} + \sqrt{10}$

397 Trabsfornar en radicais simples

a) $\sqrt{13+2\sqrt{22}}$ b) $\sqrt{8-2\sqrt{7}}$ c) $\sqrt{15-2\sqrt{26}}$

398 Transformar em radicais simples

a) $\sqrt{30+12\sqrt{6}}$ b) $\sqrt{4-2\sqrt{3}}$ c) $\sqrt{19-6\sqrt{10}}$ d) $\sqrt{2-\sqrt{3}}$

399 Simplificar as expressões

a) $(\sqrt{3}-\sqrt{2})\sqrt{5-2\sqrt{6}} - (2\sqrt{3}-\sqrt{2})\sqrt{29-6\sqrt{6}} + 3\sqrt{31+10\sqrt{6}}$

b) $\dfrac{3}{\sqrt{7-2\sqrt{10}}} + \dfrac{4}{\sqrt{8+4\sqrt{3}}} - \dfrac{1}{\sqrt{11-2\sqrt{30}}}$

400 Achar o mdc e mmc

a) $3x^3y; 4x^2y^3; 6x^5y^2$ b) $2x; x^2; 3x; 4x^2$ c) $2, a, 3, b^2, 2b, a^2, 3b$
d) $(a+b)^2 (a-b); (a+b)(a-b)^2; (a+b)(a-b); (a-b)^3$
e) $4x^3 - 4x; 2x^3 + 4x^2 + 2x; 3x^3 - 6x^2 + 3x$
f) $x^3 - 8; 3x^3 - 12x; 2x^3 - 8x^2 + 8x$
g) $2x^3 - 4x^2 - 6x; 3x^3 - 3x^2 - 18x; x^4 - 4x^3 + 3x^2$

401 Reduzir ao menor denominador comum

a) $\dfrac{5b}{4a}; \dfrac{3b}{2a^2}; \dfrac{a^3}{3}$ b) $\dfrac{2z}{3x^2y}; \dfrac{3y}{4xz^2}; \dfrac{4x}{5y^2z}$ c) $\dfrac{b}{a}; \dfrac{c}{b}; \dfrac{a}{c}$

d) $\dfrac{a+b}{2a(a-b)^2}; \dfrac{5b}{4a(a+b)(a-b)}; \dfrac{3b(a-b)}{5a^2(a+b)^2}$

e) $\dfrac{a+b}{a^3-3a^2b+3ab^2-b^3}; \dfrac{1}{a^3-ab^2-a^2b+b^3}; \dfrac{a-b}{a^2+2ab+b^2}$

402 Simplificar as frações

a) $\dfrac{7a^2b^3}{14a^3b^3}$ b) $\dfrac{5x^{n-1}y^n}{15x^ny^{n-2}}$ c) $\dfrac{17ab}{34bc}$ d) $\dfrac{2a^2b(a-b)^2}{6a^2(a+b)(a-b)}$

Exercícios de Matemática - vol 1

e) $\dfrac{2(x-3)(x-2)}{4(x+2)(x+3)}$ f) $\dfrac{x^2-y^2}{x^2-2xy+y^2}$ g) $\dfrac{6x^2-3x}{3x^2-6x}$

h) $\dfrac{2a^2+2ab-a-b}{a^3+3a^2b+3ab^2+b^3}$ i) $\dfrac{a^3-b^3}{6a^2-6ab}$

j) $\dfrac{16a^4-81}{8a^3+12a^2+18a+27}$ k) $\dfrac{x^2y-xy-6y-2x^2+2x+12}{xy^2-5xy+6x+2y^2-10y+12}$

403 Efetuar as multiplicações:

a) $\dfrac{2a}{3b} \cdot \dfrac{5c}{b} \cdot \dfrac{8a}{7}$ b) $\dfrac{2x}{3y} \cdot \dfrac{3x+4y}{4x-3y}$

c) $\dfrac{2x-1}{3x-1} \cdot \dfrac{4x^2+2x+1}{3x+1}$ d) $\dfrac{7x^3y}{22z^4} \cdot \dfrac{4z}{77x^2y} \cdot \dfrac{121y^2z^3}{xy}$

e) $\dfrac{(x+3)(x-3)}{(x-3)^2} \cdot \dfrac{(x+2)}{(x+2)^2}$ f) $\dfrac{8x^3-27}{6x^2-13x+6} \cdot \dfrac{6x^2+5x-6}{8x^3+12x^2+18x}$

404 Efetuar

a) $\dfrac{4x^2y^3}{10a^2b} : \dfrac{6x^3y}{15ab^2}$ b) $\dfrac{4x^5}{10y^3} : \left(\dfrac{7x^5}{13y^4} : \dfrac{56x^2}{52y^2}\right)$

c) $\dfrac{x^3+27}{12x^2+5x-2} : \dfrac{x^3-6x^2+18x-27}{27x^3-12x}$

405 Efetuar

a) $\dfrac{2x-1}{3x} + \dfrac{1-2x}{2x} - \dfrac{x-1}{4x}$ b) $\dfrac{x+3}{2x} - \dfrac{9x^2-4x^3}{6x^2} - \dfrac{2x-3}{3}$ c) $2x - \dfrac{8x}{x+2}$

d) $x + \dfrac{xy}{x-y}$ e) $\dfrac{x}{x-1} + \dfrac{x+2}{x-2}$ f) $\dfrac{x+y}{x-y} - \dfrac{x^2+3y^2}{x^2-y^2}$

g) $\dfrac{1}{1-x} - \dfrac{2}{1+x} + \dfrac{3}{1-x^2}$ h) $\dfrac{2}{m+1} - \dfrac{1}{m-1} - \dfrac{3+m^2}{1-m^2}$

i) $\dfrac{a-1}{2a-1} - \dfrac{a+2}{2-3a} - \dfrac{2a^2-15a+10}{6a^2-7a+2}$ j) $\dfrac{a+b}{(b-c)(c-a)} - \dfrac{b+c}{(a-c)(a-b)} + \dfrac{c+a}{(b-a)(c-b)}$

406 Efetuar

a) $\left[\left(\dfrac{a+b}{a-b}-\dfrac{a-b}{a+b}\right):\left(\dfrac{a+b}{a-b}+\dfrac{a-b}{a+b}\right)\right]\cdot\left(\dfrac{a}{b}+\dfrac{b}{a}\right)$

b) $\left[\dfrac{\left(\dfrac{1+x}{1-x}-\dfrac{1-x}{1+x}\right)x^2}{\left(\dfrac{1+x}{1-x}-1\right)\left(1-\dfrac{1}{1+x}\right)}-2\right]\cdot\left(\dfrac{x+1}{x-1}\cdot x-1\right)$

c) $\left(a-3+\dfrac{5a}{2a-6}\right):\left(2a-1+\dfrac{15}{a-3}\right)+\left(\dfrac{1}{x}-\dfrac{1}{y}\right)^2:\dfrac{(y-x)^2}{x^2y^2}$

d) $\left(\dfrac{x+1}{x^2-3x+2}-\dfrac{x+3}{x^2-4x+3}+\dfrac{x+2}{x^2-5x+6}\right)\cdot\left(\dfrac{x-6}{x-1}-\dfrac{12}{1-x^2}\right)$

e) $\left[\dfrac{1}{2}\left(\dfrac{1}{a^2-2a+1}+\dfrac{1}{a^2+2a+1}\right)-\dfrac{1}{a^2-1}\right]:\left(\dfrac{a}{a-1}-\dfrac{a}{a+1}\right)$

f) $\dfrac{\dfrac{1}{a}+\dfrac{1}{ab^3}}{b-1+\dfrac{1}{b}}:\dfrac{a+b+\dfrac{a^2}{b}}{a+b+\dfrac{b^2}{a}}$

g) $\left[\left(1-\dfrac{a^3}{x^3}\right):\left(\dfrac{1}{x^2}-\dfrac{a}{x^3}\right)\right]\cdot\dfrac{4a}{x^2+ax+a^2}$

407 Simplificar

a) $\dfrac{y^{\frac{1}{2}}-6y^{\frac{1}{3}}+11y^{\frac{1}{6}}-6}{y^{\frac{1}{2}}-4y^{\frac{1}{3}}+3y^{\frac{1}{6}}}$

b) $\left[(a\sqrt{a}+b\sqrt{b})(\sqrt{a}+\sqrt{b})^{-1}+3\sqrt{ab}\right]^{\frac{1}{2}}$

408 Calcular o valor numérico das expressões

a) $\dfrac{x^2+xy}{x^2+y^2}\left(\dfrac{x}{x-y}-\dfrac{y}{x+y}\right)$ para $x=5$, $y=2$

b) $\dfrac{a-b}{a+b}+\dfrac{a+b}{a-b}-\dfrac{a^2+b^2}{a^2-b^2}$ para $a=-1$, $b=-\dfrac{1}{2}$

409 Resolver

a) Se $4^x + \dfrac{1}{4^x} = a$, determinar $64^x + \dfrac{1}{64^x}$
b) Se $3^x + 3^{-x} = m$, determinar $27^x + 27^{-x}$
c) Se $a + b + c = 8$ e $a^2 + b^2 + c^2 = 24$, determinar o valor de $3ab + 3ac + 3bc$
d) Achar o valor de $9478^2 - 9476^2$
e) Se $x + y = 15$ e $xy = 29$, determinar o valor de $x^2 + 5xy + y^2$
f) Se $x + y = xy$ e $x^2 + y^2 = 15$, determinar xy

410 Simplificar $\sqrt{\dfrac{3-2\sqrt{2}}{17-12\sqrt{2}}} - \sqrt{\dfrac{3+2\sqrt{2}}{17+12\sqrt{2}}}$

Exercícios Suplementares

411 Calcular os valores de $x = a^3 + b^3 + c^3 - 3abc$ e
$y = (a + b + c)(a^2 + b^2 + c^2 - ab - ac - bc)$ nos casos:
a) $a = b = c = 0$ b) $a = -1, b = 1, c = -2$

c) $a = b = \dfrac{1}{2}, c = 1$ d) $a = \sqrt[3]{2}, b = \sqrt[3]{4}, c = -1$

412 Determinar o quociente e o resto das divisões de polinômios

a) $(3x^2 - 4x) : (x^2 - 3)$ b) $0 : (2x^2 + x - 1)$
c) $13 : 5$ d) $(2x - 1) : (2x^2 - 1)$

e) $\left(\dfrac{1}{3}a^4 + \dfrac{5}{18}a^3b + \dfrac{5}{8}a^2b^2 + 2ab^3 - \dfrac{1}{2}b^4\right) : \left(-\dfrac{1}{2}a^2 + \dfrac{1}{3}ab - 2b^2\right)$

f) $\left(\dfrac{2}{3}x^3 - \dfrac{77}{30}x^2 + \dfrac{7}{4}x - 4\right) : \left(-\dfrac{1}{2}x + 3\right)$

413 Simplificar, efetuando em primeiro lugar as divisões

a) $[(-2x^4 + 7x^3 + 2x^2 - 13x - 6) : (-x^2 + x + 2)] : (2x + 1)$

b) $\left[\dfrac{\dfrac{4x^4 + 10x^3 - 8x^2 - 5x + 3}{2x^2 + 5x - 3} + 5x - 2}{\left(\dfrac{6x^4 - 7x^3 - 6x^2 + 2x + 1}{6x^2 - x - 1} + 5x^2\right) : (3x + 1)} + 3x^3 + 5x^2 - 12x\right] : (3x - 1)$

c) $\dfrac{\left(\dfrac{x^4+4}{x^2+2x+2}-\dfrac{3x^2+x-10}{3x-5}-2x^3+64x+30\right):\dfrac{3x^2+8x-35}{3x-7}}{\dfrac{36x^3-13x-2}{6x+1}:\left(\dfrac{x^3-2x-1}{x+1}-\dfrac{3x^2+x-4}{3x+4}-x^2+5x-2\right)}$

414 Dados os polinômios

$A = 3x^6 - 10x^5 - 35x^4 + 5x^3 + 26x^2 + 45x + 14$ $B = -x^2 + 5x + 2$
$C = -x^4 + 19x^3 - 6x^2 - 30x + 8$ $D = 2x - 3$
$E = -6x + 11x^3 + 6x^2 - 5x - 8$ $F = 6x^2 - 7x - 3$
determinar:
a) $A - C - E$ b) $A - C \cdot D + E$
c) $A - BC - DF$ d) $[(A:B+C):D-E]:F$

415 Dados: $A = 3x^2 - 4x + 1$, $B = x^2 - 2x + 6$, $C = -x^2 - x + 2$, $D = x^2 - x + 1$ e $E = 30x - 17$, determinar :

a) $\left[(A+B-C)\cdot\dfrac{D}{5}-E\right]:(A+C-D)$

b) $A - \{2B - C + 2[A - D - E(B - A) + B(E - A) + A(B - E)]\} + A + 2B$

416 Simplificar

a) $(x^2 - 2x - 3)^2 - (4x^2 + 9)(2x + 3)(2x - 3) - (2x - 5)^2(2x + 5)^2$
b) $(3x^2 + x - 1)^2 - (3x^2 + x + 2)(3x^2 + x - 2) - (x + 6)(x - 1)$
c) $(2x^3 - 3x^2 + x - 1)^2 - 4(x^3 + 2x^2 - 5x + 3)(x^3 - 2x^2 + 5x - 3)$
d) $\left(\sqrt{2} - \sqrt[4]{3}\right)^2 \left(\sqrt{2} + \sqrt[4]{3}\right)^2 \left(2 + \sqrt{3}\right)^2 - \left(\sqrt{3} + \sqrt{2} + 1\right)\left(\sqrt{3} + \sqrt{2} - 1\right)$
e) $\left(\sqrt{6} - \sqrt{3} - 2\sqrt{2} + 1\right)\left(\sqrt{6} - \sqrt{3} - 2\sqrt{2} - 1\right) - 2\left(\sqrt{6} - 2\sqrt{3} + 3\sqrt{2} - 2\right)^2$
f) $\left(\sqrt{3\sqrt{2} - 2\sqrt{3}} - \sqrt{3\sqrt{2} + 2\sqrt{3}}\right)^4 - 3\left(\sqrt{3} - \sqrt{2}\right)\sqrt{5 + 2\sqrt{6}}$

417 Efetuar

a) $\left(\sqrt{x+y} + \sqrt{x-y}\right)\left(\sqrt{x+y} - \sqrt{x-y}\right)$

b) $\left(\sqrt{a^2+b^2} + \sqrt{2ab}\right)^{\frac{1}{2}} \left(\sqrt{a^2+b^2} - \sqrt{2ab}\right)^{\frac{1}{2}}$

c) $\left(\sqrt{2x-y}+\sqrt{2x+y}\right)^2\left(4x-2\sqrt{4x^2-y^2}\right)$

418 Simplificar

a) $\left(\sqrt{3}-\sqrt{2}\right)^3-\left(3\sqrt{2}-2\sqrt{3}\right)\left(30+6\sqrt{6}\right)-\left(-\sqrt{3}+\sqrt{2}+2\right)^2$

b) $\left(3\sqrt[3]{4}-\sqrt[3]{2}\right)^3-\left(2\sqrt[3]{4}-3\sqrt[3]{2}-1\right)^2-\left(2\sqrt[3]{2}-1\right)\left(2\sqrt[3]{2}+1\right)^2$

419 Fatorar

a) $-9x^2-30mx+24m^2$ b) $-60x^2+76xy-24y^2$ c) x^2-6x+6
d) $4x^2-12x+4$ e) $9x^2-6x-2$

420 Fatorar

a) $30xy^3-25xy^2-105xy$ b) $12y^6-27y^4+6y^2$ c) $40x^8-35x^5-5x^2$
d) $10x^3-3x^2y-18xy^2-20x^2+6xy+36y^2$
e) $2x^4y-x^2y^3-y^5-6x^4+3x^2y^2+3y^4$
f) $2x^7-5x^5y^2+3x^3y^4-2x^4+5x^2y^2-3y^4$
g) $36x^4-30x^3y-36x^2y^2-6x^3+5x^2y+6xy^2-6x^2+5xy+6y^2$

421 Fatorar

a) x^6-64y^6
b) $-x^2-2xy+z^2-y^2$
c) $x^2-y^2-26x+30y-56$
d) $xy-2x-y^2+4y-4$
e) $2xy+2ab-x^2+a^2-y^2+b^2$
f) $y^2-4a^2+8y+12a+7$
g) b^6+13b^3+40
h) $a^3+2a^2b+2ab^2+b^3$
i) x^8+5x^4+4
j) $x^3(y-z)+y^3(z-x)+z^3(x-y)$

422 Fatorar

a) a^8-b^8
b) $9x^7-7x^5+49x^3-9x^4+7x^2-49$
c) $4x^3-8x^2+5x-1$
d) $x^4-x^3-3x^2+x+2$
e) $x^4-5x^3+5x^2+5x-6$
f) x^4-2x^3+2x-1
g) $x^4+2x^3-7x^2-8x+12$
h) $x^2+y^2+2xy+2x+2y+1$
i) $x^2+y^2-2xy-4x+4y+4$
j) $x^4-2x^3+3x^2-2x+1$
k) $x^2-7mx+12m^2-5m-25$
l) $x^2-(4m-2)x+4m^2-4m+1$
m) $x^2-4xy+4y^2-9$
n) $4x^2-8ax+4a^2-9$
o) $x^2-5ax+x+6a^2-a-2$
p) $6x^2-5xy-3x-6y^2+11y-3$
q) $a^3+b^3+c^3-3abc$

423 Achar o mdc e o mmc

a) $5xy$; $3y^2(x-1)^2$; $2x^2(x+1)^2$; $6x(x+1)(x-1)$
b) $6x^{2n-1}y^{2n+1}$; $8x^{2n+1}y^{2n}$; $12x^{2n}y^{2n-1}$
c) x^3+1; $3x^3-12x^2-15x$; $2x^3+4x^2+2x$
d) $4x^3-10x^2+4x$; $16x^2+40x+16$; $3x^3-12x$
e) x^4+x^3-x-1; x^3+2x^2+2x+1; $3x^2$

424 Simplificar as frações

a) $\dfrac{x^3+x^2-x-1}{x^3-x^2-x+1}$

b) $\dfrac{x^2-3mx-10m^2}{2m^3+m^2x+2m+x}$

c) $\dfrac{2x^3+5x^2-3x-4x^2y-10xy+6y}{6x^3+7x^2-5x-12x^2y-14xy+10y}$

d) $\dfrac{6x^2+mx-2m^2}{54x^4-8m^4-27mx^3+16m^3x}$

e) $\dfrac{x^3+x^2-10x+8}{x^4+3x^3-3x^2+3x-4}$

f) $\dfrac{x^2-5xy+6y^2-y-1}{x^2-3xy-2x+3y+1}$

g) $\dfrac{x^5-x^4+x^3-x^2+x-1}{x^3-2x^2+2x-1}$

425 Efetuar

a) $\dfrac{6x^2+5x-6}{3x^2+15x} \cdot \dfrac{4x^3+18x^2-10x}{8x^3-1} \cdot \dfrac{4x^3-14x^2-7x-4}{2x^2-5x-12}$

b) $\dfrac{6x^2+ax-a^2}{3x^2-ax-2a^2} \cdot \dfrac{x^2-3ax+2a^2}{10x^2+3ax-a^2} \cdot \dfrac{15x^2+7ax-2a^2}{3x^2+5ax-2a^2}$

c) $\dfrac{x^3-6x^2+11x-6}{x^3+2x^2-x-2} \cdot \dfrac{x^3+x^2-4x-4}{x^3-3x^2+4} \cdot \dfrac{2x^3+3x^2-1}{2x^3-3x^2-8x-3}$

426 Efetuar

a) $\left(\dfrac{x^4-a^4}{x^2+5ax-14a^2} : \dfrac{2x^2-5ax+3a^2}{x^2+ax-42a^2}\right) : \dfrac{x^4-ax^3+2a^2x^2-a^3x+a^4}{2x^2-7ax+6a^2}$

b) $\dfrac{\left(\dfrac{2x^2+5x-3}{x^3-3x^2+4} : \dfrac{2x^3-x^2+2x-1}{3x^2-7x-6}\right) \cdot \dfrac{3x^2+7x-6}{x^4-x^3-x^2-x-2}}{\dfrac{x^3-3x+2}{x^3-2x^2+2x-4} : \left(\dfrac{x^3-1}{3x^2+8x+4} : \dfrac{x^3-2x^2-2x-3}{x^3+3x^2-4}\right)}$

427 Simplificar as expressões

a) $\dfrac{2+x+\dfrac{2x^2}{x+2}}{\dfrac{3x^2+4x+4}{ax^2-4a}} : \dfrac{\dfrac{x-2y}{y}+\dfrac{y+2x}{x}+2}{\dfrac{x+y}{xy}}$

b) $\dfrac{1+\dfrac{a-x}{a+x}}{1-\dfrac{a-x}{a+x}} \cdot \dfrac{1-\dfrac{a^2-x^2}{a^2+x^2}}{1+\dfrac{a^2-x^2}{a^2+x^2}}$

c) $\dfrac{1-\dfrac{2xy}{(x+y)^2}}{1+\dfrac{2xy}{(x-y)^2}} \cdot \left(\dfrac{1+\dfrac{y}{x}}{1-\dfrac{y}{x}}\right)^2$

d) $\left[\dfrac{a^3}{(a-b)(a-c)}+\dfrac{b^3}{(b-a)(b-c)}+\dfrac{c^3}{(c-a)(c-b)}\right] : (a+b+c)$

428 Simplificar

a) $\sqrt{7-2\sqrt{10}}$

b) $\sqrt{17-12\sqrt{2}}$

c) $\sqrt{3+\sqrt{5}}$

d) $\sqrt{\dfrac{5}{3}-\dfrac{2\sqrt{6}}{3}}$

e) $\sqrt[4]{17+\sqrt{288}}$

f) $\sqrt[4]{28-16\sqrt{3}}$

g) $\sqrt{17-4\sqrt{9+4\sqrt{5}}}$

h) $2\sqrt{3+\sqrt{5-\sqrt{13+\sqrt{48}}}}$

i) $\sqrt{\dfrac{13+4\sqrt{3}}{3-2\sqrt{2}}} - \sqrt{\dfrac{3+2\sqrt{2}}{21-12\sqrt{3}}} - \sqrt{\dfrac{10-4\sqrt{6}}{30-12\sqrt{6}}}$

j) $\dfrac{2+\sqrt{3}}{\sqrt{2}+\sqrt{2+\sqrt{3}}} + \dfrac{2-\sqrt{3}}{\sqrt{2}-\sqrt{2-\sqrt{3}}}$

429 Simplificar

a) $\dfrac{a}{b+\dfrac{c}{d+\dfrac{e}{f}}}$

b) $\dfrac{1}{x+\dfrac{1}{1+\dfrac{x-1}{3-x}}}$

c) $1-\dfrac{1}{1-\dfrac{1}{1+\dfrac{1}{a}}}$

d) $\dfrac{3abc}{bc+ac-ab} : \dfrac{\dfrac{a-1}{a}+\dfrac{b-1}{b}+\dfrac{c-1}{c}}{\dfrac{1}{a}+\dfrac{1}{b}-\dfrac{1}{c}}$

e) $\dfrac{\dfrac{1}{a-x}-\dfrac{1}{a-y}+\dfrac{x}{(a-x)^2}-\dfrac{y}{(a-y)^2}}{\dfrac{1}{(a-y)(a-x)^2}-\dfrac{1}{(a-x)(a-y)^2}}$

f) $\dfrac{x}{(x-y+1)(x-z)} + \dfrac{y-1}{(y-x-1)(y-z-1)} + \dfrac{z}{(z-x)(z-y+1)}$

430 Calcular o valor numérico das expressões

a) $\dfrac{1}{a+\dfrac{1}{b}}+\dfrac{1}{b+\dfrac{1}{c}}+\dfrac{1}{c+\dfrac{1}{a}}-\dfrac{1}{abc+bc+ac+ab}$ para $a=0,\overline{3}$, $b=-2$, $c=-1$

b) $\dfrac{ax+b}{x}:\dfrac{a}{d}-\dfrac{b}{a}:\dfrac{x}{cx+d}$ para $a=0,\overline{6}$, $b=1,5$, $c=0,1\overline{6}$, $d=1$, $x=0,75$

431 Simplificar as expressões:

a) $\dfrac{a^2-b^2}{a-b}-\dfrac{a^3-b^3}{a^2-b^2}$ b) $\dfrac{x}{x^2+y^2}-\dfrac{y(x-y)^2}{x^4-y^4}$

c) $\dfrac{2}{3}\left[\dfrac{1}{1+\left(\dfrac{2x+1}{\sqrt{3}}\right)^2}+\dfrac{1}{1+\left(\dfrac{2x-1}{\sqrt{3}}\right)^2}\right]$

432 Simplificar as expressões

a) $(a^2-b^2-c^2+2bc):\dfrac{a+b-c}{a+b+c}$ b) $\dfrac{a^2-1}{n^2+an}\cdot\left(\dfrac{1}{1-\dfrac{1}{n}}-1\right)\cdot\dfrac{a-an^3-n^4+n}{1-a^2}$

c) $\dfrac{x}{ax-2a^2}-\dfrac{2}{x^2+x-2ax-2a}\cdot\left(1+\dfrac{3x+x^2}{3+x}\right)$

d) $\dfrac{2a}{a^2-4x^2}+\dfrac{1}{2x^2+6x-ax-3a}\cdot\left(x+\dfrac{3x-6}{x-2}\right)$

e) $\left(\dfrac{2a+10}{3a-1}+\dfrac{130-a}{1-3a}+\dfrac{30}{a}-3\right)\cdot\dfrac{3a^3+8a^2-3a}{1-\dfrac{1}{4}a^2}$

433 Simplificar

a) $\left[\dfrac{a-1}{a^2-2a+1}+\dfrac{2(a-1)}{a^2-4}-\dfrac{4(a+1)}{a^2+a-2}+\dfrac{a}{a^2-3a+2}\right]\cdot\dfrac{36a^3-144a-36a^2+144}{a^3+27}$

b) $\left[\dfrac{3(x+2)}{2(x^3+x^2+x+1)}+\dfrac{2x^2-x-10}{2(x^3-x^2+x-1)}\right]:\left[\dfrac{5}{x^2+1}+\dfrac{3}{2(x+1)}-\dfrac{3}{2(x-1)}\right]$

c) $\left(\dfrac{x-y}{2y-x}-\dfrac{x^2+y^2+y-2}{x^2-xy-2y^2}\right):\dfrac{4x^4+4x^2y+y^2-4}{x^2+y+xy+x}$

d) $\dfrac{a^2+a-2}{a^{n+1}-3a^n}\cdot\left[\dfrac{(a+2)^2-a^2}{4a^2-4}-\dfrac{3}{a^2-a}\right]$

e) $\dfrac{2a^2(b+c)^{2n}-\dfrac{1}{2}}{an^2-a^3-2a^2-a}:\dfrac{2a(b+c)^n-1}{a^2c-a(nc-c)}$

434 Simplificar

a) $\dfrac{1}{a(a-b)(a-c)}+\dfrac{1}{b(b-a)(b-c)}+\dfrac{1}{c(c-a)(c-b)}$

b) $\left[\dfrac{2+ba^{-1}}{a+2b}-6b(4b^2-a^2)^{-1}\right]:\left(2a^n b+3a^{n+1}-\dfrac{6a^{n+2}}{2a-b}\right)^{-1}$

c) $\dfrac{b}{a-b}\sqrt[3]{(a^2-2ab+b^2)(a^2-b^2)(a+b)}\cdot\dfrac{a^3-b^3}{\sqrt[3]{(a+b)^2}}$

d) $\sqrt[6]{8x(7+4\sqrt{3})}\sqrt[3]{2\sqrt{6x}-4\sqrt{2x}}$

e) $\dfrac{a}{2}\sqrt[4]{(a+1)(a^2-1)(1+2a+a^2)}\cdot\left(\dfrac{a^2+3a+2}{\sqrt{a-1}}\right)^{-1}$

435 Efetuar

a) $\sqrt{\dfrac{(1+a)\sqrt[3]{1+a}}{3a}} \cdot \sqrt[3]{\dfrac{\sqrt{3}}{9+18a^{-1}+9a^{-2}}}$ b) $ab\sqrt[n]{a^{1-n}b^{-n} - a^{-n}b^{1-n}} \cdot \sqrt[n]{(a-b)^{-1}}$

c) $\left(\dfrac{15}{\sqrt{6}+1} + \dfrac{4}{\sqrt{6}-2} - \dfrac{12}{3-\sqrt{6}}\right) \cdot (\sqrt{6}+11)$

d) $\left(\dfrac{1}{\sqrt{a}-\sqrt{a-b}} + \dfrac{1}{\sqrt{a}+\sqrt{a+b}}\right) : \left(1+\sqrt{\dfrac{a+b}{a-b}}\right)$

e) $\left(\dfrac{1}{b-\sqrt{a}} + \dfrac{1}{b+\sqrt{a}}\right) : \dfrac{\sqrt[-2]{\dfrac{1}{9}a^{-2}b^{-1}}}{a^{-2}-a^{-1}b^{-2}}$

436 Simplificar

a) $\dfrac{\sqrt{\dfrac{1+a}{1-a}} + \sqrt{\dfrac{1-a}{1+a}}}{\sqrt{\dfrac{1+a}{1-a}} - \sqrt{\dfrac{1-a}{1+a}}} - \dfrac{1}{a}$

b) $\dfrac{a\left(\dfrac{\sqrt{a}+\sqrt{b}}{2b\sqrt{a}}\right)^{-1} + b\left(\dfrac{\sqrt{a}+\sqrt{b}}{2a\sqrt{b}}\right)^{-1}}{\left(\dfrac{a+\sqrt{ab}}{2ab}\right)^{-1} + \left(\dfrac{b+\sqrt{ab}}{2ab}\right)^{-1}}$

c) $\left(\dfrac{\sqrt{a}+\sqrt{x}}{\sqrt{a+x}} - \dfrac{\sqrt{a+x}}{\sqrt{a}+\sqrt{x}}\right)^{-2} - \left(\dfrac{\sqrt{a}-\sqrt{x}}{\sqrt{a+x}} - \dfrac{\sqrt{a+x}}{\sqrt{a}-\sqrt{x}}\right)^{-2}$

d) $\dfrac{1}{2}\left(\sqrt{x^2+a} + \dfrac{x^2}{\sqrt{x^2+a}}\right) + \dfrac{a}{2} \cdot \dfrac{1+\dfrac{x}{\sqrt{x^2+a}}}{x+\sqrt{x^2+a}}$

e) $2x + \sqrt{x^2-1} \cdot \left(1 + \dfrac{x^2}{x^2-1}\right) - \dfrac{1+\dfrac{x}{\sqrt{x^2-1}}}{x+\sqrt{x^2-1}}$ f) $\dfrac{x+\sqrt{x^2-4x}}{x-\sqrt{x^2-4x}} - \dfrac{x-\sqrt{x^2-4x}}{x+\sqrt{x^2-4x}}$

437 Simplificar as expressões

a) $\dfrac{n+2+\sqrt{n^2-4}}{n+2-\sqrt{n^2-4}} + \dfrac{n+2-\sqrt{n^2-4}}{n+2+\sqrt{n^2-4}}$

b) $\sqrt{\dfrac{x}{x-a^2}} : \left(\dfrac{\sqrt{x}-\sqrt{x-a^2}}{\sqrt{x}+\sqrt{x-a^2}} - \dfrac{\sqrt{x}+\sqrt{x-a^2}}{\sqrt{x}-\sqrt{x-a^2}} \right)$

c) $\dfrac{x^{\frac{1}{2}}+1}{x+x^{\frac{1}{2}}+1} : \dfrac{1}{x^{1,5}-1}$

d) $a^{\frac{1}{2}} - \dfrac{a-a^{-2}}{a^{\frac{1}{2}}-a^{-\frac{1}{2}}} + \dfrac{1-a^{-2}}{a^{\frac{1}{2}}+a^{-\frac{1}{2}}} + \dfrac{2}{a^{\frac{3}{2}}}$

438 Simplificar as expressões:

a) $\dfrac{\left[(a+b)^{-\frac{1}{2}}+(a-b)^{-\frac{1}{2}}\right]^{-1} + \left[(a+b)^{-\frac{1}{2}}-(a-b)^{-\frac{1}{2}}\right]^{-1}}{\left[(a+b)^{-\frac{1}{2}}+(a-b)^{-\frac{1}{2}}\right]^{-1} - \left[(a+b)^{-\frac{1}{2}}-(a-b)^{-\frac{1}{2}}\right]^{-1}}$

b) $a^2(1-a^2)^{-\frac{1}{2}} - \dfrac{1}{1+\left[a(1-a^2)^{-\frac{1}{2}}\right]^2} \cdot \dfrac{(1-a^2)^{\frac{1}{2}}+a^2(1-a^2)^{-\frac{1}{2}}}{1-a^2}$

c) $\dfrac{x^{\frac{5}{2}}-x^{-\frac{1}{2}}}{(x+1)(x^2+1)} - \left(x - \dfrac{x^3}{1+x^2}\right)^{-\frac{1}{2}} \cdot \dfrac{x^2\sqrt{(1+x^2)^{-1}} - \sqrt{1+x^2}}{1+x^2}$

d) $(R^2-x^2)^{\frac{1}{2}} - x^2(R^2-x^2)^{-\frac{1}{2}} + R^2 \cdot \dfrac{(R^2-x^2)^{\frac{1}{2}} + x^2(R^2-x^2)^{-\frac{1}{2}}}{(R^2-x^2)\left[1+\left(\dfrac{\sqrt{R^2-x^2}}{x}\right)^{-2}\right]}$

439 Simplificar

a) $\left(p^{\frac{1}{2}}+q^{\frac{1}{2}}\right)^{-2}(p^{-1}+q^{-1}) + \dfrac{2}{\left(p^{\frac{1}{2}}+q^{\frac{1}{2}}\right)^3}\left(p^{-\frac{1}{2}}+q^{-\frac{1}{2}}\right)$

b) $\left[\dfrac{(a+\sqrt[3]{a^2x}):(x+\sqrt[3]{ax^2})-1}{\sqrt[3]{a}-\sqrt[3]{x}}-\dfrac{1}{\sqrt[3]{x}}\right]^6$

c) $\left[\dfrac{(\sqrt{a}+1)^2-\dfrac{a-\sqrt{ax}}{\sqrt{a}-\sqrt{x}}}{(\sqrt{a}+1)^3-a\sqrt{a}+2}\right]^{-3}$

d) $\left[\dfrac{4a-9a^{-1}}{2a^{\frac{1}{2}}-3a^{-\frac{1}{2}}}+\dfrac{a-4+3a^{-1}}{a^{\frac{1}{2}}-a^{-\frac{1}{2}}}\right]^2$

440 Simplificar

a) $\left[(a-b)\sqrt{\dfrac{a+b}{a-b}}+a-b\right]\left[(a-b)\left(\sqrt{\dfrac{a+b}{a-b}}-1\right)\right]$

b) $\left(\sqrt{ab}-\dfrac{ab}{a+\sqrt{ab}}\right):\dfrac{\sqrt[4]{ab}-\sqrt{b}}{a-b}$

c) $\left(a+b^{\frac{3}{2}}:\sqrt{a}\right)^{\frac{2}{3}}\left(\dfrac{\sqrt{a}-\sqrt{b}}{\sqrt{a}}+\dfrac{\sqrt{b}}{\sqrt{a}-\sqrt{b}}\right)^{-\frac{2}{3}}$

d) $\left[\dfrac{1}{x^{\frac{1}{2}}-4x^{-\frac{1}{2}}}+\dfrac{2\sqrt[3]{x}}{x\sqrt[3]{x}-4\sqrt[3]{x}}\right]^{-2}-\sqrt{x^2+8x+16}$

e) $x^3\left[\dfrac{(\sqrt[4]{x}+\sqrt[4]{y})^2+(\sqrt[4]{x}-\sqrt[4]{y})^2}{x+\sqrt{xy}}\right]^5\sqrt[3]{x\sqrt{x}}$

f) $\left(\dfrac{\sqrt[4]{ax^3}-\sqrt[4]{a^3x}}{\sqrt{a}-\sqrt{x}}+\dfrac{1+\sqrt{ax}}{\sqrt[4]{ax}}\right)^{-2}\sqrt{1+2\sqrt{\dfrac{a}{x}}+\dfrac{a}{x}}$

g) $\dfrac{(a-b^2)\sqrt{3}-b\sqrt{3}\sqrt[3]{-8b^3}}{\sqrt{2(a-b^2)^2+(2b\sqrt{2a})^2}}\cdot\dfrac{\sqrt{2a}-\sqrt{2c}}{\sqrt{\dfrac{3}{a}}-\sqrt{\dfrac{3}{c}}}$

Exercícios de Matemática - vol 1

441 Simplificar

a) $\left\{\sqrt{1+\left[\left(a^{\frac{2}{3}}-x^{\frac{2}{3}}\right)^{\frac{1}{2}}x^{-\frac{1}{3}}\right]^2}\right\}^{-6} - \frac{1}{a^2}\sqrt{\left(a^2-x^2\right)^2+4a^2x^2}$

b) $\left[\left(\sqrt[4]{x}-\sqrt[4]{a}\right)^{-1}+\left(\sqrt[4]{x}+\sqrt[4]{a}\right)^{-1}\right]^{-2} : \frac{x-a}{4\sqrt{x}+4\sqrt{a}}$

c) $\left[\frac{\sqrt[6]{a^2x}+\sqrt{x}}{\sqrt[3]{x}+\sqrt[3]{a}}+\sqrt[6]{x}\right]^3 + 4(x+1)+\left(\sqrt[3]{x\sqrt{x}}+1\right)^2$

d) $\left[\frac{3x^{-\frac{1}{3}}}{x^{\frac{2}{3}}-2x^{-\frac{1}{3}}}-\frac{x^{\frac{1}{3}}}{x^{\frac{4}{3}}-x^{\frac{1}{3}}}\right]^{-1} - \left(\frac{1-2x}{3x-2}\right)^{-1}$

e) $a^{-1} \cdot \left[\sqrt{a^2+a\sqrt{a^2-b^2}}-\sqrt{a^2-a\sqrt{a^2-b^2}}\right]^2$

442 Simplificar

a) $\left[\frac{\left(\sqrt[3]{x}-\sqrt[3]{a}\right)^3+2x+a}{\left(\sqrt[3]{x}-\sqrt[3]{a}\right)^3-x-2a}\right]^3 + \sqrt{\left(a^3+3a^2x+3ax^2+x^3\right)^{\frac{2}{3}}} : a$

b) $\left[\frac{\left(\sqrt{a}+\sqrt{b}\right)^2-\left(2\sqrt{b}\right)^2}{a-b}-\left(a^{\frac{1}{2}}-b^{\frac{1}{2}}\right)\left(a^{\frac{1}{2}}+b^{\frac{1}{2}}\right)^{-1}\right] : \frac{(4b)^{\frac{3}{2}}}{a^{\frac{1}{2}}+b^{\frac{1}{2}}}$

c) $\left(\frac{a-4b}{a+(ab)^{\frac{1}{2}}-6b}-\frac{a-9b}{a+6(ab)^{\frac{1}{2}}+9b}\right) \cdot \frac{b^{-\frac{1}{2}}}{a^{\frac{1}{2}}-3b^{\frac{1}{2}}}$

d) $\frac{\left(\frac{a-b}{\sqrt{a}+\sqrt{b}}\right)^3+2a\sqrt{a}+b\sqrt{b}}{3a^2+3b\sqrt{ab}} + \frac{\sqrt{ab}-a}{a\sqrt{a}-b\sqrt{a}}$

443 Simplificar as expressões

a) $\dfrac{\left(\sqrt{a}-\sqrt{b}\right)^3 + 2a^2 : \sqrt{a} + b\sqrt{b}}{a\sqrt{a} + b\sqrt{b}} + \dfrac{3\cdot\sqrt{ab} - 3b}{a-b}$

b) $\left[\dfrac{1}{\left(a^{\frac{1}{2}}+b^{\frac{1}{2}}\right)^{-2}} - \left(\dfrac{\sqrt{a}-\sqrt{b}}{a^{\frac{3}{2}}-b^{\frac{3}{2}}}\right)^{-1} \right] (ab)^{-\frac{1}{2}}$

c) $\left[\dfrac{\dfrac{1}{a}-a}{\left(\sqrt[3]{a}+\sqrt[3]{\dfrac{1}{a}}+1\right)\left(\sqrt[3]{a}+\sqrt[3]{\dfrac{1}{a}}-1\right)} + \sqrt[3]{a} \right]^{-3}$

d) $\left[\dfrac{a\sqrt[3]{a}+\sqrt[3]{a^2}}{a+\sqrt[3]{a}} - \sqrt[3]{x} \right]\left[\left(\sqrt[3]{a}-\sqrt[3]{x}\right)^2 + 3\left(\sqrt[3]{a}+\sqrt[3]{x}\right)^2 \right]$

e) $\left[\left(\dfrac{a^2 - b\sqrt{a}}{\sqrt{a}-\sqrt[3]{b}} + a\sqrt[3]{b}\right) : \left(a + \sqrt[6]{a^3 b^2}\right) - \sqrt[3]{b} \right]^2$

f) $\left[\dfrac{a^2\sqrt[4]{x} + x\sqrt{a}}{a\sqrt[4]{x}+\sqrt{ax}} - \sqrt{a^2 + x + 2a\sqrt{x}} \right]^4$

444 Simplificar as expressões:

a) $\left[\dfrac{x\sqrt{x} - x}{\left(\dfrac{\sqrt[4]{x^3}-1}{\sqrt[4]{x}-1} - \sqrt{x}\right)\left(\dfrac{\sqrt[4]{x^3}+1}{\sqrt[4]{x}+1} - \sqrt{x}\right)} \right]^3$

b) $\sqrt{a}\left[\dfrac{a+\sqrt[4]{a^3b^2}+b\sqrt[4]{ab^2}+b^2}{\left(\sqrt[4]{a}+\sqrt{b}\right)^2}-b\right]^{-1}+\dfrac{1}{a^{-\frac{1}{4}}b^{\frac{1}{2}}-1}$

c) $\dfrac{\dfrac{a+x}{\sqrt[3]{a^2}-\sqrt[3]{x^2}}+\dfrac{\sqrt[3]{ax^2}-\sqrt[3]{a^2x}}{\sqrt[3]{a^2}-2\sqrt[3]{ax}+\sqrt[3]{x^2}}}{\sqrt[6]{a}-\sqrt[6]{x}}-\sqrt[6]{x}$

d) $\dfrac{1}{a^{\frac{1}{4}}+a^{\frac{1}{8}}+1}+\dfrac{1}{a^{\frac{1}{4}}-a^{\frac{1}{8}}+1}-\dfrac{2a^{\frac{1}{4}}-2}{a^{\frac{1}{2}}-a^{\frac{1}{4}}+1}$

445 Simplificar:

a) $\dfrac{\sqrt{\sqrt{2}-1}\sqrt[4]{3+2\sqrt{2}}+\sqrt[3]{(x+12)\sqrt{x}-6x-8}}{\dfrac{x-\sqrt{x}}{\sqrt{x}-1}-\sqrt{\sqrt{2}+1}\sqrt[4]{3-2\sqrt{2}}}$

b) $\dfrac{\sqrt{a^3b}\sqrt[3]{a^4}+\sqrt{a^4b^3}:\sqrt[6]{a}}{\left(b^2-ab-2a^2\right)\sqrt{ab}}-a^{-\frac{2}{3}}\left(\dfrac{3a^2}{3b-6a+2ab-b^2}:\dfrac{a+b}{3a-ab}-\dfrac{ab}{a+b}\right)$

c) $\left[\dfrac{10x^2+3ax}{4x^2-a^2}+\dfrac{bx-x^2-ax+ab}{2x+a}:(b-x)-2\right]\cdot\left[\dfrac{(a+2x)^{-\frac{1}{2}}+(2x-a)^{\frac{1}{2}}}{\left(4x^2-a^2\right)^{-\frac{1}{2}}+1}\right]^2$

d) $\dfrac{(1-x^2)^{-\frac{1}{2}}+1}{(1+x)^{-\frac{1}{2}}+(1-x)^{\frac{1}{2}}}:\dfrac{\sqrt{1-x}}{x-2}+(x+1)\left(\dfrac{1}{x+1}+\dfrac{4}{x^2-4x}-\dfrac{5}{x^2-3x-4}\right)$

446 Simplificar:

a) $\dfrac{a^2\sqrt{ab^{-1}}\sqrt[3]{b^2\sqrt{ab}}-2\sqrt{a^3b}\sqrt[6]{ab^5}}{\left(a^2-ab-2b^2\right)\sqrt[3]{a^5b}}-\dfrac{a-3}{a+2b}\cdot\left[\dfrac{a+2b}{a^2+ab-3a-3b}-(a-1)\left(a^2-4a+3\right)^{-1}\right]$

b) $\left[\dfrac{\left(\sqrt[3]{ab^2\sqrt{b}}-\sqrt[3]{ab}\sqrt{a}\right)^2}{ab\sqrt[6]{ab}}+4\right]:\dfrac{a\sqrt{b}+b\sqrt{a}}{\sqrt{a}-\sqrt{b}}+\dfrac{b^2-4a^2}{4a}\cdot\left(\dfrac{1}{b^2+3ab+2a^2}-\dfrac{3}{2a^2+ab-b^2}\right)$

c) $\dfrac{4(2ab)^{\frac{3}{4}}(a+2b)^{-1}}{\sqrt{a}-\sqrt{2b}} : \dfrac{\sqrt{2b\sqrt{2ab}}+\sqrt[4]{2a^3b}}{\sqrt{2ab}} - 6\left(\dfrac{a}{6a-48b} - \dfrac{2b}{3a-6b} - \dfrac{8b^2}{a^2-10ab+16b^2}\right)$

447 Simplificar as expressões (avaliar depois para os valores dados)

a) $\dfrac{1+(a+x)^{-1}}{1-(a+x)^{-1}} \cdot \left[1 - \dfrac{1-(a^2+x^2)}{2ax}\right]$ para $x = \dfrac{1}{a-1}$

b) $\dfrac{xy - \sqrt{x^2-1}\sqrt{y^2-1}}{xy + \sqrt{x^2-1}\sqrt{y^2-1}}$ para $x = \dfrac{1}{2}\left(a+\dfrac{1}{a}\right)$, $y = \dfrac{1}{2}\left(b+\dfrac{1}{b}\right)$ ($a \geq 1, b \geq 1$).

c) $\dfrac{\sqrt{a+bx}+\sqrt{a-bx}}{\sqrt{a+bx}-\sqrt{a-bx}}$ para $x = \dfrac{2am}{b(1+m^2)}$, $|m| < 1$.

d) $\dfrac{(m+x)^{\frac{1}{2}}+(m-x)^{\frac{1}{2}}}{(m+x)^{\frac{1}{2}}-(m-x)^{\frac{1}{2}}}$ para $x = \dfrac{2mn}{n^2+1}$ $m > 0$, $0 < n < 1$.

e) $\left[\dfrac{(1-x)^{-\frac{1}{2}}+1}{2}\right]^{-\frac{1}{2}} + \left[\dfrac{(1-x)^{-\frac{1}{2}}-1}{2}\right]^{-\frac{1}{2}}$ para $x = 2k^{\frac{1}{2}}(1+k)^{-1}$, $k > 1$.

f) $\left[a^{-\frac{3}{2}}b\left(ab^{-2}\right)^{-\frac{1}{2}}\left(a^{-1}\right)^{-\frac{2}{3}}\right]^3$ para $a = \dfrac{\sqrt{2}}{2}$, $b = \dfrac{1}{\sqrt[3]{2}}$

g) $(a+1)^{-1} + (b+1)^{-1}$ para $a = (2+\sqrt{3})^{-1}$, $b = (2-\sqrt{3})^{-1}$

h) $\dfrac{a^{\frac{3}{2}}+b^{\frac{3}{2}}}{(a^2-ab)^{\frac{2}{3}}} : \dfrac{a^{-\frac{2}{3}}\sqrt[3]{a-b}}{a\sqrt{a}-b\sqrt{b}}$ para $a = 1,2$, $b = \dfrac{3}{5}$

i) $\left[\left(a^{\frac{1}{2}}+b^{\frac{1}{2}}\right)\left(a^{\frac{1}{2}}+5b^{\frac{1}{2}}\right) - \left(a^{\frac{1}{2}}+2b^{\frac{1}{2}}\right)\left(a^{\frac{1}{2}}-2b^{\frac{1}{2}}\right)\right] : \left(2a+3a^{\frac{1}{2}}b^{\frac{1}{2}}\right)$

para $a = 54$, $b = 6$.

448 Calcular

$$\frac{\sqrt{\sqrt{2}-1} \cdot \sqrt[4]{3+2\sqrt{2}} + \sqrt[3]{(x+12)\sqrt{x}-6x-8}}{\frac{x-\sqrt{x}}{\sqrt{x}-1} - \sqrt{\sqrt{2}+1} \cdot \sqrt[4]{3-2\sqrt{2}}} \text{ para } x = \sqrt{3}$$

449 Calcular o valor da expressão abaixo para a = 3 e b = 2

$$\frac{\left(a^{\frac{1}{2}} + b^{\frac{1}{2}}\right) \cdot \left(a - \sqrt{ab} + b\right)}{\left(\frac{1}{a^{-\frac{3}{2}}} + \frac{1}{b^{-\frac{3}{2}}}\right) \cdot \left[\left(\sqrt{\frac{1}{a}}\right)^{-1} + \left(\sqrt{\frac{1}{b}}\right)^{-1}\right]}$$

450 Resolver (se necessário usar resultados já obtidos)

a) Provar a identidade $(a^2 + b^2)(x^2 + y^2) = (ax - by)^2 + (bx + ay)^2$
b) Mostrar que $(a^2 + b^2 + c^2 + d^2)(x^2 + y^2 + z^2 + t^2) = (ax - by - cz - dt)^2 + (bx + ay - dz + ct)^2 + (cx + dy + az - bt)^2 + (dx - cy + bz + at)^2$
c) Mostrar que se $ax - by - cz - dt = 0$, $bx + ay - dz + ct = 0$, $cx + dy + az - bt = 0$, $dx - cy + bz + at = 0$ então $a = b = c = d = 0$ ou $x = y = z = t = 0$
d) Provar a identidade
$(a^2 + b^2 + c^2)(x^2 + y^2 + z^2) = (ax + by + cz)^2 + (bx - ay)^2 + (cy - bz)^2 + (az - cx)^2$
e) Mostrar que $\left(a_1^2 + a_2^2 + ... + a_n^2\right)\left(b_1^2 + b_2^2 + ... + b_n^2\right) = \left(a_1 b_1 + a_2 b_2 + ... + a_n b_n\right)^2 +$
$+ \left(a_1 b_2 - a_2 b_1\right)^2 \left(a_1 b_3 - a_3 b_1\right)^2 + ... + \left(a_{n-1} b_n - a_n b_{n-1}\right)^2$
f) Provar que se $n(a^2 + b^2 + c^2 \cdots + e^2) = (a + b + c ... + e)^2$ onde n é o número de parcelas a, b, c, ..., e, então $a = b = c = ... = e$.
g) Provar que se $(y - z)^2 + (z - y)^2 + (x - y)^2 = (y + z - 2x)^2 + (z + x - 2y)^2 + (x + y - 2z)^2$, então: $x = y = z$
h) Provar a identidade $(6a^2 - 4ab + 4b^2)^3 = (3a^2 + 5ab - 5b^2)^3 + (4a^2 - 4ab + 6b^2)^3 + (5a^2 - 5ab - 3b^2)^3$
i) Mostrar que: $(p^2 - q^2)^4 + (2pq + q^2)^4 + (2pq + p^2)^4 = 2(p^2 + pq + q^2)^4$

451 Fatorar:

a) $(x + y + z)^3 - x^3 - y^3 - z^3$ b) $(b - c)^3 + (c - a)^3 + (a - b)^3$

452 Simplificar a expressão

$(a+b+c)^3 - (a+b-c)^3 - (b+c-a)^3 - (c+a-b)^3$

453 Provar que se $a + b + c = 0$, então:

a) $a^3 + b^3 + c^3 = 3abc$ b) $(a^2 + b^2 + c^2)^2 = 2(a^4 + b^4 + c^4)$

454 Provar que se $a_1 + a_2 + \ldots + a_n = \dfrac{n}{2} s$, então

$(s - a_1)^2 + (s - a_2)^2 + \ldots + (s - a_n)^2 = a_1^2 + a_2^2 + \ldots + a_n^2$

455 Provar que

$\dfrac{1}{1} \cdot \dfrac{1}{2n-1} + \dfrac{1}{3} \cdot \dfrac{1}{2n-3} + \ldots + \dfrac{1}{2n-1} \cdot \dfrac{1}{1} = \dfrac{1}{n}\left(1 + \dfrac{1}{3} + \dfrac{1}{5} + \ldots + \dfrac{1}{2n-1}\right)$

456 Mostrar que se $S_n = 1 + \dfrac{1}{2} + \dfrac{1}{3} + \ldots + \dfrac{1}{n}$ então

$S_n = n - \left(\dfrac{1}{2} + \dfrac{2}{3} + \ldots + \dfrac{n-1}{n}\right)$

457 Provar as identidades

a) $1 - \dfrac{1}{2} + \dfrac{1}{3} - \dfrac{1}{4} + \ldots + \dfrac{1}{2n-1} - \dfrac{1}{2n} = \dfrac{1}{n+1} + \dfrac{1}{n+2} + \ldots + \dfrac{1}{2n}$

b) $\left(1 + \dfrac{1}{\alpha - 1}\right)\left(1 - \dfrac{1}{2\alpha - 1}\right)\left(1 + \dfrac{1}{3\alpha - 1}\right) \ldots \left(1 + \dfrac{1}{(2n-1)\alpha - 1}\right)\left(1 - \dfrac{1}{2n\alpha - 1}\right) =$

$\dfrac{(n+1)\alpha}{(n+1)\alpha - 1} \cdot \dfrac{(n+2)\alpha}{(n+2)\alpha - 1} \ldots \dfrac{2n\alpha}{2n\alpha - 1}$

Capítulo 6

Equações e Sistemas

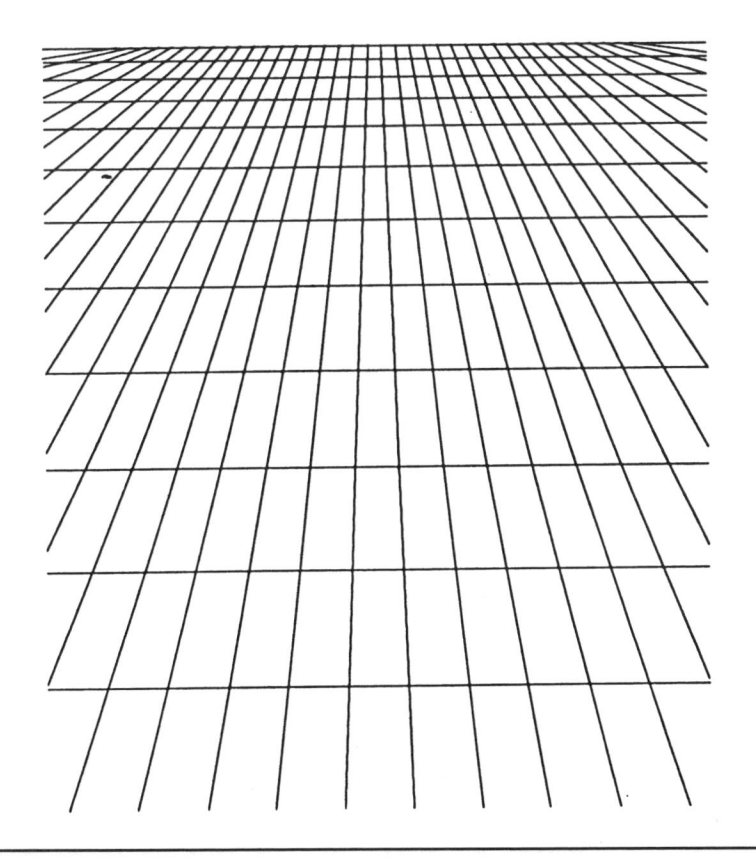

A – Equação do 1º grau

Chama-se equação do 1º grau na incógnita x toda equação que pode ser reduzida à forma $ax + b = 0$, onde a e b são números reais com $a \neq 0$. Se $-\dfrac{b}{a}$ pertencer ao conjunto – universo considerado, $-\dfrac{b}{a}$ é chamado raiz da equação $ax + b = 0$ e o conjunto–verdade ou conjunto–solução da equação é $V = \left\{-\dfrac{b}{a}\right\}$ ou $S = \left\{-\dfrac{b}{a}\right\}$.

Exemplo

Resolver a equação, no conjunto-universo dado, nos casos:

1º) $3x - 15 = 0, U = N$
$3x = 15 \Rightarrow x = 5$
Como $5 \in U$, temos: $V = \{5\}$

2º) $6x - 3 = 2x + 7, U = Z$
$6x - 2x = 3 + 7 \Rightarrow 4x = 10 \Rightarrow x = \dfrac{10}{4} \Rightarrow x = \dfrac{5}{2}$
Como $\dfrac{5}{2} \notin U$, temos: $V = \varnothing$

3º) $(2x - 3)(3x + 1) = (2x - 3)(x + 1) + 4(x^2 + 2), U = R$
$6x^2 + 2x - 9x - 3 = 2x^2 + 2x - 3x - 3 + 4x^2 + 8 \Rightarrow$
$\Rightarrow -6x = 8 \Rightarrow 6x = -8 \Rightarrow x = -\dfrac{8}{6} \Rightarrow x = -\dfrac{4}{3}$
Como $-\dfrac{4}{3} \in R$, temos: $V = \left\{-\dfrac{4}{3}\right\}$

4º) $\dfrac{x-1}{4} - \dfrac{x-2}{3} = \dfrac{5x}{6} - \dfrac{3(2x+1)}{4} - 7, U = R$
mmc = 12
$3(x - 1) - 4(x - 2) = 10x - 9(2x + 1) - 84 \Rightarrow$
$3x - 3 - 4x + 8 = 10x - 18x - 9 - 84 \Rightarrow$
$7x = -98 \Rightarrow x = -14 \Rightarrow V = \{-14\}$

5º) $(2\sqrt{3}x - 1)(3\sqrt{3}x - 1) - (3x - 1)(6x + 2) = 5x - 7, U = R$
$18x^2 - 5\sqrt{3}x + 1 - 18x^2 + 2 = 5x - 7 \Rightarrow -5\sqrt{3}x - 5x = -10 \Rightarrow$

Exercícios de Matemática - vol 1

$$\Rightarrow (\sqrt{3}+1)x = 2 \Rightarrow$$

$$x = \frac{2}{\sqrt{3}+1} = \frac{2(\sqrt{3}-1)}{3-1} \Rightarrow x = \sqrt{3}-1$$

$$V = \{\sqrt{3}-1\}$$

6º) $3x(x-1)(2x-3)(\sqrt{2}x-2) = 0$, $U = Q$

$3x = 0 \lor x - 1 = 0 \lor 2x - 3 = 0 \lor \sqrt{2}x - 2 = 0$

$x = 0 \lor x = 1 \lor x = \frac{3}{2} \lor x = \sqrt{2}$

$$V = \left\{0,\ 1,\ \frac{3}{2}\right\}$$

7º) $x^3 - 3x^2 - 4x + 12 = 0$, $U = R$
Fatoremos o 1º membro:
$x^2(x-3) - 4(x-3) = 0 \Rightarrow (x-3)(x^2-4) = 0 \Rightarrow$
$(x-3)(x+2)(x-2) = 0 \Rightarrow x - 3 = 0 \lor x + 2 = 0 \lor x - 2 = 0 \Rightarrow$
$x = 3 \lor x = -2 \lor x = 2 \Rightarrow$
$V = \{-2, 2, 3\}$

Observação:
Quando, em um exercício, não for dado o conjunto-universo, considere neste livro $U = R$ ou o subconjunto de R que seja o domínio da equação.

Exercícios

458 Verificar se o número dado é raiz da equação, substituindo a variável da equação pelo valor dado, nos casos:

a) $3x - 6 = 0$, $x = 2$

b) $2x - 5 = 0$, $x = \frac{5}{2}$

c) $4x - 1 = 2x - 3$, $x = -1$

d) $5x - 7 = 3x - 2$, $x = \frac{2}{5}$

459 Resolver as equações (resolver uma equação é determinar o seu conjunto-verdade) no Conjunto Universo $U = R$.

a) $3x - 12 = 0$
b) $10x - 5 = 0$
c) $3x + 15 = 0$
d) $-7x + 2 = 0$
e) $-9x - 15 = 0$
f) $6x = 0$
g) $3x - 2 - 5 + 8 = x - 3x + 6$
h) $x - 2x - 3x - 15 = 13 - 2 - 6x$

i) $5 + 2x - 3 - 5x = 4 - 2x + 5x$
j) $-5 - 3 - 2x + 7 - x = 2 - 4x - 4$
k) $2(x - 1) - 3x = 4 - 3(x - 5)$
l) $1 - 3(x + 1) - 3(x - 1) + 5x = 7$

460 Resolver as equações, sendo U = Z

a) $3x - 4 = x - 6$
b) $5x - 2 = 2x + 6$
c) $2(x + 6) = 3(x - 7)$
d) $(2x - 1)(2x + 1) = 4x^2 - x$
e) $(x - 2)^2 = x(x - 1) + 1$
f) $3x(3x - 2) = (3x - 1)^2 - 2x$

461 Resolver as equações:

a) $\dfrac{3x}{2} + \dfrac{1}{3} = \dfrac{2x}{3} - \dfrac{1}{2}$
b) $\dfrac{x}{2} + \dfrac{2x}{3} + \dfrac{3x}{4} = 2x - 1$
c) $\dfrac{2x}{3} - \dfrac{3x-1}{2} = \dfrac{1}{2} - \dfrac{x-1}{4}$
d) $\dfrac{2}{5} - \dfrac{x-1}{3} = \dfrac{1}{3} - \dfrac{x+3}{5}$
e) $x - \dfrac{x-2}{3} = 2 - \dfrac{2-x}{4}$
f) $\dfrac{x}{4} - \dfrac{2x-1}{3} = \dfrac{x+1}{6}$

462 Resolver as equações:

a) $3\sqrt{2}x - 3\sqrt{6} = 2\sqrt{2}x + \sqrt{6}$
b) $(\sqrt{2} - 1)x = \sqrt{2} + 1$
c) $\sqrt{3}x - 3 = x + 1$
d) $3\sqrt{2}x - \sqrt{6} = \sqrt{3}x + 4\sqrt{6}$
e) $(\sqrt{2}x - 1)^2 + 4 = (\sqrt{3}x + 1)^2 - x^2$

463 Determinar o valor do parâmetro m para que a equação dada tenha o conjunto-verdade dado em cada caso:

a) $2(x - m) - 3(x - m - 1) = 2x - 3$, $V = \{2\}$
b) $\dfrac{x+m+1}{6} + \dfrac{x+m}{3} = \dfrac{x+m-1}{2} + \dfrac{(m+4)x-7}{3}$, $V = \{4\}$

> ✓ Faça também os Exercícios de Fixação 521 → 526

464 Lembrando a propriedade ab = 0 ⇔ a = 0 v b = 0, resolver as equações:

a) $(x - 1)(x - 2) = 0$
b) $(2\sqrt{3}x - 3)(\sqrt{2}x - 2) = 0$
c) $(2x - 1)^2 (3x - 2)^3 = 0$
d) $x(2x + 3)(3 - 2x)(5x - 2) = 0$
e) $x^7 (\sqrt{5}x - 10)^8 \cdot (\sqrt{3}x - \sqrt{6})^9 = 0$

465 Resolver as equações seguintes, fatorando-as antes:
a) $x^2 - 1 = 0$
b) $4x^2 - 25 = 0$
c) $2x^2 - 9x = 0$
d) $4x^2 - 12x + 9 = 0$
e) $25x^2 + 30x + 9 = 0$
f) $x^2 + 8x + 15 = 0$
g) $x^2 - x - 2 = 0$
h) $x^2 + x - 42 = 0$
i) $2x^3 - 10x = 0$
j) $x^4 - 18x^2 + 81 = 0$
k) $81x^4 - 72x^2 + 16 = 0$
l) $x^4 - 6x^2 + 8 = 0$
m) $x^3 - x^2 - 4x + 4 = 0$
n) $x^3 - 6x^2 + 11x - 6 = 0$
o) $27x^3 - 54x^2 + 36x - 8 = 0$
p) $3x^4 + 18x^3 + 36x^2 + 24x = 0$

466 Resolver as equações:
a) $(x^2 - 3)^2 = 2(2x^2 - 3)^2 - (2x^2 - 1)^2 - 3(x^4 - 9x^2 + 15) - x^4 + 1$
b) $(5x^2 - 1)^2 - (3x^2 - 2)^2 + 2(5x^2 - 2)(4x^2 - 3) = 8 - 25x^2(x^2 + 1) - x^2$
c) $(x^2 - x - 8)^3 + 4(x^2 - x - 8)^2 - 20x^2 + 20x + 112 = 0$

✓ Faça também os Exercícios de Fixação 527 → 529

B - Equação do 2º grau em R

Chama-se equação do 2º grau na incógnita x toda equação que pode ser reduzida à forma $ax^2 + bx + c = 0$, onde **a**, **b** e **c** são números reais com $a \neq 0$.

B.1 - Equação incompleta
Considere a equação do 2º grau $ax^2 + bx + c = 0$
Sendo U = R, se b = 0 ou c = 0 a equação é chamada incompleta e temos os seguintes casos:
1º) $b = 0$ e $c = 0 \Rightarrow ax^2 = 0 \Rightarrow x^2 = 0 \Rightarrow x = 0$
As duas raízes são nulas. Logo V = {0}

2º) $b \neq 0$ e $c = 0 \Rightarrow ax^2 + bx = 0 \Rightarrow x(ax + b) = 0 \Rightarrow x = 0 \lor ax + b = 0 \Rightarrow$
$x = 0 \lor x = \dfrac{-b}{a}$.

Uma raiz é nula e a outra é $-\dfrac{b}{a}$. Logo $V = \left\{0, -\dfrac{b}{a}\right\}$

3º) $b = 0$ e $c \neq 0 \Rightarrow ax^2 + c = 0 \Rightarrow x^2 = \dfrac{-c}{a} \Rightarrow x = \pm\sqrt{\dfrac{-c}{a}}$.

Temos dois casos:

I) $-\dfrac{c}{a} < 0 \Rightarrow \sqrt{-\dfrac{c}{a}} \notin R \Rightarrow$ a equação não tem raízes reais.
Logo $V = \emptyset$

II) $-\dfrac{c}{a} > 0 \Rightarrow$ as raízes são os números reais $\sqrt{-\dfrac{c}{a}}$ e $-\sqrt{-\dfrac{c}{a}}$

Logo $V = \left\{\pm\sqrt{-\dfrac{c}{a}}\right\}$

Exemplo

Resolver a equação nos casos:

1º) $7x^2 = 0 \Rightarrow x = 0 \Rightarrow V = \{0\}$

2º) $8x^2 - 6x = 0 \Rightarrow 2x(4x-3) = 0 \Rightarrow x = 0 \lor x = \dfrac{3}{4} \Rightarrow V = \left\{0, \dfrac{3}{4}\right\}$

3º) $7x^2 - 28 = 0 \Rightarrow x^2 = 4 \Rightarrow x = \pm 2 \Rightarrow V = \{\pm 2\}$

4º) $5x^2 + 45 = 0 \Rightarrow x^2 = -9 \Rightarrow x = \pm\sqrt{-9}$

Como $\pm\sqrt{-9} \notin R$ temos: $V = \emptyset$

5º) $(3x-8)^3 + 2(3x-8)^2 = 0$

$(3x-8)^2(3x-8+2) = 0 \Rightarrow$

$3x - 8 = 0 \lor 3x - 6 = 0 \Rightarrow$

$x = \dfrac{8}{3} \lor x = 2 \Rightarrow V = \left\{2, \dfrac{8}{3}\right\}$

467 Resolver as equações

a) $3x^2 = 0$
b) $-7\sqrt{3}x^2 = 0$
c) $\left(\pi - 2\sqrt{3}\right)x^2 = 0$
d) $x^2 - 3x = 0$
e) $3x^2 - 6x = 0$
f) $4x^2 + 6x = 0$
g) $\sqrt{2}x^2 - 2x = 0$
h) $3\sqrt{2}x^2 + \sqrt{3}x = 0$
i) $\sqrt{5}x^2 + 10x = 0$
j) $x^2 - 25 = 0$
k) $x^2 - 12 = 0$
l) $x^2 + 4 = 0$
m) $4x^2 - 9 = 0$
n) $2x^2 + 8 = 0$
o) $25x^2 - 1 = 0$
p) $x^2 - 18 = 0$
q) $2x^2 - 1 = 0$
r) $x^2 - \sqrt{2} = 0$

468 Resolver as equações

a) $7(2x-3)^2 = 0$
b) $(3x-4)^2 = 9$
c) $(x-4)^2 = 36$
d) $4(x-1)^2 = 25$
e) $(3x-2)^2 - 5(3x-2) = 0$

Exercícios de Matemática - vol 1

469 Resolver as equações

a) $2x(3x - 1) + 3 = 3 - 2x$
b) $(2x - 1)^2 = (x - 1)^2 + x$
c) $(4x - 1)^2 = 2(1 - 4x)$
d) $(2x - 3)(3x - 1) = (x - 3)^2 - 5x$

> ✓ Faça também os Exercícios de Fixação 530 → 531

B.2 - Equação completa

Sendo $U = \mathbf{R}$, se $b \neq 0$ e $c \neq 0$, a equação é chamada completa. Para resolvê-la usamos a fórmula de Báskara.
(Essa fórmula também pode ser usada para resolver equações incompletas)

$$ax^2 + bx + c = 0 \Rightarrow x = \frac{-b \pm \sqrt{\Delta}}{2a} \quad \text{onde } \Delta = b^2 - 4ac$$

Vejamos:
Multiplicando por $4a$ e somando depois b^2 a ambos os membros, para obtermos um trinômio quadrado perfeito, temos:
$ax^2 + bx + c = 0 \Rightarrow 4a^2x + 4abx + 4ac = 0 \Rightarrow$
$4a^2x + 4abx + b^2 + 4ac = b^2 \Rightarrow (2ax + b)^2 = b^2 - 4ac \Rightarrow$
$2ax + b = \pm\sqrt{b^2 - 4ac} \Rightarrow 2ax = -b \pm\sqrt{b^2 - 4ac} \Rightarrow$

$$x = \frac{-b \pm \sqrt{b^2 - 4ac}}{2a}$$

O número $b^2 - 4ac$ é chamado discriminante da equação e é representado pela letra grega Δ (delta).
(Δ = delta maiúsculo, δ = delta minúsculo)

Então: $\Delta = b^2 - 4ac \Rightarrow x = \dfrac{-b \pm \sqrt{\Delta}}{2a}$

Temos três casos

1º $\boxed{\Delta < 0} \Rightarrow \sqrt{\Delta} \notin \mathbf{R}$

A equação não tem raízes reais. Logo $\boxed{V = \emptyset}$

2º $\boxed{\Delta = 0}$

A equação tem duas raízes reais iguais $x' = x'' = -\dfrac{b}{2a}$. Logo $\boxed{V = \left\{-\dfrac{b}{2a}\right\}}$

3º $\boxed{\Delta > 0}$

A equação tem duas raízes reais distintas que são $x' = \dfrac{-b-\sqrt{\Delta}}{2a}$ e $x'' = \dfrac{-b+\sqrt{\Delta}}{2a}$. Logo $\boxed{V = \left\{\dfrac{-b\pm\sqrt{\Delta}}{2a}\right\}}$

Exemplo

Resolver a equação nos casos:

1º) $5x^2 - 3x - 2 = 0$

$\Delta = (-3)^2 - 4(5)(-2) = 49$

$x = \dfrac{-(-3)\pm\sqrt{49}}{2(5)} \Rightarrow x = \dfrac{3\pm 7}{10} \Rightarrow x = 1 \vee x = -\dfrac{2}{5} \Rightarrow S = \left\{-\dfrac{2}{5}, 1\right\}$

2º) $-x^2 + 6x - 9 = 0$

$x^2 - 6x + 9 = 0$

$\Delta = 36 - 36 = 0 \Rightarrow x = \dfrac{6\pm 0}{2} \Rightarrow x' = x'' = 3 \Rightarrow S = \{3\}$

3º) $x^2 - 4x - 1 = 0$

$\Delta = 16 + 4 = 20$

$x = \dfrac{4\pm 2\sqrt{5}}{2} \Rightarrow x = 2+\sqrt{5} \vee x = 2-\sqrt{5} \Rightarrow S = \{2+\sqrt{5}, 2-\sqrt{5}\}$

4º) $x^2 - \left(3\sqrt{3}+1\right)x + 4 = 0$

$\Delta = 27 + 6\sqrt{3} + 1 - 16 = 12 + 6\sqrt{3} = 9 + 6\sqrt{3} + 3 = \left(3+\sqrt{3}\right)^2$

$x = \dfrac{3\sqrt{3}+1 \pm \left(3+\sqrt{3}\right)}{2} \Rightarrow x = 2\sqrt{3}+2 \vee x = \sqrt{3}-1$

$S = \{2\sqrt{3}+2, \sqrt{3}-1\}$

5º) $5x^2 - 6x + 5 = 0$

$\Delta = 36 - 100 = -64$

$\sqrt{\Delta} = \sqrt{-64} \notin \mathbb{R} \Rightarrow S = \varnothing$

470 Resolver as equações:

a) $4x^2 + 4x - 3 = 0$
b) $4x^2 - 12x + 9 = 0$
c) $2x^2 - 4x + 3 = 0$
d) $3x^2 - 13x + 4 = 0$
e) $5x^2 + 17x + 6 = 0$
f) $28x^2 + 17x - 3 = 0$
g) $x^2 - 3x + 1 = 0$
h) $\dfrac{x^2}{2} + x - \dfrac{1}{4} = 0$
i) $\dfrac{5}{4}x^2 - x + \dfrac{1}{5} = 0$
j) $x^2 - x - 0{,}25 = 0$
k) $7x^2 - 14x - 14 = 0$
l) $-2x^2 + 7x + 15 = 0$

471 Resolver as seguintes equações:

a) $x^2 - 5\sqrt{2}x + 12 = 0$
b) $x^2 - \sqrt{3}x - 18 = 0$
c) $x^2 - (2\sqrt{2} - 1)x + 2 - \sqrt{2} = 0$
d) $x^2 - (2\sqrt{3} + 2)x + 2\sqrt{3} + 3 = 0$
e) $2x^2 - 2\sqrt{3}x + \sqrt{6} - 1 = 0$
f) $x^2 - x + 3\sqrt{3} - 5 = 0$

472 Resolver as equações

a) $(2x - 1)^2 - (3x - 2)^2 - (2x - 1)(4x^2 + 2x + 1) = 2x(3 - 2x)(2x - 1) - 9$
b) $1 - (2x - 3)^2 - (2x - 1)(2x + 1) + 2(x - 3)(2x + 2) = -5x^2 - 23$

473 Resolver sem desenvolver os quadrados perfeitos:

a) $6\left(\dfrac{3x+1}{5} - 3\right)^2 - 7\left(\dfrac{3x+1}{5} - 3\right) - 3 = 0$
b) $(2x^2 + 3x + 2)^2 - 6(2x^2 + 3x + 2) + 8 = 0$
c) $(4x^2 + 8x + 5)^2 - 3(4x^2 + 8x + 1) - 10 = 0$

✓ **Faça também os Exercícios de Fixação 532 → 534**

B.3 - Relações entre coeficientes e raízes

Sendo r e s as raízes da equação do 2º grau $ax^2 + bx + c$ ($a \neq 0$), achemos a soma S e o produto P dessas raízes.

$$\begin{cases} S = r + s = \dfrac{-b+\sqrt{\Delta}}{2a} + \dfrac{-b-\sqrt{\Delta}}{2a} = \dfrac{-2b}{2a} \\ P = r.s = \dfrac{-b+\sqrt{\Delta}}{2a} \cdot \dfrac{-b-\sqrt{\Delta}}{2a} = \dfrac{b^2 - \Delta}{4a^2} = \dfrac{b^2 - b^2 + 4ac}{4a^2} \end{cases} \Rightarrow \begin{cases} S = -\dfrac{b}{a} \\ P = \dfrac{c}{a} \end{cases}$$

Com isto obtemos equações do 2º grau dadas as raízes r e s da seguinte forma:

$$ax^2 + bx + c = 0 \Rightarrow \frac{a}{a}x^2 + \frac{b}{a}x + \frac{c}{a} = 0 \Rightarrow x^2 - \left(-\frac{b}{a}\right)x + \frac{c}{a} = 0.$$

Como $S = r + s = -\frac{b}{a}$ e $P = r \cdot s = \frac{c}{a}$ obtemos: $\boxed{x^2 - Sx + P = 0}$

Exemplos:

1º) Determinar a soma e o produto das raízes da equação: $4x^2 - 8x - 6 = 0$

$$\begin{cases} S = \frac{-b}{a} \\ P = \frac{c}{a} \end{cases} \Rightarrow \begin{cases} S = \frac{-(-8)}{4} \\ P = \frac{-6}{4} \end{cases} \Rightarrow \begin{cases} S = 2 \\ P = -\frac{3}{2} \end{cases}$$

2º) Ache as raízes da equação $x^2 - 9x + 14 = 0$

$$\begin{cases} S = 9 \\ P = 14 \end{cases} \Rightarrow x' = 2 \land x'' = 7$$

3º) Ache uma equação do 2º grau dado $V = \{-5, 3\}$

$$\begin{cases} S = -5 + 3 = -2 \\ P = (-5)(3) = -15 \end{cases}$$

$x^2 - Sx + P = 0 \Rightarrow x^2 - (-2)x - 15 = 0 \Rightarrow x^2 + 2x - 15 = 0$

Há outras equações do 2º grau com este conjunto-verdade.
Por exemplo: $2x^2 + 4x - 30 = 0$

474 Determinar a soma S e o produto P das raízes da equação do 2º grau nos casos:

a) $2x^2 - 6x + 3 = 0$
b) $5x^2 + x - 5 = 0$
c) $3x - 1 = 2x^2 - x - 1$
d) $2x^2 - x = \sqrt{2}x^2 - x + 2$

475 Determinar, sem aplicar Báskara, as raízes das seguintes equações (pense em S e P):

a) $x^2 - 7x + 12 = 0$
b) $x^2 - 5x + 4 = 0$
c) $x^2 - 2x - 15 = 0$
d) $x^2 + 3x - 10 = 0$
e) $x^2 - x - 42 = 0$
f) $x^2 + x - 30 = 0$

476 Determinar a equação do 2º grau com coeficientes inteiros, os menores possíveis, com o de x^2 natural, que tenha o conjunto–solução dado, nos casos:

a) $\{4, 5\}$
b) $\{-3, 5\}$
c) $\left\{-4, \frac{2}{5}\right\}$
d) $\{-3, +3\}$

e) {–5,0}   f) {3}   g) $\left\{\dfrac{1}{2}, -\dfrac{1}{3}\right\}$ h) $\{2+\sqrt{3}, 2-\sqrt{3}\}$

477 Dada a equação: $(m-2)x^2 - (2m+1)x + m = 0$, determinar m de modo que

a) uma das raízes seja 4
b) uma das raízes seja nula
c) a soma das raízes seja 3
d) o produto das raízes seja 2
e) as raízes sejam opostas (simétricas)
f) uma das raízes seja o inverso da outra

478 Se a soma das raízes da equação $mx^2 - (m+1)x + m - 1 = 0$ é $\dfrac{3}{2}$, determinar:

a) o produto das raízes
b) as raízes

479 As raízes da equação $(m+1)x^2 - 4mx + 2m + 3 = 0$ são iguais. Determinar:

a) a soma dessas raízes
b) as raízes

480 Sendo r e s as raízes da equação $2x^2 - 7x - 2 = 0$, determinar, sem resolvê-la:

a) $r + s$ b) $r \cdot s$ c) $r^2 + s^2$ d) $\dfrac{1}{r} + \dfrac{1}{s}$ e) $\dfrac{1}{r^2} + \dfrac{1}{s^2}$ f) $r^3 + s^3$

✓ Faça também os Exercícios de Fixação 535 → 541

C. Equação do Tipo $ax^{2n} + bx^n + c = 0$

Para $n = 2$ obtemos a equação $ax^4 + bx^2 + c = 0$ que é chamada equação biquadrada.

Na resolução de equações deste tipo usamos uma incógnita auxiliar. Fazemos, por exemplo, $x^n = y$ e $x^{2n} = (x^n)^2 = y^2$

Exemplos:

1º) $9x^4 - 38x^2 + 8 = 0$

$x^2 = y$ e $x^4 = y^2$

$9y^2 - 38y + 8 = 0$

$\Delta = 1444 - 288 = 1156$

$y = \dfrac{38 \pm 34}{18} \Rightarrow y = 4 \lor y = \dfrac{2}{9} \Rightarrow$

$$x^2 = 4 \lor x^2 = \frac{2}{9} \Rightarrow x = \pm\frac{\sqrt{2}}{3} \Rightarrow S = \left\{\pm 2, \pm\frac{\sqrt{2}}{3}\right\}$$

2º) $x^4 - \left(19 + 2\sqrt{6}\right)x^2 + 22 - 8\sqrt{6} = 0$

$\Delta = 361 + 76\sqrt{6} + 24 - 88 + 32\sqrt{6} = 297 + 108\sqrt{6}$

$\Delta = 216 + 108\sqrt{6} + 81 = \left(6\sqrt{6} + 9\right)^2$

$$x^2 = \frac{19 + 2\sqrt{6} \pm \left(6\sqrt{6} + 9\right)}{2} \Rightarrow x^2 = 14 + 4\sqrt{6} \lor x^2 = 5 - 2\sqrt{6} \Rightarrow$$

$x^2 = 12 + 4\sqrt{6} + 2 = \left(2\sqrt{3} + \sqrt{2}\right)^2 \Rightarrow x = \pm\left(2\sqrt{3} + \sqrt{2}\right)$ ou

$x^2 = 3 - 2\sqrt{6} + 2 = \left(\sqrt{3} - \sqrt{2}\right)^2 \Rightarrow x = \pm\left(\sqrt{3} - \sqrt{2}\right)$

$S = \left\{\pm\left(2\sqrt{3} + 2\right), \pm\left(\sqrt{3} - \sqrt{2}\right)\right\}$

3º) $3x^8 - 46x^4 - 32 = 0$

$\Delta = 2116 + 384 = 2500$

$x^4 = \frac{46 \pm 50}{6} \Rightarrow x^4 = 16 \lor x^4 = -\frac{2}{3} \Rightarrow x = \pm 2$ pois $\sqrt[4]{-\frac{2}{3}} \notin R$

$S = \{\pm 2\}$

481 Lembrando que:

I) Toda equação do tipo $x^n = a$, onde n é ímpar positivo, tem uma única raiz real que é $\sqrt[n]{a}$

II) Toda equação do tipo $x^n = a$, onde n é par positivo, tem apenas duas raízes reais que são $-\sqrt[n]{a}$ e $\sqrt[n]{a}$, quando $a \geq 0$, pois sendo $a < 0$ ela não tem raízes reais, resolver as equações seguintes, em **R**:

a) $x^4 = 16$ b) $x^3 = 64$ c) $x^5 = -32$
d) $x^6 = -64$ e) $x^3 - 27 = 0$ f) $2x^8 - 2 = 0$
g) $7x^4 + 28 = 0$ h) $x^{16} - 1 = 0$ i) $x^9 + 1 = 0$

482 Resolver as seguintes equações biquadradas:

a) $x^4 - 13x^2 + 36 = 0$ b) $x^4 + 3x^2 - 4 = 0$ c) $4x^4 - 13x^2 + 3 = 0$

d) $x^4 + 5x^2 + 4 = 0$
e) $6y^4 - 5y^2 + 1 = 0$
f) $6y^4 - y^2 - 2 = 0$
g) $x^4 - 6x^2 + 9 = 0$
h) $4x^4 - 4x^2 + 1 = 0$

483 Resolver as equações:

a) $x^6 + 6x^3 - 16 = 0$
b) $3x^8 - 10x^4 - 8 = 0$
c) $32x^{10} - 31x^5 - 1 = 0$
d) $2x^{12} + x^6 - 3 = 0$
e) $x^{18} - x^9 - 2 = 0$
f) $2x^{16} - 31x^8 - 16 = 0$
g) $x^{20} - 2x^{10} + 1 = 0$
h) $x^8 - 18x^4 + 81 = 0$

484 Resolver as equações:

a) $x^4 - 6x^2 + 1 = 0$
b) $x^4 - 12x^2 + 16 = 0$
c) $x^4 - \left(9 - 2\sqrt{2}\right)x^2 + 2 = 0$

485 Resolver as equações:

a) $9x^4 - 4x^2 = 0$ b) $x^6 + 8x^3 = 0$ c) $16x^8 - x^4 = 0$ d) $4x^4 + 9x^2 = 0$
e) $(3x^5 - 1)^2 - (2x^5 - 1)(2x^5 + 1) + 3(2x^5 - 3)(3x^5 + 2) = 4x^5 - (3x^5 + 4)^2$
f) $(2x - 1)^2 - (2x^2 - 3x - 1)^2 - 2(x + 2)(6x^2 - 5) = 2(16 - x^2 - 3x^4)$

> ✓ Faça também os Exercícios de Fixação 542 → 544

D. Equações Irracionais

Equação irracional é aquela em que pelo menos um dos membros é uma expressão algébrica irracional (tenha variável sob radical).
Pararesolvermos uma equação irracional temos que elevar ambos os membros a um expoente, par ou ímpar; então, de acordo com as propriedades:
I) $a = b \Leftrightarrow a^n = b^n$, se $\underline{n}$ é ímpar
II) $a = b \Rightarrow a^n = b^n$, se $\underline{n}$ é par,
não podemos esquecer de verificar se os valores encontrados são de fato soluções, da equação original, quando o expoente for par.
Antes de elevarmos ambos os membros a um expoente, costumamos isolar um ou dois radicais num membro, e os demais termos deixamos no outro membro.

Exemplos

1º) $\sqrt{5x-1} = 3 \Rightarrow \left(\sqrt{5x-1}\right)^2 = 3^2 \Rightarrow 5x - 1 = 9 \Rightarrow x = 2$

Como $\sqrt{5.2-1} = 3$ é verdadeira, temos $V = \{2\}$

2ª) $\sqrt[3]{2x+11} = 3 \Rightarrow \left(\sqrt[3]{2x+11}\right)^3 = 3^3 \Rightarrow 2x+11 = 27 \Rightarrow x=8 \Rightarrow V = \{8\}$

3ª) $\sqrt{2x+3} + x = 6 \Rightarrow \sqrt{2x+3} = 6-x \Rightarrow$
$\left(\sqrt{2x+3}\right)^2 = (6-x)^2 \Rightarrow 2x+3 = 36-12x+x^2 \Rightarrow$
$x^2 - 14x + 33 = 0 \Rightarrow x = 11 \lor x = 3$
Como $\sqrt{2.11+3} + 11 = 6$ é falso e $\sqrt{2.3+3} + 3 = 6$ é verdadeiro, temos:
$V = \{3\}$.

4ª) $\sqrt[3]{2x-5} + \sqrt[3]{x+5} = 3 \Rightarrow \left(\sqrt[3]{2x-5} + \sqrt[3]{x+5}\right)^3 = 3^3 \Rightarrow$
$2x-5 + 3\sqrt[3]{(2x-5)^2} \cdot \sqrt[3]{x+5} + 3\sqrt[3]{2x-5}\sqrt[3]{(x+5)^2} + x+5 = 27 \Rightarrow$
$3\sqrt[3]{2x-5}\sqrt[3]{x+5}\left(\sqrt[3]{2x-5} + \sqrt[3]{x+5}\right) = 27 - 3x \Rightarrow$
mas como $\sqrt[3]{2x-5} + \sqrt[3]{x+5} = 3$, temos
$3\sqrt[3]{2x-5}\sqrt[3]{x+5} = 9-x \Rightarrow$
$\left(3\sqrt[3]{(2x-5)(x+5)}\right)^3 = (9-x)^3 \Rightarrow$
$27\left(2x^2 + 5x - 25\right) = 729 - 243x + 27x^2 - x^3 \Rightarrow$
$x^3 + 27x^2 + 378x - 1404 = 0 \Rightarrow$
$x^3 - 3x^2 + 30x^2 - 90x + 468x - 1404 = 0 \Rightarrow$
$x^2(x-3) + 30x(x-3) + 468(x-3) = 0 \Rightarrow$
$(x-3)(x^2 + 30x + 468) = 0 \Rightarrow x = 3 \Rightarrow V = \{3\}$

486 Resolver as seguintes equações:

a) $\sqrt{2x-1} = 3$ b) $\sqrt[3]{3x-4} = 2$ c) $\sqrt{x^2+x+3} = 3$

d) $\sqrt{1+\sqrt{2x+1}} = 2$ e) $\sqrt{5+\sqrt{3x+1}} = 1$

487 Resolver as seguintes equações:

a) $\sqrt{2x^2-2x+5} = x+1$ b) $\sqrt{x+5} + 1 = x$

c) $\sqrt[3]{\sqrt{2x^2+7}+x} = 2$ d) $\sqrt{x^2+3\sqrt{x+5}} - 1 = x$

488 Resolver as equações:

a) $\sqrt{x+5} = \sqrt{x}+1$ b) $\sqrt{2x+1}-\sqrt{x-4}=3$ c) $\sqrt{2x+1}+\sqrt{x-3}=4$
d) $\sqrt{3x+1}-\sqrt{x-1}=2$ e) $\sqrt{x+1}+\sqrt{2x+3}=1$ f) $\sqrt{x+2}+\sqrt{x}=\sqrt{2}$
g) $\sqrt{x^2+2x+13}-\sqrt{x^2+2x+6}=1$ h) $\sqrt{14-x}=\sqrt{x-4}+\sqrt{x-1}$
i) $\sqrt{3y+7}-\sqrt{y-2}-\sqrt{y+3}=0$

489 Resolver as equações:

a) $\sqrt{x+1}-1=\sqrt{x-\sqrt{x+8}}$ b) $\sqrt{x-25}+\sqrt{x+2}-\sqrt{x-9}=\sqrt{x-18}$
c) $\sqrt[3]{15+2x}+\sqrt[3]{13-2x}=4$ d) $\sqrt[6]{x^2+x-2}+\sqrt[4]{x^2-4x+3}+\sqrt{x^2+3x-4}=0$

490 Resolver as equações:

a) $\sqrt{x}+\sqrt[4]{x}=12$ b) $(x-1)^{\frac{1}{2}}+6(x-1)^{\frac{1}{4}}=16$
c) $\sqrt[3]{x}+2\sqrt[3]{x^2}=3$ d) $2\sqrt[3]{z^2}-3\sqrt[3]{z}=20$ e) $x^2+11+\sqrt{x^2+11}=42$

> ✓ Faça também os Exercícios de Fixação 545 → 549

E – Equações Fracionárias

Equação fracionária é aquela em que pelo menos um dos membros é uma expressão algébrica fracionária. Ao encontrarmos o valor (ou valores) da incógnita, devemos verificar se ele pertence ao domínio (ou conjunto–universo) das frações algébricas que aparecem na equação.

Exemplo

$$\frac{x-1}{x+1}-\frac{x+1}{x-1}=2-\frac{3-7x}{1-x^2} \Rightarrow$$

$\frac{x-1}{x+1}-\frac{x+1}{x-1}=2-\frac{7x-3}{x^2-1} \Rightarrow$ mmc $= (x+1)(x-1)$
$(x-1)^2 - (x+1)^2 = 2(x+1)(x-1) - (7x-3) \Rightarrow 2x^2 - 3x + 1 = 0 \Rightarrow$
$\Delta = 9-8 = 1$
$x = \frac{3\pm 1}{4} \Rightarrow x=1 \lor x=\frac{1}{2}$

• Como para $x = 1$ dois dos denominadores ficam nulos, obtemos: $V = \left\{\frac{1}{2}\right\}$

491 Resolver as equações:

a) $\dfrac{x+2}{x-3} - \dfrac{x+4}{x+3} = \dfrac{10}{x^2-9}$

b) $\dfrac{2}{x-1} - \dfrac{3}{x+1} = \dfrac{4x}{x^2-1}$

c) $\dfrac{x}{x+1} + \dfrac{x}{x+4} = 1$

d) $\dfrac{x-1}{x-3} - \dfrac{1}{x+3} = \dfrac{1-x^2}{x^2-9}$

e) $\dfrac{1}{x} + \dfrac{1}{2x-6} = \dfrac{3}{x^2-9}$

f) $\dfrac{x^2+1}{x^2-1} + \dfrac{1}{1-x} = \dfrac{x-2}{2x+2}$

g) $\dfrac{4x^2+4}{x^2-1} - \dfrac{2x-4}{x+1} + \dfrac{4}{1-x} = 0$

h) $\dfrac{2x}{x-1} - \dfrac{3}{3-x} = \dfrac{x+3}{x^2-4x+3}$

492 Resolver as seguintes equações:

a) $\dfrac{(2x-3)(x-2)(x+2)}{(x-1)(x+1)} = 0$

b) $\dfrac{(2-x)^4(3x-7)^7(x+4)^2}{(7+3x)^5(x-2)^3} = 0$

493 Resolver as seguintes equações:

a) $\dfrac{x-1}{1+\sqrt{x}} = 4 - \dfrac{1-\sqrt{x}}{2}$

b) $\dfrac{3+x}{3x} = \sqrt{\dfrac{1}{9} + \dfrac{1}{x}\sqrt{\dfrac{4}{9} + \dfrac{2}{x^2}}}$

c) $\dfrac{4}{x+\sqrt{x^2+x}} - \dfrac{1}{x-\sqrt{x^2+x}} = \dfrac{3}{x}$

> ✓ Faça também os Exercícios de Fixação 550 → 552

F - Equações Literais

Para resolvermos uma equação literal, em R, devemos observar que para a sentença:

$$\alpha x = \beta$$

temos três casos:

1º) $\alpha \neq 0 \Rightarrow x = \dfrac{\beta}{\alpha} \Rightarrow S = \left\{\dfrac{\beta}{\alpha}\right\}$

2º) $\alpha = 0 \wedge \beta = 0 \Rightarrow 0x = 0 \Rightarrow S = R$

3º) $\alpha = 0 \wedge \beta \neq 0 \Rightarrow \not\exists\, x \mid 0x = \beta \Rightarrow S = \emptyset$

Exemplo

Discutir as seguintes equações em x:

1º) $(m - 3)x = 0$

$m - 3 = 0 \Rightarrow m = 3$

$\begin{cases} m \neq 3 \Rightarrow S = \{0\} \\ m = 3 \Rightarrow 0x = 0 \Rightarrow S = R \end{cases}$

Resposta: $\begin{cases} m \neq 3 \Rightarrow S = \{0\} \\ m = 3 \Rightarrow S = R \end{cases}$

2º) $m^2(x - 1) + 2 = m + x$

$m^2 x - m^2 + 2 = m + x$

$m^2 x - x = m^2 + m - 2$

$(m + 1)(m - 1)x = (m + 2)(m - 1)$

$\begin{cases} (m+1)(m-1) = 0 \Rightarrow m = -1 \vee m = 1 \\ (m+2)(m-1) = 0 \Rightarrow m = -2 \vee m = 1 \end{cases}$

$\begin{cases} m \neq -1 \wedge m \neq 1 \Rightarrow x = \dfrac{(m+2)(m-1)}{(m+1)(m-1)} \Rightarrow x = \dfrac{m+2}{m+1} \\ m = 1 \Rightarrow 0x = 0 \Rightarrow S = R \\ m = -1 \Rightarrow 0x = -2 \Rightarrow S = \emptyset \end{cases}$

Resposta: $\begin{cases} m \neq -1 \wedge m \neq 1 \Rightarrow S = \left\{\dfrac{m+2}{m+1}\right\} \\ m = 1 \Rightarrow S = R \\ m = -1 \Rightarrow S = \emptyset \end{cases}$

494 Determinar o conjunto solução:

a) $3x - 1 - x = 2 - 2x$
b) $4(2x - 1) - 3(2x + 1) = 2x - 7$
c) $(x - 1)^2 - x^2 = 2(1 - x)$
d) $3(x + 1)(x - 1) - (\sqrt{3}x - 1)^2 = -4$
e) $(3x - 1)^2 - 9x^2 = 2(5 - 3x)$
f) $2(x - a) = 4(x - a) - 4a$
g) $3(x + 1)^2 = 3x^2 + (a - 1)^2 + 2$

495 Discutir, segundo os parâmetros dados, as equações:

a) $mx = n$
b) $mx = 2$
c) $(a - 2)x = 3$
d) $(a + 2)x = b - 1$
e) $(m - 3)x = 2(m - 3)$
f) $(a - b)x = a + b$

496 Resolver as equações (não é preciso discutir), admitindo que os parâmetros assumam valores para os quais a equeação seja possível determinada:

a) $\dfrac{6b + 7a}{6b} - \dfrac{3ay}{2b^2} = 1 - \dfrac{ay}{b^2 - ab}$

b) $\dfrac{ax - b}{a + b} + \dfrac{bx + a}{a - b} = \dfrac{a^2 + b^2}{a^2 - b^2}$

c) $\dfrac{x - a - b}{c} + \dfrac{x - b - c}{a} + \dfrac{x - c - a}{b} = 3$

497 Resolver as equações (não é preciso discutir):

a) $6x^2 - ax - 2a^2 = 0$
b) $6x^2 + 7ax + 2a^2 = 0$
c) $x^2 - (a + b)x + ab = 0$
d) $x^2 - 3ax + 2a^2 - ab - b^2 = 0$
e) $(x - a)(x - b) - (x - 3b)(2x - b) = 3b(x - b) - x(2x + a) - a(5b - 4a)$
f) $abx(x + a) - ax(a + b^2) - bx(b - ax) = abx(a - b + x) - ab$

498 Resolver as equações:

a) $\dfrac{1}{a} + \dfrac{1}{a + x} + \dfrac{1}{a + 2x} = 0$

b) $1 - \dfrac{2a}{x - a} = \dfrac{b^2 - a^2}{a^2 + x^2 - 2ax}$

c) $\dfrac{x}{x + a} + \dfrac{2x}{x - a} = \dfrac{5a^2}{4(x^2 - a^2)}$

499 Resolver as equações:

a) $x^4 - (a^2 + b^2)x^2 + a^2 b^2 = 0$
b) $b^2 x^4 - a^2 x^2 + 4a^2 b^2 x^2 - 4a^4 = 0$

500 Resolver as equações:

a) $\sqrt{2x - 3a} + \sqrt{3x + 3a} = \sqrt{10x - 3a}$
b) $\sqrt{a^2 - x^2} + \sqrt{b^2 - x^2} = a + b$

501 Determinar o valor de $\sqrt[3]{45+29\sqrt{2}} + \sqrt[3]{45-29\sqrt{2}}$

✓ Faça também os Exercícios de Fixação 553 → 559

G - Sistemas de Equações

Aqui nos limitamos a achar as soluções de alguns sistemas, sem abranger a parte de discussão.

O grau de um sitema de equações é igual ao produto dos graus de suas equações.

G.1 - Sistema do 1º grau

É aquele cujas equações que o compõem são do 1º grau. Ele também é chamado **sistema linear**. O estudo mais completo dos **sistemas lineares** será encontrado no volume 5 desta coleção.

Exemplos

1º) Resolver, pelo método da adição, o sistema $\begin{cases} x-2y=2 & \text{(I)} \\ 3x+y=13 & \text{(II)} \end{cases}$

Multiplicando a equção II por 2 obtemos: $\begin{cases} x-2y=2 \\ 6x+2y=26 \end{cases}$

somando membro a membro as equações obtemos
$7x = 28 \Rightarrow x = 4$
Fazendo $x = 4$ em II obtemos:
$3(4) + y = 13 \Rightarrow y = 1$
Então: $V = \{(4, 1)\}$

2º) Resolver, pelo método da substituição, o sistema $\begin{cases} 2x-y=8 & \text{(I)} \\ x+3y=-3 & \text{(II)} \end{cases}$

Achemos y em I
$2x - y = 8 \Rightarrow y = 2x - 8$
Substituindo o valor encontrado em II obtemos:
$x + 3(2x - 8) = -3 \Rightarrow x + 6x - 24 = -3 \Rightarrow 7x = 21 \Rightarrow x = 3$
Fzendo $x = 3$ em II obemos:
$3 + 3y = -3 \Rightarrow y = -2$
Então: $V = \{(3, -2)\}$

3º) Resolver, pelo método da comparação, o sistema: $\begin{cases} 2x+y=1 \\ x+2y=8 \end{cases}$

Achemos y nas duas equações: $\begin{cases} y=1-2x & \text{(I)} \\ y=\dfrac{8-x}{2} & \text{(II)} \end{cases}$

I e II $\Rightarrow 1-2x=\dfrac{8-x}{2} \Rightarrow 2-4x=8-x \Rightarrow 3x=-6 \Rightarrow x=-2$

Fazendo $x=-2$ em I obtemos:
$y = 1 - 2(-2) = 5$
Então $V = \{(-2, 5)\}$

4º) Resolver o sistema $\begin{cases} 2x-3y=3 & \text{(I)} \\ 4x-6y=6 & \text{(II)} \end{cases}$

Dividindo a equação II por (–2) obtemos: $\begin{cases} 2x-3y=3 \\ -2x+3y=-3 \end{cases}$

Somando membro a membro obtemos: $0x + 0y = 0$
Neste caso o sistema é possível indeterminado. Ele tem infinitas soluções.
Fazendo $x = \alpha$ obtemos:

$2\alpha - 3y = 3 \Rightarrow y = \dfrac{2\alpha - 3}{3}$

Então todo par do tipo $\left(\alpha, \dfrac{2\alpha-3}{3}\right)$ com $\alpha \in \mathbf{R}$ é solução do sistema.

Logo: $V = \left\{\left(\alpha, \dfrac{2\alpha-3}{3}\right), \alpha \in \mathbf{R}\right\}$

Por exemplo, para $\alpha = 3$ obtemos o par $(3, 1)$, para $\alpha = 9$ obtemos $(9, 5)$, etc.

5º) Resolver o sistema $\begin{cases} x+2y=8 & \text{(I)} \\ 2x+4y=14 & \text{(II)} \end{cases}$

Dividindo a equação II por (–2) obtemos: $\begin{cases} x+2y=8 \\ -x-2y=-7 \end{cases}$

Somando membro a membro obtemos: $0x + 0y = 1 \Rightarrow$ Não existe $(x, y) \in \mathbf{R} \times \mathbf{R}$ que seja solução do sistema. Este sistema é impossível.
Logo: $V = \emptyset$

6º) Resolver o sistema $\begin{cases} \dfrac{3}{x}+\dfrac{2}{y}=2 \\ \dfrac{6}{x}-\dfrac{3}{y}=\dfrac{1}{2} \end{cases}$

Fazendo $\dfrac{1}{x}=a$ e $\dfrac{1}{y}=b$ obtemos:

$\begin{cases} 3a+2b=2 \\ 6a-3b=\dfrac{1}{2} \end{cases} \Rightarrow \begin{cases} -6a-4b=-4 \\ 6a-3b=\dfrac{1}{2} \end{cases} \Rightarrow$

$-7b=-\dfrac{7}{2} \Rightarrow b=\dfrac{1}{2} \Rightarrow 3a+2\left(\dfrac{1}{2}\right)=2 \Rightarrow a=\dfrac{1}{3}$

Então: $\dfrac{1}{x}=\dfrac{1}{3}$ e $\dfrac{1}{y}=\dfrac{1}{2} \Rightarrow x=3$ e $y=2 \Rightarrow V=\{(3,2)\}$

Observação: Esse sistema que acabamos de resolver não é do 1º grau. Na sua resolução fazemos uma substituição de variáveis e caímos em um sistema do 1º grau.

502 Resolver pelo metódo da adição os seguintes sistemas do 1º grau:

a) $\begin{cases} x+y=5 \\ x-y=3 \end{cases}$
b) $\begin{cases} x+2y=5 \\ y-x=-5 \end{cases}$
c) $\begin{cases} 3x+2y=1 \\ x-y=2 \end{cases}$

d) $\begin{cases} 7x-6y=5 \\ 5x-8y=11 \end{cases}$
e) $\begin{cases} 10a-7b=51 \\ 15a+11b=12 \end{cases}$
f) $\begin{cases} 3x+2y=0 \\ 2x-3y=0 \end{cases}$

503 Resolver pelo método da comparação:

a) $\begin{cases} x=2y+1 \\ x=3y-1 \end{cases}$
b) $\begin{cases} x+3y=5 \\ x-y=-3 \end{cases}$
c) $\begin{cases} 3x+2y=4 \\ 2x+y=2 \end{cases}$

504 Resolver pelo método da substituição:

a) $\begin{cases} x=2y-7 \\ x+y=-1 \end{cases}$
b) $\begin{cases} 3x-2y=2 \\ x=y \end{cases}$
c) $\begin{cases} 3x+y=13 \\ 4x-3y=0 \end{cases}$

505 Resolver os sistemas:

a) $\begin{cases} 3x+4y=0 \\ x-2y=3 \end{cases}$
b) $\begin{cases} m=3n-1 \\ m=2n+3 \end{cases}$
c) $\begin{cases} 3x-y=10 \\ x-y=2 \end{cases}$

d) $\begin{cases} 3x+6y=15 \\ 2x+4y=10 \end{cases}$
e) $\begin{cases} x-2y=1 \\ 2x-4y=3 \end{cases}$
f) $\begin{cases} 2x+y=7 \\ 4x-8y=44 \end{cases}$

✓ Faça também os Exercícios de Fixação 560 → 563

506 Resolver os sistemas:

a) $\begin{cases} x+y=2 \\ x-y=4 \\ x+y-z=0 \end{cases}$
b) $\begin{cases} y=2x \\ y=3x-2 \\ x+y+z=5 \end{cases}$
c) $\begin{cases} x=2y-3 \\ x+y=-3 \\ x+2y-z=-4 \end{cases}$

d) $\begin{cases} x=3z-3 \\ y=2z-1 \\ x+2y-z=1 \end{cases}$
e) $\begin{cases} z=x+y \\ 2x+y+z=7 \\ x-y+z=2 \end{cases}$
f) $\begin{cases} a+b+c=9 \\ a-b+c=3 \\ a+b-c=7 \end{cases}$

507 Resolver os sistemas:

a) $\begin{cases} b=2a-7 \\ c=a-1 \\ d=a+1 \\ a+b+c+d=8 \end{cases}$
b) $\begin{cases} a+2b=-2 \\ 3a-b=8 \\ a+b+2c+d=-5 \\ 3a-2b+3c-d=5 \end{cases}$
c) $\begin{cases} a+b=-1 \\ a+c=4 \\ b+c=5 \end{cases}$

508 Resolver os sistemas:

a) $\begin{cases} \dfrac{x-y}{2}-\dfrac{x-2}{4}=\dfrac{y+1}{3}-1 \\ \dfrac{x-1}{2}-\dfrac{y-3}{3}=\dfrac{x+y}{4}-\dfrac{1}{6} \end{cases}$
b) $\begin{cases} \dfrac{x-2y}{4}-\dfrac{2x+y-1}{3}=\dfrac{2-x}{2}-y \\ \dfrac{x+y-6}{6}+\dfrac{x-2y}{4}=\dfrac{x-1}{3}-\dfrac{y+2}{4} \end{cases}$

509 Resolver os sistemas:

a) $\begin{cases} \dfrac{2}{x}+\dfrac{3}{y}=2 \\ \dfrac{3}{x}+\dfrac{2}{y}=\dfrac{13}{6} \end{cases}$ b) $\begin{cases} \dfrac{3}{2x+1}-\dfrac{2}{y-1}=-1 \\ \dfrac{4}{2x+1}+\dfrac{1}{y-1}=\dfrac{7}{3} \end{cases}$ c) $\begin{cases} \dfrac{3}{2x-2}-\dfrac{4}{y+1}=\dfrac{1}{2} \\ \dfrac{2}{x-1}-\dfrac{3}{2y+2}=\dfrac{13}{8} \end{cases}$

510 Resolver os sistemas:
(supor, em cada caso, que o sistema seja possível e determinado)

a) $\begin{cases} x+y=a \\ x-y=b \end{cases}$ b) $\begin{cases} 2x+y=6a+b \\ 3x-2y=2a+5b \end{cases}$ c) $\begin{cases} ax+by=2a^2+ab-b^2 \\ bx-ay=3ab-a^2 \end{cases}$

✓ Faça também os Exercícios de Fixação 564 → 568

G.2 - Sistema de grau maior ou igual a 2

É aquele em que pelo menos uma das equações tem grau maior ou igual a 2.

Exemplos
Resolver os sistemas:

1º) $\begin{cases} x^2+3y^2=7 & (I) \\ 2x+y=5 & (II) \end{cases}$

(II) $2x+y=5 \Rightarrow y=-2x+5$ (III)

III e I $\Rightarrow x^2+3(-2x+5)^2=7 \Rightarrow$
$\Rightarrow x^2+3(4x^2-20x+25)=7 \Rightarrow$
$\Rightarrow 13x^2-60x+68=0$

$\Delta = 3600-3536=64$

$x=\dfrac{60\pm 8}{26} \Rightarrow x=\dfrac{34}{13}$ ou $x=2$

$x=\dfrac{34}{13}$ e III $\Rightarrow y=-2\left(\dfrac{34}{13}\right)+5=\dfrac{-68+65}{13}=\dfrac{-3}{13}$

$x=2$ e III $\Rightarrow y=-2(2)+5=1$

Então: $V=\left\{(2,1),\left(\dfrac{34}{13},\dfrac{-3}{13}\right)\right\}$

2º) $\begin{cases} x^2 + 3y^2 = 13 & \text{(I)} \\ 2x^2 + y^2 = 6 & \text{(II)} \end{cases} \Rightarrow \begin{cases} -2x^2 - 6y^2 = -26 \\ 2x^2 + y^2 = 6 \end{cases} \Rightarrow$

$-5y^2 = -20 \Rightarrow y = \pm 2$
$y = 2$ e II $\Rightarrow 2x^2 + 4 = 6 \Rightarrow x^2 = 1 \Rightarrow x = \pm 1 \Rightarrow$
(1, 2) e (–1, 2) são soluções do sistema.
$y = -2$ e II $\Rightarrow 2x^2 + 4 = 6 \Rightarrow x^2 = 1 \Rightarrow x = \pm 1 \Rightarrow$
(1, – 2) e (–1, – 2) são soluções do sistema.
Então: $V = \{(1, 2), (1, -2), (-1, 2), (-1, -2)\}$

3º) $\begin{cases} x^3 - y^3 = 28 \\ x^2 + xy + y^2 = 7 \end{cases} \Rightarrow \begin{cases} (x-y)(x^2 + xy + y^2) = 28 \\ x^2 + xy + y^2 = 7 \end{cases}$ (I)

Dividindo membro a membro obtemos:
$x - y = 4 \Rightarrow x = y + 4$ (II)
II e I $\Rightarrow (y+4)^2 + (y+4)y + y^2 = 7 \Rightarrow$
$\Rightarrow y^2 + 8y + 16 + y^2 + 4y + y^2 = 7 \Rightarrow$
$\Rightarrow 3y^2 + 12y + 9 = 0 \Rightarrow y^2 + 4y + 3 = 0 \Rightarrow y = -1 \vee y = -3$
$y = -1$ e II $\Rightarrow x = -1 + 4 \Rightarrow x = 3 \Rightarrow (3, -1)$
$y = -3$ e II $\Rightarrow x = -3 + 4 \Rightarrow x = 1 \Rightarrow (1, -3)$
Então: $V = \{(3, -1), (1, -3)\}$

511 Resolver os seguintes sistemas do 2º grau:

a) $\begin{cases} x^2 + y^2 = 17 \\ x = y + 5 \end{cases}$
b) $\begin{cases} x^2 - y^2 = 21 \\ x - 2y = 1 \end{cases}$

c) $\begin{cases} x^2 + y^2 - xy + x = 10 \\ y = x - 2 \end{cases}$
d) $\begin{cases} xy + x + y = -1 \\ x + 2y = 3 \end{cases}$

512 Resolver os sistemas, lembrando que as raízes da equação $x^2 - Sx + P = 0$ têm soma S e produto P:

a) $\begin{cases} x + y = 5 \\ xy = 6 \end{cases}$
b) $\begin{cases} x + y = -4 \\ xy = 3 \end{cases}$
c) $\begin{cases} x + y = \dfrac{5}{2} \\ xy = -\dfrac{3}{2} \end{cases}$

d) $\begin{cases} x-y=3 \\ xy=10 \end{cases}$
e) $\begin{cases} 2x-3y=4 \\ xy=2 \end{cases}$
f) $\begin{cases} x+y=6 \\ xy=9 \end{cases}$

513 Resolver os seguintes sistemas:

a) $\begin{cases} x^2+y^2=13 \\ x^2-y^2=5 \end{cases}$
b) $\begin{cases} 2x^2+3y^2=14 \\ 5x^2-y^2=1 \end{cases}$
c) $\begin{cases} 2x^2+3y^2=27 \\ x^2+y^2=9 \end{cases}$

514 Resolver os sistemas:

a) $\begin{cases} x^2+xy=12 \\ x+y=4 \end{cases}$
b) $\begin{cases} 2x^2+xy=4 \\ 2x+y=2 \end{cases}$
c) $\begin{cases} x^2-y^2=16 \\ x+y=2 \end{cases}$

d) $\begin{cases} x^3-xy^2=28 \\ x^2-xy=28 \end{cases}$
e) $\begin{cases} x^4-y^4=225 \\ x^2+y^2=45 \end{cases}$
f) $\begin{cases} x^6-y^6=63 \\ x^3+y^3=7 \end{cases}$

515 Resolver os sistemas:

a) $\begin{cases} x^2+y^2=29 \\ x+y=7 \end{cases}$
b) $\begin{cases} x^2+2xy+y^2=64 \\ x-y=4 \end{cases}$

c) $\begin{cases} x^2+xy=8 \\ y^2+xy=-4 \end{cases}$
d) $\begin{cases} x^2+y^2=80 \\ xy=32 \end{cases}$

516 Resolver os sistemas:

a) $\begin{cases} x^3-y^3=91 \\ x^2+xy+y^2=13 \end{cases}$
b) $\begin{cases} x^3+y^3=216 \\ x+y=6 \end{cases}$
c) $\begin{cases} x^4+x^2y^2+y^4=21 \\ x^2+xy+y^2=3 \end{cases}$

d) $\begin{cases} 3x^3-3x^2y+xy^2-y^3=344 \\ 3x^2+y^2=172 \end{cases}$
e) $\begin{cases} 4x^2+4xy+y^2=16 \\ 9x^2-6xy+y^2=1 \end{cases}$

517 Resolver os sistemas

a) $\begin{cases} xy = 2 \\ xz = 5 \\ x^2 + 6y^2 = z^2 \end{cases}$
b) $\begin{cases} x^2 + xy + xz = 6 \\ y^2 + xy + yz = 12 \\ z^2 + xz + yz = 18 \end{cases}$

c) $\begin{cases} x^2 + xy + xz - x = 2 \\ y^2 + xy + yz - y = 4 \\ z^2 + xz + yz - z = 6 \end{cases}$
d) $\begin{cases} x + y - z = 1 \\ x^2 + y^2 + z^2 = 33 \\ x^3 + y^3 - z^3 = 1 \end{cases}$

✓ Faça também os Exercícios de Fixação 569 → 575

H – Radicais duplos

O melhor modo de simplificar um radical duplo, quando isto for possível, é fatorar o radicando. Veja o exemplo:

$$\sqrt{5 + 2\sqrt{6}} = \sqrt{3 + 2\sqrt{6} + 2} = \sqrt{(\sqrt{3} + \sqrt{2})^2} = \sqrt{3} + \sqrt{2}$$

Vejamos agora a dedução de uma fórmula que também resolve o problema. **Esta fórmula não é para ser decorada. O importante é a dedução.**

$$\sqrt{A \pm \sqrt{B}} = \sqrt{x} \pm \sqrt{y}$$

Vamos considerar x > y senão, no caso da diferença, teríamos $\sqrt{A} - \sqrt{B} < 0$, o que é um absurdo.

Então: $A \pm \sqrt{B} = x \pm 2\sqrt{xy} + y \rightarrow A \pm \sqrt{B} = x + y \pm \sqrt{4xy}$

$\Rightarrow \begin{cases} x + y = A \\ 4xy = B \end{cases} \Rightarrow \begin{cases} x^2 + 2xy + y^2 = A^2 \\ 4xy = B \end{cases} \Rightarrow (x - y)^2 = A^2 - B$

$\Rightarrow x - y = \sqrt{A^2 - B}$ (pois x > y). Então:

$\begin{cases} x + y = A \\ x - y = \sqrt{A^2 - B} \end{cases} \Rightarrow \begin{cases} x = \dfrac{A + \sqrt{A^2 - B}}{2} \\ y = \dfrac{A - \sqrt{A^2 - B}}{2} \end{cases}$

$$\sqrt{A\pm\sqrt{B}} = \sqrt{\frac{A+\sqrt{A^2-B}}{2}} \pm \sqrt{\frac{A-\sqrt{A^2-B}}{2}}$$

Note que para ser possível esta simplificação, é preciso que $A^2 - B$ seja um quadrado perfeito. Isto é: dá para simplificar a expressão $\sqrt{11-\sqrt{21}}$ pois $121 - 21 = 100 = 10^2$ e não dá para simplificar $\sqrt{5-2\sqrt{2}}$ pois $25 - 8 = 17$ que não é quadrado perfeito.

Exemplo

$$\sqrt{11-\sqrt{21}} = \sqrt{\frac{11+\sqrt{121-21}}{2}} - \sqrt{\frac{11-\sqrt{121-21}}{2}} =$$

$$= \sqrt{\frac{21}{2}} - \sqrt{\frac{1}{2}} = \frac{\sqrt{21}}{\sqrt{2}} - \frac{1}{\sqrt{2}} = \frac{\sqrt{42}}{2} - \frac{\sqrt{2}}{2}$$

518 Dizer qual dos radicais duplos podem ser simplificados (Lembre-se de $\sqrt{A^2-B}$).

a) $\sqrt{6-2\sqrt{5}}$ b) $\sqrt{7+\sqrt{48}}$ c) $\sqrt{10-5\sqrt{3}}$ d) $\sqrt{23+\sqrt{41}}$

519 Simplificar o radical duplo $\sqrt{10-5\sqrt{3}}$:

a) fatorando   b) por sistema de equações.

520 Resolver as equações:

a) $x^4 - 10x^2 + 1 = 0$ b) $x^4 - 22x^2 + 49 = 0$

> ✓ Faça também os Exercícios de Fixação 576 → 579

Exercícios de Fixação

521 Verificar, substituindo o valor dado, se ele é raiz da equação:

a) $x^2 = (x-1)(x-3), x = \frac{3}{4}$ b) $\frac{x}{3} + x = \frac{8}{15} + \frac{6x}{5}, x = 4$

c) $\frac{x+3}{6} + \frac{x+1}{2} = \frac{6x-7}{3} - \frac{x+2}{3}, x = 4$ d) $2 - x + \frac{1-2x}{3} = 2(1-x) + 3x, x = \frac{1}{8}$

522 Resolver as equações (U = R):

a) $3x - 5 = 2x + 7$
b) $4x + 9 = 5x - 1$
c) $3x - 5 = 10 - 2x$
d) $x - 2(x - 3) = 3x - 2$
e) $x = 3(x + 1) + x - 12$
f) $3(x - 7) = 2(7 - x)$
g) $2(x - 3) - 3(x - 2) - 2(2x - 1) = 2(3x + 1) - 3(2x - 5)$
h) $2 - 3x - 3(2x - 1) = 5 + 3x - 4(2x - 1) - 3(3x + 4) - 2$
i) $3x - 2\{-3x - 5 - [-2x + 4 - 2(3x - 1)]\} = 8 - 2[-2 - 2(x - 1)]$
j) $2 - 3x - 2(3x - 1) - [-3x - (x - 2)] = 3 - \{-2x - 3[2 - 2(x - 1)]\}$

523 Resolver as equações, dado U = Z:

a) $2x - 3(x - 5) = 2(x - 3)$
b) $x^2 - 2 = (x - 1)^2$
c) $3x - (2x - 1)^2 = 4 + (2x + 1)^2 - 8x^2$
d) $(x + 1)(x - 3) - (x - 3)^2 - (2x - 1)^2 = (3x - 1)(x - 1) - 7(x - 1)(x + 3)$
e) $2(x - 1)(2x - 5) - (2x - 3)(x + 4) - 7x^2 = (5x - 1)(1 - x) - 2x$

524 Resolver as equações:

a) $\dfrac{2x-4}{3} - \dfrac{3}{4} + \dfrac{4x+3}{12} - \dfrac{x+4}{8} = \dfrac{2x}{3} - \dfrac{1}{2} - \dfrac{x+2}{6}$

b) $\dfrac{x-2}{2} - \dfrac{12x-14}{3} = \dfrac{x}{4} - \dfrac{x+3}{3} - \dfrac{2x+4}{3} - x - 1$

c) $\dfrac{x+1}{5} - \left(\dfrac{x-1}{2} + \dfrac{x-3}{3} + \dfrac{3-x}{6}\right) = 3 - \dfrac{3x-7}{10} - \left(\dfrac{x+6}{15} + \dfrac{x-3}{2}\right)$

d) $3\left(\dfrac{9x+7}{6} - \dfrac{x}{3}\right) - \dfrac{x-3}{2} = 4\left(9 - \dfrac{x-2}{28}\right) - 2\left(\dfrac{x+3}{4} - \dfrac{x+5}{14}\right)$

e) $\dfrac{2(x+1)}{3} - \dfrac{x-1}{4} - \dfrac{3(x-2)}{2} = \dfrac{x+1}{3} - \dfrac{5(x-3)}{6} - \dfrac{3(x-1)}{4}$

525 Resolver as equações:

a) $\sqrt{2}x - 3 = x$
b) $\dfrac{1}{2}x - 0,\overline{3} = 0,\overline{6}x$
c) $2\sqrt{3}x - 5 = \sqrt{2}x + 5$
d) $(\sqrt{2}x - 1)^2 = (\sqrt{2}x + 1)^2$
e) $(\sqrt{3}x - 1)(\sqrt{3}x + 1) = (\sqrt{3}x - 2)^2$
f) $(3\sqrt{3}x - 1)(\sqrt{3}x - 2) - (3x - 1)^2 = 0$

g) $\dfrac{\frac{2x}{3}-1}{\frac{1}{3}} = \dfrac{\frac{3x}{2}-1}{\frac{3}{2}}$

h) $\dfrac{\frac{\sqrt{2}x}{2}-1}{\frac{1}{\sqrt{2}}} = \dfrac{\frac{x}{3}-1}{\frac{1}{2}}$

526 Determine m para que a equação tenha o conjunto-solução dado:

a) $3(x+m) - 2m = x$, $S = \{-2\}$

b) $\dfrac{(m-2)x+1}{3} + \dfrac{mx-1}{2} - \dfrac{(m-1)x+1}{4} = -3$, $S = \left\{-\dfrac{31}{16}\right\}$

527 Resolver:

a) $(2x-1)(x+3) = 0$

b) $(3-\sqrt{3}x)(x-\sqrt{2}) = 0$

c) $(3x-4)^9 (2x-4)^{10} = 0$

d) $\dfrac{7x^2}{5}\left(\dfrac{2x-7}{3}\right)\left(\dfrac{2x}{3}-7\right)(0,\overline{3}-0,3x) = 0$

528 Resolver as equações (fatorar o 1º membro)

a) $x^2 - 9 = 0$
b) $x^2 - 7x = 0$
c) $5x^2 + 25x = 0$
d) $9x^2 + 42x + 49 = 0$
e) $x^2 - 5x + 6 = 0$
f) $x^2 - 3x - 10 = 0$
g) $x^2 + x - 12 = 0$
h) $x^5 - 16x^3 = 0$
i) $2\sqrt{2}x^4 - 4\sqrt{2}x^2 = 0$
j) $16x^4 - 8x^2 + 1 = 0$
k) $x^4 - 5x^2 + 4 = 0$
l) $x^4 - 8x^2 + 15 = 0$

529 Resolver as equações:

a) $x^3 + 2x^2 - 9x - 18 = 0$
b) $x^3 + 4x^2 + x - 6 = 0$
c) $(2x-1)(4x^2+2x+1) - (4x-1)(4x+1) = 1 - 2x(2x+3)$
d) $(16x^4 + 4x^2 + 1)(4x^2 - 1) = 12x^2[(2x+1)^2 - 2(2x+1)]$

530 Resolver:

a) $7x^2 = 0$
b) $x^2 = 25$
c) $2x^2 - 4x = 0$
d) $5x^2 - 10 = 0$
e) $6x^2 - x = 0$
f) $x^2 + 7x = 0$
g) $23(3x+7)^2 = 0$
h) $4(5x-1)^2 = 9$
i) $(x^2 - 4)^2 = 4$
j) $7(x^2-9)^2 - 21(x^2-9) = 0$

531 Resolver as equações:

a) $(2x-3)^3 - (2x-1)(4x^2+2x+1) - (x+1)(4x-1) = x - (2x-5)^2$

b) $(2x^2 - 1)^2 - (2x^2 - 3x - 2)^2 = 12(x+1)(x^2 - x + 1) - (3x+2)^2 - 2$
c) $3(x^3 - 2x^2 + x - 2)^2 + 6(x^3 - 2x^2 + x - 2) = 0$
d) $2(x^3 - 2x^2 - 5x + 6)^4 + 3(x^3 - 2x^2 - 5x + 6)^2 = 0$
e) $(x^3 - x^2 - x + 1)^5 - (3x - 3)(x^3 - x^2 - x + 1)^4 = 0$

532 Resolver:

a) $3x^2 + 5x - 2 = 0$
b) $4x^2 + 9x + 2 = 0$
c) $4x^2 - 4x - 3 = 0$
d) $16x^2 + 8x + 1 = 0$
e) $5x^2 + 3x + 1 = 0$
f) $15x^2 - 7x - 2 = 0$
g) $2x^2 - 4x + 1 = 0$
h) $\frac{3}{4}x^2 + x - \frac{1}{4} = 0$
i) $x^2 - x + 0{,}75 = 0$
j) $\frac{5}{9}x^2 - 0{,}5x - \frac{1}{2} = 0$
k) $3x^2 + 12x + 3 = 0$
l) $7 + 48x - 7x^2 = 0$

533 Resolver:

a) $x^2 - (4\sqrt{3} - 2)x + 9 - 4\sqrt{3} = 0$
b) $x^2 - 4\sqrt{2}x - 1 = 0$
c) $x^2 - (2\sqrt{5} + 2)x + 2\sqrt{5} + 2 = 0$
d) $4x^2 - 4\sqrt{3}x + 2\sqrt{3} - 1 = 0$
e) $x^2 - (\sqrt{5} - 1)x + 4\sqrt{5} - 12 = 0$
f) $x^2 - 4\sqrt{2}x + 4 - 2\sqrt{3} = 0$

534 Resolver:

a) $(2x - 3)^3 - (2x - 3)(4x^2 + 6x + 9) = (3x - 1)(2x + 3) + 33x - 25$
b) $\frac{x+2}{2}\left(\frac{x+3}{6} - \frac{6x-7}{3}\right) = \left(\frac{x-4}{6} - \frac{x+2}{3} - \frac{x+1}{2}\right)\frac{2x+1}{3}$
c) $(3x^2 - 8x - 2)^2 + (3x^2 - 8x - 2)^2 - 2 = 0$
d) $(5x^2 - 7x - 20)^2 + 40x^2 - 56x - 468 = 0$

535 Determinar a soma e o produto das raízes.

a) $5x^2 - x - 10 = 0$
b) $6x^2 - 12x - 1 = 0$
c) $7x^2 - 1 = 0$
d) $5x^2 - x = 0$

536 Determinar as raízes das equações, sem aplicar a fórmula de Báskara.

a) $x^2 - 8x + 12 = 0$
b) $x^2 + 9x + 20 = 0$
c) $x^2 + 3x - 18 = 0$
d) $x^2 - 5x - 14 = 0$
e) $x^2 - x - 56 = 0$
f) $x^2 + x - 72 = 0$

537 Formar uma equação do 2º grau que tenha o conjunto-verdade dado, nos casos:

a) $\{-5, 11\}$ b) $\{7\}$ c) $\left\{-2, \dfrac{1}{2}\right\}$ d) $\left\{0, -\dfrac{1}{2}\right\}$

e) $\left\{-\dfrac{2}{3}, \dfrac{2}{3}\right\}$ f) $\{0\}$ g) $\{2\sqrt{3}-1, 2\sqrt{3}+1\}$

538 Dada a equação $(m+1)x^2 + (m-4)x - m + 3 = 0$, determine m de modo que:

a) Uma das raízes seja $\dfrac{1}{2}$.
b) Uma das raízes seja nula.
c) A soma das raízes seja 5.
d) O produto das raízes seja 3.
e) As raízes sejam opostas.
f) Uma das raízes seja o inverso da outra.

539 Se a soma das raízes da equação $(m+3)x^2 + mx - 5 + m = 0$ é $\dfrac{1}{2}$, determine essas raízes.

540 As raízes da equação $(m-2)x^2 + (m+3)x + 3m = 0$ são iguais, determinar:

a) m
b) as raízes

541 Sendo r e s as raízes da equação $3x^2 + x - 9 = 0$, determinar:

a) $\dfrac{1}{r} + \dfrac{1}{s}$ b) $r^2 + s^2$ c) $r^3 + s^3$

542 Resolver em **R** as equações:

a) $x^4 = 81$ b) $x^3 = 125$ c) $x^3 = -8$
d) $x^4 = -16$ e) $x^5 + 1 = 0$ f) $x^6 - 8 = 0$
g) $2x^4 - 8x^2 = 0$ h) $x^8 + 4x^4 = 0$ i) $x^{10} - 32x^5 = 0$
j) $x^6 + 27x^3 = 0$

543 Resolver:

a) $4x^4 + 7x^2 - 2 = 0$ b) $16x^4 - 24x^2 + 9 = 0$ c) $x^6 + 7x^3 - 8 = 0$
d) $2x^{12} + x^6 - 3 = 0$ e) $x^4 - 14x^2 + 9 = 0$ f) $x^4 - 22x^2 + 81 = 0$

544 Resolver as equações:

a) $(4x^4 + 6x^2 + 9)(2x^2 - 3) + 15x(x + 1)(x - 1) = 5 - 15(x + 2)$
b) $(3x^2 - 1)^2 - (2x - 1)^2 - (2x + 1)(3x + 1) - (3x^2 - 1)(2x^2 - 1) = (x^2 - 8)^2 - x - 54$
c) $(3x - 5)^4 - (3x - 5)^2 = 0$
d) $2(3x - 2)^4 - (3x - 2)^2 - 1 = 0$
e) $(2x^2 - x - 3)^2 - 10(2x^2 - x - 3) - 24 = 0$
f) $(3x^2 - 2x + 1)^6 - 9(3x^2 - 2x + 1)^3 + 8 = 0$

545 Resolver as equações:

a) $\sqrt{4x^2 + x - 1} = 2x$ b) $\sqrt[4]{17 - x^2} = 2$ c) $\sqrt{x^2 - x - 4} + 1 = 5$
d) $\sqrt[3]{\sqrt{x+3} + 6} = 2$ e) $\sqrt{x^2 + 12} - 2x = 0$

546 Resolver as equações:

a) $\sqrt{x-1} = x - 3$
b) $\sqrt{\sqrt{6-2x}-1} = \sqrt{x}$
c) $\sqrt{x + 8 + 2\sqrt{x-8}} = 4$
d) $\sqrt{x^2 - 3\sqrt{2x^2 - 1}} = 2$

547 Resolver:

a) $\sqrt{x+7} = \sqrt{x-1} + 2$
b) $\sqrt{4x+1} + \sqrt{2x-3} = 4$
c) $\sqrt{y+2} - \sqrt{y-6} = 2$
d) $\sqrt{x+3} + \sqrt{3x-2} = 7$
e) $\sqrt{3x-2} = 2\sqrt{x+2} - 2$
f) $\sqrt{x^2 + 3x - 3} + \sqrt{x^2 - 2x + 2} = 2$
g) $\sqrt{2x+6} - \sqrt{x-1} = \sqrt{3x-11}$
h) $\sqrt{2x+1} + \sqrt{x-3} = 2\sqrt{x}$
i) $\sqrt{3+y} + \sqrt{8+y} - \sqrt{24+y} = 0$
j) $\sqrt[3]{3x^2 + 6x - 1} - 1 = x$

548 Resolver as equações:

a) $\sqrt{1 + x\sqrt{x^2 + 24}} = x + 1$
b) $\sqrt{x-1} + \sqrt{x+2} = \sqrt{x+34} - \sqrt{x+7}$
c) $\sqrt[3]{x-1} + \sqrt[3]{x-2} = \sqrt[3]{2x-3}$
d) $\sqrt[3]{2x-1} + \sqrt[3]{4x+4} = 3$

549 Resolver as equações irracionais:

a) $\sqrt{x^2 - 3x + 5} + x^2 = 3x + 7$
b) $\sqrt[3]{(x^2 - 2x)^2} - \sqrt[3]{x^2 - 2x} - 2 = 0$

c) $3x\sqrt[3]{x} - 10\sqrt[3]{x^2} - 8 = 0$

d) $3x^2 - 2x - \sqrt{3x^2 - 2x + 1} = \sqrt{9x^2 - 6x + 1}$

e) $\sqrt{y - 2 + \sqrt{2y - 5}} + \sqrt{y + 2 + 3\sqrt{2y - 5}} = 7\sqrt{2}$

550 Resolver as equações:

a) $\dfrac{x^2 + 1}{x^2 + 3} + \dfrac{1}{x^2 - 3} + \dfrac{1 - x^4}{9 - x^4} = 0$

b) $\dfrac{x}{x + 1} - \dfrac{x + 1}{1 - x} = \dfrac{6x - 2}{x^2 - 1}$

c) $\dfrac{1}{x^2 - 1} + \dfrac{5}{x + 3} - \dfrac{1}{x + 1} = \dfrac{1}{x - 1}$

d) $\dfrac{x + 2}{x + 3} - \dfrac{x + 5}{x + 6} = \dfrac{x - 6}{x - 3} - \dfrac{x - 5}{x - 2}$

e) $\dfrac{x + 4}{x^2 - 3x + 2} + \dfrac{3x + 3}{x^2 - 5x + 6} = \dfrac{4x + 3}{x^2 - 4x + 3}$

551 Resolver:

a) $\dfrac{(x^2 - 1)(x^2 - 4)(4x^2 - 12x + 9)}{(x^2 + 2x - 3)(4x^2 + 12x + 9)} = 0$

b) $\dfrac{3x^2(x^3 - x^2 - 4x + 4)^3(2x^3 - x^2 - 5x - 2)}{(2x^3 + x^2 - 5x + 2)^5(x^3 + x^2 - 4x - 4)^2} = 0$

552 Resolver as equações:

a) $\dfrac{2}{2 + \sqrt{4 - x^2}} - \dfrac{1}{2 - \sqrt{4 - x^2}} = \dfrac{1}{x}$

b) $\dfrac{\sqrt{x^2 - 16}}{\sqrt{x - 3}} + \sqrt{x + 3} = \dfrac{7}{\sqrt{x - 3}}$

c) $\dfrac{\sqrt{27 + x} + \sqrt{27 - x}}{\sqrt{27 + x} - \sqrt{27 - x}} = \dfrac{27}{x}$

d) $\sqrt{\dfrac{2x + 2}{x + 2}} - \sqrt{\dfrac{x + 2}{2x + 2}} = \dfrac{7}{12}$

e) $\sqrt{\dfrac{x - 5}{x + 2}} + \sqrt{\dfrac{x - 4}{x + 3}} = \dfrac{7}{x + 2}\sqrt{\dfrac{x + 2}{x + 3}}$

553 Determinar o conjunto solução:

a) $(x - 2)^2 - (x + 2)^2 + 8x = 0$

b) $(2x - 1)^2 = (x - 1)(4x - 1)$

c) $4(x - 1)^2 = (2x - 3)^2 + 4x$

d) $2(x - m) - 3(x + n) = 4(n - m)$

e) $2(3x + n) - 3(2x + m) = 2n - 3m$
f) $2a(x - 1) - 3x = a(2x - 3) + b$
g) $(a - x)^2 - (1 + x)^2 = 2x(1 - a)$

554 Discutir as seguintes equações:

a) $m(x - 1) = 2(x + 1)$
b) $m^2(x - 1) = x + 1 - 2m$
c) $a^2(x - 1) = 4x(a - 1) - 4$
d) $(a - 2)x = a^2(1 - x) + 5a + 6$
e) $2mnx = m^2(1 - x) - n^2(1 + x)$
f) $a^2x - a^4 + x + 1 = 0$

555 Resolver as equações (não é preciso discutir):

a) $\dfrac{c + 3z}{4c^2 + 6cd} - \dfrac{c - 2z}{9d^2 - 6cd} = \dfrac{2c + z}{4c^2 - 9d^2}$

b) $\dfrac{x - 1}{n - 1} + \dfrac{2n^2(1 - x)}{n^4 - 1} = \dfrac{2x - 1}{1 - n^4} - \dfrac{1 - x}{1 + n}$

c) $\dfrac{3ab + 1}{a} x = \dfrac{3ab}{a + 1} + \dfrac{(2a + 1)x}{a(a + 1)^2} + \dfrac{a^2}{(a + 1)^3}$

556 Resolver (não é preciso discutir):

a) $3x^2 - 10ax + 3a^2 = 0$
b) $x^2 - 2ax + a^2 - b^2 = 0$
c) $4x^2 - 4ax + a^2 - b^2 = 0$
d) $x(x - a) + b(x - 3b) - 3b(a + b) = 0$
e) $a^2x(x - 2) + (a - b)^2 + (a + b)(a - b) = (a + b)^2 + b^2x(x + 2) - 4ab$
f) $a\left(\sqrt{2}x - \dfrac{3}{2\sqrt{2}}\right)^2 + \left(\dfrac{b}{2} + x\right)^2 - \dfrac{a}{8} - b = \left(\dfrac{b}{2} - x\right)^2 + bx$

557 Resolver as equações:

a) $\dfrac{2x}{x + b} - \dfrac{x}{b - x} = \dfrac{b^2}{4(x^2 - b^2)}$
b) $\dfrac{x^2}{ab - 2b^2} = \dfrac{a - b}{ac^2 - 2bc^2} + \dfrac{x}{bc}$
c) $\dfrac{x^2 + 1}{n^2x - 2n} - \dfrac{1}{2 - nx} = \dfrac{x}{n}$
d) $\dfrac{a - x^2}{(a - x)^2} - \dfrac{1}{a} = \dfrac{a - 1}{a^3 - ax(2a - x)}$

558 Resolver:

a) $\sqrt{a - x} + \sqrt{b + x} = \sqrt{a + b}$
b) $\sqrt[3]{a - x} + \sqrt[3]{b - x} = \sqrt[3]{a + b - 2x}$
c) $\sqrt{a + x} - \sqrt[3]{a + x} = 0$

559 Simplifique as expressões:

a) $\dfrac{\sqrt{\sqrt[4]{8}-\sqrt{\sqrt{2}+1}}}{\sqrt{\sqrt[4]{8}+\sqrt{\sqrt{2}-1}}-\sqrt{\sqrt[4]{8}-\sqrt{\sqrt{2}-1}}}$

b) $\sqrt[3]{6\sqrt{3}+10}-\sqrt[3]{6\sqrt{3}-10}$

560 Resolver pelo método da adição os sistemas:

a) $\begin{cases} x+y=1 \\ 3x-y=-9 \end{cases}$
b) $\begin{cases} x+2y=6 \\ 3x+2y=10 \end{cases}$
c) $\begin{cases} 3x-2y=2 \\ 4x-3y=3 \end{cases}$

d) $\begin{cases} 5x-4y=14 \\ 11x-6y=28 \end{cases}$
e) $\begin{cases} 3m+5n=46 \\ 4m-7n=-7 \end{cases}$
f) $\begin{cases} x+0{,}2y=12 \\ x-0{,}5y=5 \end{cases}$

561 Resolver pelo método da comparação:

a) $\begin{cases} y=5-x \\ y=3x+1 \end{cases}$
b) $\begin{cases} x=3y-9 \\ y=x+5 \end{cases}$
c) $\begin{cases} 2a-3b=1 \\ 3a+4b=-7 \end{cases}$

562 Resolver pelo método da substituição:

a) $\begin{cases} y=2x-1 \\ 3x-4y=4 \end{cases}$
b) $\begin{cases} x+3y=-7 \\ 5x-7y=31 \end{cases}$
c) $\begin{cases} 3a-5b=12 \\ 2a+3b=-11 \end{cases}$

563 Resolver os sistemas:

a) $\begin{cases} y=2x-2 \\ 3x-y=1 \end{cases}$
b) $\begin{cases} 3x-6y=18 \\ 3x+2y=10 \end{cases}$
c) $\begin{cases} x+y=4 \\ y-x=2 \end{cases}$

d) $\begin{cases} 2x-y=3 \\ 6x-3y=6 \end{cases}$
e) $\begin{cases} 5x-y=1 \\ 10x-2y=2 \end{cases}$
f) $\begin{cases} x=y+11 \\ y=2x-17 \end{cases}$

564 Resolver os sistemas:

a) $\begin{cases} a+2b=7 \\ a-b=1 \\ a+2b-c=6 \end{cases}$
b) $\begin{cases} a=2b+1 \\ a=3b-1 \\ a-b+c=0 \end{cases}$
c) $\begin{cases} x+2z=5 \\ y-3z=-11 \\ 3x-2y=1 \end{cases}$

d) $\begin{cases} 2x+3y=0 \\ x-2y=7 \\ 2x-3y+2z=16 \end{cases}$
e) $\begin{cases} z-x-y=0 \\ x+2y+2z=-3 \\ x-y+z=6 \end{cases}$
f) $\begin{cases} 2a-3b-c=-14 \\ 4a+b+c=4 \\ 3a+2b+2c=13 \end{cases}$

565 Resolver os sistemas:

a) $\begin{cases} a+b=3 \\ a-b=-1 \\ c+d=5 \\ c-d=-1 \end{cases}$
b) $\begin{cases} a-c=2 \\ b-d=1 \\ a+c=-4 \\ b+d=3 \end{cases}$

c) $\begin{cases} a=2b-1 \\ a=b+2 \\ a+b+c=5 \\ a+2b-3c+d=20 \end{cases}$
d) $\begin{cases} a=2c-d-2 \\ b=3c+d-9 \\ 2a-b+3c+d=9 \\ a+2b+c-2d=-4 \end{cases}$

566 Resolver os sistemas:

a) $\begin{cases} \dfrac{2x+y}{5} - \dfrac{x+y}{3} = \dfrac{x+1}{2} - \dfrac{3-y}{3} \\ \dfrac{y-x}{3} + \dfrac{x+y+1}{2} = \dfrac{2x+3y+6}{5} \end{cases}$
b) $\begin{cases} a+b+c=2 \\ a+b+d=3 \\ a+c+d=6 \\ b+c+d=4 \end{cases}$

c) $\begin{cases} \dfrac{x+y+z}{5} - \dfrac{x+y-4}{3} = \dfrac{x+2z}{2} - \dfrac{y+3z}{5} \\ \dfrac{x-y}{3} - \dfrac{x-z}{2} - \dfrac{y-z}{3} = \dfrac{x+y+z}{4} - \dfrac{25}{12} \\ \dfrac{x+y-1}{3} - \dfrac{y-2z}{6} = \dfrac{x+2y+2z}{2} - \dfrac{x+y+4z}{4} \end{cases}$

567 Resolver:

a) $\begin{cases} \dfrac{3}{x} - \dfrac{2}{y} = 1 \\ \dfrac{4}{x} + \dfrac{3}{y} = 7 \end{cases}$
b) $\begin{cases} \dfrac{2}{2x-3} - \dfrac{3}{3y+1} = -\dfrac{5}{2} \\ \dfrac{-3}{2x-3} - \dfrac{1}{3y+1} = 1 \end{cases}$
c) $\begin{cases} \dfrac{6}{x+y} - \dfrac{1}{x-y} = \dfrac{6}{5} \\ \dfrac{4}{x+y} - \dfrac{2}{x-y} = \dfrac{-36}{5} \end{cases}$

568 Resolver os seguintes sistemas (não é preciso discutir)

a) $\begin{cases} a(a-2x) + a(y-1) + y = 2(1-x) \\ a(x-a) - 1 = 2y - x \end{cases}$

b) $\begin{cases} a(2x-y) - b(2x+y) = a^2 - b^2 \\ a(x+y) + b(x-y) = 2a^2 + 2b^2 \end{cases}$

569 Resolver os sistemas do 2º grau:

a) $\begin{cases} x^2 + y^2 = 13 \\ x - y = 1 \end{cases}$
b) $\begin{cases} 2x^2 + y^2 = 6 \\ y - 3x + 1 = 0 \end{cases}$

c) $\begin{cases} x^2 - y^2 - 2xy + x + y = 2 \\ x = y + 2 \end{cases}$
d) $\begin{cases} 2xy - 3x + 2y = 2 \\ 2x + y = 1 \end{cases}$

570 Resolver os sistemas por $x^2 - Sx + P = 0$:

a) $\begin{cases} x+y=10 \\ xy=9 \end{cases}$
b) $\begin{cases} x+y=1 \\ xy=-6 \end{cases}$
c) $\begin{cases} x+y=\dfrac{16}{3} \\ xy=1 \end{cases}$

d) $\begin{cases} 2x+y=8 \\ xy=-10 \end{cases}$
e) $\begin{cases} 2x-y=3 \\ xy=9 \end{cases}$
f) $\begin{cases} 3x+2y=4 \\ xy=1 \end{cases}$

571 Resolver os sistemas:

a) $\begin{cases} 3x^2-2y^2=4 \\ x^2+y^2=3 \end{cases}$
b) $\begin{cases} 2x^4+3y^4=56 \\ x^4+2y^4=36 \end{cases}$

c) $\begin{cases} 3x^3+y^3=-2 \\ x^3-y^3=10 \end{cases}$
d) $\begin{cases} 4x^4+y^4=8 \\ 5x^4-y^4=1 \end{cases}$

572 Resolver:

a) $\begin{cases} xy-y^2=-4 \\ x-y=-4 \end{cases}$
b) $\begin{cases} x^2-y^2=7 \\ x-y=1 \end{cases}$
c) $\begin{cases} x^3-2x^2y=64 \\ x-2y=4 \end{cases}$

d) $\begin{cases} x^2y-y^3=6 \\ xy+y^2=6 \end{cases}$
e) $\begin{cases} x^4-y^4=8 \\ x^2-y^2=2 \end{cases}$
f) $\begin{cases} x^5-xy^4=700 \\ x^3+xy^2=100 \end{cases}$

573 Resolver

a) $\begin{cases} x^2+y^2=20 \\ x-y=6 \end{cases}$
b) $\begin{cases} x^2-2xy+y^2=36 \\ x+y=4 \end{cases}$
c) $\begin{cases} x^2-xy=20 \\ y^2-xy=5 \end{cases}$

d) $\begin{cases} x^2+y^2+xy=67 \\ x+y=9 \end{cases}$
e) $\begin{cases} x^2+y^2-xy=61 \\ x-y=5 \end{cases}$
f) $\begin{cases} x^2+y^2-5xy=51 \\ xy=-5 \end{cases}$

Exercícios de Matemática - vol 1

574 Resolver os sistemas:

a) $\begin{cases} x^3 + y^3 = 124 \\ x^2 - xy + y^2 = 31 \end{cases}$

b) $\begin{cases} x^3 - y^3 = 341 \\ x - y = 11 \end{cases}$

c) $\begin{cases} x^3 + x^2y + xy^2 + y^3 = 41 \\ x^2 + y^2 = 41 \end{cases}$

d) $\begin{cases} 2x^3 + 2x^2y - xy^2 - y^3 = 453 \\ 2x^2 - y^2 = 151 \end{cases}$

e) $\begin{cases} (x+y)^2 - 4(x+y) - 5 = 0 \\ (x-y)^2 - 6(x-y) + 5 = 0 \end{cases}$

575 Resolver os sistemas:

a) $\begin{cases} y = 2x - 1 \\ z = 3x + 1 \\ x^2 - y^2 + z^2 = 16 \end{cases}$

b) $\begin{cases} x^2 + y^2 = 25 \\ x^2 + z^2 = 34 \\ y^2 + z^2 = 41 \end{cases}$

c) $\begin{cases} x^2 + y^2 + z^2 = 26 \\ xy + xz + yz = 19 \\ x - y - z = -6 \end{cases}$

d) $\begin{cases} x + y - z = 7 \\ x^2 + y^2 - z^2 = 37 \\ x^3 + y^3 - z^3 = 1 \end{cases}$

576 Simplificar $\sqrt{8 - \sqrt{39}}$

a) fatorando

b) montando um sistema

577 Resolver:

a) $x^4 - 6x^2 + 4 = 0$

b) $x^4 - 32x^2 + 4 = 0$

c) $x^2 - (3\sqrt{2} - 1)x + \sqrt{2} - 2 = 0$

d) $x^2 - 5\sqrt{2}x - \sqrt{6} + 9 = 0$

e) $x^2 - 4x + 4\sqrt{3} - 9 = 0$

578 Resolver a equação:

$(x^2 + x + 4)^2 + 8x(x^2 + x + 4) + 15x^2 = 0$

579 Resolver as equações:

a) $(x^2 - 2x - 5)^2 - 2(x^2 - 2x - 3) - 4 = 0$
b) $(x^2 - 5x + 7)^2 - (x - 2)(x - 3) = 1$
c) $\dfrac{3}{1 + x + x^3} = 3 - x - x^2$
d) $2\left(x^2 + \dfrac{1}{x^2}\right) - 7\left(x + \dfrac{1}{x}\right) + 9 = 0$

Exercícios Suplementares

580 Resolver, dado U = Z:

a) $3(x+1)(x-1) - 2(x+1)(x^2 - x + 1) = 3(x-2)^2 - 2x^3 + x - 1$
b) $[(2x-1)(x-2) - x^2 + 5x - 2](2x-5) - (x^2 + x - 3)^2 + (x^2 - 3)(x^2 + 3) = 0$
c) $2x - (2x-1)(4x^2 + 2x + 1) + (2x+1)(4x^2 + 2x + 1) = 2x(4x-5) - 14$

581 Resolver as equações:

a) $\dfrac{3(x-1)}{2} - \dfrac{2(x+1)}{3} - \dfrac{4(2x-1)}{9} - \dfrac{5(1-x)}{6} = \dfrac{x-3}{2} - \dfrac{8(3-x)}{9}$

b) $\dfrac{3-x}{4} - 10\left[\dfrac{3(x-2)}{8} - \dfrac{5(x-3)}{12}\right] = \dfrac{x+2}{3} - 14\left[\dfrac{3(x-1)}{28} - \dfrac{2(x+1)}{42}\right]$

c) $\dfrac{2(x-1)}{3} - 3\left(x - \dfrac{2x-1}{4}\right) - 4\left(\dfrac{x-1}{3} - \dfrac{x-2}{6}\right) - 5\left(\dfrac{2x}{3} - \dfrac{x-1}{2}\right) = 29$

d) $\dfrac{3x}{4} - \dfrac{4}{3}\left(\dfrac{2x-1}{8} - \dfrac{3x-15}{16}\right) - \dfrac{3}{2}\left(\dfrac{2x-4}{9} - \dfrac{2x-3}{6}\right) = \dfrac{4x}{3} - \dfrac{3(1-x)}{4} - \dfrac{5}{12}$

582 Resolver:

a) $\dfrac{\dfrac{2x-3}{2}}{\dfrac{1}{3}} - \dfrac{3x - \dfrac{1}{2}}{2} = \dfrac{x}{\dfrac{1}{4}}$

b) $\dfrac{\dfrac{2x}{3} - \dfrac{1}{2}}{1 - \dfrac{1}{2}} = \dfrac{\dfrac{x-1}{2}}{1 - \dfrac{1}{3}} - \dfrac{1}{2}$

c) $\dfrac{3x-\dfrac{2(1+x)}{3}}{4}+\dfrac{1-\dfrac{x}{5}}{5+\dfrac{1}{2}}-\dfrac{2+\dfrac{1}{25}(x-1)+\dfrac{2}{5}}{3-\dfrac{4}{5}}=\dfrac{\dfrac{2x+2}{3}-\dfrac{3x-2}{2}}{1-\dfrac{2}{5}}$

583 Resolver as equações:

a) $\dfrac{2x-1}{3}-\dfrac{3x^2+2}{4}-\dfrac{2x^2-x}{2}=\dfrac{3x^2}{4}-\dfrac{3x^2-2x+1}{6}-\dfrac{3x^2-x+2}{3}$

b) $\dfrac{2x-1}{3}\left(\dfrac{x-1}{2}-\dfrac{x+1}{3}\right)-\dfrac{3x+1}{2}\left(\dfrac{x+2}{3}-\dfrac{x+1}{2}\right)=\dfrac{x^2}{3}-\dfrac{7x-2}{9}$

584 Resolver as equações irracionais:

a) $\sqrt[3]{x+1}+\sqrt[3]{2x-3}=\sqrt[3]{3x-2}$

b) $\sqrt[3]{8-7x}+x=2$

585 Resolver as equações:

a) $\dfrac{2x-1}{x^2+x-2}-\dfrac{x-2}{2x^2-3x+1}=\dfrac{4x+1}{2x^2+3x-2}$

b) $\dfrac{1}{x-1}-\dfrac{3}{x+1}-\dfrac{4}{3-x}=\dfrac{5}{x-3}-\dfrac{1}{1-x}$

c) $\dfrac{x-1}{1-\dfrac{1-x}{2}}-\dfrac{x-2}{1-\dfrac{2+x}{3}}=\dfrac{2x+1}{x+\dfrac{1}{2}}+\dfrac{1}{2}$

d) $1-\dfrac{1}{1-\dfrac{1}{x-1}}=\dfrac{1}{1+\dfrac{1}{1+x}}$

586 Resolver:

a) $\sqrt{x+\sqrt{x}}-\sqrt{x-\sqrt{x}}=\dfrac{3}{2}\sqrt{\dfrac{x}{x+\sqrt{x}}}$

b) $\dfrac{x-4}{\sqrt{x}+2}=x-8$

c) $\dfrac{2-x}{2-\sqrt{x}}=\sqrt{\dfrac{2-x}{2}}$

d) $\dfrac{x\sqrt[3]{x}-1}{\sqrt[3]{x^2}-1}-\dfrac{\sqrt[3]{x^2}-1}{\sqrt[3]{x^2}+1}=4$

587 Discutir as seguintes equações:

a) $m^2(x-1) = x + m - 2(2m-1)$
b) $m^2(x-1) = m(5x-6) - 2(3x-4)$
c) $a^2(x-1) - a(cx-b) = a(bx+c) - bc(x+1)$

588 Resolver, sem discutir, as equações:

a) $\dfrac{3abc}{a+b} + \dfrac{a^2b^2}{(a+b)^3} + \dfrac{(2a+b)b^2x}{a(a+b)^2} = 3cx + \dfrac{bx}{a}$

b) $\dfrac{x+m}{a+b} - \dfrac{ax}{(a+b)^2} = \dfrac{am}{a^2-b^2} - \dfrac{b^2x}{a^3-ab^2+a^2b-b^3}$

589 Resolver:

a) $x^2(a+b)^2 + 2ab(x+1)(x-1) + 2x(b+a)(b-a) + a^2 + b^2 = 2abx^2$
b) $abx(x-2) - x(b+a)(a-b) = (b+a)(b-a)$
c) $ab(1-2x) = (a+b)(a-b)x - (a+b)(a-b)x^2$
d) $a\left(x - \dfrac{b}{2}\right)^2 - b(x+a)^2 = \dfrac{ab}{4}(b-8x) - a^2(b-a)$

590 Resolver:

a) $1 - \dfrac{2b}{x-a} = \dfrac{a^2-b^2}{a^2+x^2-2ax}$

b) $\dfrac{1}{2n+nx} - \dfrac{1}{2x-x^2} = \dfrac{2(n+3)}{x^3-4x}$

c) $\dfrac{a+x-2n}{2a-n} - \dfrac{a-2n}{x} = 1$

d) $\dfrac{a}{nx-x} - \dfrac{a-1}{x^2-2nx^2+n^2x^2} = 1$

e) $\dfrac{\left(\dfrac{a-x}{x}\right)^2 - \left(\dfrac{a}{a+b}\right)^2}{x^2+a^2-2ax} = \dfrac{5}{9x^2}$

591 Resolver as equações:

a) $b^2x^4 + a^2b^2x^2 - 3a^2x^2 - 3a^4 = 0$
b) $x^4 - 2a^2x^2 - 2a^2b^2 + a^4 - 2b^2x^2 + b^4 = 0$
c) $x^4 + a^4 + b^4 + 2ab(a^2+b^2) - 2b^2(x^2-a^2) = 2ax^2(a+b)$

Exercícios de Matemática - vol 1

592 Resolver:

a) $\dfrac{\sqrt{1+a^{-2}x^2} - xa^{-1}}{\sqrt{1+a^{-2}x^2} + xa^{-1}} = \dfrac{1}{4}$

b) $\dfrac{(a-x)\sqrt{a-x} + (x-b)\sqrt{x-b}}{\sqrt{a-x} + \sqrt{x-b}} = a-b$

593 Resolver os sistemas:

a) $\begin{cases} a = 2b - c \\ 2a + b + c = 14 \\ a - 2b - 3c = -4 \\ 2a - b - c - 2d = 0 \end{cases}$

b) $\begin{cases} 2a - 3b + c = 1 \\ 3a + 2b + 2c = 9 \\ 2a + b - 3c = -3 \\ a - b + 2c - 3d = -2 \end{cases}$

c) $\begin{cases} d = 2a + b - c \\ a + b + c + d = -1 \\ a - 2b + c - d = -2 \\ 2a - b - c - 2d = -1 \end{cases}$

d) $\begin{cases} 2a - b - 3c + d = -5 \\ 3a + b - 2c - d = 0 \\ a - 2b + c + 3d = -1 \\ a + 3b - c - 2d = 0 \end{cases}$

594 Resolver os sistemas:

a) $\begin{cases} \dfrac{3}{3x-2y} - \dfrac{2}{x+3y} = \dfrac{7}{10} \\ \dfrac{4}{3x-2y} + \dfrac{3}{x+3y} = \dfrac{16}{5} \end{cases}$

b) $\begin{cases} \dfrac{3}{3x+2y} - \dfrac{1}{2x-2y} = \dfrac{1}{2} \\ \dfrac{1}{9x+6y} + \dfrac{3}{x-y} = \dfrac{2}{3} \end{cases}$

c) $\begin{cases} \dfrac{2}{2x+3y-z} + \dfrac{1}{x+y-2z} + \dfrac{3}{x-y+3z} = \dfrac{2}{3} \\ \dfrac{1}{2x+3y-z} - \dfrac{1}{x+y-2z} + \dfrac{2}{x-y+3z} = \dfrac{7}{6} \\ \dfrac{3}{2x+3y-z} - \dfrac{2}{x+y-2z} + \dfrac{6}{x-y+3z} = 3 \end{cases}$

595 Resolver:

a) $\begin{cases} a(x+a)-b(x-b)=y(a+b) \\ a(x-5a)-b(2x-5b)+2y(a+b)=by \end{cases}$

b) $\begin{cases} a^2(x-2)-b^2(y+2)=b^2x-a^2y \\ a^2(x+y)-2ab(x-y)=2(a^2-b^2)-b^2(x+y) \end{cases}$

c) $\begin{cases} a(2x+y)+b(x-y)+a(z-6a)+2b(z-3b)=0 \\ a(2x-y)-b(x+y)-a(z+2a)+2b(z+a+2b)=0 \\ a(x-y)+b(x+2y)+a(2z-3a)-b(z-3a+3b)=0 \end{cases}$

596 Resolver os sistemas:

a) $\begin{cases} x^2+y^2-2x-4y+3=0 \\ x-y-1=0 \end{cases}$
b) $\begin{cases} x^2+y^2-8x-8y+24=0 \\ x+y=4 \end{cases}$

c) $\begin{cases} 9x^2-4y^2=36 \\ y=2x-2 \end{cases}$
d) $\begin{cases} x^2+y^2+4x-2y+1=0 \\ 3x-2y=6 \end{cases}$

597 Resolver os sistemas:

a) $\begin{cases} x^2+y^2-xy=31 \\ x+y=7 \end{cases}$
b) $\begin{cases} x^2+y^2+3xy=124 \\ xy=24 \end{cases}$

c) $\begin{cases} x^3+y^3=35 \\ x^2y+xy^2=30 \end{cases}$
d) $\begin{cases} x^3-y^3=117 \\ xy^2-x^2y=-30 \end{cases}$

e) $\begin{cases} x^2+y^2+2xy=144 \\ x^2+y^2=74 \end{cases}$
f) $\begin{cases} x^2+y^2-2xy=9 \\ x^2+y^2=89 \end{cases}$

g) $\begin{cases} x^2+y^2-3xy=19 \\ x^2+y^2=109 \end{cases}$
h) $\begin{cases} x^2+y^2+5xy=172 \\ x^2+y^2=52 \end{cases}$

598 Resolver:

a) $\begin{cases} x^2y^2 + xy - 6 = 0 \\ (x+y)^2 - x - y - 6 = 0 \end{cases}$
b) $\begin{cases} (x^2+y^2)^2 - 18(x^2+y^2) + 65 = 0 \\ (x-y)^2 - 8(x-y) + 15 = 0 \end{cases}$

c) $\begin{cases} x^2 + y^2 - xy = 12 \\ x^4 + y^4 + 2x^2y^2 = 400 \end{cases}$
d) $\begin{cases} x^2 + y^2 + xy = 37 \\ x + y - xy = 25 \end{cases}$

e) $\begin{cases} x^2 + y^2 + xy = 127 \\ x + y + xy = 55 \end{cases}$

599 Resolver as equações:

a) $x^4 + x^2 + \dfrac{1}{x^2} + \dfrac{1}{x^4} = 4$
b) $(x-1)(x-2)(x-3)(x-4) = 120$

c) $\sqrt{2\sqrt{7} + \sqrt{x}} - \sqrt{2\sqrt{7} - \sqrt{x}} = \sqrt[4]{28}$

d) $\sqrt[3]{2 + \sqrt{10 + 2x}} + \sqrt[3]{\sqrt{15 - 2x} - 9} = 0$
e) $\sqrt[3]{x} + \sqrt[3]{2x - 3} = \sqrt[3]{12(x-1)}$

f) $\sqrt{y^2 + 4y + 8} + \sqrt{y^2 + 4y + 4} = \sqrt{2(y^2 + 4y + 6)}$

g) $\sqrt{x + \sqrt{x}} - \sqrt{x - \sqrt{x}} = \dfrac{3}{2}\sqrt{\dfrac{x}{x + \sqrt{x}}}$
h) $\dfrac{\sqrt{x^2 + 8x}}{\sqrt{x+1}} + \sqrt{x+7} = \dfrac{7}{\sqrt{x+1}}$

i) $\sqrt[3]{x-1} + \sqrt[3]{x+1} = x\sqrt[3]{2}$

600 Resolver as equações (não é preciso discutir):

a) $\dfrac{m}{z} + \dfrac{z}{m} + \dfrac{m(z-m)}{z(z+m)} - \dfrac{z(z+m)}{m(z-m)} = \dfrac{mz}{m^2 - z^2} - 2$ (a incógnita é z)

b) $\dfrac{a^2 + x}{b^2 - x} - \dfrac{a^2 - x}{b^2 + x} = \dfrac{4abx + 2a^2 - 2b^2}{b^4 - x^2}$

c) $\dfrac{an}{a-x} + \dfrac{(a+n)(anx + nx^2 + x^3)}{x^3 + nx^2 - a^2x - a^2n} = \dfrac{ax}{n+x} + \dfrac{nx^2}{x^2 - a^2}$

d) $\left(\dfrac{a+1}{ax+1} + \dfrac{x+1}{x+a^{-1}} - 1\right) : \left[\dfrac{a+1}{(x+a^{-1})a} - \dfrac{a(x+1)}{ax+1} + 1\right] = \dfrac{x}{2}$

e) $\dfrac{a+x}{a^2+ax+x^2} - \dfrac{a-x}{ax-x^2-a^2} = \dfrac{3a}{x(a^4+a^2x^2+x^4)}$

f) $a(\sqrt{x}-a) - b(\sqrt{x}-b) + a + b = \sqrt{x}$

g) $\dfrac{x+x^2}{1-x^2} : \dfrac{1-a^2}{(1+ax)^2-(a+x)^2} = \dfrac{ab}{(b-a)^2}$

601 Resolver os sistemas:

a) $\begin{cases} \dfrac{x}{6} = \dfrac{y}{3} = \dfrac{z}{4} \\ 2x+2y-3z = 12 \end{cases}$
b) $\begin{cases} 6a = 4b = 3c = 2d \\ 2a-3b+4c-d = 5 \end{cases}$
c) $\begin{cases} a+b = -4 \\ a+c = 8 \\ b+c = -2 \end{cases}$

d) $\begin{cases} 2a+b+c = -6 \\ a+2b+c = -9 \\ a+b+2c = -1 \end{cases}$
e) $\begin{cases} a+b+c = 2 \\ a+b+d = 5 \\ a+c+d = 4 \\ b+c+d = 10 \end{cases}$

602 Resolver:

a) $3x + 2y - 1 = x + y + 1 = x - 2y - 11$
b) $(2x+y-1)^2 + (x-3y-11)^2 = 0$
c) $(x+y+z-1)^2 + (2x-y-z+4)^4 + (3x-y+2z-1)^6 = 0$

603 Resolver os sistemas:

a) $\begin{cases} x^2+y^2 = 2(xy+2) \\ x+y = 6 \end{cases}$
b) $\begin{cases} x+xy+y = 11 \\ x^2y+xy^2 = 30 \end{cases}$
c) $\begin{cases} x+y^2 = 7 \\ xy^2 = 12 \end{cases}$

d) $\begin{cases} x^2-y = 23 \\ x^2y = 50 \end{cases}$
e) $\begin{cases} 3x^2-2xy+5y^2-35 = 0 \\ 5x^2-10y^2-5 = 0 \end{cases}$

f) $\begin{cases} x^2+y^2 = \dfrac{5}{2}xy \\ x-y = \dfrac{1}{4}xy \end{cases}$
g) $\begin{cases} x^2-xy+y^2 = 7 \\ x-y = 1 \end{cases}$
h) $\begin{cases} \dfrac{x}{y}+\dfrac{y}{x} = \dfrac{25}{12} \\ x^2-y^2 = 7 \end{cases}$

i) $\begin{cases} x^2 - xy + y^2 = 7 \\ x^3 + y^3 = 35 \end{cases}$ j) $\begin{cases} x^3 + y^3 = 7 \\ xy(x+y) = -2 \end{cases}$

604 Resolver os sistemas:

a) $\begin{cases} xy(x+y) = 30 \\ x^3 + y^3 = 35 \end{cases}$ b) $\begin{cases} \dfrac{x+y}{x-y} + \dfrac{x-y}{x+y} = 5\dfrac{1}{5} \\ xy = 6 \end{cases}$ c) $\begin{cases} x+y+z = 1 \\ ax+by+cz = d \\ a^2x+b^2y+c^2z = d^2 \end{cases}$

d) $\begin{cases} x+2y+3z+4u = 30 \\ 2x-3y+5z-2u = 3 \\ 3x+4y-2z-u = 1 \\ 4x-y+6z-3u = 8 \end{cases}$ e) $\begin{cases} x+y+z = 4 \\ x+2y+3z = 5 \\ x^2+y^2+z^2 = 14 \end{cases}$ f) $\begin{cases} \sqrt{4x+y-3z+7} = 2 \\ \sqrt[3]{2y+5x+z+25,5} = 3 \\ \sqrt{y+z} - \sqrt{6x} = 0 \end{cases}$

g) $\begin{cases} x+y+z = 13 \\ x^2+y^2+z^2 = 61 \\ xy+xz = 2yz \end{cases}$ h) $\begin{cases} x^2+y^2 = z^2 \\ xy+yz+zx = 47 \\ (z-x)(z-y) = 2 \end{cases}$

605 Resolver:

a) $\begin{cases} a^3 + a^2x + ay + z = 0 \\ b^3 + b^2x + by + z = 0 \\ c^3 + c^2x + cy + z = 0 \end{cases}$ b) $\begin{cases} \dfrac{12}{\sqrt{x-1}} + \dfrac{5}{\sqrt{y+\dfrac{1}{4}}} = 5 \\ \dfrac{8}{\sqrt{x-1}} + \dfrac{10}{\sqrt{y+\dfrac{1}{4}}} = 6 \end{cases}$

c) $\begin{cases} x+y-2\sqrt{xy} = 4 \\ x+y = 10 \end{cases}$ d) $\begin{cases} \sqrt{\dfrac{3x}{x+y}} - 2 + \sqrt{\dfrac{x+y}{3x}} = 0 \\ xy - 54 = x+y \end{cases}$

e) $\begin{cases} \dfrac{1}{4}\sqrt[3]{x^2+y^2} - \dfrac{1}{2}\sqrt[3]{17} = 0 \\ \sqrt{x+y} + \sqrt{x-y} = 6 \end{cases}$ f) $\begin{cases} \sqrt{x+y} + \sqrt{x-y} = 4\sqrt{a} \\ \sqrt{x^2+y^2} - \sqrt{x^2-y^2} = (\sqrt{41}-3)a \end{cases}$

g) $\begin{cases} x^2+xy+y^2 = 84 \\ x+\sqrt{xy}+y = 14 \end{cases}$ h) $\begin{cases} x^2+xy+y^2 = 13 \\ x+y = 4 \end{cases}$

606 Resolver os sistemas:

a) $\begin{cases} x^3 + y^3 = 1 \\ x^2y + 2xy^2 + y^3 = 2 \end{cases}$
b) $\begin{cases} x^2 + xy + y^2 = 4 \\ x + xy + y = 2 \end{cases}$
c) $\begin{cases} x^3 + y^3 = 5a^3 \\ x^2y + xy^2 = a^3 \end{cases}$

d) $\begin{cases} x^4 + x^2y^2 + y^4 = 91 \\ x^2 - xy + y^2 = 7 \end{cases}$
e) $\begin{cases} x^3 - y^3 = 19(x-y) \\ x^3 + y^3 = 7(x+y) \end{cases}$
f) $\begin{cases} 2(x+y) = 5xy \\ 8(x^3 + y^3) = 65 \end{cases}$

g) $\begin{cases} (x+y)(x^2 - y^2) = 9 \\ (x-y)(x^2 + y^2) = 5 \end{cases}$
h) $\begin{cases} x + y = 1 \\ x^5 + y^5 = 31 \end{cases}$
i) $\begin{cases} x^4 + y^4 - x^2y^2 = 13 \\ x^2 - y^2 + 2xy = 1 \\ xy \geq 0 \end{cases}$

j) $\begin{cases} (x^2 + 1)(y^2 + 1) = 10 \\ (x+y)(xy - 1) = 3 \end{cases}$

607 Resolver:

a) $\begin{cases} (x^2 + y^2)\dfrac{x}{y} = 6 \\ (x^2 - y^2)\dfrac{y}{x} = 1 \end{cases}$
b) $\begin{cases} \dfrac{xyz}{x+y} = 2 \\ \dfrac{xyz}{y+z} = \dfrac{6}{5} \\ \dfrac{xyz}{z+x} = \dfrac{3}{2} \end{cases}$
c) $\begin{cases} u^2 + v^2 + w = 2 \\ v^2 + w^2 + u = 2 \\ w^2 + u^2 + v = 2 \end{cases}$

d) $\begin{cases} x^2 + xy + y^2 = 1 \\ x^2 + xz + z^2 = 4 \\ y^2 + yz + z^2 = 7 \end{cases}$
e) $\begin{cases} x + y + z = 6 \\ x^2 + y^2 + z^2 = 14 \\ xz + yz = (xy + 1)^2 \end{cases}$
f) $\begin{cases} x + y + z = 9 \\ \dfrac{1}{x} + \dfrac{1}{y} + \dfrac{1}{z} = 1 \\ xy + xz + yz = 27 \end{cases}$

g) $\begin{cases} x + y + z = 2 \\ (x+y)(y+z) + (y+z)(z+x) + (z+x)(x+y) = 1 \\ x^2(y+z) + y^2(z+x) + z^2(x+y) = -6 \end{cases}$

608 Resolver os sistemas:

a) $\begin{cases} \sqrt{1-16y^2} - \sqrt{1-16x^2} = 2(x+y) \\ x^2 + y^2 + 4xy = \dfrac{1}{5} \end{cases}$
b) $\begin{cases} x - y = \dfrac{7}{2}\left(\sqrt[3]{x^2y} - \sqrt[3]{xy^2}\right) \\ \sqrt[3]{x} - \sqrt[3]{y} = 3 \end{cases}$

c) $\begin{cases} \sqrt{\dfrac{x}{y}} - \sqrt{\dfrac{y}{x}} = \dfrac{3}{2} \\ x + yx + y = 9 \end{cases}$

d) $\begin{cases} \sqrt{\dfrac{y+1}{x-y}} + 2\sqrt{\dfrac{x-y}{y+1}} = 3 \\ x + xy + y = 7 \end{cases}$

e) $\begin{cases} y + \dfrac{2\sqrt{x^2 - 12y + 1}}{3} = \dfrac{x^2 + 17}{12} \\ \dfrac{x}{8y} + \dfrac{2}{3} = \sqrt{\dfrac{x}{3y} + \dfrac{1}{4}} - \dfrac{y}{2x} \end{cases}$

f) $\begin{cases} \dfrac{x + \sqrt{x^2 - y^2}}{x - \sqrt{x^2 - y^2}} + \dfrac{x - \sqrt{x^2 - y^2}}{x + \sqrt{x^2 - y^2}} = \dfrac{17}{4} \\ x(x+y) + \sqrt{x^2 + xy + 4} = 52 \end{cases}$

g) $\begin{cases} y + \dfrac{4}{3}\sqrt{x^2 - 6y + 1} = \dfrac{x^2 + 17}{6} \\ \dfrac{x^2 y - 5}{49} = \dfrac{2}{y} - \dfrac{12}{x^2} + \dfrac{4}{9} \end{cases}$

h) $\begin{cases} y^2 + \sqrt{3y^2 - 2x + 3} = \dfrac{2}{3}x + 5 \\ 3x - 2y = 5 \end{cases}$

i) $\begin{cases} (x-y)\sqrt{y} = \dfrac{\sqrt{x}}{2} \\ (x+y)\sqrt{x} = 3\sqrt{y} \end{cases}$

609 Resolver:

a) $5x^2 + 5y^2 + 8xy + 2y - 2x + 2 = 0$

b) $\begin{cases} x + y + z = 2 \\ 2xy - z^2 = 4 \end{cases}$

c) $\begin{cases} \sqrt{x+y} - \sqrt{x-y} = a \\ \sqrt{x^2 + y^2} + \sqrt{x^2 - y^2} = a^2 \\ a > 0 \end{cases}$

610 Simplificar as expressões:

a) $\sqrt{2\sqrt{6} + 2\sqrt{3} + 2\sqrt{2} + 6} - \sqrt{5 + 2\sqrt{6}}$

b) $\sqrt[3]{9\sqrt{3} + 11\sqrt{2}} - \sqrt[3]{5\sqrt{2} + 7}$

c) $\left(\dfrac{2+\sqrt{3}}{\sqrt{2} + \sqrt{2+\sqrt{3}}} + \dfrac{2-\sqrt{3}}{\sqrt{2} - \sqrt{2-\sqrt{3}}} \right)^2$

611 Discutir a equação $m^2 x + 8m + 15 = 25x + m^2$, onde x é a incógnita e m é um parâmetro real.

612 Resolver a equação $x^4 - 18x^2 + 1 = 0$ transformando os radicais duplos em radicais simples.

613 Resolver a equação: $\sqrt[3]{\dfrac{5+x}{4-x}} + \sqrt[3]{\dfrac{4-x}{5+x}} = \dfrac{5}{2}$

614 Resolver o sistema: $\begin{cases} \dfrac{12}{x-1} + \dfrac{5}{y+1} = 5 \\ \dfrac{8}{x-1} + \dfrac{10}{y+1} = 6 \end{cases}$

615 Resolver a equação em **R**: $3x^2 + 15x + 2\sqrt{x^2 + 5x + 4} = 4$

616 Resolver a equação: $x^2 + 2x - \sqrt{x^2 + 2x + 6} = \sqrt{x^2 + 2x + 6} - 3$

617 Resolver o sistema: $\begin{cases} \dfrac{x^2 - y^2}{x^2 + y^2} = -\dfrac{3}{5} \\ x + 2y = 5 \end{cases}$

618 Resolver a equação: $3\sqrt{1+x} - 2\sqrt[4]{1+x} = 8$

619 Resolver a equação: $3\left(\dfrac{x}{x+1} - \dfrac{x+1}{x-1}\right)^2 + 4\left(\dfrac{x}{x+1} - \dfrac{x+1}{x-1}\right) - 7 = 0$

620 Discutir a equação em x: $m^2(x-1) + m(9x+5) + 14(x+1) = 0$

621 Resolver a equação: $\dfrac{\dfrac{3}{x+4} - \dfrac{x+17}{x^2+7x+12}}{\dfrac{x-1}{x} - \dfrac{x}{x+4} - \dfrac{1}{x}} = \dfrac{4}{x+3} + x - 4$

622 Resolver a equação: $8x^6 - 7x^3 - 1 = 0$

623 Resolver a equação em R: $x^2 + 1 + \sqrt{x^2 + 1} = 6$

624 Discutir, em função do parâmetro m, o conjunto verdade da equação seguinte na incógnita x: $(m^2 - 3m)x - 5m - m^2 = 4(1 + x)$

625 Resolver a equação em R: $\dfrac{x}{-\dfrac{x}{3} - \dfrac{2}{9}} - \dfrac{2}{x^2 + x + \dfrac{2x}{3} + \dfrac{2}{3}} \cdot \left(1 + \dfrac{3x + x^2}{3 + x}\right) = x$

626 Resolver a equação: $\dfrac{x(x-2)}{x+2} - \dfrac{4}{x-1} = \dfrac{x^2 - x + 2}{x+2}$

627 Resolver a equação em R: $\dfrac{a^2 + x}{b^2 - x} - \dfrac{a^2 - x}{b^2 + x} = \dfrac{4abx + 2a^2 - 2b^2}{b^4 - x^2}$

628 Resolver a equação em R: $\dfrac{1}{2x + \sqrt{x^2 + 1}} + \dfrac{2}{2x - \sqrt{x^2 + 1}} = \dfrac{\sqrt{x^2 + 1} + x}{x^2 - \dfrac{1}{3}}$

629 Resolver a equação irracional: $\sqrt{x^4 + 1 + \sqrt{4x^4 + \sqrt{x^2 + 3x} - 2}} = x^2 + 1$

630 Resolver o sistema:
$$\begin{cases} \dfrac{2}{x+y} + \dfrac{1}{3x-y} = \dfrac{5}{8} \\ \dfrac{3}{x+y} - \dfrac{2}{3x-y} = \dfrac{1}{2} \end{cases}$$

631 Resolver a equação e simplificar os radicais duplos:
$(2x^2 - 3 - 2\sqrt{2})(2x^2 - 7 + 4\sqrt{3})^{10} = 0$

632 Resolver a equação e simplificar os radicais duplos:
$x^2 - 2\sqrt{3}(x + \sqrt{2} - 1) + 2\sqrt{2} - 3 = 0$

Capítulo 7

Problemas

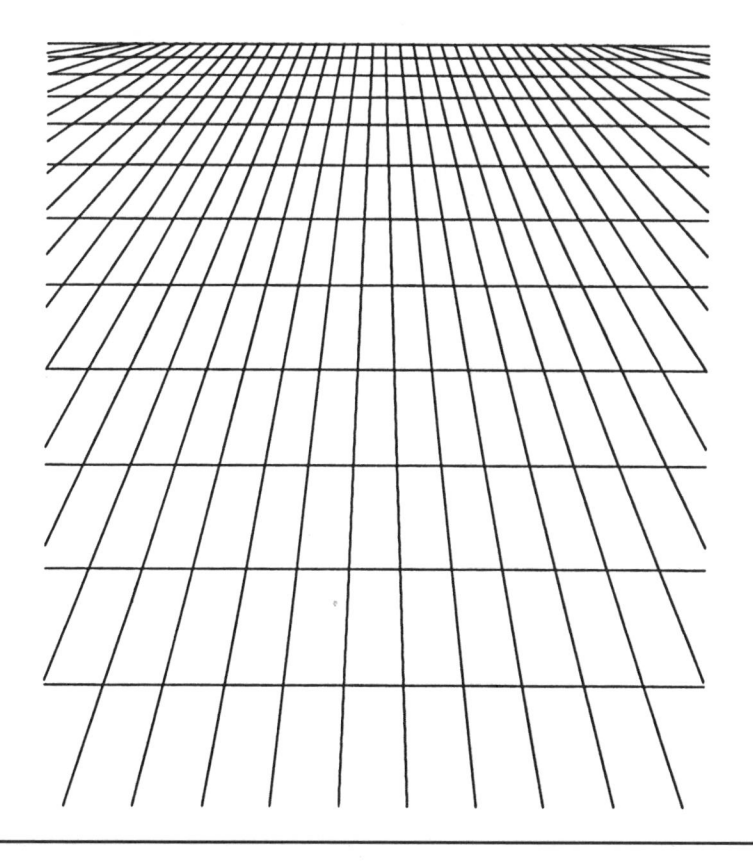

> *"Uma grande descoberta resolve um grande problema, mas há sempre uma pitada de descoberta na resolução de qualquer problema. O problema pode ser modesto, mas se ele desafiar a curiosidade e puser em jogo as faculdades inventivas, quem o resolver por seus próprios meios, experimentará a tensão e gozará o triunfo da descoberta. Experiências tais, numa idade susceptível, poderão gerar o gosto pelo trabalho mental e deixar, por toda a vida, a sua marca na mente e no caráter."*
>
> G. POLYA

A - Problemas do 1º grau

Na resolução de inúmeros problemas, ao equacioná-los, caímos em equações do 1º grau. Embora muitos desses problemas possam ser resolvidos sem o auxílio de equações, com o equacionamento as resoluções ficam mais simples.

Exemplo 1
A soma de um número com o seu dobro, o seu triplo, a sua metade e os seus dois terços é 86. Determine esse número.

Solução

Seja x o número procurado. Então:

$$x + 2x + 3x + \frac{x}{2} + \frac{2x}{3} = 86 \Rightarrow$$
$$\Rightarrow 6x + 12x + 18x + 3x + 4x = 86 \cdot 6 \Rightarrow$$
$$\Rightarrow 43x = 86 \cdot 6 \Rightarrow x = 12$$

Resposta: 12

Exemplo 2
Um pai tem 40 anos e seu filho 15 anos. Daqui a quantos anos a idade do pai será o dobro da idade do filho?

Solução

Seja x o número de anos que deverão se passar para que a idade do pai fique o dobro da do filho.

Depois de x anos : $\begin{cases} \text{pai}: 40 + x \\ \text{filho}: 15 + x \end{cases}$

Então: $40 + x = 2(15 + x)$
$40 + x = 30 + 2x \Rightarrow x = 10$

Resposta: Daqui a 10 anos.

Exemplo 3

Quando os irmãos João e Paulo nasceram, seu pai tinha respectivamente 25 anos e 33 anos. Se hoje a soma das idades dos filhos é 82 anos, quantos anos tem o pai?

Solução

1º Modo (com 2 incógnitas)

João tem x anos e Paulo y. Então: $\begin{cases} x+y=82 \\ x-y=8 \end{cases} \Rightarrow 2x=90 \Rightarrow x=45$

Resposta: O pai tem hoje 70 anos.

2º Modo (com 1 incógnita)

João tem x anos e Paulo x – 8. Então: $x + x - 8 = 82 \Rightarrow 2x = 90 \Rightarrow x = 45$

Resposta: O pai tem hoje 70 anos.

Exemplo 4

Ao se desfazer de uma coleção de chaveiros, Eduardo deu $\frac{2}{5}$ deles e mais 3 chaveiros para José, $\frac{1}{3}$ do resto para João e os 8 restantes para Fernando. Quantos chaveiros tinha a sua coleção?

Solução

Seja n o número de chaveiros

José recebeu $\frac{2}{5}n + 3$

João recebeu $\frac{1}{3}\left[n - \left(\frac{2n}{5} + 3\right)\right]$

Então: $\frac{2n}{5} + 3 + \frac{1}{3}\left[n - \frac{2n}{5} - 3\right] + 8 = n$

$\frac{2n}{5} + 11 + \frac{n}{3} - \frac{2n}{15} - 1 = n$

$6n + 150 + 5n - 2n = 15n \Rightarrow 6n = 150 \Rightarrow n = 25$

Resposta: 25 chaveiros.

Exemplo 5

A soma de 4 números ímpares consecutivos é 368. Determine esses números.

Solução

Como a diferença entre dois números ímpares consecutivos é 2 (quando forem

pares também) se o menor for x os outros serão x + 2, x + 4 e x + 6.
Então:
x + x + 2 + x + 4 + x + 6 = 368 ⇒ 4x+12 = 368 ⇒ x + 3 = 92 ⇒ x = 89

Resposta: 89, 91, 93, 95.

Exemplo 6
A soma dos algarismos de um número de 3 algarismos (ou 3 dígitos) é 14. Se permutarmos os algarismos das centenas e das unidades, o novo número excede o primitivo em 396 e se permutarmos os das dezenas e das unidades, o novo excede o primitivo em 54. Determine o número.

Solução
Sendo x, y, z os algarismos das centenas, dezenas e unidades, e n o nº procurado, temos:
n = 100x + 10y + z

$$\begin{cases} x+y+z=14 \\ 100z+10y+x-(100x+10y+z)=396 \\ 100x+10z+y-(100x+10y+z)=54 \end{cases} \Rightarrow \begin{cases} x+y+z=14 \\ -99x+99z=396 \\ -9y+9z=54 \end{cases}$$

$$\begin{cases} x+y+z=14 \\ x=z-4 \\ y=z-6 \end{cases} \Rightarrow z-4+z-6+z=14 \Rightarrow z=8 \Rightarrow x=4 \text{ e } y=2$$

Logo: n = 100 (4) + 10 (2) + 8 ⇒ n = 428

Resposta: 428

Exemplo 7
Dando vazão para um tanque, temos uma torneira A e uma torneira B. Se A enche sozinha o tanque em 10 horas e B, sozinha, o enche em 15 horas, em quanto tempo as duas juntas enchem o tanque?

Solução
Sendo k a capacidade(volume) do tanque, em 1 hora:

I) A enche $\frac{k}{10}$ do tanque   II)   B enche $\frac{k}{15}$ do tanque

III) A e B enchem juntas $\frac{k}{10}+\frac{k}{15}=\frac{3k+2k}{30}=\frac{5k}{30}=\frac{k}{6}$ do tanque

Sendo t o tempo em que as duas juntas enchem o tanque temos: $\frac{k}{6}t = k \Rightarrow t = 6$

Resposta: 6 horas.

Exercícios

633 Em cada caso determinar um número que satisfaça a condição dada (mesmo que você perceba o resultado, monte uma equação para determiná-lo):

a) O dobro dele é 26.
b) A quinta parte dele é 15.
c) Dois terços dele são iguais a 12.
d) Cinco meios dele são iguais a 25.
e) A soma dele com 12 dá o triplo dele.
f) A soma do dobro dele com 20 é igual a ele menos 5.
g) O triplo da soma dele com 10 dá a soma dele com 8.
h) A metade dele somada com 12 dá 23.
i) A metade dele somado com 18 dá 24.
j) A terça parte dele diminuída de 2 é igual à quarta parte dele somado com 2.
k) Ele somado com os seus $\frac{3}{5}$ é igual 40.

634 Em cada caso abaixo pedem-se dois números cuja soma é 240. Então, determine esses dois números, sabendo que:

a) A diferença entre eles é 120.
b) A soma de um com o dobro do outro é 300.
c) Um deles é o dobro do outro.
d) Um deles é $\frac{5}{7}$ do outro.

635 Em cada caso abaixo determinar 4 números, sabendo que:

a) A sua soma é 450 e eles são inteiros consecutivos.
b) A sua soma é 4404 e eles são pares consecutivos.
c) A sua soma é 864 e eles são ímpares consecutivos.
d) A sua soma é 461 e eles são inteiros consecutivos.
e) A sua soma é 480 e eles são pares consecutivos.
f) A sua soma é 638 e eles são múltiplos consecutivos de 11.

636 Resolver

a) Danilo e Ricardo têm, respectivamente, 4 anos e 18 anos. Daqui a quantos anos a idade de Ricardo será o triplo da de Danilo?
b) João vai dividir 200 moedas de sua coleção entre seus dois filhos, de modo que um receba $\frac{2}{3}$ do que receber o outro. Quantas receberá cada um?
c) Tio Paulo quer dividir 100 balas entre 3 crianças de modo que a primeira receba 7 mais que a segunda e esta, 18 menos que a terceira. Quantas receberá cada criança?

637 Resolver:

a) Um cavaleiro fez uma viagem em 3 dias, sendo que no primeiro dia cumpriu a metade do percurso, no segundo um quinto e, no terceiro, os 18 km restantes. Quantos km ele viajou?
b) Um comerciante verificou, ao olhar o seu estoque de latas de óleo, que se vendesse 30 latas por dia o estoque daria para 4 dias a menos do que se vendesse 20. Quantas latas há no estoque?
c) Num pátio há carros e motos, num total de 56 veículos. Se o número de carros excede o de motos em 8, quantos carros e quantas motos há no pátio?
d) Em um terreiro há patos e coelhos num total de 32 cabeças e 104 pés. Determine os números de coelhos e patos.

638 Resolver:

a) O algarismo das dezenas de um número de 3 algarismos é 4. Se trocarmos entre si as posições dos outros dois, o número obtido supera o outro em 99. Determinar esse número, sabendo que soma dos seus algarismos é 17.
b) A soma dos algarismos de um número de 2 algarismos é 16. Somando esse número com 18, obtém-se um outro número de dois algarismos, que são os mesmos do número anterior. Determinar este número.

639 Resolver:

a) Uma torneira gasta 24 minutos para encher um tanque e uma outra torneira gasta 36 minutos para encher este mesmo tanque. Em quanto tempo as duas juntas encherão o tanque?
b) João gasta 4 horas para fazer um serviço e Paulo gasta 6 horas para fazer o mesmo serviço. Juntos, em quanto tempo eles executariam esse serviço?

B - Razões e Proporções

B.1 - Razão

A razão entre dois números a e b, com $b \neq 0$, é o quociente de a por b. ou a : b é a razão entre a e b e indica a fração que a representa de b, isto é: $a = \left(\dfrac{a}{b}\right) b$.

Na razão $\dfrac{a}{b}$, a é o antecedente e b é o conseqüente.

B.2 - Proporção

Se a, b, c e d são todos diferentes de zero e as razões $\frac{a}{b}$ e $\frac{c}{d}$ são iguais, então $\frac{a}{b} = \frac{c}{d}$ é uma proporção e dizemos que a, b, c e d, nesta ordem, formam tal proporção.

Na proporção $\frac{a}{b} = \frac{c}{d}$ (a : b = c : d), b e c são chamados meios e a e d são chamados extremos da proporção.

Propriedade

"Em uma proporção, o produto dos meios é igual ao produto dos extremos, e reciprocamente".

Em símbolos

$$\frac{a}{b} = \frac{c}{d} \Leftrightarrow ad = bc$$

Demonstração

$$\frac{a}{b} = \frac{c}{d} \Rightarrow \left(\frac{a}{b}\right)bd = \frac{c}{d}(bd) \Rightarrow ad = bc$$

$$ad = bc \Rightarrow (ad):(bd) = (bc):(bd) \Rightarrow \frac{a}{b} = \frac{c}{d}$$

Observações

1) Na proporção $\frac{a}{b} = \frac{c}{d}$, d é chamado quarta proporcional dos números a, b e c.

2) Na proporção com meios iguais (proporção contínua) $\frac{a}{b} = \frac{b}{c}$, c é chamado terceira proporcional dos números a e b.

B.3 - Números proporcionais

Dadas as sucessões de números (a, b, c,...) e (a', b', c', ...), dizemos que os elementos de uma são diretamente proporcionais (ou apenas proporcionais) aos elementos da outra se $\frac{a}{a'} = \frac{b}{b'} = \frac{c}{c'} = ...$

E dizemos que são inversamente proporcionais se $\frac{a}{\frac{1}{a'}} = \frac{b}{\frac{1}{b'}} = \frac{c}{\frac{1}{c'}} = ...$

B.4 - Porcentagem

As frações com denominadores 100 são chamadas **frações centesimais** e podem ser representadas de outra maneira que é chamada **taxa porcentual** ou **porcentagem**.

$$\frac{3}{100} = 3\% \quad (3\% \text{ lê-se: três por cento})$$

$$\frac{15}{100} = 15\%$$

$$\frac{7}{10} = \frac{70}{100} = 70\%$$

Exemplo 1

Dividir 3450 em partes diretamente proporcionais aos números $2, \frac{1}{3}$ e $\frac{3}{2}$

Solução
Sejam x, y e z as partes. Então:

$$\begin{cases} x+y+z = 3450 \\ \dfrac{x}{2} = \dfrac{y}{\frac{1}{3}} = \dfrac{z}{\frac{3}{2}} = k \Rightarrow \dfrac{x}{2} = 3y = \dfrac{2z}{3} = k \Rightarrow x = 2k, y = \dfrac{k}{3}, z = \dfrac{3k}{2} \end{cases}$$

$$\Rightarrow 2k + \frac{k}{3} + \frac{3k}{2} = 3450 \Rightarrow 12k + 2k + 9k = 6.3450 \Rightarrow$$

$$\Rightarrow 23k = 6.3450 \Rightarrow k = 150.6 \Rightarrow$$

$$\Rightarrow x = 2(150.6), y = \frac{1}{3}(150.6), z = \frac{3}{2}(150.6) \Rightarrow$$

$$\Rightarrow x = 1800, y = 300, z = 1350$$

Resposta: 1800, 300 e 1350

Exemplo 2

Dividir 3450 em partes inversamente proporcionais a $2, \frac{1}{3}$ e $\frac{3}{2}$.

Solução
É o mesmo que dividir em partes diretamente proporcionais aos inversos de $2, \frac{1}{3}$ e $\frac{3}{2}$. Então:

$$\begin{cases} x+y+z = 3450 \\ \dfrac{x}{\frac{1}{2}} = \dfrac{y}{3} = \dfrac{z}{\frac{2}{3}} = k \Rightarrow 2x = \dfrac{y}{3} = \dfrac{3z}{2} = k \Rightarrow \end{cases}$$

$$x = \frac{k}{2}, y = 3k, z = \frac{2k}{3} \Rightarrow$$

$$\Rightarrow \frac{k}{2} + 3k + \frac{2k}{3} = 3450 \Rightarrow 3k + 18k + 4k = 6.3450 \Rightarrow$$

$$\Rightarrow 25k = 6.3450 \Rightarrow k = 6.138 \Rightarrow$$

$$\Rightarrow x = \frac{1}{2}(6.138), y = 3(6.138), z = \frac{2}{3}(6.138)$$

$$x = 414, y = 2484, z = 552$$

Resposta: 414, 2484 e 552

Exemplo 3
Paguei por uma prestação, com 20% de multa, Cr$ 150.480,00. Quanto paguei de multa?

Solução

Sendo x o valor da prestação, $\frac{20}{100}x$ será a multa. Então:

$$x + \frac{20}{100}x = 150480 \Rightarrow 5x + x = 5(150480) \Rightarrow$$

$$\Rightarrow x = \frac{5}{6}(150480) \Rightarrow x = 5(25080)$$

Como a multa é $\frac{1}{5}x$, obtemos que a multa é de Cr$ 25.080,00

Resposta: Cr$ 25.080,00

Exemplo 4
Dos alunos de uma escola, 30% prestaram vestibular para faculdade de Medicina, e 60% desses, que são 180 alunos, entraram na faculdade. Quantos alunos tinha essa escola?

Solução

$30\% = \frac{30}{100}$ e $60\% = \frac{60}{100}$. Então, sendo x o número de alunos da escola, temos:

$$\frac{60}{100}\left(\frac{30}{100}x\right) = 180 \Rightarrow \frac{6}{10} \cdot \frac{3}{10} \cdot x = 180 \Rightarrow 18x = 18000 \Rightarrow x = 1000$$

Resposta: 1000 alunos

Exemplo 5: Com 10 kg de algodão faz-se 8m de um certo tecido. Quantos metros deste mesmo tecido obtém-se com 15 kg de algodão?

Solução

| 10 kg —— | 8m |
| 15 kg —— | x |

$$\frac{8}{x} = \frac{10}{15} \Rightarrow 10x = 120 \Rightarrow x = 12$$

Resposta: 12 metros.

Exemplo 6
Se 20 homens gastam 15 dias para fazer uma casa, em quantos dias 12 homens fariam esta mesma casa?

Solução

```
↑ 20 h ─────── | 15 dias
  12 h ─────── ↓ x
```

$$\frac{15}{x} = \frac{12}{20} \Rightarrow \frac{5}{x} = \frac{4}{20} \Rightarrow x = 25$$

Resposta: 25 dias

Exemplo 7
Um terço de um trabalho foi feito em 4 dias por 12 homens que trabalharam 8 horas por dia. Em quantos dias, 8 homens trabalhando 6 horas por dia, terminarão este trabalho?

Solução

Foi feito $\frac{1}{3}$ do trabalho: faltam $\frac{2}{3}$ do trabalho para terminá-lo. Então:

```
| 1/3 T ─────── | 4 dias ─────── | 12 h ─────── ↑ 8 h/d
↓ 2/3 T ─────── ↓ x    ───────   |  8 h ───────   6 h/d
```

$$\frac{4}{x} = \frac{\frac{1}{3}}{\frac{2}{3}} \cdot \frac{8}{12} \cdot \frac{6}{8} \Rightarrow \frac{4}{x} = \frac{1}{4} \Rightarrow x = 16$$

Resposta: 16 dias

---

640 Determinar o valor de x nas proporções:

a) $\dfrac{x}{6} = \dfrac{8}{12}$ b) $\dfrac{x-2}{x+1} = \dfrac{2}{3}$ c) $\dfrac{0,2}{5} = \dfrac{1,6}{x}$

641 Achar a quarta proporcional dos números dados, nos casos:

a) 6, 8 e 9   b) 4, –6 e 7   c) 0, 2; 1, 2 e 3

642 Achar a terceira proporcional dos números dados, nos casos:

a) 4 e 6   b) 0,8 e 1,2   c) $2\sqrt{3}$ e $\sqrt{6}$

643 Se ab = xy e abxy ≠ 0, mostre que:

a) $\dfrac{a}{x} = \dfrac{y}{b}$ b) $\dfrac{a}{y} = \dfrac{x}{b}$ c) $\dfrac{b}{y} = \dfrac{x}{a}$

(Do item (a) para o (b) dizemos que permutamos os meios e do item (b) para o (c) dizemos que permutamos os extremos.)

644 Se $\dfrac{a}{b} = \dfrac{c}{d}$ e a. c ≠ 0 mostre que:

a) $\dfrac{a+b}{b} = \dfrac{c+d}{d}$ b) $\dfrac{a-b}{b} = \dfrac{c-d}{d}$ c) $\dfrac{a+c}{b+d} = \dfrac{a}{b} = \dfrac{c}{d}$

d) $\dfrac{a-c}{b-d} = \dfrac{a}{b} = \dfrac{c}{d}$ e) $\dfrac{a.c}{b.d} = \dfrac{a^2}{b^2} = \dfrac{c^2}{d^2}$

645 Determinar a, b, c e d nos casos:

a) $\begin{cases} \dfrac{a}{2} = \dfrac{b}{3} = \dfrac{c}{4} = \dfrac{d}{6} \\ a+b+c+d = 240 \end{cases}$ b) $\begin{cases} \dfrac{2a}{3} = 3b = \dfrac{3c}{4} = \dfrac{d}{2} \\ 3a-2b+c-2d = 63 \end{cases}$

646 Dividir 1334 em partes:

a) diretamente proporcionais a 2, $\dfrac{3}{4}$ e 3

b) inversamente proporcionais a $\dfrac{3}{4}$, 2 e $\dfrac{1}{3}$

647 Determinar

a) $\frac{2}{3}$ de 24　　　b) $\frac{4}{7}$ de 154　　　c) 1,25 de 1200

648 Lembrando que a taxa percentual x% é igual à fração centesimal $\frac{x}{100}$, escrever na forma de fração centesimal as seguintes taxas:

a) 7%　　b) 15%　　c) 130%　　d) 1%

649 Transformar cada taxa porcentual abaixo em um número decimal:

a) 70%　　b) 2%　　c) 100%　　d) 150%　　e) 1200%
f) 12%　　g) 0,3%　　h) 50%

650 Passar para a forma de taxa porcentual cada um dos números:

a) 0,3　　b) 0,2　　c) 1,5　　d) 2,3　　e) 1
f) 2　　g) 5　　h) 0,05

651 Determinar:

a) 20% de 250　　　b) 15% de 2000　　　c) 5% de 1500
d) 125% de 600　　e) 105% de 700　　　f) 12,5% de 16000

652 Em cada caso determinar o número que satisfaz à condição dada.

a) $\frac{3}{5}$ dele é 42　　b) 10% dele é 35　　c) 25% dele é 32
d) 120% dele é 72

653 Em cada caso determinar o número que obedece à condição dada:

a) Ele somado com 15% dele é igual a 276.
b) Ele somado com 125% dele é igual a 1836.
c) Ele somado com $\frac{3}{2}$ dos seus $\frac{6}{5}$ é igual a 140.
d) Ele somado com 10% dos 15% dele é igual a 2436.

Exercícios de Matemática - vol 1

654 Em cada caso abaixo pedem-se dois números cuja soma é 360. Determinar esses números, se:

a) A razão entre eles é $\frac{1}{3}$
b) A razão entre eles é $\frac{5}{7}$
c) Um deles é 25% do outro
d) Um deles é 500% do outro

655 Resolver:

a) Um pai dividiu 165 figurinhas entre dois filhos. Quantas recebeu cada um se a razão entre as partes é 4 : 7?
b) Dividindo Cr$ 230.000,00 entre Nestor, Marcel e Fernando em partes proporcionais às suas idades que são, respectivamente, 5 anos, 8 anos e 10 anos, quantos cruzeiros receberá cada um?
c) Dividindo 65 balas entre Luciana, Flávia e Vanessa, em partes inversamente proporcionais às suas idades que são, respectivamente, 4 anos, 6 anos e 8 anos, quantas balas receberá cada uma?

656 Resolver:

a) Em uma aula havia 40 alunos presentes. Se 20% dos alunos não estavam presentes neste dia, quantos alunos tem essa classe?
b) Um comerciante vende uma mercadoria por Cr$ 17.710,00 para ter um lucro de 15%. Qual o custo desta mercadoria?
c) Um negociante vende uma mercadoria, cujo custo é de Cr$ 1.600,00, por Cr$ 2.032,00. Qual é o seu lucro percentual (taxa)?
d) Em uma fábrica, 35% dos trabalhadores são mulheres e o número de homens excede o de mulheres em 252. Determinar o número de trabalhadores desta fábrica.
e) Uma fábrica vendeu certa mercadoria com um prejuízo de 25%, por Cr$ 900,00. Qual o preço primitivo desta mercadoria?
f) Dos 960 funcionários de uma empresa, 240 são mulheres. Qual a porcentagem de homens que há nesta empresa?
g) Duas mercadorias iguais foram vendidas, uma com um lucro de 15% e outra com um prejuízo de 10%. Se a diferença dos preços foi de Cr$ 375,00, qual o custo de cada mercadoria?

657 Resolver:

a) Um automóvel gasta 12 *l* de gasolina para percorrer 132 km. Quantos litros gastará para percorrer 473 km?

b) Um carro gasta 6 horas para fazer uma viagem, correndo a 80 km/h. Quanto tempo gastaria a uma velocidade de 120 km/h?

658 Resolver:

a) Trabalhando 7 horas por dia, durante 10 dias, 24 homens fizeram duas casas. Em quantos dias de 6 horas, 20 homens levarão para fazer três casas?
b) São necessários 510 kg de milho para alimentar 16 porcos durante 17 dias. Se tivéssemos 7 porcos a menos, para quantos dias dariam 810 kg de milho?

C - Problemas do 2º Grau

Chamamos de problemas do 2º grau, os problemas que resolvemos com o auxílio de equações do 2º grau.

Exemplo 1
O quadrado de um número é igual à soma do quádruplo desse número com 5. Determinar este número.

Solução
x é o número, então:
$x^2 = 4x + 5$
$x^2 - 4x - 5 = 0$
$(x - 5)(x + 1) = 0 \Rightarrow x = 5$ ou $x = -1$

Resposta: 5 ou -1

Exemplo 2
Há 40 anos, a soma dos quadrados das idades de João e José, que é 9 anos mais velho que João, era 221 anos. Quantos anos têm João e José hoje?

Solução
Sejam x e x + 9 as idades há 40 anos:
$x^2 + (x + 9) = 221 \Rightarrow x^2 + x^2 + 18x + 81 = 221 \Rightarrow$
$\Rightarrow 2x^2 + 18x - 140 = 0 \Rightarrow x^2 + 9x - 70 = 0 \Rightarrow$
$\Rightarrow (x - 5)(x + 14) = 0 \Rightarrow x = 5$ ou $x = -14 \Rightarrow$
$\Rightarrow x = 5$
Então hoje João tem 45 e José 54

Resposta: 45 anos e 54 anos

Exemplo 3:
A diferença entre dois números, cuja soma dos quadrados é 290, é 2. Determine esses números.

Solução
Sendo x e y os números, temos:

$\begin{cases} x^2 + y^2 = 290 \\ x - y = 2 \end{cases} \Rightarrow (y+2)^2 + y^2 = 290 \Rightarrow$

$\Rightarrow y^2 + 4y + 4 + y^2 = 290 \Rightarrow 2y^2 + 4y - 286 = 0 \Rightarrow$

$\Rightarrow y^2 + 2y - 143 = 0$

$\Delta = 4 + 572 = 576$

$y = \dfrac{-2 \pm 24}{2} \Rightarrow \begin{cases} y = 11 \Rightarrow x = 13 \\ y = -13 \Rightarrow y = -11 \end{cases}$

Resposta: 13 e 11 ou –11 e – 13

Exemplo 4:
Tio João ia distribuir 630 figurinhas entre seus sobrinhos. Na hora da divisão, 6 sobrinhos abriram mão de suas partes, o que fez com que cada um dos outros recebesse 12 figurinhas a mais. Quantos sobrinhos tem tio João?

Solução
Seja n o número de sobrinhos. Então:

$\dfrac{630}{n-6} - \dfrac{630}{n} = 12 \Rightarrow \dfrac{105}{n-6} - \dfrac{105}{n} = 2 \Rightarrow$

$2n^2 - 12n = 105n - 105n + 630 \Rightarrow 2n^2 - 12n - 630 = 0 \Rightarrow$

$n^2 - 6n - 315 = 0$

$\Delta = 36 + 1260 = 1296$

$n = \dfrac{6 \pm 36}{2} \Rightarrow n = 21$

Resposta: 21 sobrinhos

Exemplo 5:

A soma dos inversos de dois números inteiros consecutivos é $\dfrac{11}{30}$. Determine-os.

Solução
Sendo x e x + 1 os números, temos:

$\dfrac{1}{x} + \dfrac{1}{x+1} = \dfrac{11}{30}$

$\Rightarrow 30x + 30 + 30x = 11x^2 + 11x$

$\Rightarrow 11x^2 - 49x - 30 = 0$

$\Delta = 2401 + 1320 = 3721$

$$x = \frac{49 \pm 61}{22} \Rightarrow x = 5 \lor x = -\frac{6}{11}$$

Como x é inteiro, temos que x = 5.

Resposta: 5 e 6

Exemplo 6:
Determinar um número de dois algarismos sabendo que o algarismo das unidades excede em 2 o algarismo das dezenas e que o produto do número procurado pela soma dos algarismos é igual a 144.

Solução
x = algarismo das dezenas
y = algarismo das unidades
n = 10x + y

$$\begin{cases} y = x+2 \\ (10x+y)(x+y) = 144 \end{cases}$$

$$\Rightarrow (10x+x+2)(x+x+2) = 144$$
$$\Rightarrow (11x+2)(2x+2) = 144 \Rightarrow (11x+2)(x+1) = 72$$
$$\Rightarrow 11x^2 + 13x + 2 = 72 \Rightarrow 11x^2 + 13x - 70 = 0$$
$$\Delta = 169 + 3080 = 3249$$
$$x = \frac{-13 \pm 57}{22} \Rightarrow x = 2 \lor x = \frac{-35}{11}$$
$$\Rightarrow x = 2 \Rightarrow y = 4 \Rightarrow n = 24$$

Resposta: 24

Exemplo 7:
Um vaso contém 54 l de ácido. Dele foi retirado um número de litros de ácido e colocado este mesmo número de litros de água. Retira-se agora da mistura, outra vez, o mesmo número de litros e verifica-se que no vaso restam 24 l de ácido puro. Quantos litros de ácido foram retirados inicialmente do vaso?

Solução
(1º) Retirando-se x litros, sobraram (54 - x)l de ácido no vaso
(2º) Completando com x litros de água a mistura terá 54 l, dos quais (54 - x) é de ácido. Então: $\frac{54-x}{54}$ da mistura é ácido.

Como são encontrados 24 l de ácido em (54 - x)l da mistura, temos que:

$$\frac{54-x}{54}(54-x) = 24$$

$$\Rightarrow (54-x)^2 = 54 \cdot 24 = 9 \cdot 6 \cdot 4 \cdot 6 = 3^2 \cdot 2^2 \cdot 6^2$$

$\Rightarrow$ 54 − x = 3.2.6 ∨ 54 − x = −3.2.6
$\Rightarrow$ x = 18 ∨ x = 90
x = 18 pois no vaso havia apenas 54 l de ácido

Resposta: 18 litros

Exemplo 8:
Um barco, com velocidade própria de 18 km/h, parte de um ponto A localizado em um afluente do rio Itararé e desce 80 km até o ponto B onde esse afluente desemboca no rio e, a seguir, sobe o rio até um ponto C. Neste percurso ele gasta 18 horas e, no caminho de volta, gasta 15 horas. Achar a distância que ele percorreu para ir de A até C se a velocidade das águas do rio Itararé é de 3 km/h.

Solução

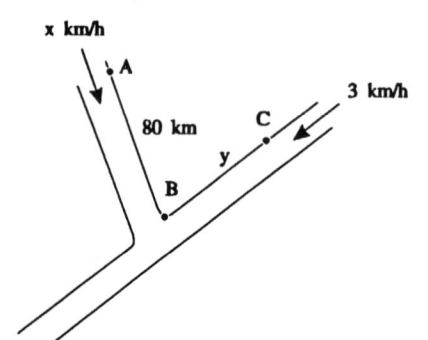

Veloc. do barco em relação a margem em AB é (x + 18) km/h e em BC é (18 − 3) km/h.
Então:

$$\begin{cases} \dfrac{80}{x+18} + \dfrac{y}{15} = 18 \\ \dfrac{y}{21} + \dfrac{80}{18-x} = 15 \end{cases}$$

Donde obtemos x = 2 e y = 210

Resposta: 290 km

659 Resolver:

a) O quadrado de um número é igual à soma deste número com 6. Ache este número.
b) O quádruplo da soma de um número com 3 é igual ao quadrado deste número. Determine-o.
c) A soma dos quadrados de 3 números inteiros consecutivos é 365. Determine-os.
d) Dividir 20 em duas parcelas tais que o seu produto seja 96.
e) Decompor 56 em dois fatores tais que a sua soma seja 18.

660 Resolver

a) Em uma divisão de números naturais, cujo dividendo é 490, verificou-se que o divisor é o dobro do resto e excede o quociente em 11. Determinar o resto.
b) Ao dividir 400 balas entre um número de crianças, uma pessoa verificou que se houvesse 5 crianças a menos, cada uma receberia 4 balas a mais. Qual o número de crianças e quantas balas recebeu cada uma?
c) Uma pessoa verificou, depois de ler um livro de 720 páginas, que se lesse 30

páginas a mais por dia, gastaria 2 dias a menos para lê-lo. Em quantos dias ela leu o livro?

661 Resolver:

a) Dois trabalhadores trabalhando juntos fazem um serviço em 8 horas. Trabalhando individualmente um pode fazer o mesmo serviço 12 horas mais rápido que o outro. Quantas horas cada um gasta para fazer o serviço individualmente?

b) Determinar dois números A e B, ambos com dois algarismos, sabendo que:
1º) Se o número B e em seguida o zero são anexados ao número A, à sua direita, e o número de 5 algarismos obtido for dividido pelo quadrado de B, obtém-se quociente 39 é resto 575.
2º) Se anexarmos B à direita de A e tirarmos do número obtido o número que se obtém anexando B à esquerda de A, obtemos 1287.

662 Resolver

a) Um caminhão parte de um ponto A em direção a um ponto B e uma hora mais tarde um carro parte de A também em direção a B. Ambos chegam em B no mesmo instante. Se eles tivessem partido simultaneamente, um de A e outro de B, indo um de encontro ao outro, esse encontro se daria depois de 1 hora e 12 minutos. Qual o tempo que o caminhão leva para ir de A até B?

b) O caminho percorrido por um ciclista é composto de 3 partes, sendo a primeira igual a 6 vezes a terceira. Determinar a velocidade média do ciclista no caminho todo, se ela é igual à velocidade dele na segunda parte, é 2 km/h menos que a velocidade dele na primeira parte e é 10 km/h mais que a metade da velocidade dele na terceira parte.

c) A distância entre dois postos A e B que estão na margem de um rio é de 20 km. Um barco parte de A, vai até B e retorna a A em 10 horas. Ache a velocidade das águas do rio sabendo que o barco gasta para subir 2 km o mesmo tempo que ele gasta para descer 3 km.

663 Resolver:

a) Um balão de 8 litros está cheio com uma mistura de oxigênio e nitrogênio, sendo que 16% da mistura são de oxigênio. Um número de litros da mistura é liberado e é colocado nitrogênio no lugar. Uma outra vez é feita esta mesma operação e no final, apenas 9% da nova mistura são de oxigênio. Determinar quantos litros foram liberados em cada operação.

b) Duas amostras de ligas de metais de massas a e b quilogramas contém porcentagens diferentes de cobre. Dois pedaços de massas iguais são cortados de cada uma das amostras e cada um deles é fundido com o pedaço restante da outra amostra. As novas ligas obtidas apresentam agora porcentagens iguais de cobre. Determinar a massa de cada pedaço destacado inicialmente.

Exercícios de Fixação

664 Resolver os problemas:

a) Paulo e José têm a mesma idade e daqui a 12 anos a soma das suas idades será 42. Qual é a idade deles hoje?
b) Há 5 anos a idade de Renato era o quíntuplo da idade de Selma e daqui a 4 anos a idade de Renato será o dobro da idade de Selma. Qual é a idade de cada um hoje?
c) A soma das idades de Ricardo e José é 42 anos e daqui a 9 anos Ricardo terá o triplo da idade de José. Quais são as suas idades?
d) Em um determinado instante de um dia verificou-se que faltavam $\frac{4}{5}$ do que havia passado do dia, para que ele terminasse. Em que horário verificou-se isso?
e) Um grupo de turistas vai a uma excursão. Se cada um pagar Cr$ 7,50, faltarão Cr$ 44,00 para cobrir o custo e, se cada um pagar Cr$ 8,00, sobrarão Cr$ 44,00. Quantas pessoas vão à excursão?

665 Resolver os problemas:

a) Em uma chácara há gansos e cabritos. O número de gansos excede o de cabritos em 2 e o número de pés de cabritos excede o de pés de gansos em 28. Ache os números de gansos e cabritos.
b) João tem Cr$ 275,00 em notas de Cr$ 5,00 e de Cr$ 10,00. Se o número total de cédulas é 40, quantas são as notas de cada tipo?
c) Célia vai dividir um número de folhas de papel entre seus alunos. Ela notou que se der 45 para cada um, lhe faltarão 40 folhas e se der 36 para cada um, lhe sobrarão 32 folhas. Quantas folhas e quantos alunos tem Célia?

666 Resolver:

a) O algarismo das unidades é o dobro do algarismo das dezenas de um número de 2 algarismos. Trocando-se as posições dos algarismos, obtemos um número que excede o original em 36 unidades. Determinar esse número.
b) Um número é formado por 3 algarismos. O das unidades é o dobro do das dezenas e o quádruplo do das centenas. Se a soma dos algarismos é 14, qual é esse número?

667 Resolver:

a) Dividir 560 em partes proporcionais a 2, $\dfrac{1}{4}$ e $\dfrac{2}{3}$.

b) Dividir 3168 em partes inversamente proporcionais a $\dfrac{2}{3}$, $\dfrac{1}{2}$ e 2.

c) Dividir 1692 em partes diretamente proporcionais a 2, $\dfrac{1}{2}$ e $\dfrac{3}{2}$ e, ao mesmo tempo inversamente proporcionais a $\dfrac{4}{3}$, 3 e $\dfrac{9}{2}$.

668 Resolver:

a) Para construir uma barragem de 22m de comprimento por 0,9m de largura, 10 operários gastam 11 dias, trabalhando 8 horas por dia. Em quanto tempo 8 operários, trabalhando 6 horas por dia construiriam uma barragem de 18m de comprimento, 0,3m de largura e com o dobro da altura da primeira?

b) Um ciclista percorre certa distância em 12 dias, andando 8 horas por dia. Se ele aumentar a velocidade em $\dfrac{1}{3}$, quantas horas ele tem que andar por dia para fazer o mesmo percurso em 8 dias?

669 Resolver:

a) No mês de dezembro de um calendário está assinalado um determinado dia. Que dia é esse se a razão entre os números de dias do mesmo mês, anteriores e posteriores a ele é 3 : 2?

b) A razão entre os algarismos de um número de dois algarismos é 2 : 3. Somando 27 com esse número, obtém-se um número de 2 algarismos com os mesmos algarismos do anterior. Determinar este número.

670 Resolver:

a) Por quanto deve ser vendida uma mercadoria com custo de Cr$ 15.000,00, para que o lucro seja de 20%?

b) Paguei por uma conta de luz, com 10% de multa, Cr$ 13.750,00. Quanto paguei de multa?

c) Se de cada 225kg de minério são extraídos 34,2 kg de cobre, qual a porcentagem de cobre que esse minério contém?

Exercícios de Matemática - vol 1

671 Resolver:

a) Por 60 exemplares de um livro mais 75 exemplares de um outro, pagou-se Cr$ 405.000,00. Se houvesse um desconto de 15% no preço dos primeiros e de 10% no preço dos outros, a compra sairia por Cr$ 355.500,00. Determinar os preços desses dois livros.
b) Uma casa de antiguidades comprou dois objetos por Cr$ 225.000,00 e os vendeu obtendo um lucro de 40%. Quanto a casa pagou por cada objeto, se o primeiro deu um lucro de 25% e o segundo um lucro de 50%?
c) Se 5% da massa da água do mar é sal, quantos quilogramas de água pura é necessário acrescentar a 40 kg de água do mar para que 2% da mistura obtida seja de sal?
d) Duas sacas contém, juntas, 140 kg de farinha. Elas conterão a mesma quantidade se tirarmos 12,5% de uma e colocarmos na outra. Quantos quilogramas contém cada saca?

672 Resolver os problemas:

a) Se do quadrado de um número tiramos o seu quíntuplo, obtemos 84. Determinar este número.
b) A soma dos quadrados de três números ímpares consecutivos é 515, determine-os.
c) Um homem caminhou 300 km. Sabe-se que se ele caminhasse 5 km a mais por dia, teria gasto 2 dias a menos. Quantos dias ele gastou para caminhar os 300 km?
d) Danilo percorreu 164 km em 10 horas, a pé e de bicicleta. Se ele percorreu 24 km a pé e, de bicicleta, ele faz 12 km/h a mais do que a pé, qual a sua velocidade quando está de bicicleta?
e) Um grupo de pessoas tem que pagar uma conta de Cr$ 72.000,00. Se houvesse 3 pessoas a menos, cada uma deveria pagar Cr$ 4.000,00 a mais. Quantas pessoas há?

673 Resolver:

a) A soma dos quadrados dos algarismos de um número de dois algarismos é 10. Subtraindo 18 do número original obtemos um número escrito com os mesmos algarismos, mas em ordem inversa. Determinar este número.
b) Determinar um número de dois algarismos que é igual a 4 vezes a soma dos algarismos e é igual a 3 vezes o produto dos algarismos.
c) No final do ano letivo, um grupo de alunos que estava deixando o colégio resolveu trocar fotografias entre si. Quantos alunos havia nesta classe se foram trocadas 870 fotografias?
d) Determine 3 números, sabendo que o segundo excede o primeiro na mesma

quantia em que o terceiro excede o segundo, e que o produto dos dois menores é 85 e o produto dos dois maiores é 115.

674 Resolver os problemas:

a) A distância entre duas estações é de 96 km. Um trem com velocidade de 12 km/h mais que outro vai de uma estação a outra em um tempo que é 40 minutos menor do que o tempo gasto pelo outro. Qual é a velocidade de cada trem?

b) A distância entre duas cidades A e B é de 24 km. Uma pessoa parte de A em direção a B no mesmo instante em que uma parte de B em direção a A. A primeira caminha 2 km/h mais rápido do que a segunda e chega em B 1 hora antes da segunda chegar em A. Quantos quilômetros cada uma anda em 1 hora?

675 Resolver:

a) Ligando duas cidades A e B existe uma estrada de ferro e um rio. A distância entre A e B pela estrada de ferro é de 66 km e por água é de 80,5 km. O trem deixa A 4 horas depois da partida do barco e chega em B 15 minutos antes. Determinar as velocidades médias do trem e do barco se a do trem é 30 km/h mais do que a do barco.

b) Duas fábricas recebem num mesmo dia encomendas de 810 ternos e 900 ternos, para entregarem em uma mesma data. A segunda completou o pedido 3 dias antes da data e a primeira o completou na data prevista. Quantos ternos faz cada fábrica por dia, se a segunda faz 4 ternos a mais por dia do que a primeira?

676 Resolver:

a) Uma datilógrafa, depois de ter completado uma tarefa, observou que, se datilografasse 2 páginas a mais por dia, teria terminado o serviço 3 dias antes, e se datilografasse 4 páginas a mais por dia, teria terminado 5 dias antes. Quantas páginas ela datilografou por dia e durante quantos dias?

b) Uma estrada ligando duas cidades A e B é composta de 3 trechos. Um em aclive, de 3 km, o segundo, um trecho de 5 km em nível e um terceiro de 6 km em declive. Um carteiro parte de A em direção a B e quando alcança a metade do caminho verifica que precisa voltar para buscar um pacote que esquecera em A. Gastou desde a partida até o retorno a A 3 horas e 36 minutos. Deixando A pela segunda vez, leva até alcançar B, 3 horas e 27 minutos. Para retornar, agora de B até A, ele leva 3h e 51 min. Determinar as velocidades do carteiro quando ele sobe, que é a mesma nas duas subidas, quando ele desce que é a mesma nas duas descidas e a sua velocidade no trecho em nível.

677 Resolver:

a) A distância entre duas cidades A e B através de um rio é 80 km. Um barco parte de A, vai até B e retorna depois a A em 8 horas e 20 minutos. Ache a velocidade do barco em relação à água, se a velocidade da água do rio é de 4km/h.
b) Um barco desce 28 km de um rio e depois retorna ao ponto de partida. Neste percurso ele gasta 7 horas. Ache a velocidade do barco em relação à água, se a velocidade da água do rio é de 3km/h.

678 Resolver:

a) Um tanque é suprido por dois canos de diâmetros diferentes. No primeiro dia, trabalhando simultaneamente durante um intervalo de tempo, eles alimentam o tanque com 14m^3. No segundo, trabalhando apenas o menor, porém 5 horas mais que no primeiro dia, ele alimenta o tanque com outros 14m^3. No terceiro dia o tanque é alimentado durante o mesmo tempo do segundo dia, trabalhando, primeiro, ambos os canos que o alimentam com 21m^3 e depois somente o maior continua operando e alimenta com mais 20m^3. Quantos metros cúbicos por hora cada cano joga no tanque?
b) Para arar um certo campo um primeiro trator gasta 2 horas menos que o terceiro e 1 hora mais que o segundo. Se o primeiro e segundo tratores trabalharem juntos, a operação pode ser feita em 1 hora e 12 minutos. Quanto tempo gastam os 3 tratores juntos para arar o mesmo campo?

679 Um frasco contém uma solução de sal de cozinha. Do frasco retira-se uma amostra de $\frac{1}{n}$ parte da solução e, por evaporação, deixa-se que esta amostra fique concentrada com uma porcentagem de sal igual ao dobro da solução inicial. Em seguida despeja-se a solução nova de volta no frasco e o frasco passará a conter uma solução cuja porcentagem de sal é p por cento a mais do que a porcentagem inicial. Determinar a porcentagem de sal inicial.

680 Dois recipientes iguais de 30 litros de capacidade cada um, contêm um total de 30 litros de álcool. Completa-se o primeiro com água e, em seguida, com a mistura obtida, completamos o segundo recipiente. Agora despeja-se 12 litros do segundo no primeiro. Quantos litros de álcool havia inicialmente em cada recipiente se no final há no segundo recipiente 2 litros de álcool menos que no primeiro?

Exercícios Suplementares

681 Resolver:

a) Uma liga de cobre e estanho (bronze) tem 12 kg e 45% desta massa é cobre. Quanto devemos adicionar de estanho a esta liga para obtermos uma nova liga tal que 40% da sua massa seja cobre?

b) Em um depósito temos 2 tipos de aço: um deles com 5% de níquel e o outro com 40% de níquel. Para obtermos 140 toneladas de um novo tipo de aço com 30% de níquel, quantas toneladas de cada tipo devemos tomar?

c) Achar dois números inteiros cuja a soma é igual a 1244 sabendo que se anexarmos o dígito 3 à direita do primeiro e suprimindo o último dígito, que é igual a 2, do segundo, obteremos números iguais.

d) Um número de 3 algarismos termina em 3. Se ele começasse com o 3, o número obtido superaria o triplo do número original em 1. Determinar esse número.

682 Resolver:

a) Um número excede outro em 10 unidades e um estudante ao multiplicar um pelo outro cometeu um erro, diminuindo 4 do algarismo das dezenas do produto. Ao dividir o produto obtido pelo menor deles, para comprovar o resultado, obteve 39 para quociente e 22 para resto. Determinar esses números.

b) Dois ciclistas partem ao mesmo tempo de A em direção a B com velocidades diferentes porém constantes. Ao alcançarem B voltam imediatamente a A. O primeiro ciclista deixou para trás o segundo e o encontrou no caminho de volta a a km de B. Logo depois de alcançar A e voltando para B, o primeiro encontra o segundo depois de percorrer uma k-ésima parte da distância entre A e B. Achar a distância entre A e B.

683 Resolver

a) Três caixas contém juntas 64,2 kg de açúcar. A segunda contém $\frac{4}{5}$ da primeira e a terceira $42\frac{1}{2}\%$ da segunda. Quanto tem de açúcar em cada caixa?

b) Uma amostra de 24 kgf de uma liga de cobre e zinco (latão) é imersa em água e perde $2\frac{8}{9}$ kgf do seu peso. Determine a quantidade de cobre e zinco da liga sabendo que, na água, o cobre perde $11\frac{1}{9}\%$ e o zinco $14\frac{2}{9}\%$ dos seus respectivos pesos.

c) Uma empreiteira vai fazer uma estrada de ferro simples de 20 km de extensão. Para isso vai usar trilhos de 25 m e 12,5m de comprimento que estão estocados. Se todos os maiores forem usados, então 50% dos menores devem ser adicionados para completar a estrada e se todos os menores forem usados, então $66\frac{2}{3}$ % dos maiores devem ser adicionados. Determinar o número de trilhos de cada tipo (de 25m e 12,5m) que há no estoque.

684 Resolver

a) Determinar um número de dois algarismos sabendo que a razão entre este número e o produto dos seus algarismos é $2\frac{2}{3}$ e que o número procurado supera em 18 o número que se obtém quando trocamos as posições dos algarismos dele.
b) Determinar um número de dois algarismos sabendo que o algarismo das unidades excede o das dezenas em duas unidades e que o produto deste número pela soma dos seus dígitos é 144.
c) Determinar um número inteiro positivo sabendo que, se juntarmos 5 à sua direita, o número obtido fica divisível pelo número que excede o número procurado em 3 unidades e que o quociente dessa divisão é superado pelo divisor em 16 unidades.

685 Resolver:

a) Dois automóveis partiram ao mesmo tempo de um mesmo ponto e no mesmo sentido. A velocidade do primeiro é de 50km/h e a do segundo 40 km/h. Depois de meia-hora, do mesmo ponto e no mesmo sentido, parte um terceiro automóvel que alcança o primeiro 1,5 horas depois de ter alcançado o segundo. Achar a velocidade do terceiro.
b) Dos pontos A e B partem ao mesmo tempo, ao encontro um do outro, um pedestre e um ciclista. Depois do encontro, o pedestre continua seu caminho até B, ao passo que o ciclista volta a B. O pedestre chega a B t horas mais tarde que o ciclista. Quanto tempo se passou até o encontro do pedestre com o ciclista se a velocidade do pedestre é k vezes menor que a do ciclista?

686 Resolver:

a) Um coelho dá 6 saltos enquanto um cachorro dá 5 saltos, mas 6 saltos do cachorro equivalem a 9 saltos do coelho. Quando o cachorro começou a perseguir o coelho, este estava 60 saltos (de coelho) na frente. Quantos saltos deve dar o cachorro para alcançar o coelho?

b) O trem Santa Cruz parte da Estação Roosevelt (SP) com destino ao Rio, tendo uma velocidade de 60km/h. Ao mesmo tempo, parte da estação D. Pedro II (RIO), com destino a São Paulo, o trem Vera Cruz, com uma velocidade de 40 km/h. Na frente deste, e ao mesmo tempo, parte uma abelha com a velocidade de 70km/h. Essa abelha vai ao encontro do trem que vem de S. Paulo e, ao encontrá-lo, volta com destino ao Rio até encontrar Vera Cruz e assim sucessivamente até o encontro dos 2 trens. Quanto percorreu a abelha? (A distância São Paulo-Rio vale 500 km.)

c) Eu tenho o dobro da idade que tu tinhas, quando eu tinha a idade que tens; quando tiveres a idade que eu tenho a soma das nossas idades será 54 anos. Quais são a minha e a tua idade atuais?

687 Resolver

a) Determinar dois números de dois algarismos sabendo que se juntarmos o zero seguido do menor número à direita do maior, e se juntarmos o maior seguida do zero à direita do menor, e dividirmos o primeiro desses números de 5 algarismos pelo segundo, obteremos quociente 2 e resto 590. Sabe-se que a soma do dobro do maior número procurado com o triplo do menor dá 72.

b) Um estudante multiplicou 78 por um número de 2 algarismos cujo algarismo das dezenas é igual ao triplo do das unidades e cometeu um erro permutando os algarismos do segundo fator: com isso obteve um produto que é excedido pelo produto correto em 2808. Qual é o produto correto.

688 Resolver:

a) Um carteiro que se dirige, sem parada, de A até C, vai de A até um ponto B entre A e C, a 3,5km/h e de B até C a 4 km/h. Para conseguir regressar de C até A no mesmo intervalo de tempo, pelo mesmo caminho, ele tem que ir de C até A a 3,75km/h. No entanto, ao percorrer de C até B com a velocidade devida, faz uma parada de 14 minutos em B, e então precisa utilizar a velocidade de 4km/h para ir de B até A, para gastar apenas o tempo desejado. Achar a distância entre A e B e entre B e C.

b) O caminho que liga dois pontos A e B tem uma extensão de 11,5 km e é composto, de A para B, de 3 trechos: subida, plano e descida, nesta ordem. Um pedestre para ir de A até B gasta 2 horas e 54 minutos e para regressar a A, gasta 3 horas e 6 minutos. Se as velocidades na subida, no plano e na descida são respectivamente de 3km/h, 4km/h e 5km/h, determinar o comprimento do trecho plano.

689 Resolver:

a) Um cachorro parte de um ponto A na perseguição de uma raposa que se encontra

30m adiante dele. Na corrida, cada pulo do cachorro é de 2m e da raposa é de 1 m. Se para cada 2 pulos do cachorro a raposa dá 3, a que distância de A o cachorro alcança a raposa?
b) Supondo que os ponteiros de um relógio se movem sem solavancos, quando tempo levará para que o ponteiro dos minutos alcance o outro se a partida se dá às 4 horas?
c) Um trem parte de uma estação A, em direção a estação C, passando por B entre A e C. Ele vai de A até B com a velocidade programada mas de B até C ela cai 25%. No caminho de volta a velocidade programada é mantida de C até B e cai novamente 25% no trecho de B até A.
Em quanto tempo o trem vai de A até C se sabemos que ele gasta o mesmo tempo nos trechos AB e BC e que para ir de A até C ele gasta 25 minutos menos do que para regressar de C para A?

690 Resolver

a) Para testar duas motos diferentes, um piloto parte de A em direção a B e um segundo piloto, no mesmo instante, parte de B em direção a A. As velocidades dos dois são constantes e quando chegam aos pontos finais, voltam para trás. O primeiro encontro dá-se a p km de B e o segundo a q km de A, t horas depois do 1º encontro. Achar a distância entre A e B e as velocidades das duas motos.
b) Clóvis e Antonio trabalharam um mesmo número de dias. Se Clóvis tivesse trabalhado 1 dia a menos e Antonio 7 dias a menos, então Clóvis teria ganho Cr$ 72.000,00 e Antonio Cr$ 64.800,00. Se fosse o contrário, Antônio teria ganho Cr$ 32.400,00 mais que Clóvis. Quanto ganhou cada um?

691 Resolver:

a) Um ciclista tem que fazer uma viagem de 30km. Tendo iniciado a viagem com um atraso de 3 minutos, teve que aumentar a velocidade em 1km/h para chegar no horário previsto. Qual a velocidade em que ele fez a viagem?
b) Um trem ficou preso num farol por 16 minutos e teve que percorrer os próximos 80 km com uma velocidade de 10 km/h a mais do que a prevista para poder, então, continuar com a velocidade programada, sem atrasos. Qual é a velocidade programada?
c) Um trem tem que percorrer 840 km em um certo tempo. Na metade do caminho ele parou por meia hora e teve que fazer o resto da viagem com a velocidade de 2 km/h a mais que a anterior para poder cumprir o desejado. Em quanto tempo ele fez a viagem?

692 Resolver:

a) Dois trens distantes 650 km um do outro partem ao encontro um do outro. Se eles partirem simultaneamente, se encontrarão depois de 10 horas. Mas se um deles partir 4 horas e 20 minutos antes do outro, eles se encontrarão 8 horas depois da partida do último trem. Determinar a velocidade de cada trem.

b) Dois trens partem no mesmo instante de duas estações A e B, distantes 600 km, um em direção ao outro. O primeiro trem chega em B três horas antes do outro chegar em A. O primeiro trem faz 250 km no mesmo intervalo de tempo em que o outro faz 200 km. Ache a velocidade cada trem.

c) Fermino partiu a pé para um compromisso e depois de ter andado 3,5 km em 1 hora, verificou que se continuasse nesta velocidade chegaria 1 hora atrasado. Entretanto, ele fez o resto do percurso a 5km/h e chegou 30 minutos adiantado. Que distância Fermino andou?

693 Resolver:

a) Ricardo fez um certo número de peças num determinado tempo. Se ele tivesse feito 10 peças a mais por dia, teria completado a tarefa $4\frac{1}{2}$ dias antes e se tivesse feito 5 peças a menos por dia ele teria gasto 3 dias a mais. Quantas peças ele fez e em quantos dias?

b) Uma datilógrafa fez um trabalho num certo tempo, datilografando um certo número de páginas por dia. Ela verificou que se datilografasse 2 páginas a mais por dia, teria terminado o trabalho 2 dias antes e que se aumentasse sua cota diária em 60%, então terminaria o trabalho 4 dias antes, mesmo que o trabalho tivesse 8 páginas a mais. Quantas páginas ela datilografou por dia e em quantos dias?

694 Resolver:

a) Duas torneiras gastam 6 horas para encher uma piscina. Funcionando individualmente uma delas gasta 5 horas mais que a outra para enchê-la. Quanto tempo gasta cada uma individualmente para enchê-la.

b) Lucas e Fernando montaram um lote de peças. Depois de Lucas ter trabalhado 7 horas e Fernando 4 horas, verificou que $\frac{5}{9}$ do serviço estava concluído. Eles trabalharam simultaneamente por mais 4 horas e, então, notou-se que restava apenas $\frac{1}{18}$ do serviço para que o terminassem. Determinar o tempo que cada um levaria se tivesse que fazer o serviço sozinho.

c) Quatro guindastes iguais estavam sendo usados para carregar um navio. Depois deles terem trabalhado por 2 horas, outro dois guindastes, de menor potência que os primeiros, foram juntados aos primeiros e os 6, depois de 3 horas de serviço, terminaram de carregar o navio. Se os 6 guindastes começassem a trabalhar simultaneamente, o serviço poderia ter sido concluído em 4,5 horas. Determinar o tempo que apenas um guindaste, dos de maior potência, gastaria se tivesse que fazer o trabalho sozinho.

695 Resolver:

a) Luciane e Elaine fizeram um trabalho de datilografia. Elaine começou a trabalhar 1 hora depois de Luciane. Três horas depois de Luciane ter começado havia ainda $\frac{9}{20}$ do trabalho para ser concluído. Depois do trabalho concluido verificou-se que cada uma tinha feito metade de todo o trabalho. Quantas horas cada uma levaria para fazer o trabalho todo sozinha?

b) Dois trens partiram das estações A e B, um em direção ao outro, sendo que o segundo partiu meia hora depois do primeiro. Duas horas depois do primeiro trem ter partido a distância entre eles era igual a $\frac{19}{30}$ da distância entre A e B. O encontro se deu exatamente no meio do caminho entre A e B. Quanto tempo gasta cada trem para cobrir a distância entre A e B?

696 Resolver:

a) Em um determinado intervalo de tempo era necessário retirar 8000 m³ de terra de um terreno. A operação foi terminada 8 dias antes porque foi retirado 50 m³ a mais por dia do que a cota diária combinada. Determinar o tempo em que o serviço deveria ser feito e a porcentagem em que foi aumentada a cota diária.

b) Bebeto e César fizeram um serviço em 12 horas. Se Bebeto fizesse metade do serviço e depois o César fizesse a outra metade, o serviço seria concluído em 25 horas. Quanto tempo cada um gastaria para fazer o serviço todo sozinho?

697 Resolver:

a) Duas soluções, a primeira contendo 800 gramas e a segunda 600 gramas de ácido anidrido sulfúrico, são misturados para produzir 10 kg de uma nova solução de ácido sulfúrico. Determine as massas da primeira e segunda soluções na mistura, sabendo que o teor de ácido anidrido sulfúrico na primeira solução é 10% maior que na segunda solução.

b) Dois rios deságuam em um lago. Um barco parte de um ponto A situado no primeiro rio e desce 24 km até alcançar o lago, navega no lago por 2 horas e entra no segundo rio subindo por 32 km até alcançar o ponto B situado neste segundo rio. Para isto o barco gastou 8 horas. Se o barco tivesse navegado no lago por mais 18 km, ele teria gasto 10 horas para ir de A até B. Determine as velocidades das águas desses rios se a do primeiro é 2 km/h mais que a do segundo.

698 Resolver:

a) São dados duas amostras de ligas de ouro-prata. Numa delas as massas de ouro e prata comparecem na razão 2:3 e na outra na razão 3:7. Que massa de cada liga devemos tomar para obtermos 8 kg de uma nova liga cujas massas de ouro e prata compareçam na razão 5 : 11?

b) São dadas 3 misturas feitas com os componentes A, B, C. A primeira contém apenas A e B com a razão das massas igual a 3 : 5, a segunda contém apenas B e C na razão 1 : 2 e a terceira apenas A e C na razão 2:3. Determinar em que proporção devemos tomar massas destas misturas para que os componentes A, B e C compareçam, nesta mistura, com massas proporcionais a 3, 5 e 2.

699 A e B são duas estações de trem em uma linha dupla por onde passam trens com velocidades de mesmos valores absolutos, em ambos os sentidos. Os trens passam por uma mesma estação, num mesmo sentido, de 10 em 10 minutos, e sempre que um trem passa por uma estação, outro cruza com ele nesta, passando em sentido contrário. Um observador caminhando a pé com velocidade constante, parte de A em direção a B. Ele parte de A no instante em que dois trens estão se cruzando e quando chega em B assiste a outro encontro de trens. O observador cruza com 30 trens, sendo que 9 passam por ele no sentido de A para B e 21 no sentido de B para A, incluindo os que ele encontra nas estações A e B. Quanto tempo o observador levou para ir de A até B?

700 Depois de n dias de férias, um estudante observa que:

(1) choveu 7 vezes, de manhã ou à tarde;
(2) quando chove de manhã, não chove a tarde;
(3) houve 5 tardes sem chuva;
(4) houve 6 manhãs sem chuva.
Determine n.

Observação.: Este problema, na forma de teste, foi proposto no vestibular da EPUSP em 1966.

Testes e Questões de Vestibulares

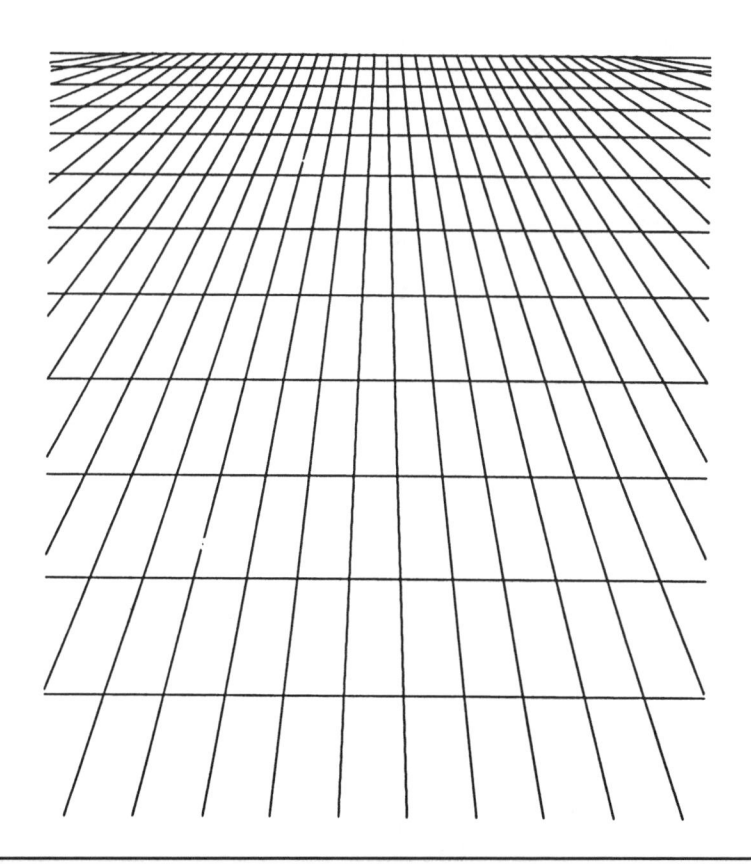

Capítulo 1 - Conjuntos

V.1 (F.C.CHAGAS-78) Se A = {∅, 3; {3}; {2,3}}, então:

a) {2,3} ⊂ A b) 2 ∈ A c) ∅ ∉ A d) 3 ⊂ A e) {3} ∈ A

V.2 (CESGRANRIO-79) O número de conjuntos X que satisfazem {1, 2} ⊂ X ⊂ {1, 2, 3, 4} é:

a) 3 b) 4 c) 5 d) 6 e) 7

V.3 (UFSC-79) Numa concentração de atletas, há 42 que jogam basquetebol, 28 voleibol e 18 voleibol e basquetebol, simultaneamente. Qual o número mínimo de atletas na concentração?

a) 52 b) 42 c) 88 d) 70 e) 34

V.4 (PUC-CAMPINAS-SP-80) Numa comunidade constituída de 1.800 pessoas, há três programas de TV favoritos: Esporte (E), Novela (N) e Humorismo (H). A tabela seguinte indica quantas pessoas assistem a esses programas:

Programas	E	N	H	E e N	N e H	E e H	E, N e H
Números de Telespectadores	400	1.220	1.080	220	800	180	100

Através desses dados, verifica-se o número de pessoas da comunidade que não assistem a qualquer dos três programas:

a) 100 b) 200 c) 900
d) os dados do problema estão incorretos. e) n.d.a.

V.5 (F.C.CHAGAS-80) Dados os conjuntos M_a = {n . a | n ∈ N} M_b = {n . b | n ∈ N}, com a e b naturais não nulos, então M_a é subconjunto de M_b sempre que:

a) a for menor do que b b) b for menor do que a
c) a for divisor de b d) b for divisor de a
e) a e b forem pares.

V.6 (CESESP-PE-82) Numa Universidade são lidos apenas dois jornais, X e Y. 80% dos alunos da mesma lêem o jornal X e 60%, o jornal Y. Sabendo-se que todo aluno é leitor de pelo menos um dos dois jornais, assinale a alternativa que corresponde ao percentual de alunos que lêem ambos:

a) 80% b) 14% c) 40% d) 60% e) 48%

Exercícios de Matemática - vol 1

V.7 (UNESP-84) O número de subconjuntos A de {1, 2, 3, 4, 5} tais que 2 ∉ A e 5 ∈ A é:
a) igual ao número de subconjuntos de {1, 3, 4}
b) igual ao número de subconjuntos de {1, 3, 4, 5}
c) menor que o número de subconjuntos de {1, 3, 4}
d) 12
e) 15

V.8 (F.G.V.SP-85) Uma empresa entrevistou 300 de seus funcionários a respeito de três embalagens: A, B e C para o lançamento de um novo produto. O resultado foi o seguinte: 160 indicaram a embalagem A; 120 indicaram a embalagem B; 90 indicaram a embalagem C; 30 indicaram as embalagens A e B; 40 indicaram as embalagens A e C; 50 indicaram as embalagens B e C; e 10 indicaram as 3 embalagens. Dos funcionários entrevistados, quantos não tinham preferência por nenhuma das 3 embalagens?
a) os dados estão incorretos; é impossível calcular
b) mais de 60   c) 55   d) menos de 50   e) 80

V.9 (F.M..SANTA CASA-SP-85) Analisando-se as carteiras de vacinação das 84 crianças de uma creche, verificou-se que 68 receberam a vacina Sabin, 50 receberam a vacina contra sarampo e 12 não foram vacinadas. Quantas dessas crianças receberam as duas vacinas?
a) 11   b) 18   c) 22   d) 23   e) 46

V.10 (UNESP-85) Suponhamos que numa equipe de 10 estudantes, 6 usam óculos e 8 usam relógio. O número de estudantes que usa, ao mesmo tempo, óculos e relógio é:
a) exatamente 6   b) exatamente 2   c) no mínimo 6
d) no máximo 5   e) no mínimo 4

V.11 (F.M. SANTA CASA-SP-86) Indica-se com P(A) o conjunto das partes de um conjunto A.
O número de elementos do conjunto P (P(∅)) é:
a) 0   b) 1   c) 2   d) 3   e) 4

V.12 (F.C.CHAGAS-BA-86) Consultadas 500 pessoas sobre as emissoras de TV que habitualmente assistem, obteve-se o resultado seguinte: 280 pessoas assistem o canal A, 250 assistem o canal B e 70 assistem outros canais, distintos de A e B. O número de pessoas que assistem A e não assistem B é:
a) 30   b) 150   c) 180   d) 200   e) 210

V.13 (GV-73) A parte assinalada no diagrama ao lado representa:
a) $(\overline{B \cup C}) \cup C$ b) $(\overline{B \cup C})$ c) $\overline{C} \cap \overline{B} \cap \overline{A}$
d) $A - (B \cup C)$ e) $A - (A \cap B \cap C)$

Obs.: $\overline{X}$ = complementar de X com relação a S.

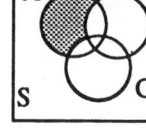

V.14 (GV-73) Se A = {1, 2, 3, {1}} e B = {1, 2, {3}}, o conjunto A − B é:
a) {3,{2}} b) {3, {1}} c) {0, {−2}} d) {0, {0}}
e) nenhuma das alternativas anteriores

V.15 (GV-73) Se x é um conjunto finito qualquer, indicamos por n(x) o número de elementos de x. Sendo A e B dois conjuntos finitos quaisquer, assinale a afirmação verdadeira:
a) $n(A \cup B) = n(A) + n(B) + n(A \cap B)$ b) $n(A \cap B) = n(A) - n(B)$
c) $n(A \cup B) = n(A) + n(B) - n(A \cap B)$ d) $n(A \cup B) = n(A) + n(B)$
e) $n(A \cap B) = n(A) + n(B) + n(A \cup B)$

V.16 (GV-73) Sejam A, B e C três conjuntos não vazios e consideremos os diagramas:

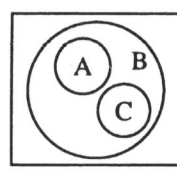

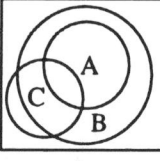

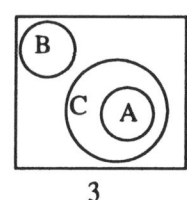

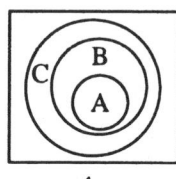

1   2   3   4

e as condições:
a) $A \subset B, C \not\subset B, A \cap C \neq \emptyset$ b) $A \subset B, C \subset B, A \cap C = \emptyset$
c) $A \subset (B \cap C), B \subset C, C \neq B, A \neq C$ d) $A \cap C = \emptyset, A \neq C, B \cap C = \emptyset$

Então as associações corretas são:
a) (1,d); (2,c) b) (1,a); (4,c) c) (2,b); (3,d)
d) (4,c); (1,b) e) (3,d); (1,a)

V.17 (CESCEA-73) Sejam os conjuntos não vazios A, B, C representados no diagrama
Então:
a) $(A - B) \subset (A - C)$ b) $(A \cap B) \cap (A - B) = \emptyset$
c) $(A \cap B \cap C) \subset (A - B)$ d) não sei

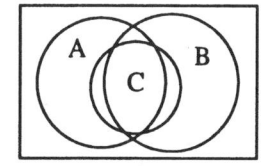

V.18 (UFMG-77) Seja N o conjunto dos números naturais, K = {3x; x ∈ N}, L = {5x; x ∈ N} e M = {15x; x ∈ N}. Qual a afirmativa certa?
a) K ∪ L = M b) K ⊂ L c) N − L = M
d) K − L = M e) K ∩ L = M

V.19 (CESGRANRIO-RJ-78) Se X e Y são conjuntos e X ∪ Y = Y, pode-se sempre concluir que:
a) X ⊆ Y b) X = Y c) X ∩ Y = Y d) X = ∅ e) Y ⊆ X

V.20 (UU-MG-78) No diagrama abaixo, a parte sombreada representa:
a) (E ∩ F) ∩ G b) E ∩ G c) $C_R (E \cup F)$
d) (E ∩ G) − F e) E − G

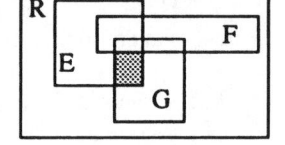

V.21 (OSEC-SP-78) Dados os conjuntos A = {a;b;c}, B = {b;c;d} e C = {a; c; d;e}, o conjunto (A − C) ∪ (C − B) ∪ (A ∩ B ∩ C) é:
a) {a; b; c; e} b) {a; c; e} c) A
d) {b; d; e} e) nenhuma das anteriores é correta

V.22 (UB-DF-78) Seja Z o conjunto dos inteiros relativos. Considere as afirmações:
I. {4j | j ∈ Z} ≠ {2k | k ∈ Z e é par}
II. Se A_o = {3j | j ∈ Z}, A_1 = {3j + 1 | j ∈ Z} e A_2 = {3j + 2 | j ∈ Z}, então $A_o \cup A_1 \cup A_2$ = Z
Podemos afirmar que:
a) I é falsa e II é verdadeira b) I é verdadeira e II é falsa
c) I e II são falsas d) I e II são verdadeiras

V.23 (EAESP-FGV-2º SEMESTRE-78) Sejam A, B e C três conjuntos quaisquer e U o conjunto universo.
Considere as afirmações:
1) A ∪ U = U 2) A ∪ ∅ = ∅
3) A ∩ (B ∪ C) = (A ∪ B) ∩ (A ∪ C) 4) A ∩ A = A 5) ∅ ⊂ A
As afirmações verdadeiras são:
a) 2, 4, 5 b) 1, 3, 4 c) 1, 2, 4 d) 3, 4, 5 e) 1, 4, 5

V.24 (MACK-78) A sentença verdadeira é:
a) Se X ⊂ A e X ⊂ B, então X ⊂ A ∩ B. b) Se A ⊂ B, então A ∩ B = B.
c) Se X ⊂ A ∪ B, então X ⊂ A e X ⊂ B. d) Se A ∪ B = A, então A ⊂ B.
e) Se A ⊂ B e B ⊂ X, então X − B = A.

V.25 (CESGRANRIO-78) A intersecção do conjunto de todos os inteiros múltiplos de 6 com o conjunto de todos os inteiros múltiplos de 15 é o conjunto de todos os inteiros múltiplos de:
a) 3　　b) 18　　c) 30　　d) 45　　e) 90

V.26 (MACK-79) Sendo A = {1, 2, 3, 5, 7, 8} e B = {2, 3, 7}, então o complementar de B em A é:
a) $\varnothing$　　b) {8}　　c) {8, 9, 10}　　d) {9, 10, 11, ...}　　e) {1, 5, 8}

V.27 (EAESP-FGV-1º Semestre-79) Considere os conjuntos x e y e as afirmações:
I. se $x \cap y = x$, então $x \subset y$
II. $x \cup \varnothing = \varnothing$
III. se $A \subset x$ e $A \subset y$ então $A \subset (x \cap y)$.
Associando V ou F a cada alternativa, conforme seja verdadeira falsa, tem-se:
a) {V, V, V}　　b) {V, F, F}　　c) {F, F, V}　　d) {V, F, V}　　e) {V, V, F}

V.28 (MACK-79) Se A e B são dois conjuntos tais que $A \subset B$ e $A \neq \varnothing$, então:
a) sempre existe $x \in A$ tal que $x \notin B$　　b) sempre existe $x \in B$ tal que $x \notin A$
c) se $x \in B$, então $x \in A$　　d) se $x \notin B$, então $x \notin A$　　e) $A \cap B = \varnothing$.

V.29 (UFB-79) A representação gráfica de $[M - (M - N)] \cap P$ é:

a) b) 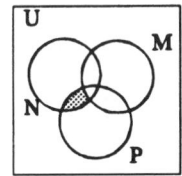 c)

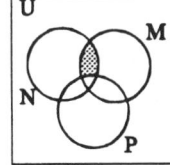

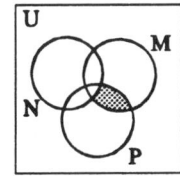

d) 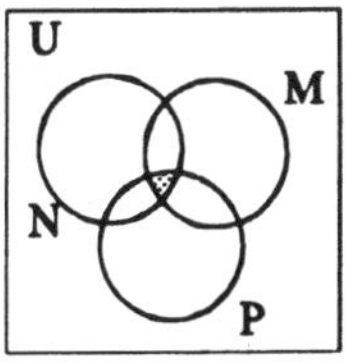 e)

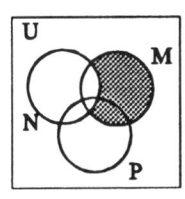

V.30 (PUC-SP-79) Assinale a afirmação verdadeira com relação aos conjuntos A e B:
a) $A \subset B \Rightarrow A \cup B = A$
b) $A \cap B = \varnothing \Rightarrow A \cup B = \varnothing$
c) $A \cap B = \varnothing \Rightarrow A = \varnothing$ ou $B = \varnothing$
d) $A \cup B = B \Rightarrow A = \varnothing$
e) $A \cap B = B \Rightarrow B \subset A$

V.31 (PUC-SP-79) Se A = ∅ e B = {∅}, então:

a) A ∈ B   b) A ∪ B = ∅   c) A = B   d) A ∩ B = b   e) B ⊂ A

V.32 (UDF-79) Sejam três conjuntos finitos A, B, C. Determinar o número de elementos de A ∩ (B ∪ C) sabendo-se que n(A ∩ B) = 20, n(A ∩ C) = 10 e n(A ∩ B ∩ C) = 5.

a) 20   b) 25   c) 15   d) 10

V.33 (UFB-79) Dados os conjuntos A = {a, b, c, d}, B = {c, d, e, f, g} e C = {b, d, e, g}, então:

I. A − (B ∩ C) = A
II. (A ∪ B) − (A ∩ C) = B
III. (A ∪ C) − B = A − B

Marque:
a) se todas as afirmativas são verdadeiras.
b) se apenas I e II forem verdadeiras.
c) se apenas I é verdadeira.
d) se apenas III é verdadeira.
e) se todas as afirmativas são falsas.

V.34 (U.F.RS-80) Sendo A = {0, 1} e B = {2, 3} o número de elementos do conjunto P(A) ∩ P(B) é:

a) 0   b) 1   c) 2   d) 4   e) 8

V.35 (U.F.A.L-80) Se A e B são dois conjuntos não vazios tais que:
A ∪ B = {1; 2; 3; 4; 5; 6; 7; 8}
A − B = {1; 3; 6; 7}
B − A = {4; 8}
então A ∩ B é o conjunto:

a) ∅   b) {1, 4}   c) {2, 5}   d) {6, 7, 8}
e) {1; 3; 4; 6; 7; 8}

V.36 (F.G.V-SP-80) Considere as afirmações a respeito da parte hachurada do diagrama seguinte:

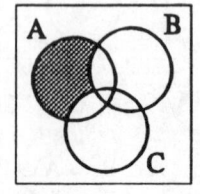

I) A ∩ ($\overline{B}$ ∪ $\overline{C}$)   II) A ∩ ($\overline{B}$ ∩ $\overline{C}$)   III) A ∩ ($\overline{B ∪ C}$)
IV) A ∩ ($\overline{B ∩ C}$)

A(s) afirmação(ões) correta(s) é (são):
a) I   b) III   c) I e IV   d) II e III
e) II e IV

V.37 (MACK-80) Dados os conjuntos A, B e C, não-vazios, sabe-se que $A \subset B$; então sempre se tem:
a) $A \cap C = \emptyset$ b) $A \cap B = \emptyset$ c) $B \cap C = \emptyset$
d) $A \cap B \subset C$ e) $A \cap C \subset B$

V.38 (F.C.CHAGAS-80) Se $A = \left\{ x \in Z \mid \dfrac{30}{x} = n, n \in N \right\}$ e
$B = \{x \in R \mid x = 3m, m \in N\}$, então o número de elementos de $A \cap B$ é:
a) 0   b) 1   c) 4   d) infinito   e) impossível de se determinar.

V.39 (CESGRANRIO-80) Sejam os conjuntos $U = \{1, 2, 3, 4\}$ e $A = \{1, 2\}$. O conjunto B tal que $B \cap A = \{1\}$ e $B \cup A = U$ é:
a) $\emptyset$ b) $\{1\}$ c) $\{1, 2\}$
d) $\{1, 3, 4\}$ e) U

V.40 (MACKENZIE-SP-81) Dados os conjuntos A, B e C, tais que:

$n[B \cup C] = 20$ $n[A \cap B] = 5$ $n[A \cap C] = 4$
$n[A \cap B \cap C] = 1$ $n[A \cup B \cup C] = 22$
então $n[A - (B \cap C)]$ é igual a:
Obs.: n [K] representa o número de elementos do conjunto K.
a) 0   b) 1   c) 4   d) 9   e) 12

V.41 (CESESP-81) Sejam A, B e C conjuntos. Assinale a alternativa que corresponde ao diagrama de "Venn", cuja área tracejada representa graficamente o conjunto $(C - A) \cup (C - B)$:

a)   b) 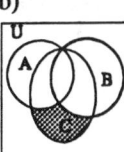   c) 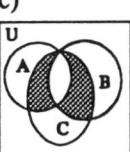   d) 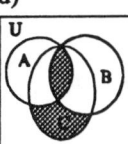   e)

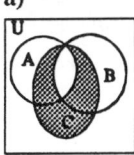

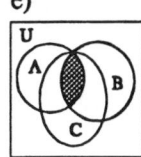

V.42 (SANTA CASA-81) Instruções: Assinale a alternativa correta.
Se A, B e C são conjuntos tais que $A \cap C = C$ e $C \cap B \neq \emptyset$, então:
a) $B \supset A$ b) $C_B^C = A$ c) $A \cup B = B$ d) $(C \cap B) \subset A$
e) $B - C \subset A$

V.43 (CESGRANRIO-81) Considere os conjuntos P = {1, 2, 3, 4, 5} e Q = {4, 5, 6, 7}. O complemento de P ∩ Q, em relação a P ∪ Q é:
a) o conjunto vazio b) {4, 5} c) {1, 2, 3}
d) {1, 2, 3, 6, 7} e) {1, 2, 3, 4, 5, 6, 7}

V.44 (FATEC-SP-82) Os conjuntos A, B e C são tais que:

A ∩ B = A ∩ C = B ∩ C = {2}
A ∪ B = {1, 2, 3}
A ∪ C = {1, 2, 4}
Então:
a) 1 ∈ C b) 1 ∈ B c) 3 ∉ B d) 4 ∉ C e) n.d.a

V.45 (ACAFE-SC-82) Se M = {1, 2, 3, 4, 5} e N são conjuntos tais que M ∪ N = {1, 2, 3, 4, 5} e M ∩ N = {1, 2, 3}, então o conjunto N é:
a) vazio b) impossível de ser determinado
c) {4, 5} d) {1, 2, 3} e) {1, 2, 3, 4, 5}

V.46 (A.E.U.DF-82) Dentre as seguintes afirmações sobre A, B e C, três subconjuntos quaisquer do conjunto-universo U:
I. A ∪ ∅ = ∅ II. A ∪ U = U
III. A ∩ A = A IV. A ∩ (B ∪ C) = (A ∪ B) ∩ (A ∪ C)
V. ∅ ⊂ A VI. A − B = { x ∈ U | x ∈ A e x ∈ B}
as falsas são:
a) III, V, VI b) I, IV, VI c) I, III, V d) II, III, V e) I, II, III

V.47 (PUC-RS-84) Se A, B e A ∩ B são conjuntos com 90, 50 e 30 elementos, respectivamente, então o número de elementos do conjunto A ∪ B é:
a) 10 b) 70 c) 85 d) 110 e) 170

V.48 (UNESP-84) Suponhamos que:

A ∪ B = {a; b; c; d; e; f; g; h}
A ∩ B = {d, e}
A − B = {a; b; c}
Então:
a) B = {f; g; h} b) B = {d, e; f; g; h} c) B = {a; b; c; d; e}
d) B = {d; e} e) B = ∅

V.49 (PUC-SP-85) A negação da proposição x ∈ (A ∪ B) é:
a) x ∉ (A ∩ B)   b) x ∉ A ou x ∈ B   c) x ∉ A e x ∈ B
d) x ∈ A ou x ∉ B   e) x ∉ A e x ∉ B

V.50 (U.F.MG-85) Na figura, R é um retângulo, T é um triângulo e C, um círculo. A região hachurada é: 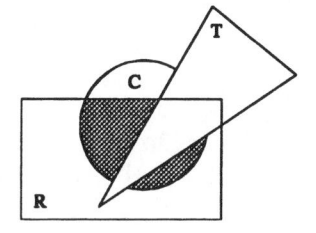
a) (C − R) ∩ T   b) (T ∩ C) − R
c) (T ∪ C) − R   d) (R ∪ C) − T
e) (R ∩ C) − T

V.51 (FATEC-SP-85) Se A = {x | x ∈ **Z**, −3 < x ≤ 1} e
B = {x | x ∈ **N**, x^2 < 16}, então (A ∪ B) − (A ∩ B) é o conjunto:
a) {−2, −1, 0, 1, 2, 3}   b) {−2, −1, 2, 3}   c) {−3, −2, −1, 0}
d) {0, 1, 2, 3}   e) {0, 1}

V.52 (FATEC-SP-86) Assinale a alternativa falsa Se A = {1; {1}} e
B = {1; {1}; {1; {1}}}, então
a) A ⊂ B   b) A ∈ B   c) A − B = ∅   d) A − {1} = {{1}}
e) A ∉ B − A

V.53 (F.G.V.SP-86) Para esta questão, considere a seguinte notação A' = complemento de A em relação ao universo U.
Sejam os conjuntos X, Y, Z. Qual das afirmações é falsa?
a) Se X ⊂ Y ⊂ Z então Z − Y ⊂ Z − X   b) (X ∪ Y) − Y = X − Y
c) X ∩ X' = X   d) Se X = Y' então Y = X'   e) (X ∪ X') ∩ (Y ∩ Y') = ∅

V.54 (U.F.Uberlândia-MG-86) Sejam os conjuntos A e B. Assinalar a proposição falsa.
a) x ∈ A − B ⇔ x ∈ A e x ∉ B   b) ∀ A, ∀ B : A − B ⊂ A
c) A ⊂ B ⇒ C_B^A = B − A   d) ∄ A | A ∪ B = A
e) ∀ A, ∀ B : A ⊂ A e B ⊂ B

V.55 (UFT-79) Seja B um subconjunto de A. Se {(0,3), (1,4), (2,5)} ⊂ A × B e o número de elementos de A × B é 18, temos:
a) o número de elementos de A é 3.
b) o número de elementos de A é 6.
c) o número de elementos de A é 9.
d) o número de elementos de B é 6.

V.56 (UFB-79) Sendo

$$\begin{cases} P = \{x \in Z^*; -4 < x < 3\} \\ S = \{x \in N, x < 2\} \end{cases}$$ P × S está contido em:

a) $N \times R^*$ b) $Q \times R^*$ c) $Z \times Z_-$ d) $N \times R$ e) $Z \times Z_+$

V.57 (MACK-79) Se designarmos por [3, 4] o intervalo fechado, em R, de extremidades 3 e 4, é correto escrever:
a) $\{3, 4\} = [3, 4]$ b) $\{3, 4\} \in [3, 4]$ c) $\{3, 4\} \subset [3, 4]$
d) $\{3, 4\} \supset [3, 4]$ e) n.d.a

V.58 (PUC-SP-79) O número de elementos do conjunto A é 2^m e o número de elementos do conjunto B é 2^n. Então, o número de elementos de A × B é:
a) $2^m + 2^n$ b) 2^{m+n} c) $2^{m \cdot n}$ d) m . n e) m + n

V.59 (MACK-80) A intersecção dos conjuntos N e N × N é:

a) N b) {0} c) $\varnothing$ d) $\{(a,0) \mid a \in N\}$ e) N^2
(Lembre-se que N é o conjunto dos números naturais.)

V.60 (F.C.CHAGAS-80) Dados os conjuntos A = {0,1}, B = {1,2} e C = {0,2}, então (A × B) – (B × C) é o conjunto:
a) $\varnothing$ b) {(1; 1); (1; 2) } c) {(0;1); (2;0); (2;2)}
d) {(1;1); (0;2); (2;2)} e) {(0;1); (0;2) (1;1)}

V.61 (FATEC-SP-84) Se A = {x | x ∈ R e 0 < x < 2} e
B = {x ∈ R e –3 ≤ x ≤ 1}, então o conjunto (A ∪ B) – (A ∩ B) é:
a) [–3, 0] ∪]1; 2[b) [–3, 0[∪ [1; 2[c)]–∞; –3[∪ [2; +∞[
d)] 0, 1] e) [–3; 2[

V.62 (U.F.BA-82) Assinale as proposições corretas. Em seguida, some os números a elas associados e marque o resultado.
Dados os conjuntos A = {x ∈ Z; –2 < x ≤ 1} e B = { x ∈ Z; –3 ≤ x < 1}, conclui-se:
(01) $A \cap B = \{-1; 0\}$
(02) $B - A = \varnothing$
(04) O menor elemento de A ∪ B é –3.
(08) A maior ordenada do conjunto dos pares de A × B é zero.
(16) $n(B \times B) = 16$
(32) $B \subset A$
(64) $\varnothing \in B$

Capítulo 2 - Números Racionais

V.63 (CESCEM-77) Um subconjunto X de números naturais contém 12 múltiplos de 4, 7 múltiplos de 6, 5 múltiplos de 12 e 8 números ímpares. O número de elementos de X é:
a) 32   b) 27   c) 24   d) 22   e) 20

V.64 (CESGRANRIO-RJ-78) A intersecção do conjunto de todos os inteiros múltiplos de 6 com o conjunto de todos os inteiros múltiplos de 15 é o conjunto de todos os inteiros múltiplos de:
a) 3   b) 18   c) 30   d) 45   e) 90

V.65 (UU-MG-78) O resto da divisão de um número n por 7 é 3; então:

a) $(n + 3)$ é divisível por 7   b) $(n - 3)$ é divisível por 7   c) $(n - 4)$ é divisível por 7

d) $(n + 5)$ é divisível por 7   d) $\frac{n}{3}$ é divisível por 7

V.66 (UF-GO-78) Na questão abaixo, considere as notações:

* $M(p, q)$ = mínimo múltiplo comum de p e q.
* $D(p, q)$ = máximo divisor comum de p e q.

Sejam a, b dois números inteiros, positivos, ímpares e não divisíveis por 3. Então:
a) $D(18a, 48b) = 6 D(a,b)$ e $M(18a, 48b) = 144 M(a, b)$
b) $D(18a, 48b) = 18 D(a,b)$ e $M(18a, 48b) = 48 M(a, b)$
c) $D(18a, 48b) = 48 D(a,b)$ e $M(18a, 48b) = 18 M(a, b)$
d) $D(18a, 48b) = 144 D(a,b)$ e $M(18a, 48b) = 6 M(a, b)$
e) $D(18a, 48b) = 48 D(a,b)$ e $M(18a, 48b) = 144 M(a, b)$

V.67 (CESGRANRIO-79) O máximo divisor de 20 e 32 é:

a) 8   b) 5   c) 1   d) 2   e) 4

V.68 (PUC-SP-80) Qual dos elementos abaixo é primo?

a) 121   b) 201   c) 301   d) 362   e) 401

V.69 (U.P.UBERLÂNDIA-MG-80) Dados os conjuntos:

D = divisores de 24 (divisores positivos)   M = múltiplos de 3 (múltiplos positivos)
S = D ∩ M   n = número de subconjuntos de S

Portanto n, é igual a:
a) 64   b) 16   c) 32   d) 8   e) 4

V.70 (PUC-SP-80) Quantos divisores tem o número 144?
a) 15   b) 8   c) 10   d) 17   e) 12

V.71 (ITA-81) Se $P_1, P_2, ..., P_n$ forem os fatores primos de um número inteiro positivo P e se $P = P_1^{S_1} P_2^{S_2} ..... P_n^{S_n}$, então o número de divisores de P será:
a) $S_1 + S_2 + ... + S_n$ b) $S_1 S_2 .... S_n$ c) $S_1 S_2 .... S_n - 1$
d) $(S_1 + 1)(S_2 + 1) .... (S_n + 1) - 1$ e) $(S_1 + 1)(S_2 + 1) .... (S_n + 1)$

V.72 (PUC-SP-81) Um conjunto M possui dez números primos, dez números pares e dez números ímpares. Qual é o menor número de elementos que M pode ter?
a) 19   b) 20   c) 21   d) 29   e) 30

V.73 (PUC-SP-81) Qual é o menor número natural não nulo que se deve multiplicar por 2.310 para obter um número divisível por 1.300?
a) 10   b) 13   c) 130   d) 65   e) 39

V.74 (FATEC-SP-81) Sejam:

A = {2, 3, 11, 15}
B = {3, 6, 15}
C = {(x, y) | (x, y) ∈ A X B, x e y primos entre si}
D = {x, y) | (x, y) ∈ A x B, x e y primos} portanto:
a) C ⊂ D   b) D ⊂ C   c) C − D = {(2, 6), (2, 15), (11, 15)}
d) se x e y são elementos de A ∩ B, x ≠ y, então mdc (x, y) = 1
e) se x e y são elementos de A − B, x ≠ y, então mmc (x, y) = xy

V.75 (UNESP-82) As notações m.m.c A e m.d.c. A designam, respectivamente, o mínimo múltiplo comum e o máximo divisor comum dos elementos do conjunto A. Se n é um número natural tal que: m.m.c {n, m.d.c {18, 2 n}} = 4 então $2^n + n$ é igual a:
a) 5n   b) 7n   c) 4n   d) 6n   e) 3n

V.76 (F.C.CHAGAS-BA-85) Seja M(x) o conjunto de todos os múltiplos do número inteiro x. O conjunto M(6) ∩ M(15) é igual a:
a) M(6)   b) M(12)   c) M(15)   d) M(30)   e) M(90)

V.77 (FUVEST-91-1ª-FASE) Na figura estão representados geometricamente os números reais 0, x, y e 1.

$\xrightarrow{\quad 0 \quad x \quad\quad y \quad 1 \quad}$

Qual a posição do número xy?
a) À esquerda de 0.   b) Entre 0 e x.
c) Entre x e y.   d) Entre y e 1.   e) À direita de 1.

V.78 (FUVEST-91-1ª-FASE) Os números inteiros positivos são dispostos em "quadrados" da seguinte maneira:

1	2	3	10	11	12	19	...	...
4	5	6	13	14	15		...	...
7	8	9	16	17	18		...	...

O número 500 se encontra em um desses "quadrados". A "linha" e a "coluna" em que o número 500 se encontra são, respectivamente:
a) 2 e 2   b) 3 e 3   c) 2 e 3   d) 3 e 2   e) 3 e 1

V.79 (FUVEST-77) $\dfrac{9}{7} - \dfrac{7}{9}$ é igual a:

a) -1 b) 1   c) $\dfrac{2}{63}$ d) $\dfrac{32}{63}$ e) 0

V.80 (CESGRANRIO-79) Ordenando os números racionais $p = \dfrac{13}{24}$, $q = \dfrac{2}{3}$ e $r = \dfrac{5}{8}$ obtemos:
a) $p < r < q$ b) $q < p < r$ c) $r < p < q$ d) $q < r < p$ e) $r < q < p$

V.81 (MACK-79) O valor de $\dfrac{0,2 . 0,7 - 4 . 0,01}{0,5 . 0,2}$ é:
a) 0,001   b) 0,01   c) 0,1   d) 1   e) 10

V.82 (PUC-SP-80) O valor da expressão $\dfrac{1}{3} - \left(\dfrac{1}{10} \cdot \dfrac{4}{3}\right)$ é:

a) $\dfrac{1}{5}$ b) $\dfrac{14}{15}$ c) $\dfrac{4}{21}$ d) $\dfrac{1}{9}$ e) $\dfrac{7}{30}$

V.83 (PUC-RJ-80) Efetuadas as operações indicadas, concluímos que o número

$\dfrac{\dfrac{1}{2}\left(3 - \dfrac{2}{7}\right)}{\dfrac{2}{4} - \dfrac{1}{6}} + 3$

a) é menor que 5   b) está entre 2 e 3
c) é menor que $\dfrac{19}{14}$ d) está entre 5 e 6
e) é maior que 6

V.84 (FUVEST-80) O valor da expressão abaixo é:

$$\frac{1-\left(\frac{1}{6}-\frac{1}{3}\right)}{\left(\frac{1}{6}+\frac{1}{2}\right)^2+\frac{3}{2}}$$

a) $\frac{1}{2}$ b) $\frac{3}{4}$ c) $\frac{7}{6}$ d) $\frac{3}{5}$ e) $-\frac{3}{5}$

V.85 (PUC-SP-81) Qual é a afirmação verdadeira?

a) a soma de dois números irracionais positivos é um número irracional
b) o produto de dois números irracionais distintos é um número irracional
c) o quadrado de um número irracional é um número racional
d) a diferença entre um número racional e um número irracional é um número irracional
e) a raiz quadrada de um número racional é um número irracional

V.86 (UNESP-82) Se os números x, y, z pertencem ao conjunto $\left\{\frac{4}{108};\frac{7}{180};\frac{11}{300}\right\}$ e são tais que x < y < z, então $\frac{z-x}{y}$ é igual a:

a) $\frac{-1}{50}$ b) $\frac{1}{50}$ c) $\frac{1}{25}$ d) $\frac{3}{50}$ e) $\frac{3}{100}$

V.87 (F.M SANTA CASA-SP-85) Dentre os números:

$\sqrt{2}+3$; $\pi+1$; $2\sqrt{5}$; $\frac{\pi}{2}$ e $\sqrt{3}+3$ o maior é:

a) $\sqrt{2}+3$ b) $\pi+1$ c) $\sqrt{3}+3$ d) $\frac{\pi}{2}$ e) $2\sqrt{5}$

V.88 (MAPOFEI-75) Determinar todos os divisores inteiros positivos do número 36.

V.89 (MAPOFEI-75) Determinar o MDC e o MMC dos números 36, 40 e 56.

V.90 (MAPOFEI-75) Determinar a fração geratriz do número decimal periódico N = 121,434343...

V.91 (FUVEST-SP-81) O produto de dois números naturais a e b é 600.

a) Quais são os possíveis divisores primos de a?
b) Quais são os possíveis valores do máximo divisor comum de a e b?

V.92 (FUVEST-SP-78) Calcule:

a) $\dfrac{1}{10} - \dfrac{1}{6}$

b) $\dfrac{0{,}2 \cdot 0{,}3}{3{,}2 - 2{,}0}$

V.93 (U.F.CE-84) Seja $\dfrac{p}{q}$ a forma irredutível do número

$$\dfrac{2\dfrac{3}{4} + 1\dfrac{1}{2}}{4\dfrac{1}{4} - 1\dfrac{1}{2}} + 1{,}2363636\ldots$$

Calcule o valor de p – q.

V.94 (IME-RJ-82) Dado o número $m = 2^4 \cdot 3^3 \cdot 5^2$, determine quantos números inteiros positivos não maiores que m são primos relativos com m.

Capítulo 3 - Potenciação

V.95 (FEI-73) O valor da expressão $(-2)+(-3)\cdot(-2)^{-1}:(-3)^1$ é:

a) $-\dfrac{5}{6}$ b) $\dfrac{5}{6}$ c) 1 d) $-\dfrac{5}{3}$ e) $-\dfrac{5}{2}$

V.96 (CESGRANRIO-79) A representação decimal de $0,01^3$ é:

a) 0,03 b) 0,001 c) 0,0001 d) 0,000001 e) 0,0000001

V.97 (FUVEST-SP-81) Dos números abaixo, o que está mais próximo de $\dfrac{(5,2)^4 \cdot (10,3)^3}{(9,9)^2}$ é:

a) 0,625 b) 6,25 c) 62,5 d) 625 e) 6.250

V.98 (F.OSVALDO CRUZ-SP-84) Se K é um número inteiro e positivo, então $(-1)^k + (-1)^{k+1}$

a) é 2 b) é 1 c) é 0 d) depende de K

V.99 (FUVEST-86) O valor de $(0,2)^3 + (0,16)^2$ é:

a) 0,0264 b) 0,0336 c) 0,1056 d) 0,2568 e) 0,6256

V.100 (U.E.ECE-86) O valor de $\dfrac{2^{-1} - (-2)^2 + (-2)^{-1}}{2^2 + 2^{-2}}$ é:

a) $-\dfrac{15}{17}$ b) $-\dfrac{16}{17}$ c) $-\dfrac{15}{16}$ d) $-\dfrac{17}{16}$

V.101 (EAESP-FGV - 2º-SEMESTRE-78) Dado $1,1^{20} = 6,7275$ e $1,1^{25} = 10,8347$, então $1,1^{45}$ é igual a:

a) $10,8347 - 6,7275$ b) $6,7275 + 10,8347$ c) $(6,7275)^{10,8347}$
d) $(10,8347)^{6,7275}$ e) $(6,7275)(10,8347)$

V.102 (CESGRANRIO-84) Se $a^2 = 99^6$, $b^3 = 99^7$ e $c^4 = 99^8$, então $(abc)^{12}$ vale:

a) 99^{12} b) $99^{21/2}$ c) 99^{28} d) 99^{88} e) 99^{99}

V.103 (MACKENZIE-SP-86) Sendo $2^x = b$, então 2^{-2+3x} vale:

a) $3b^2$ b) $\dfrac{b}{3}$ c) $\dfrac{b^3}{4}$ d) $4b$ e) $\dfrac{2b^2}{3}$

V.104 (F.C.CHAGAS-80) Simplificando-se a expressão

$$\dfrac{0,002 \cdot 0,0003 \cdot 10^8}{0,1 \cdot 6 \cdot 10^4}, \text{ obtém-se:}$$

a) 0,001   b) 0,01   c) 0,06   d) 0,1   e) 0,6

V.105 (UNESP-81) Se $m = \dfrac{0,00001 \cdot (0,01)^2 \cdot 1000}{0,001}$, então

a) $m = 0,1$ b) $m = (0,1)^2$ c) $m = (0,1)^3$ d) $m = (0,1)^4$ e) $m = (0,1)^5$

V.106 (UNESP-82) Se $x = 10^{-3}$, então $\dfrac{(0,1)(0,001) \cdot 10^{-1}}{10(0,0001)}$ é igual a:

a) $100x$ b) $10x$ c) x d) $\dfrac{x}{10}$ e) $\dfrac{x}{100}$

V.107 (MACK-81) O valor da expressão $\dfrac{2^{n+4} + 2^{n+2} + 2^{n-1}}{2^{n-2} + 2^{n-1}}$ é:

a) 1   b) 2^{n+1} c) $\dfrac{3}{83}$ d) $\dfrac{82}{3}$ e) n

V.108 (MACKENZIE-SP-86) A expressão

$$\dfrac{\left(\dfrac{1}{2}\right)^{x+4} - 2^{-1} \cdot \left(\dfrac{1}{2}\right)^x}{2^{-x-4}} \text{ quando simplificada é igual a:}$$

a) 1/4   b) –8   c) $\dfrac{1}{8}$ d) $\dfrac{3}{2}$ e) –7

V.109 (FUVEST-81) Demonstre que é possível calcular a^{37}, a partir de a, executando não mais do que 7 vezes a operação multiplicação.

Capítulo 4 - Radiciação

V.110 (MACK-77) Dos valores abaixo, o que está mais próximo de $\sqrt{\dfrac{0,04}{\sqrt{3}}}$, é:

a) 0,0015 b) 0,015 c) 0,15 d) 1,5 e) não sei

V.111 (FUVEST-77) $\dfrac{0,3-\dfrac{1}{4}}{\sqrt[5]{-1}}+0,036+0,04=$

a) 8,95 b) 0,95 c) 0,85 d) 0,04 e) 8,85

V.112 (FUVEST-77) Assinale a correta:

a) $0,5999... < \dfrac{2}{\sqrt{5}+1} < \dfrac{2}{3}$

b) $0,5999... < \dfrac{2}{3} < \dfrac{2}{\sqrt{5}+1}$

c) $\dfrac{2}{\sqrt{5}+1} < 0,5999... < \dfrac{2}{3}$

d) $\dfrac{2}{\sqrt{5}+1} < \dfrac{2}{3} < 0,5999...$

e) $\dfrac{2}{3} < \dfrac{2}{\sqrt{5}+1} < 0,5999...$

V.113 (EAESP-FGV-2º-SEMESTRE-78) $\dfrac{2}{3} \cdot 8^{\frac{2}{3}} - \dfrac{2}{3} \cdot 8^{-\frac{2}{3}}$ é igual a:

a) 2,5 b) 0 c) 2^3 d) 1 e) –1

V.114 (UFSC-79) O valor mais aproximado da expressão $\left(\dfrac{2}{\sqrt{\pi}}\right)^{-2} + \left(\dfrac{6,25}{4}\right)^{\frac{1}{2}} - \left(\dfrac{\pi}{\sqrt{3}}\right)^{0}$ é:

a) 1,52 b) 1,97 c) 1,35 d) 1,03 e) 1,48

V.115 (PUC-SP-80) O valor da expressão $\left[\dfrac{(-10)+5-(-4)}{\sqrt{9}+\sqrt[3]{-8}}\right]^3$ é:

a) 1 b) –1 c) 2 d) –2 e) imaginário

V.116 (F.C. CHAGAS-80) Se $x \in \mathbb{R}$ é tal que o inverso de $x-\sqrt{3}$ é $x+\sqrt{3}$, então x^2 vale:

a) 4 b) 3 c) 2 d) 1 e) 0

V.117 (MACK-80) O valor de

$$\left[\sqrt[3]{\frac{(0,005)^2 \cdot 0,000075}{10}}\right] : \left[\frac{5 \cdot 10^{-4} \cdot 2^{-1/3}}{3^{-1/3}}\right] \text{ é:}$$

a) $\sqrt[3]{2}$ b) $\sqrt[3]{3}$ c) 1 d) 2 e) 0,1

V.118 (U.F.M.G.-81) O valor da expressão $4 \cdot (0,5)^4 + \sqrt{0,25} + 8^{-\frac{2}{3}}$ é:

a) $\frac{1}{8}$ b) $\frac{1}{4}$ c) $\frac{1}{2}$ d) 1 e) 2

V.119 (FATEC-SP-82) Se os números reais positivos a, b, c são tais que:

$$c = \frac{3a^3}{2b^2}\left[\frac{\sqrt[3]{9a^4}}{4b^2}\right]^{-\frac{3}{2}} \quad \text{então c é igual a:}$$

a) $\frac{2b\sqrt[3]{a^2b^2}}{a}$ b) $\frac{3a}{b\sqrt{ab}}$ c) $4a^2b$ d) $6ab^2$ e) $4ab$

V.120 (F.M.SANTA CASA-SP-86) A diferença $8^{0,666\ldots} - 9^{0,5}$ é igual a:

a) 2 b) 1 c) $\sqrt{2}-3$ d) -2 e) $-2\sqrt{2}$

V.121 (UB-DF-78) Sendo x um número real maior que 0, a expressão:

$$\sqrt{\frac{x}{\sqrt[5]{x^4}}} \quad \text{vale:}$$

a) $\sqrt[10]{x}$ b) $\sqrt{x^{-\frac{4}{5}}}$ c) $x^{\frac{4}{10}}$ d) nenhuma delas

V.122 (F.C.CHAGAS-80) A expressão $\sqrt{5000} + \sqrt{500}$ é igual a:

a) $60\sqrt{2}$ b) $60\sqrt{5}$ c) $10\sqrt{55}$ d) $5(10\sqrt{2}+\sqrt{5})$ e) $10(\sqrt{5}+5\sqrt{2})$

V.123 (F.C.CHAGAS-80) A expressão $\sqrt{\dfrac{x}{y}\sqrt[3]{\dfrac{y}{x}}}$, com $x > 0$ e $y > 0$, é igual a:

a) $\sqrt[3]{\dfrac{x}{y}}$ b) $\sqrt[6]{\dfrac{x}{y}}$ c) $\sqrt[6]{\dfrac{y}{x}}$ d) $\sqrt{\dfrac{x}{y}}$ e) $\sqrt[3]{xy}$

V.124 (U.F.AL-80) A expressão $\sqrt{10+\sqrt{10}} \cdot \sqrt{10-\sqrt{10}}$ é igual a:

a) 0   b) $\sqrt{10}$ c) $10-\sqrt{10}$ d) $3\sqrt{10}$ e) 90

V.125 (F.OBJETIVO-SP-84) Se $x = \sqrt{2}$ e $y = \sqrt{98} - \sqrt{32} - \sqrt{8}$ então:

a) $y = 7x$ b) $y = 5x$ c) $y = 3x$ d) $y = x$ e) $x = 3y$

V.126 (SANTA CASA-73) Se n é real e positivo, o valor de $\dfrac{1}{\sqrt{n^2+1}-n}$ é certamente:

a) um valor entre n e $2n$ b) maior que $2n$ c) um valor entre $\dfrac{n}{2}$ e n
d) um valor entre 0 e n e) um valor que diminui à medida que n cresce.

V.127 (F.G.V-77) A expressão $\dfrac{b}{\sqrt[3]{a+b}-\sqrt[3]{a}}$, onde a e b são números positivos, é equivalente a:

a) $\dfrac{1}{\sqrt[3]{b}}$
b) $\sqrt[3]{a^2} + \sqrt[3]{a^2+ab} + \sqrt[3]{(a+b)^2}$
c) $\sqrt[3]{b^2} + \sqrt[3]{a^2+ab} + \sqrt[3]{a^2+b^2}$
d) $\sqrt[3]{b^2} + \sqrt[3]{a+b} + \sqrt[3]{(a+b)^2}$
e) $\sqrt[3]{b} + \sqrt[3]{a+b} + \sqrt[3]{a^2+b^2}$

V.128 (FUVEST-77) $\dfrac{\sqrt{2}+\sqrt{3}}{\sqrt{3}}$ é igual a:

a) $\dfrac{2+2\sqrt{6}+\sqrt{3}}{3}$ b) $\dfrac{5+2\sqrt{6}}{3}$ c) $\dfrac{2+\sqrt{6}}{6}$

d) $\dfrac{3+\sqrt{6}}{3}$ e) $\dfrac{\sqrt{6}+3}{6}$

V.129 (GV-77) A expressão $\left[\dfrac{\sqrt{a+b}-\sqrt{a}}{b}\right]^{-1}$, onde a e b são números positivos é equivalente a:

a) $\dfrac{1}{b}$ b) b c) $\dfrac{b+\sqrt{a}}{\sqrt{a}+b}$ d) $\sqrt{b}$ e) $\sqrt{a+b}+\sqrt{a}$

V.130 (EAESP-GV-2º-SEMESTRE-78) $\dfrac{3\sqrt{5}-2\sqrt{13}}{7\sqrt{5}+3\sqrt{13}}$ é igual a:

a) $\dfrac{183-23\sqrt{65}}{128}$ b) $\dfrac{5\sqrt{65}-3\sqrt{13}}{3}$ c) $-\dfrac{1}{15}$ d) $-\dfrac{7}{128}$ e) 1

V.131 (PUC-79) O número $3+\sqrt{3}+\dfrac{1}{3-\sqrt{3}}-\dfrac{1}{3+\sqrt{3}}$ é igual a:

a) $3+\dfrac{3\sqrt{3}}{2}$ b) $3+\dfrac{4\sqrt{3}}{3}$ c) $3-\dfrac{4\sqrt{3}}{3}$ d) $\dfrac{3+2\sqrt{3}}{3}$ e) $\dfrac{3-2\sqrt{3}}{3}$

V.132 (F.C.CHAGAS-79) Simplificando-se a expressão $\sqrt{\dfrac{9}{2}}-\sqrt{\dfrac{2}{9}}$, obtém-se:

a) $\dfrac{3-\sqrt{2}}{2-\sqrt{3}}$ b) $\sqrt{\dfrac{77}{18}}$ c) $\dfrac{7\sqrt{2}}{3}$ d) $\dfrac{7\sqrt{2}}{6}$ e) $\dfrac{\sqrt{2}}{18}$

V.133 (FUVEST-80) O valor da expressão $\dfrac{2-\sqrt{2}}{\sqrt{2}-1}$:

a) $\sqrt{2}$ b) $\dfrac{1}{\sqrt{2}}$ c) 2 d) $\dfrac{1}{2}$ e) $\sqrt{2}+1$

V.134 (MACKENZIE-SP-81) Racionalizando o denominador da fração $\dfrac{5}{\sqrt[3]{49}+\sqrt[3]{14}+\sqrt[3]{4}}$ obtemos:

a) $\sqrt[3]{2}-\sqrt[3]{7}$ b) $\sqrt[3]{7}+\sqrt[3]{2}$ c) $\sqrt[3]{7}-\sqrt[3]{2}$ d) $5-\sqrt[3]{2}$ e) $5+\sqrt[3]{7}$

V.135 (CESGRANRIO-82) Sendo x > 0, com denominador racionalizado, a razão $\dfrac{\sqrt{x}}{\sqrt{x+1}+\sqrt{x}}$ é igual a:

a) $2x+1$ b) $\dfrac{1}{x^2+x}$ c) $\dfrac{x}{2x+1}$ d) $\dfrac{\sqrt{x}}{2x+1}$ e) $\sqrt{x^2+x}-x$

V.136 (F.C. CHAGAS-BA-84) A expressão $\left(2^{-1}+2^{-\frac{1}{2}}\right)^{-2}$ tem valor igual a:

a) $4(3-2\sqrt{2})$ b) $\dfrac{1}{2}(2+\sqrt{2})$ c) 5 d) 3 e) $\dfrac{4}{3}$

V.137 (F.M. SANTA CASA-SP-84) Racionalizando-se o denominador da fração $\dfrac{\sqrt{15}}{\sqrt{3}+\sqrt{5}+2\sqrt{2}}$ obtém-se:

a) $\dfrac{\sqrt{3}-\sqrt{5}-2\sqrt{2}}{2}$ b) $\dfrac{\sqrt{3}+\sqrt{5}-2\sqrt{2}}{2}$ c) $\dfrac{\sqrt{3}+\sqrt{5}+2\sqrt{2}}{2}$

d) $\dfrac{\sqrt{3}-\sqrt{5}-2\sqrt{2}}{4}$ e) $\sqrt{3}+\sqrt{5}-2\sqrt{2}$

V.138 (FUVEST-SP-85) Qual é o valor da expressão $\dfrac{\sqrt{3}+1}{\sqrt{3}-1}+\dfrac{\sqrt{3}-1}{\sqrt{3}+1}$?

a) $\sqrt{3}$ b) 4 c) 3 d) 2 e) $\sqrt{2}$

V.139 (F.C.CHAGAS-BA-86) A expressão $\dfrac{\sqrt{75}+\sqrt{27}}{1+\sqrt{3}}$ é equivalente a:

a) $-4(\sqrt{3}-3)$ b) $8(1-\sqrt{3})$ c) $4(1+\sqrt{3})$ d) 8 e) 4

V.140 (FUVEST-SP-86) $\dfrac{2}{\sqrt{5}-\sqrt{3}}-\dfrac{2}{\sqrt[3]{2}}$ é igual a:

a) $\sqrt{5}+\sqrt{3}+\sqrt[3]{4}$ b) $\sqrt{5}+\sqrt{3}-\sqrt[3]{2}$ c) $\sqrt{5}-\sqrt{3}-\sqrt[3]{2}$
d) $\sqrt{5}+\sqrt{3}-\sqrt[3]{4}$ e) $\sqrt{5}-\sqrt{3}-\sqrt[3]{4}$

V.141 (MAPOFEI-75) Racionalizar o denominador da fração: $\dfrac{1}{1+\sqrt{2}-\sqrt{3}}$

V.142 (MAPOFEI-75) Calcular o valor numérico da expressão:

$$-\sqrt[3]{-8} + 16^{-\frac{1}{4}} - \left(-\frac{1}{2}\right)^{-2} + 8^{-\frac{4}{3}}$$

V.143 (FAAP-SP-78) Simplificar: $\dfrac{2+\sqrt{3}}{1-\sqrt{5}} + \dfrac{2-\sqrt{3}}{1+\sqrt{5}}$

V.144 (FUVEST-83) O número $x = \left[(\sqrt{2})^{\sqrt{2}}\right]^{\sqrt{2}}$ é racional.
a) Usando propriedades das potências, calcule x.
b) Prove que existem dois números irracionais α e β tais que α^β é racional.

V.145 (FUVEST-SP-84) Seja $r = \sqrt{2} + \sqrt{3}$

a) Escreva $\sqrt{6}$ em função de r.
b) Admitindo $\sqrt{6}$ irracional, prove que r também é irracional.

V.146 (FAAP-SP-86) Escrever a representação decimal do número real L dado pela expressão $L = \sqrt{\dfrac{(0,00004).(25000)}{(0,02)^5 . (0,125)}}$

V.147 (VUNESP-91) Fazendo as aproximações $\sqrt{2} \cong 1{,}41$ e $\sqrt{3} \cong 1{,}73$ e considerando $a = \sqrt[4]{64}$ e $b = \sqrt{27}$, determinar a representação decimal, até a casa dos centésimos, de b − a.

V.148 (FUVEST-91-2º-fase) a) Qual a metade de 2^{22}? b) Calcule $8^{2/3} + 9^{0,5}$.

Exercícios de Matemática - vol 1

Capítulo 5 - Cálculo Algébrico

V.149 (UFSC-79) Sendo A = 2, B = –1 e C = 3, o valor numérico da expressão

$$\frac{A^2 - 2B}{3C} + \frac{A}{6} + 3B \text{ é:}$$

a.) $\frac{-22}{9}$ b) $\frac{22}{9}$ c) –2   d) 2   e) 4

V.150 (FUVEST-79) O valor da expressão $\frac{a+b}{1-ab}$, para $a = \frac{1}{2}$ e $b = \frac{1}{3}$, é:

a) 5   b) 1   c) 0   d) 3   e) 6

V.151 (FUVEST-84) O valor da expressão $a^3 - 3a^2x^2y^2$, para a = 10, x = 2 e y = 1, é:

a) 100   b) 50   c) 250   d) –150   e) –200

V.152 (MACKENZIE-86) Simplificando a expressão $y = a^2b^4 (a^{-2} + b^{-4})$, $a \neq 0$ e $b \neq 0$, temos:

a) $a^2 + b^2$ b) $a^2 + b^4$ c) $a^2 + b^{-4}$ d) $a^{-2} + b^{-4}$ e) a^2b^4

V.153 (F.C.CHAGAS-79) A expressão $(x - y)^2 - (x + y)^2$ é equivalente a:

a) 0   b) $2y^2$ c) $-2y^2$ d) $-4xy$ e) $-2(x+y)^2$

V.154 (PUC/SP-80) A expressão $(2a + b)^2 - (a - b)^2$ é igual a:

a) $3a^2 + 2b^2$ b) $3a (a + 2b)$ c) $4a^2 + 4ab + b^2$
d) $2ab (2a + b)$ e) $5a^2 + 2b^2 - ab$

V.155 (STA.CASA-80) Se $\left(n + \frac{1}{n}\right)^2 = 3$, então $n^3 + \frac{1}{n^3}$ vale:

a) $\frac{10\sqrt{3}}{3}$ b) 0   c) $2\sqrt{3}$ d) $3\sqrt{3}$ e) $6\sqrt{3}$

V.156 (F. C. CHAGAS-BA-82) O valor numérico da expressão

$a^3 - b^3 + 3ab^2 - 3a^2b$ para $a = \frac{\sqrt[3]{3}+2}{\sqrt[3]{2}}$ e $b = \frac{\sqrt[3]{3}-2}{\sqrt[3]{2}}$ é:

a) $\sqrt[3]{9} - 2$ b) $\sqrt[3]{9} + 2$ c) 8   d) 13,5   e) 32

V.157 (STA.CASA-85) Se $\sqrt{A} - \sqrt{B} = \sqrt{5 - 2\sqrt{6}}$, então A – B é igual a:

a) –2   b) –1   c) $5 - 2\sqrt{6}$ d) 1   e) 2

V.158 (STA.CASA-73) Se $\dfrac{x}{y} = 5$ e $\dfrac{a}{b} = \dfrac{3}{4}$, o valor de $\dfrac{20ax - 5by}{4ax + by}$ é igual a:

a) $\dfrac{70}{21}$ b) 3   c) $\dfrac{35}{8}$ d) $\dfrac{21}{115}$ e) $\dfrac{115}{21}$

V.159 (FGV/SP-78) Simplificando a expressão

$$\dfrac{2(x-2)(x-3)^3 - 3(x-2)^2(x-3)^2}{(x-3)^6}$$ obtêm-se:

a) $\dfrac{x(x-2)}{(x-3)^3}$ b) $\dfrac{x(2-x)}{(x-3)^3}$ c) $\dfrac{x(x-2)}{(x-3)^4}$

d) $\dfrac{x(2-x)}{(x-3)^4}$ e) $\dfrac{5x(x-2)}{(x-3)^4}$

V.160 (F.C.CHAGAS/SP-80) Se $y \in \mathbf{R}$ é tal que:

$$y = \dfrac{x^3 - x^2 + x - 1}{x^2 + 8x + 15} \cdot \dfrac{x^2 + 4x - 5}{x^2 - 2x + 1},$$ então y equivale a:

a) $x + \dfrac{1}{x}$ b) $1 - \dfrac{4}{x+3}$ c) $x + 5 + \dfrac{1}{x+3}$

d) $x - 3 + \dfrac{10}{x+3}$ e) $x + 10 + \dfrac{58x - 146}{x^2 - 8x + 15}$

V.161 (F.G.V-81) Calcular o valor da expressão $A = \dfrac{a^{3x} + a^{-3x}}{a^x + a^{-x}}$, sendo $a^{2x} = 3$

a) $\dfrac{7}{5}$ b) $\dfrac{5}{3}$ c) $\dfrac{7}{3}$ d) $\dfrac{4}{3}$ e) $\dfrac{3}{2}$

V.162 (U.C.MG-82) A expressão $\dfrac{a^3 - a^2 b}{3a^5 - 6a^4 b + 3a^3 b^2}$ equivale a:

a) $\dfrac{a}{3a - b}$ b) $\dfrac{a}{3(a+b)}$ c) $\dfrac{1}{3(a-b)}$ d) $\dfrac{1}{3a(a+b)}$ e) $\dfrac{1}{3a(a-b)}$

V.163 (F.M.U./SP-86) A expressão $\dfrac{a+b}{a^{-1}+b^{-1}}$ equivale a:

a) $\dfrac{a+b}{ab}$ b) $\dfrac{a+b}{a-b}$ c) ab d) $\dfrac{ab}{a+b}$ e) $\dfrac{a^2+b^2}{a+b}$

V.164 (CESCEM-73) Considerem-se os números:
$$a = \frac{105.678 + 10^{999}}{105.679 + 10^{999}} \text{ e } b = \frac{105.679 + 10^{999}}{105.680 + 10^{999}}$$

Assinale a assertiva correta:
a) a.b é maior do que a
b) a e b estão tão próximos de 1 que só usando um computador eletrônico para decidir se são distintos
c) $a = b(b-1)$ d) $b < a$ e) $a < b$

V.165 (FATEC/SP-86) Seja r um número real tal que $r^2 \neq 1$. Se x e y são números reais tais que $x = \dfrac{1}{r-1}$ e $y = \dfrac{1}{r+1}$, então $x(1 - 2x + 4xy)$ é igual a:

a) x b) y c) $x + y$ d) $x + 2y$ e) $x - y$

V.166 (FUVEST-77) Calcule o valor numérico de $\dfrac{-x^2 + xy}{y}$ para $x = -0,1$ e $y = 0,001$.

V.167 (FAAP-77) Calcular o valor da expressão $\sqrt{1+m^2}$ para $m = \dfrac{1}{2}\left(e^{x/a} - e^{-x/a}\right)$.

V.168 (FAAP-79) Se $a = 3, b = -2$ e $c = -1$, calcular $\dfrac{ab + c^2 + 6}{b^2} - \left(-\dfrac{1}{2}\right)^{-3}$

V.169 (MAUÁ-80) Fatore as expressões:
i) $8x^2 - y^3$ ii) $ac + 2bc - ad - 2bd$

V.170 (F.ITAJUBÁ/MG-80) Fatorar as expressões:

a) $E = x^4 - xy^3 - x^3y + y^4$ b) $E = m^4 - 4m^2 - 21$

V.171 (MAPOFEI-76) Determinar o MDC e o MMC dos polinômios: $x^2 - 1, x^2 + 3x + 2, x^2 + 2x + 1$

V.172 (MAPOFEI-76) Supondo $5p^2 \neq 3q^2$, simplificar
$$\frac{10u^2p^2 - 35v^2p^2 - 6u^2q^2 + 21v^2q^2}{25p^4 - 30p^2q^2 + 9q^4}$$

V.173 (MAPOFEI-75) Supondo x e y números reais com $x - y \neq 0$ e $x + y \neq 0$, simplificar a expressão algébrica: $\dfrac{x^3 - y^3}{x - y} - \dfrac{x^3 + y^3}{x + y}$

V.174 (FAAP-79) Simplificar $\dfrac{x^2 - 1}{x^2 - 2x} \cdot \dfrac{3x - 6}{4x + 4}$

V.175 (MAPOFEI-73) Parte A: Defina números primos entre si e indique, dentre os pares (311;175),(51;213),(831;347),(385;252), quais os que são constituídos por dois números primos entre si.

Parte B: Sendo a um número natural, mostre que a fração $\dfrac{2a+1}{3a+1}$ é irredutível.

V.176 (FUVEST/SP-78) Dizemos que um número x é soma de dois quadrados se existem inteiros a e b tais que $x = a^2 + b^2$.
Prove que, se dois números são somas de dois quadrados, seu produto também o é.

V.177 (VUNESP-91) Sejam a e b números naturais assim relacionados: $a = 1 + b^2$. Se b é ímpar, provar que a é par.

Capítulo 6 - Equações e Sistemas

V.178 (PUC-SP-80) A solução da equação $2(x + 1) = 3(2 - x)$ satisfaz a desigualdade:
a) $x < -1$ b) $-1 < x < 0$ c) $0 < x < 1$ d) $1 < x < 2$ e) $x > 2$

V.179 (MACKENZIE-SP-84) Se $(m+2)x = m^2 - 4$, então, podemos dizer que:

a) a equação admite uma única solução $x = m - 2$, $\forall\, m \in \mathbf{R}$.
b) a equação admite infinitas soluções, $\forall\, m \in \mathbf{R}$.
c) a equação não admite solução para $m = -2$.
d) a equação admite uma única solução para $m = -2$.
e) a equação admite uma única solução para $m \neq -2$.

V.180 (F.C.CHAGAS-79) São dados o conjunto $A = \{1, 2, 3, 4\}$ as equações da forma $x^2 + ax + b = 0$. Se $(a, b) \in A \times A$, então o número de equações que admitirão raízes reais será:
a) 4   b) 5   c) 6   d) 7   e) 8

V.181 (U.F.UBERL.-81) Em relação aos conjuntos
$A = \{x \in \mathbf{N}^* \mid -2 \leq x < 6\}$ e $B = \{x \mid x \in \mathbf{R}_+ \text{ e } x^2 - 6x + 8 = 0\}$ podemos dizer que complementar de B em relação a A é:
a) $\{1, 3, 5, 6\}$ b) $\{2, 4\}$ c) $\{1, 3, 5\}$
d) $\{-2, -1, 1, 3, 5\}$ e) $\{-2, -1, 0, 1, 3, 5\}$

V.182 (FUVEST-79) A equação $\dfrac{2}{x^2 - 1} + \dfrac{1}{x+1} = -1$
a) tem apenas uma raiz real   b) tem apenas duas raízes reais cuja soma é 1
c) não tem nenhuma raiz real   d) tem três raízes reais cuja soma é -1
e) admite 4 como raiz

V.183 (U.F.SE-80) A equação $\dfrac{x-3}{2} + \dfrac{1}{x} = -3$, em $\mathbf{R}$, é verdadeira se, e somente se, x^2 for igual a:
a) 0   b) 1   c) 2   d) 4   e) 1 ou 4

V.184 (A.E.U.DF-82) A solução da equação
$$\dfrac{7}{x-1} = \dfrac{6x+1}{x+1} - \dfrac{3(1+2x^2)}{x^2-1}$$ é dada por:
a) $x = \dfrac{12}{11}$ b) $x_1 = \dfrac{-12}{11}$ e $x_2 = \dfrac{14}{9}$ c) $x_1 = \dfrac{11}{12}$ e $x_2 = -\dfrac{9}{14}$ d) $x = \dfrac{-11}{12}$
e) n.d.a.

V.185 (F.G.V.-SP-85) A equação $x + \dfrac{5}{x-5} = 5 + \dfrac{5}{x-5}$ tem:
a) uma única raiz b) exatamente duas raízes c) infinitas raízes
d) conjunto-solução vazio e) raízes imaginárias

V.186 (MACKENZIE-SP-86) A soma e o produto das raízes da equação
$\dfrac{x}{-x+1} - \dfrac{3}{x} = 0$, $x \neq 0$ e $x \neq 1$ são, respectivamente:
a) 2 e 3 b) -2 e -3 c) 3 e 3 d) -3 e -3 e) 3 e 2

V.187 (U.F.RS-81) Se 1 é elemento de $A = \left\{ \dfrac{a^n + b^n}{a^n - b^n} \mid n \in \mathbb{N}^* \right\}$, com $a \in \mathbb{R}^*$,
$b \in \mathbb{R}$ e $a \neq b$, então A é:
a) $\{1\}$ b) $\{0, 1\}$ c) $\mathbb{Q} - \{0\}$ d) $\mathbb{R}^*$

V.188 (FEI-73) Numa prova de ginásio, em que deviam ser dados os resultados do 1º membro, um aluno desatento fez estes enganos:
a) $(a+2)^2 = a^2 + 4$ b) $\dfrac{1}{2} + \dfrac{1}{a} = \dfrac{1+1}{2+a}$ c) $\dfrac{a+2}{a} = 2$
d) $a^2 = 4 \Rightarrow a = 2$ e) $2 \cdot (5 + a) = 10 + a$
Qual delas não se verifica para nunhum valor real de a?

V.189 (SANTA CASA-73) Se $\dfrac{1}{a} + \dfrac{1}{d} - \left(\dfrac{1}{b} + \dfrac{1}{c} \right) = \dfrac{(a-b)(a-c)}{abc}$ e a, b, c, d
são números reais diferentes de zero, temos:
a) $\dfrac{a-b}{b} = \dfrac{c-d}{d}$ b) $b \cdot c = a \cdot d^2$ c) $\dfrac{1}{a} + \dfrac{1}{b} + \dfrac{1}{c} = \dfrac{1}{d} - \dfrac{1}{abc}$
d) $\dfrac{abc}{a+b} = \dfrac{c-d}{a-b}$ e) $\dfrac{a+b}{c-d} = \dfrac{b-d}{a-c}$

V.190 (F.CHAGAS-80) Se $(x^{-1} + y^{-1})^{-1} = 2$, então y é igual a:
a) $\dfrac{x}{1-2x}$ b) $\dfrac{-x}{1-2x}$ c) $\dfrac{2x}{x-2}$ d) $\dfrac{x-2}{2x}$ e) $\dfrac{x}{1+x}$

V.191 (MACK-78) Um valor de k para o qual uma das raízes da equação $x^2 - 3kx + 5k = 0$ é o dobro da outra é:
a) $\dfrac{5}{2}$ b) 2 c) -5 d) -2 e) $-\dfrac{5}{2}$

V.192 (PUC-79) Os valores de a, para que as raízes da equação $8x^2 - (a-1)x + a - 7 = 0$, sejam iguais, são:
a) 2 e 16   b) 4 e 18   c) 6 e 20   d) 8 e 24   e) 9 e 25

V.193 (PUC-79) As raízes da equação $x^2 - ax + b = 0$, são 1 e 2. Então é verdade que:
a) $a^2 + b^2 = a + 5b$ b) $a^2 - b^2 = 1$ c) $a^2 = b^2 + 10$
d) $2a + a^2 = b$ e) $a^2 - 3a = -b$

V.194 (PUC-79) O trinômio $f(x) = x^2 - px + q$, tem por raízes a e b, $a \neq 0$ e $b \neq 0$. O trinômio que tem raízes $\frac{1}{a}$ e $\frac{1}{b}$, é:

a) $x^2 - \frac{p}{q}x + \frac{1}{q}$ b) $x^2 + (p+q)x + pq$ c) $x^2 - (p+q)x + pq$
d) $x^2 + (p+q)x \; pq$ e) $px^2 + qx + 1$

V.195 (MACK-80) Sejam a e b as raízes da equação $x^2 - 3kx + k^2 = 0$ tais que $a^2 + b^2 = 1,75$. O valor de k^2 é:
a) $(1,75)2$ b) 17,5   c) 175   d) 0,5   e) 0,25

V.196 (FUVEST-SP-84) A equação $\frac{x}{1-x} + \frac{x-2}{x} - 1 = 0$ tem duas raízes. A soma e o produto dessas raízes são iguais a:
a) -2 b) 0   c) 3   d) -4 e) 1

V.197 (CESGRANRIO-84) Sobre a equação $1983x^2 - 1984x - 1985 = 0$, a afirmação correta é:
a) não tem raízes reais.   b) tem duas raízes simétricas
c) tem duas raízes reais distintas   d) tem duas raízes positivas
e) tem duas raízes negativas

V.198 (F.G.V.SP-85) Considere a equação $x^2 - 4x - 7 = 0$ e sejam x_1 e x_2 suas raízes. Então $x_1^2 + x_2^2$ vale:
a) 1   b) 2   c) 3   d) 30   e) 31

V.199 (PUC-SP-85) Se as raízes da equação $x^2 + bx + 12 = 0$ são, cada uma, 7 unidades maiores do que as raízes de $x^2 + \beta x + 12 = 0$, então:
a) $\beta = -5$ b) $\beta = 5$ c) $\beta = -7$
d) $\beta = 7$ e) faltam dados para determinar β

V.200 (FEI-SP-85) Se $f(x) = ax^2 + bx + c$ para qualquer x real e os valores $x_0 = 3$ e $x_1 = -3$ são raízes da equação $f(x) = 0$, podemos afirmar que
a) $c > 1$ b) $a = 0$ c) $b = 0$ d) $a \cdot c > 0$ e) $a > 0$

V.201 (CESGRANRIO-85) Os valores do parâmetro p, para os quais a equação $x^2 + x + p(p^2 - 7p) = 0$ tem uma raiz nula, são:
a) 2 e 5   b) -5 e -2 c) 3 e 4   d) 0 e 7   e) -7 e 3

V.202 (CESGRANRIO-86) As raízes da equação $x^2 + 5x + 3 = 0$ são α e β. Uma equação de raízes α^2 e β^2 é:
a) $x^2 - 19x + 9 = 0$ b) $x^2 + 9x - 19 = 0$ c) $x^2 + 25x + 9 = 0$
d) $x^2 - \alpha^2 x + \beta^2 = 0$ e) $x^2 + \beta^2 x - \alpha^2 = 0$

V.203 (F.G.V.SP-86) Se a soma das raízes da equação $kx^2 + 3x - 4 = 0$ é 10, podemos afirmar que o produto das raízes é:
a) $\dfrac{40}{3}$ b) $-\dfrac{40}{3}$ c) $\dfrac{80}{3}$ d) $-\dfrac{80}{3}$ e) $-\dfrac{3}{10}$

V.204 (UNESP-86) Um valor de m, para o qual uma das raízes da equação $x^2 - 3mx + 5m = 0$ é o dobro da outra é:
a) $-\dfrac{5}{2}$ b) 2   c) -2 d) -5 e) $\dfrac{5}{2}$

V.205 (FATEC-SP-86) Seja $M = \{m \in \mathbf{R} \mid x^2 - 3x + 2 = 0$ e $x^2 + mx + 1 = 0$ tenham uma raiz comum$\}$. Se $M = \{m_1; m_2\}$, então $m_1 + m_2$ é igual a:
a) 2   b) $\dfrac{5}{2}$ c) $-\dfrac{5}{2}$ d) -3 e) $-\dfrac{9}{2}$

V.206 (CESCEM-73) Considere-se o número x dado pela expressão $x = \left| \sqrt{2+x} \right|$. Nestas condições:
a) $x = 2,222...$ b) $x = \dfrac{1 \pm 3}{2}$ c) $x = 2 + \sqrt{2,2}$
d) $x = 2$ e) x não é raíz da equação $x^2 - x - 2 = 0$

V.207 (ITA-73) A respeito da equação $3x^2 - 4x + \sqrt{3x^2 - 4x - 6} = 18$ podemos dizer
a) $\dfrac{2 \pm \sqrt{70}}{3}$ são raízes   b) a única raíz é $x = 3$ c) a única raíz é $x = 2 + \sqrt{10}$
d) tem 2 raízes reais e 2 imaginárias   e) n.d.a

V.208 (EAESP-FGV-1º Semestre-79) O produto das soluções da equação $3\sqrt{x} + \dfrac{6}{\sqrt{x}} = 11$ é:

a) 4 b) 9 c) 1 d) 25 e) 16

V.209 (MACK-79) O número de raízes racionais da equação $\sqrt{x+1} = x^2 - 1$ é:

a) 0 b) 1 c) 2 d) 3 e) 4

V.210 (FATEC-SP-82) Se o número real a é a solução da equação $\sqrt{4+3x} - x = 0$, então a é tal que:

a) $a \leq 0$ b) $-2 \leq a \leq 2$ c) $-1 \leq a \leq 3$
d) $1 \leq a \leq 4$ e) $a > 5$

V.211 (F.G.V.SP-86) Com relação à equação $x+2 = \sqrt{2x+7}$ podemos afirmar que o conjunto solução é:

a) $\{3; -1\}$ b) $\{-3\}$ c) $\{1, -3\}$ d) $\{1\}$ e) $\varnothing$

V.212 (GV-73) Se $x = a$ e $y = b$ é uma solução do sistema
$\begin{cases} x^2 + y^2 = 20 \\ xy = 6 \end{cases}$ então $a + b$ é igual a:

a) $\pm\sqrt{20}$ b) $\pm 4\sqrt{2}$ c) $\pm\sqrt{2}$ d) $\pm\sqrt{26}$ e) $\pm 3\sqrt{2}$

V.213 (CESGRANRIO-RJ-78) Se (x, y) é a solução do sistema:
$\begin{cases} \dfrac{4}{x} + \dfrac{3}{y} = 4 \\ \dfrac{2}{x} - \dfrac{6}{y} = -3 \end{cases}$ então $x + y$ é:

a) -12 b) $\dfrac{1}{5}$ c) $\dfrac{2}{3}$ d) $\dfrac{7}{2}$ e) 5

V.214 (MACK-80) Se $\dfrac{x}{7} = \dfrac{y}{3}$ e $x \cdot y = 189$, então, $x - y$ vale:

a) 12 b) 4 c) 9 d) 30 e) 21

V.215 (FUVEST-SP-80) Discutir e resolver a equação seguinte na incógnita x:
$(a^2 - 1) \cdot x = a - 1$

V.216 (FEI-SP-81) Sendo a e b as raízes da equação $(x-1)(m^2x+1) = 4m$

a) achar $a+b$ b) achar a^2+b^2

V.217 (FAAP-SP-86) Determinar os valores reais de m para os quais a equação $\dfrac{3}{x+2m}+\dfrac{2}{x+m}=1$ admite a raiz $x_1=5$.

V.218 (E.S.P.M-SP-84) Resolver a equação:

$$\frac{7}{x-1}=\frac{6x+1}{x+1}-\frac{3(1+2x^2)}{x^2-1}$$

V.219 (PUC-RJ-86) Determine o conjunto de números reais que satisfazem a equação: $\dfrac{2x^2}{x-1}-\dfrac{2x+7}{3}+\dfrac{4-6x}{x-1}+1=0$

V.220 (FUVEST-90-2ª Fase) a) Se $x+\dfrac{1}{x}=b$, calcule $x^2+\dfrac{1}{x^2}$

b) Resolva a equação: $x^2-5x+8-\dfrac{5}{x}+\dfrac{1}{x^2}=0$

V.221 (MAPOFEI-75) Verificar se existem números reais x tais que $2-x=+\sqrt{x^2-12}$. Justificar a resposta.

V.222 (MAPOFEI-76) Resolver a equação:

$$\frac{1}{\sqrt{3+x}+\sqrt{3-x}}+\frac{1}{\sqrt{3+x}-\sqrt{3-x}}=2$$

V.223 (FAAP-77) Resolver e discutir a equação: $\dfrac{\sqrt{2+x}+\sqrt{2-x}}{\sqrt{2+x}-\sqrt{2-x}}=3$

V.224 (FAAP-78) Resolver a equação: $x-1=\sqrt{1-\sqrt{x^4-x^2}}$

V.225 (F.OSWALDO CRUZ-SP-80) Resolva a equação: $1-\sqrt{1-x^2}=x^2$

V.226 (E.E.MAUÁ-SP-81) Resolver a equação: $\sqrt{x^2+9}+\dfrac{15}{\sqrt{x^2+9}}=8$

Exercícios de Matemática - vol 1

V.227 (U.F.BA-84) Resolva a equação: $\sqrt{x^2+9} - \dfrac{15}{\sqrt{x^2+9}} = 2$

V.228 (MAPOFEI-76) Resolver o sistema

$$\begin{cases} x^2 + y^2 = 25 \\ xy = 12 \end{cases}$$

V.229 (MAPOFEI-76) Resolver o sistema:

$$\begin{cases} \dfrac{1}{x} + \dfrac{1}{y} = \dfrac{7}{12} \\ x.y = 12 \end{cases}$$

V.230 (U.F.CE-81) Sejam N o conjunto dos números inteiros positivos e $E = \{(x, y) \in N^2;\ x^4y^4 - 10x^2y^2 + 9 = 0\}$ Determine o número de elementos de E.

Capítulo 7 - Problemas

V.231 (MACK-79) Dividindo-se 660 em partes proporcionais aos números $\frac{1}{2}, \frac{1}{3}$ e $\frac{1}{6}$, obtêm-se, respectivamente:
a) 330,220 e 110.
b) 120,180 e 360.
c) 360,180 e 120.
d) 110,220 e 330.
e) 200,300 e 160.

V.232 (MACK-79) Dividindo-se um segmento de 120 cm em três partes diretamente proporcionais a 40,30 e 20, teremos, respectivamente:
a) $\frac{160}{3}$ cm, 40 cm e $\frac{80}{3}$ cm.
b) 50 cm, 40 cm e 30 cm.
c) 40 cm, 40 cm e 40 cm.
d) 50 cm, $\frac{70}{3}$ cm e $\frac{40}{3}$ cm.
e) $\frac{160}{3}$ cm, 50 cm e $\frac{50}{3}$ cm.

V.233 (ESAN-SP) O litro de leite tipo A custa Cr$ 20,00 e o tipo B custa Cr$ 15,00. Misturando-se o tipo A com o tipo B consegue-se um terceiro tipo que custa Cr$ 18,00 o litro. Então, nesta mistura, a proporção do tipo mais caro para o tipo mais barato é:
a) 1:2
b) 2:3
c) 3:2
d) 3:4
e) 4:3

V.234 (PUC/SP-80) Dois amigos jogaram Cr$ 360,00 na Loteria Esportiva, sendo que o primeiro entrou com Cr$ 140,00 e o segundo com Cr$ 220,00. Ganharam um prêmio de Cr$ 162.000,00. Como deve ser rateado o prêmio?
a) Cr$ 63.000,00 e Cr$ 99.000,00.
b) Cr$ 70.000,00 e Cr$ 92.000,00.
c) Cr$ 62.000,00 e Cr$ 100.000,00.
d) Cr$ 50.000,00 e Cr$ 112.000,00.
e) Cr$ 54.000,00 e Cr$ 108.000,00.

V.235 (MACKENZIE/SP-82) Uma engrenagem de 36 dentes movimenta uma outra de 48 dentes. Se a primeira engrenagem executa 100 voltas, a segunda engrenagem executará:
a) 112 voltas
b) 100 voltas
c) 84 voltas
d) 75 voltas
e) 60 voltas

V.236 (PUC/SP-82) A primeira linha da tabela significa "3 galinhas comem 6 quilos de ração em 12 dias". Sendo esta afirmação verdadeira, qual é a única linha que contém informação falsa?

	galinhas	quilos	dias
	3	6	12
a)	1	6	36
b)	1	1	6
c)	6	1	1
d)	3	3	3
e)	6	6	6

V237 (FEP/PA-84) Para asfaltar 1 km de estrada, 30 homens gastaram 12 dias trabalhando 8 horas por dia. Vinte homens, para asfaltar 2 km da mesma estrada, trabalhando 12 horas por dia gastarão:
a) 6 dias   b) 12 dias   c) 24 dias   d) 28 dias   e) 30 dias

V238 (FUVEST/SP-85) Nesta tabela ao lado, y é inversamente proporcional ao quadrado de x ($x > 0$).
Calcule os valores de p e m.
a) $p = 1/8$ e $m = 1/4$ b) $p = 1/2$ e $m = 1/2$
c) $p = 1/2$ e $m = 1/4$ d) $p = 3/4$ e $m = 3/4$
e) $p = 1/4$ e $m = 1/8$

x	y
1	2
2	p
m	8

V239 (F.C.CHAGAS-79) A média aritmética de um conjunto de 11 números é 45. Se o número 8 for retirado do conjunto, a média aritmética dos números restantes será:
a) 48,7   b) 48   c) 47,5   d) 42   e) 41,5

V240 (F.M.SANTA CASA/SP-85) A média aritmética dos 100 números de um conjunto é 56. Retirando-se os números 48 e 64 daquele conjunto, a média aritmética dos números restantes será:
a) 28   b) 28,5   c) 38   d) 48,5   e) 56

V241 (F.M.SANTA CASA-79) Vamos admitir que todos os 9 planetas do Sistema Solar realizassem suas órbitas num mesmo plano que contivesse o Sol. Seja U a última data em que todos os astros acima descritos estavam numa mesma linha reta, estando o Sol numa extremidade. Sejam $T_1, T_2, ... T_9$ os períodos de revolução dos planetas em torno do Sol. Qual será a data D seguinte na qual o mesmo fenômeno de alinhamento vai ocorrer, com o Sol numa das extremidades do segmento definido?
a) $D = U + (T_1 + T_2 + ... + T_9)$
b) $D = U +$ [máximo divisor comum $(T_1, T_2, ..., T_9)$]
c) $D = U +$ [mínimo múltiplo comum $(T_1, T_2, ..., T_9)$]
d) $D = U + \frac{1}{9} \cdot (T_1 + T_2 + ... + T_9)$ e) n.d.a.

V242 (U.F.MG-81) Um retângulo com 15 m de comprimento e 9 m de largura deve ser totalmente dividido em quadrados iguais e que apresentem a maior área possível. O número de quadrados obtidos é:
a) 30   b) 25   c) 20   d) 15   e) 10

V.243 (PUC/CAMPINAS-85) Suponha que um cometa A atinja o ponto máximo da Terra, em sua órbita, a cada 20 anos, um cometa B a cada 30 anos e um cometa C a cada 70 anos. Se em 1985 os três estiverem simultaneamente o mais perto possível da Terra, então a proxima ocorrência desse fato se dará no ano de:
a) 3600 b) 2105 c) 2405 d) 2600 e) 3205

V.244 (FUVEST-91/1ª Fase) No alto de uma torre de uma emissora de televisão duas luzes "piscam" com freqüências diferentes. A primeira "pisca" 15 vezes por minuto e a segunda "pisca" 10 vezes por minuto. Se num certo instante as luzes piscam simultaneamente, após quantos segundos elas voltarão a "piscar" simultaneamente?
a) 12 b) 10 c) 20 d) 15 e) 30

V.245 (CESGRANRIO-86) Seja N o menor inteiro positivo cujo triplo é divisível por 9,11 e 14. Então, a soma dos algarismos de N é:
a) 16 b) 15 c) 14 d) 13 e) 12

V.246 (UNESP-85) Seja n um número natural escrito com 3 algarismos a,b e c. Seja S = a + b + c. A soma de todos os números de 3 algarismos que se obtém permutando os algarismos de n, é igual ao:
a) produto de 222 por S
b) produto de 444 por S
c) produto de 202 por S
d) produto de 404 por S
e) produto de 666 por S

V.247 (FUVEST/SP-85) Com os algarismos x,y e z, que apresentam inteiros de 1 a 9, formamos os números xy e yx, cuja soma é o número zxz. Qual a diferenca y – x?
a) 3 b) 4 c) 5 d) 6 e) 7

V.248 (UNESP-86) Se p natural maior que 1 não é divisível por 2 nem por 3, então p^2-1 é divisível por:
a) 18 b) 24 c) 36 d) 9 e) 27

V.249 (CESCEM-73) 3% de trinta milésimos de 0,03 vale:
a) 0,09%
b) 0,0099%
c) 0,0027%
d) 0,00027%
e) 0,00009%

V.250 (ITA-73) Certa liga contém 20% de cobre e 5% de estanho. Quantos quilos de cobre e quantos quilos de estanho devem ser adicionados a 100 quilos dessa liga para obtenção de uma outra com 30% de cobre e 10% de estanho?

(Todas as percentagens são em kg).
a) 18 kg de cobre e 6 kg de estanho
b) 17,50 kg de cobre e 7,5 kg de estanho
c) 18 kg de cobre e 7,5 kg de estanho
d) 17,50 kg de cobre e 7,8 kg de estanho
e) n.d.a.

V.251 (ITA-73) Um cliente deposita num fundo de investimento Cr$ 1.000,00 anualmente, durante 5 anos. Seu capital, no final do ano, é acrescido de 10%. No final de 5 anos seu capital acumulado será de Cr$
a) 6.715,00   b) 6.715,62   c) 6.715,60   d) 6.715,61   e) n.d.a.

V.252 (MACK/SP-78) Um comerciante comprou uma peça de tecido de 50 metros por Cr$ 1.000,00. Se ele vender 20 metros com lucro de 50%, 20 metros com lucro de 30% e 10 metros pelo preço de custo, o seu lucro total na venda dessa peça será de:
a) 8%   b) 12%   c) 20%   d) 32%   e) 40%

V.253 (F.C.CHAGAS-79) Uma pessoa contraiu uma dívida de Cr$ 10.000,00 e paga juros simples de 4% a.a. sobre o saldo devedor. Se pagar Cr$ 2.000,00 ao fim de cada ano, o seu débito, após 2 anos, será:
a) Cr$ 5.005,44   b) Cr$ 6.000,00   c) Cr$ 6.736,00
d) Cr$ 6.800,00   e) Cr$ 8.736,00

V.254 (MACK-79) À taxa de 4% ao mês (juros simples), Cr$ 200,00 dobram de valor ao fim de:
a) 18 meses   b) 24 meses   c) 25 meses   d) 48 meses   e) 50 meses

V.255 (MACK-79) O abatimento que se faz sobre Cr$ 30.000,00 quando se concede um desconto de 20% e, a seguir, mais um de 5% é:
a) Cr$ 5.700,00   b) Cr$ 6.900,00   c) Cr$ 7.200,00
d) Cr$ 7.500,00   e) Cr$ 9.000,00

V.256 (MACK-80) Sobre uma dívida de Cr$ 60.000,00, obteve-se um desconto de 10% e, sobre o restante, um outro desconto que a reduziu a Cr$ 43.200,00. O segundo desconto foi de:
a) 80%   b) 28%   c) 25%   d) 20%   e) 18%

V.257 (PUC/SP-80) Supondo uma taxa de inflação de 20% ao ano, os preços deverão dobrar em aproximadamente:
a) 1 ano.   b) 2 anos.   c) 3 anos.   d) 4 anos.   e) 5 anos.

V.258 (MACK-80) Se uma pessoa aplica somente $\frac{2}{5}$ de seu capital em letras durante 90 dias, à taxa de 2,5% ao mês (juros simples) e recebe

Cr$ 9.600,00 de juros, então, todo o seu capital é de:
a) Cr$ 320.000,00   b) Cr$ 960.000,00   c) Cr$ 240.000,00
d) Cr$ 400.000,00   e) Cr$ 128.000,00

V.259 (F.C.CHAGAS-80) Um mesmo serviço pode ser feito por A em 8 horas e por B em 12 horas, quando operam separadamente. Se, durante 3 horas, trabalharem juntos nesse serviço, executarão uma parte correspondente aos seus:
a) 15%   b) 24%   c) 30%   d) 43,75%   e) 62,50%

V.260 (UC/MG-80) Lucrar 75% sobre o preço de venda de um artigo é equivalente a lucrar sobre o seu custo uma percentagem de:
a) 125   b) 150   c) 200   d) 225   e) 300

V.261 (CESGRANRIO-81) Em 1978, o quilograma de feijão-preto custava Cr$ 8,00 e, em 1980, passou a custar Cr$ 80,00. O percentual de aumento do feijão, em relação ao primeiro preço, foi de:
a) 100%   b) 780%   c) 800%   d) 880%   e) 900%

V.262 (MACKENZIE/SP-81) Nos 3 primeiros meses de um ano a inflação foi respectivamente de 5%, 4% e 6%. Nestas condições a inflação acumulada do trimestre foi:
a) 15,752%   b) 15%   c) 12%   d) 18%   e) 15,36%

V.263 (CESESP/PE-81) Um comerciante ao atender um cliente sabia com antecedência que este iria pedir um desconto de 20% no preço da mercadoria. Como não era possível o desconto e para não deixar de atender o cliente, o comerciante raciocinou da seguinte maneira: fornecerei o preço da mercadoria aumentado de 20% do seu valor e, em seguida, darei o desconto que o cliente deseja.
Assinale a alternativa que completa corretamente a sentença:
O comerciante, desta maneira, vendeu a mercadoria:
a) pelo valor inicial
b) com um desconto de 20% do seu valor inicial
c) com um desconto de 24% do seu valor inicial
d) 4% mais caro que seu valor inicial
e) com um desconto de 4% de seu valor inicial

V.264 (FUVEST/SP-81) O preço de certa mercadoria sofre anualmente um acréscimo de 100%. Supondo que o preço atual seja de Cr$ 100,00, daqui a três anos o preço será:
a) Cr$ 300,00   b) Cr$ 400,00   c) Cr$ 600,00   d) Cr$ 800,00   e) Cr$ 1.000,00

V.265 (U.F.MG-82) Os preços anunciados de um fogão e de uma geladeira são Cr$ 20.000,00 e Cr$ 35.000,00, respectivamente. Tendo conseguido um desconto de 8% no preço da geladeira e tendo pago Cr$ 50.000,00 na compra dessas duas mercadorias, o desconto obtido no preço do fogão foi de:
a) 10%   b) 11%   c) 12%   d) 13%   e) 14%

V.266 (PUC/SP-84) Se x é k por cento de y, que porcentagem de y é kx?

a) $\frac{k}{100}$%   b) $\frac{100}{k}$%   c) k%   d) 100 k%   e) k^2 %

V.267 (F.G.V./SP-84) As vendas de uma empresa foram, em 1982, 60% superiores às vendas de 1980. Em relação a 1982, as vendas de 1980 foram inferiores em:
a) 60%   b) 42,5%   c) 30%   d) 27,5%   e) 37,5%

V.268 (U.F.UBERLÂNDIA/MG-85) O preço de uma televisão é Cr$ 540.000,00. Como vou comprá-la a prazo, o preço sofre um acréscimo total de 10% sobre o preço àvista. Dando 30% de entrada e pagando o restante em duas prestações mensais iguais, o valor de cada prestação será de:
a) Cr$ 107.900,00   b) Cr$ 189.000,00   c) Cr$ 189.900,00
d) Cr$ 207.000,00   e) Cr$ 207.900,00

V.269 (PUC/SP-85) Descontos sucessivos de 20% e 30% são equivalentes a um único desconto de:
a) 25%   b) 26%   c) 44%   d) 45%   e) 50%

V.270 (FUVEST/SP-85) No dia 1º de setembro foi aberta uma caderneta de poupança e depositada uma quantia x. No dia 1º de dezembro do mesmo ano o saldo era de Cr$ 665.500,00. Sabendo que, entre juros e correção monetária, a caderneta rendeu 10% ao mês, qual era a quantia x, em milhares de cruzeiros?
a) 650   b) 600   c) 550   d) 500   e) 450

V.271 (F.G.V/SP-86) Suponha que, após 2 meses, uma ação tenha se valorizado 38%. Sabendo-se que a valorização no 1º mês foi de 15%, podemos afirmar que sua valorização no 2º mês foi de:
a) 23%   b) 21,5%   c) 20%   d) 19,5%   e) 18,5%

V.272 (PUC/RJ-86) Uma pessoa comprou um automóvel zero-quilômetro de marca W por Cr$ 200.000,00 em 1/1/80. Se, ao invés de comprá-lo, esta pessoa tivesse aplicado o dinheiro a 200% ao ano e deixado para comprá-lo com o dinheiro resgatado em 1/1/85, quando então o automóvel já custava

Cr$ 25.000.000,00, teria de:
a) acrescentar Cr$ 11.800.000,00
b) sobra Cr$ 23.600.000,00
c) sobra Cr$ 120.000.000,00
d) acrescentar Cr$ 18.600.000,00
e) acrescentar Cr$ 8.800.000,00

V.273 (VUNESP-91) Entre 10 de fevereiro e 10 de novembro de 1990 o preço do quilograma de mercadorias num determinado "sacolão" sofreu um aumento de 275%. Se o preço do quilograma em 10 de novembro era Cr$ 67,50, qual era o preço em 10 de fevereiro?
a) Cr$ 19,00   b) Cr$ 18,00   c) Cr$ 18,50   d) CrS 19,50   e) Cr$ 17,00

V.274 (FUVEST-G.V./JULHO.91- 1ª Fase) Uma loja anuncia um desconto sobre o valor total, x, das compras de cada cliente, de acordo com o seguinte esquema:
1) Desconto de 10% para $10.000 \leq x \leq 20.000$
2) Desconto de 15% para $x \geq 20.000$
Um cliente compra um par de sapatos por Cr$ 18.000,00 e um par de meias por Cr$2.000,00. O vendedor muito gentilmente se oferece para reduzir o preço das meias para Cr$ 1500,00 e o cliente aceita a oferta.
No caixa são aplicadas as regras do desconto promocional. Nessas condições, pode-se dizer que o cliente:
a) teve um prejuízo de Cr$ 700 cruzeiros
b) teve um lucro de 500 cruzeiros
c) não teve nem lucro nem prejuízo
d) teve um lucro de 450 cruzeiros
e) teve um prejuízo de 550 cruzeiros

V.275 (FUVEST –92/ 1ª Fase) A função que representa o valor a ser pago após um desconto de 3% sobre o valor x de uma mercadoria é:
a) $f(x)= x -3$ b) $f(x)= 0,97x$ c) $f(x)= 1,3x$ d) $f(x)= -3x$ e) $f(x)= 1,03x$

V.276 (GV-73) A quantia de Cr$ 2.100,00 foi distribuída entre 4 pessoas do seguinte modo:
a segunda recebeu a metade da primeira; a terceira recebeu a metade da soma da primeira com a segunda; e a quarta a metade da terceira. Quanto recebeu a segunda pessoa?
a) Cr$ 600,00   b) Cr$ 200,00   c) Cr$ 500,00   d) Cr$ 300,00   e) Cr$400,00

V.277 (FEI-73) Um ourives fez uma liga fundindo 200 g de ouro 14 K (quilates) com 100g de ouro 16K. O número que dá a melhor aproximação em quilates de ouro obtido é:
a) 14,5K   b) 14,6K   c) 14,7K   d) 15,0K   e) 15,5K

V.278 (GV-73) Num pátio existem automóveis e bicicletas. O número total de rodas é 130 e o número de bicicletas é o triplo de número de automóveis. Então, o número total de veículos que se encontram no pátio é:
a) 50 b) 42 c) 52 d) 54 e) 62

V.279 (CESCEA-77) Dois jogadores A e B jogam a Cr$ 5,00 a partida. Antes do início do jogo, A possuía Cr$ 150,00 e B Cr$ 90,00. Após o término do jogo, A e B ficaram com quantias iguais. Quantas partidas B ganhou a mais do que A?
a) 12 b) 9 c) 6 d) 8 e) 4

V.280 (F.C. CHAGAS-80) O produto de dois números positivos consecutivos é 240. O dobro do máximo divisor comum desses números é:
a) 1 b) 2 c) 30 d) 240 e) 480

V.281 (MACK-80) Um grupo de "amigos" se reuniu num restaurante e, ao pagar a conta que era de Cr$ 6.000,00, dois deles estavam sem dinheiro, o que fez com que cada um dos outros contribuísse com mais Cr$ 100,00. Sendo x o número total de pessoas, a equação que melhor representa o problema é:

a) $\dfrac{6000}{x+2} - \dfrac{6000}{x-2} = 100$ b) $\dfrac{6000}{x-2} - \dfrac{6000}{x} = 100$ c) $\dfrac{6000}{x} - \dfrac{6000}{x-2} = 100$

d) $\dfrac{5900}{x} - \dfrac{100}{x-2} = \dfrac{6000x}{x-2}$ e) $\dfrac{5900}{x} - \dfrac{6000}{x-2} = 100$

V.282 (PUC-SP-80) Para fazer uma viagem, um carro percorreu metade do caminho à velocidade de 60 km/h e a outra metade 80 km/h. A velocidade média do carro em km/h foi de, aproximadamente:
a) 66,0 b) 68,5 c) 70,0 d) 64,5 e) 71,0

V.283 (PUC-SP-80) Dois relógios foram acertados simultaneamente. O relógio A adianta 40 segundos por dia e o relógio B atrasa 80 segundos por dia. Qual a hora certa quando A marca 9 h 15 min e B marca 9 h 9 min?
a) 9 h 10 min b) 9 h 11 min c) 9 h 12 min d) 9 h 13 min e) 9 h 14 min

V.284 (F.E.E.QUEIROZ-CE-80) O operário A pode fazer um trabalho em 15 dias e o operário B, que é mais eficiente, pode executar o mesmo trabalho em 10 dias. Os dois trabalhando juntos, poderão realizar o mesmo trabalho em:
a) 6 dias b) 9 dias c) 10,5 dias d) 12,5 dias

V.285 (CESGRANRIO-81) Um automóvel percorre 400 quilômetros, consumindo 44 litros de gasolina. Se o preço do litro de gasolina é de Cr$ 50,00,

o proprietário do automóvel gasta, em média, por quilômetro percorrido, a quantia de:
a) Cr$ 3,52   b) Cr$ 4,40   c) Cr$ 4,55   d) Cr$ 5,00   e) Cr$ 5,50

V.286 (FUVEST-SP-82) Se a semana tivesse apenas cinco dias, de segunda a sexta-feira, e se o dia 1º de julho de um certo ano fosse terça-feira, o dia 1º de janeiro do ano seguinte seria:
a) segunda-feira   b) terça-feira   c) quarta-feira
d) quinta-feira   e) sexta-feira

V.287 (OSEC-SP-82) Ao multiplicar dois números positivos, um dos quais é maior do que o outro em 36 unidades, o aluno cometeu um erro, diminuindo de 8 unidades o algarismos das dezenas do produto. Em seguida, com o objetivo de tirar a prova da operação realizada, dividiu o produto pelo menor dos fatores e encontrou quociente 53 e resto 4. Assinale entre as escolhas abaixo aquela que representa o produto entre os dois números.
a) 1197   b) 1045   c) 1357   d) 1120   e) 1276

V.288 (F.C.CHAGAS-BA-82) Num cofre há 3 moedas de 10,00; 8 de Cr$ 5,00; 20 de Cr$ 1,00; 30 de Cr$ 0,50; 22 de Cr$ 0,20 e 12 de Cr$ 0,10. Qual a menor quantidade dessas moedas, necessárias para se formar Cr$ 97,70?
a) 45   b) 47   c) 49   d) 51   e) 52

V.289 (CESGRANRIO-84) Uma torneira enche um tanque em 4 horas. O ralo do tanque pode esvaziá-lo em 3 horas. Estando o tanque cheio, abrimos, simultaneamente a torneira e o ralo. Então o tanque:
a) nunca se esvazia.   b) esvazia-se em 1 hora.   c) esvazia-se em 4 horas
d) esvazia-se em 7 horas   e) esvazia-se em 12 horas.

V.290 (CESGRANRIO-84) Paga-se um caderno de Cr$ 850,00 com moedas de 20,00 e de Cr$ 50,00. Se o número total de moedas é 23, então a diferença entre o número de moedas de um e outro valor é:
a) 7   b) 6   c) 5   d) 4   e) 3

V.291 (UNESP-84) O percurso de um autódromo é de 20 km. Os pontos marcantes do autódromo são: A, que é o ponto de partida; B, que dista 5 km de A no sentido do percurso; C, que dista 3km de B no sentido do percurso; D que dista 4 km de C no sentido do percurso; e E, que dista 5 km de D no sentido do percurso. Um carro percorre 367 km do autódromo e para. Parará, então, mais perto de:
a) A   b) B   c) C   d) D   e) E

V.292 (PUC-CAMPINAS-SP-84) Seja x um número natural, que ao ser divido por 9 deixa resto 5, e ao ser dividido por 3 deixa resto 2. Sabendo-se que a soma dos quocientes é 9, podemos afirmar que x é igual a:
a) 28 b) 35 c) 27 d) 33 e) 23

V.293 (PUC-SP-84) Um elevador pode levar 20 adultos ou 24 crianças. Se 15 adultos já estão no elevador, quantas crianças podem ainda entrar?
a) 5 b) 6 c) 7 d) 8 e) 9

V.294 (CESGRANRIO-85) Um atleta, correndo com velocidade constante, completou a Maratona em M horas. A fração do percurso que ele correu em 2 M minutos, foi:
a) $\dfrac{1}{2}$ b) $\dfrac{1}{6}$ c) $\dfrac{1}{15}$ d) $\dfrac{1}{30}$ e) $\dfrac{1}{20}$

V.295 (U.F.M.G-85) Dois atletas iniciam juntos uma marcha. O comprimento do passo do primeiro é 2/3 do comprimento do passo do segundo. Enquanto o primeiro dá 5 passos, o segundo dá 4 passos. Tendo o primeiro atleta percorrido 60 km, o segundo terá percorrido:
a) 32 km b) 50 km c) 60 km d) 72 km e) 90 km

V.296 (U.F.MG-86) Pai e filho, com 100 fichas cada um, começaram um jogo. O pai passava 6 fichas ao filho a cada partida que perdia e recebia dele 4 fichas quando ganhava. Depois de 20 partidas, o número de fichas do filho era três vezes o do pai. Quantas partidas o filho ganhou?
a) 10 b) 11 c) 12 d) 13 e) 14

V.297 (FEP-PA-86) Um número é composto de dois algarismos cuja diferença é 3. Escrito na ordem inversa obtém-se 4/7 do número dado. O número dado é:
a) 96 b) 74 c) 69 d) 63 e) 52

V.298 (FUVEST-92-1º fase) Carlos e sua irmã Andréia foram com seu cachorro Bidu à farmácia de seu avô. Lá encontraram uma velha balança com defeito que só indicava corretamente pesos superiores a 60 kg. Assim eles se pesaram juntos dois a dois e obtiveram as seguintes marcas: Carlos e o cão pesam juntos 97 kg; Carlos e Andréia pesam 123 kg e Andréia e Bidu pesam 66 kg. Podemos afirmar que:
a) Cada um deles pesa menos que 60 kg.   b) Dois deles pesam mais que 60 kg.
c) Andréia é a mais pesada dos três.
d) O peso de Andréia é a média aritmética dos pesos de Carlos e de Bidu.
e) Carlos é mais pesado que Andréia e Bidu juntos.

V.299 (FUVEST-77) Em um teste de cinco alternativas, com uma única correta as alternativas eram:
A) racional   B) irracional   C) inteiro   D) real   E) complexo
A alternativa correta era:
a) A   b) B   c) C   d) D   e) E

V.300 (UFB-79) A negação de "Hoje é segunda feira e amanhã não choverá" é:
a) Hoje não é segunda-feira e amanhã choverá.
b) Hoje não é segunda-feira ou amanhã choverá.
c) Hoje não é segunda-feira, então amanhã choverá.
d) Hoje não é segunda-feira nem amanhã choverá.
e) Hoje é segunda-feira ou amanhã não choverá.

V.301 (PUC/SP-80) Supondo que uma certa propriedade P é verdadeira para o número $n \in N$, consegue-se provar que ela é verdadeira para o número 3n. Se P é verdadeira para n = 2, então pode-se garantir que ela é verdadeira para n igual a:
a) 216   b) 162   c) 512   d) 261   e) 270

V.302 (U.F.BA-80) Sendo: p e q proposicões quaisquer
v proposição verdadeira
f proposição falsa
a proposição $(p \wedge v) \Rightarrow (q \vee f)$ é:
a) verdadeira, somente se p é verdadeira
b) verdadeira, somente se q é verdadeira
c) verdadeira, para quaisquer valores de p e q
d) falsa, se p é verdadeira e q é falsa
e) falsa, se p e q são falsas

V.303 (PUC/RS-80) A sentença $(\exists x | x - a = b)$ é a negação de:
a) $\exists x | x - a \neq b$ b) $\exists x | x - a > b$ c) $\exists x | x - a < b$
d) $\forall x, x - a = b$ e) $\forall x, x - a \neq b$

V.304 (FUVEST/SP-80) Cada um dos cartões seguintes tem de um lado um número e do outro lado uma letra.

$\boxed{A}$ $\boxed{B}$ $\boxed{2}$ $\boxed{3}$

Alguém afirmou que todos os cartões que tem uma vogal numa face tem um número par na outra. Para verificar se tal afirmação é verdadeira:

a) é necessário virar todos os cartões
b) é suficiente virar os dois primeiros cartões
c) é suficiente virar os dois últimos cartões
d) é suficiente virar os dois cartões do meio
e) é suficiente virar o primeiro e o último cartão

V.305 (FUVEST/SP-81) Uma floresta tem 1.000.000 árvores. Nenhuma árvore tem mais que 300.000 folhas. Pode-se concluir que:
a) existem na floresta árvores com números de folhas distintos
b) existem na floresta árvores com uma só folha
c) existem na floresta árvores com o mesmo número de folhas
d) o número médio de folha por árvore é 150.000
e) o número total de folhas na floresta pode ser maior que 10^{12}

V.306 (FUVEST-81) P é uma propriedade relativa aos números naturais. Sabe-se que:
1) P é verdadeira para o natural n = 10;
2) Se P é verdadeira para n, então P é verdadeira para 2n;
3) Se P é verdadeira para n, n ≥ 2, então P é verdadeira para n – 2.
Pode-se concluir que:
a) P é verdadeira para todo número natural n
b) P é verdadeira somente para os números naturais n, n ≥ 10
c) P é verdadeira para todos os números naturais pares
d) P é somente verdadeira para potências de 2
e) P não é verdadeira para os números ímpares

V.307 (FUVEST-79) Achar a média aritmética dos números $\frac{3}{5}, \frac{13}{4}$ e $\frac{1}{2}$.

V.308 (MAPOFEI-75) O metal usado para cunhagem de certas moedas e constituído por uma liga de ouro e prata. Que massa de prata deve ser adicionada a 200 kg de uma mistura que encerra 25% de ouro para que a liga final contenha apenas 20% de ouro?

V.309 (MAÚA-79) Um produto cujo custo foi de Cr$ 272,00 deve ser vendido com lucro de 15% sobre o preço de venda. Determine esse preço de venda.

V.310 (F.E.FAAP-SP-80) Foi contratado o trabalho de um encanador na base de Cr$ 900,00 por dia. No contrato foi estabelecida uma multa de Cr$ 200,00 por dia de falta ao serviço. Depois de 18 dias, o trabalho foi concluído e o encanador recebeu líquido Cr$ 10.856,00, descontados 8% do imposto de renda. Quantos dias o operário faltou ao serviço?

V.311 (F.E.FAAP-SP-82) Os capitais Cr$ 11 000,00 e Cr$ 5 000,00 foram aplicados na mesma data, por três meses, a juros simples. Determine a taxa a que foi aplicado o menor capital, sabendo-se que o maior, à taxa de 5% ao mês, rendeu de juros Cr$ 1 200,00 a mais que o menor.

V.312 (FUVEST-SP-85) A porcentagem de fumantes de uma cidade é 32%. Se 3 em cada 11 fumantes deixarem de fumar, o número de fumantes ficará reduzido a 12.800. Calcule:
a) o número de fumantes da cidade.   b) o número de habitantes da cidade.

V.313 (FUVEST-90-2º fase) Um certo tipo de aplicação duplica o capital em dois meses.
a) Qual a taxa mensal de juros?   b) Em quantos meses a aplicação renderá 700% de juros?

V.314 (VUNESP-91) Os países A e B são tais que a área de A supera a de B em 20% e a população de A é o dobro da de B. O quociente entre a população e a área (densidade demográfica) de B se expressa por b. Determinar o mesmo quociente para o país A.

V.315 (FUVEST (GV)-Julho/91-2ª fase) Uma pesquisa de mercado sobre o consumo de três marcas A, B e C de um determinado produto apresentou os seguintes resultados:
A – 48%   A e B – 18%
B – 45%   B e C – 25%
C – 50%   A e C – 15%   nenhuma das 3 – 5%
a) Qual é a porcentagem dos entrevistados que consomem as três marcas A, B, C?
b) Qual é a porcentagem dos entrevistados que consomem uma e apenas uma das 3 marcas?

V.316 (UNICAMP-92-1ª fase) Um vendedor propõe a um comprador de um determinado produto as seguintes alternativas de pagamento:
a) Pagamento à vista com 65% de desconto sobre o preço de tabela.
b) Pagamento em 30 dias com desconto de 55% sobre o preço de tabela.
Qual das duas alternativas é mais vantajosa para o comprador, considerando-se que ele consegue, com uma aplicação de 30 dias um rendimento de 25%?

V.317 (MAPOFEI-75) Um tanque possui três torneiras. A 1ª e a 2ª torneiras juntas enchem o tanque em 1 dia e 5/7; a 2ª e a 3ª juntas em 2 dias e 2/9 e a 1ª, 2ª e a 3ª juntas em 1 dia e 7/8. Quanto tempo levaria cada torneira sozinha para encher o tanque?

V.318 (MAPOFEI-76) As despesas de um Condomínio totalizam Cr$ 1.200,00. Três dos condôminos, não dispondo de dinheiro para a sua parte, obrigam os demais condôminos, além da sua parte a pagar um adicional de Cr$ 90,00 cada um. Qual o número total de pessoas do Condomínio?

V.319 (FUVEST-SP-78) Dois quintos do meu salário são reservados para o aluguel e a metade do que sobra, para a alimentação. Descontados o dinheiro do aluguel e o da alimentação, coloco um terço do que sobra na poupança, restando então Cr$ 1.200,00 para gastos diversos. Qual é o meu salário?

V.320 (U.F.CE-81) Dois tipos de comprimidos I e II são fabricados de modo que cada comprimido do tipo I contenha 10 unidades de vitamina A e 5 unidades de vitamina B e cada comprimido do tipo II contenha 3 unidades de vitamina A e 2 unidades de vitamina B. Calcular o número total de comprimidos I e II (juntos) que uma pessoa deve ingerir de modo a absorver 35 unidades de vitamina A e 20 unidades de vitamina B.

V.321 (FUVEST-SP-82) Um banqueiro de jogo pretende fazer muitas extrações de loteria; a cada vez o banqueiro consegue vender 80 000 dos 100 000 bilhetes, ficando com os 20 000 restantes não vendidos. O prêmio dado ao vendedor de cada extração, caso haja vencedor, é de Cr$ 1 000 000,00. Calcular o preço do bilhete de forma que o lucro médio do banqueiro por extração seja de Cr$ 160 000,00.

V.322 (U.F.SC-84) Um fazendeiro repartiu 240 reses entre seus três herdeiros da seguinte forma: o primeiro recebeu 2/3 do segundo, e o terceiro tanto quanto o primeiro e o segundo juntos. Quantos recebeu o primeiro herdeiro?

V.323 (U.F.CE-85) Um número positivo N, de dois algarismos, é tal que ao inverterem-se os dois algarismos, o novo número assim formado excede N em 27 unidades. Se a soma dos algarismos de N é igual a 11, qual o valor de N?

V.324 (CESGRANRIO-86) Sabe-se que cada moeda de Cr$ 10, Cr$ 20 e Cr$ 50 pesa 3g, 5g e 7g, respectivamente. Se 99 dessas moedas pesam 515g e valem Cr$ 2 500, determine o número de moedas de cada valor.

V.325 (U.F.CE-86) Certo assalariado recebeu um aumento salarial de 75% e passou a ganhar 8,4 milhões de cruzeiros. Se tivesse recebido o aumento real de 125% passaria a ganhar mensalmente y milhões de cruzeiros. Calcule o valor de 5y.

V.325 (IME-RJ-86) No produto abaixo o * substitui algarismos diferentes de 3 e não necessariamente iguais. Determine o multiplicando e o multiplicador.

```
            *   *   3   *
                *   *   3
          _____
            3   *   *   *
        *   *   *   3   3
        *   *   *   *
        _____
        *   *   *   *   *   *   *
```

V.325 (VUNESP-91) Segundo dados de um estudo, 100g de soja seca contém 35g de proteínas e 100g de lentilha seca contêm 26 g de proteínas. Suponhamos que uma pessoa, objetivando ingerir 70g de proteínas por dia, se alimentasse apenas com esses dois produtos. Se num certo dia sua alimentação incluísse 140g de soja seca, calcular a quantidade de lentilha que deveria incluir.

V.325 (VUNESP-91) Uma certa importância deve ser dividida entre 10 pessoas em partes iguais. Se a partilha fosse feita somente entre 8 dessas pessoas, cada uma destas receberia Cr$ 5.000,00 a mais. Calcular a importância.

V.325 (FUVEST (GV)-JULHO-91-2ª-fase) Determinar quatro números reais de modo que suas somas, três a três, sejam 10, 11, 12 e 13.

V.325 (UNICAMP-92-1ª-fase) O IBGE contratou um certo número de entrevistadores para realizar o recenseamento em uma cidade, se cada um deles recenseasse 100 residências, 60 delas não seriam visitadas. Como, no entanto, todas as residências foram visitadas e cada recenseador visitou 102, quantas residências tem a cidade?

Respostas

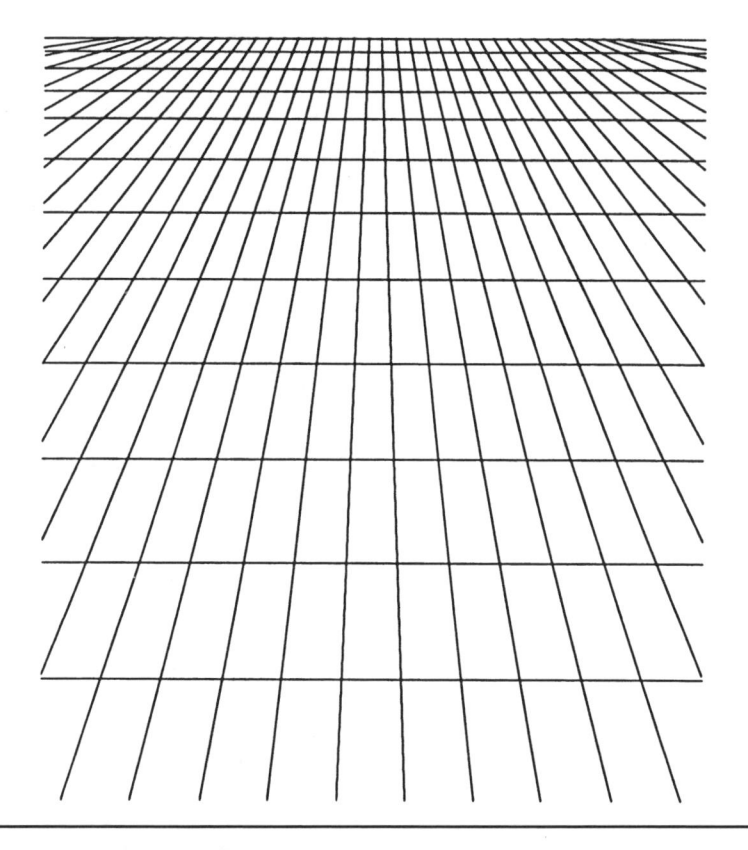

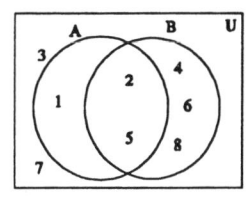

Capítulo 1
1.
b) B = {−2, −1, 0, 1, 2, 3, 4}
c) C = {0, 2, 4, 6, 8, 10}
d) D = {1, 2, 3, 4, 6, 12}
e) E = {0, 7, 14, 21, 28}   f) F = ∅
g) G = {0, 1, 2, 3, 4, 5, ...} = N
h) H = {... −5, −3, −1, 1, 3, 5, ...}
i) I = {3}   j) J = {−1, 1}
k) K = ∅

2.
b) B = {x ∈ N | x é divisor de 6}
c) C = {x ∈ Z | x é ímpar}
d) D = {x ∈ Z | x é divisor de 4} ou
   D = {x ∈ Z | x é divisor de −4}
e) E = {x ∈ N | x < 8}
f) F = {x ∈ N | 3 < x < 10}
g) G = {x ∈ Z | −4 ≤ x ≤ 1}
h) H = {x ∈ N | x > 5}
i) I = {x ∈ Z | x < 4}
j) J = {x ∈ N | x < 20 ∧ x é primo}

3.
a) V   b) F   c) V   d) F
e) F   f) F   g) F   h) V
i) F   j) F   k) F   l) V
m) F   n) F   o) V   p) V
q) F   r) F   s) F   t) V

4.
a) V   b) V   c) V   d) V
e) F   f) V   g) V

5.
a) F = {Flávia, Simone, Luciane, Áurea}
b) I = {Paula, Solange, Regina, Luciane, Áurea}
c) A = {Luciane, Áurea}
d) B = {Flávia, Simone, Luciane, Áurea, Paula, Solange, Regina}
e) C = {Flávia, Simone}
f) D = {Ana, Alice}

6.
a) {3, 7, 11, 2, 5}
b) {2, 5, 1, 10, 4, 20}
c) {2, 5}
d) {3, 7, 11, 2, 5, 1, 4, 10, 20}
e) {3, 7, 11}   f) {1, 10, 4, 20}

7.
a) {b, c, g, f, h, l, m} − 7 elementos
b) {b, c, g, i, d} − 5 elementos
c) {a, e, j, f, l, h, m, b, c, g, i, d} − 12 elementos
d) {f, l, h, m} − 4 elementos
e) {i, d} − 2 elementos
f) {b, c, g} − 3 elementos
g) {f, l, h, m, b, c, g, i, d} − 9 elementos
h) {a, e, j} − 3 elementos

8.
a) C = {b, e}
b) D = {a, f, c, h, d, b, e}
c) E = {a, f}   d) F = {c, h, d, i, g}

9.
a) n(G) = 4   b) n(H) = 3
c) n(J) = 9   d) n(L) = 2

10.

11.
a) n(B) = 5   b) n(C) = 2
c) n(D) = 6   d) n(E) = 3
e) n(F) = 2

12.
a) 12   b) 4   c) 17

13.
a) V   b) V   c) F   d) F
e) V   f) V   g) F

14.
a) V b) F c) F d) V
e) F f) V g) V h) V
i) F j) F k) V l) F
m) V n) F o) V p) V
q) F r) V s) V t) F

15.
a) V b) V c) V d) F
e) V f) V g) F h) F
i) F j) V k) V l) F
m) F

16.
a) P(A) = {∅, {2}, {3}, {2,3}}
n(A) = 2
n[P(A)] = 4
b) P(A) = {∅, {5}}
n(A) = 1
n[P(A)] = 2
c) P(A) = {∅, {2}, {4}, {6}, {2,4}, {2,6}, {4,6}, {2,4,6}}
n(A) = 3
n[P(A)] = 8
d) P(A) = {∅}
n(A) = 0
n[P(A)] = 1
e) P(A) = {∅, {0}, {1}, {2}, {3}, {0,1}, {0,2}, {0,3}, {1,2}, {1,3}, {2,3}, {0,1,2}, {0,1,3}, {1,2,3} {0,2,3}, {0,1,2,3}}
n(A) = 4
n[P(A)] = 16

17.

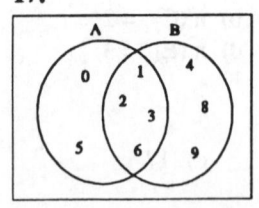

a) $A \cap B = \{1, 2, 3, 6\}$
b) $A \cup B = \{0, 5, 1, 2, 3, 6, 4, 8, 9\}$
c) $A - B = \{0, 5\}$
d) $B - A = \{4, 8, 9\}$
e) Não se define pois $A \not\subset B$
f) $B \cap A = A \cap B = \{1, 2, 3, 6\}$

18.
a) $A \cap B = \emptyset$
c) $A \cup B = \{a, b, c, m, n, p, q\}$
c) $A - B = A = \{a, b, c\}$
d) $B - A = B = \{m, n, p, q\}$
e) Não se define C_A^B pois $B \not\subset A$
f) $B \cup A = A \cup B = \{a, b, c, m, n, p, q\}$
g) $A \cap \emptyset = \emptyset$
h) $B \cup \emptyset = \{m, n, p, q\} = B$

19.
a) $A \cap B = B = \{3, 4, 6\}$
b) $A \cup B = A = \{2, 3, 4, 5, 6, 7\}$
c) $A - B = \{2, 5, 7\}$
d) $B - A = \emptyset$ e) $\emptyset \cap B = \emptyset$
f) C_B^A Não se define pois $A \not\subset B$
g) $C_A^B = A - B = \{2, 5, 7\}$
h) $\emptyset \cup A = A = \{2, 3, 4, 5, 6, 7\}$

20.
a) $\overline{A} = \{d, j, b, c, i\}$
b) $\overline{B} = \{e, g, h, j, b, c, i\}$
c) $C^{(A \cap B)} = \overline{A \cap B} = \{e, g, h, d, j, b, c, i\}$
d) $\overline{A \cup B} = \{j, b, c, i\}$
e) $C^{(A-B)} = \{a, f, d, j, b, c, i\}$
f) $C^{(B-A)} = \{e, g, h, a, f, j, b, c, i\}$
f) $\overline{A} \cap \overline{B} = \{j, b, c, i\}$
Observe que $\overline{A \cup B} = \overline{A} \cap \overline{B}$

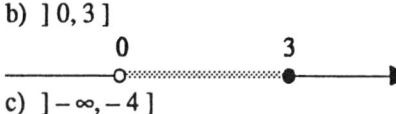

21.
a) (1)   b) (1), (2), (3)   c) (2)
d) (3), (4)   e) (2), (4)
f) (2), (3), (4)   g) (4)
h) (1), (3), (4)   i) (1), (2), (4)

22.
a) (1), (2), (3), (5)   b) (1), (2), (4), (7)
c) (1), (2)   d) (1), (3)   e) (1), (4)
f) (1)   g) (1), (2), (3), (4), (5), (7)
h) (1), (3), (2), (5), (6), (4)
i) (1), (2), (3), (4), (6), (7)
j) (1), (2), (3), (4), (5), (6), (7)
k) (1), (2), (3), (4), (5), (6), (7), (8)
l) (4), (6), (7), (8)   m) (3), (5), (6), (8)
n) (3), (4), (5), (6), (7), (8)
o) (2), (3), (5), (6), (7), (8)
p) (7), (8)   q) (6), (8)
r) (2), (3), (4), (5), (6), (7), (8)
s) (8)

23.
a) (2), (8)   b) (3), (4)   c) (1), (6)
d) (1), (3), (4), (6)   e) (5), (7)

24.
260.
Note que n (A ∪ B) = n (A) + n (B) − n(A ∩ B), quaisquer que sejam os conjuntos A e B. Você pode verificar esta propriedade com os números deste exercício.

25.
n (A ∩ B) = 0 ⇒ A ∩ B = ∅.
Observe que neste caso (A ∩ B = ∅), em particular, vale a propriedade:
n (A ∪ B) = n (A) + n (B)

26.
a) 120   b) 725
c) 850   d) 150

27.
a) V   b) V   c) F   d) F
e) F   f) F   g) F   h) F
i) F   j) F   k) F

28.
a) V   b) F   c) V   d) V
e) F   f) F   g) F   h) V
i) F

29.
a) V   b) F   c) V   d) V
e) V   f) V   g) V   h) F
i) V   j) V

30.
b) racionais não positivos
c) racionais positivos
d) {x ∈ Q | x < 0}
e) {x ∈ Q | x ≠ 0}
f) reais não nulos
g) {x ∈ R | x ≥ 0} = reais não negativos
h) {x ∈ R | x > 0}
i) {x ∈ R | x ≤ 0} = reais não positivos
j) {x ∈ R | x < 0} = reais negativos

31.
a) V   b) V   c) V   d) F
e) V   f) F   g) V   h) F
i) V   j) V   k) F   l) V
m) F   n) F   o) V

32.
a) V   b) F   c) V   d) V
e) V   f) V   g) F   h) F
i) V   j) F   k) V

33.
a)] 2, +∞ [

$$\xrightarrow{\quad\quad\quad\overset{2}{\circ}\quad\quad\quad\quad\quad\quad}$$

b)] 0, 3]

$$\xrightarrow{\quad\quad\overset{0}{\circ}\quad\quad\quad\overset{3}{\bullet}\quad\quad\quad}$$

c)] −∞, −4]

$$\xrightarrow{\quad\quad\quad\quad\overset{-4}{\bullet}\quad\quad\quad\quad}$$

Exercícios de Matemática - vol 1

d) $\left]\dfrac{3}{4}, 1\right[$

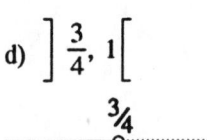

e) $[-\pi, -3]$

f) $\left[\sqrt{2}, \dfrac{3}{2}\right[$

g) $\varnothing$

h) $\left]-\infty, \dfrac{7}{3}\right[\cup\,]3, +\infty[$

i) $]-\infty, -3] \cup\,]0, 5]$

j) $]0, 1[\cup [2, 3]$

k) $]-\infty, -2] \cup [1, +\infty[$

l) $\varnothing$

m) $]-\infty, 0[\, \cup\,]\sqrt{2}, e[\, \cup\,]\pi, +\infty[$

34.
a) $A =]2, 6[= \{x \in R \mid 2 < x < 6\}$
b) $B =]-\infty, 2] \cup [6, +\infty[= \{x \in R \mid x \leq 2 \vee x \geq 6\}$
c) $C = \left]\dfrac{2}{3}, +\infty\right[= \left\{x \in R \mid x > \dfrac{2}{3}\right\}$

d) $D =]-\infty, -12] = \{x \in R \mid x \leq -12\}$
e) $E = [-1, 5[= \{x \in R \mid -1 \leq x < 5\}$
f) $F =]0, +\infty[= \{x \in R \mid x > 0\}$
g) $G =]-\infty, 0] = \{x \in R \mid x \leq 0\}$
h) $H = [-6, -3[\, \cup\,]-1, +\infty[= \{x \in R \mid -6 \leq x < -3 \vee x > -1\}$
i) $I =]-\infty, 0[\, \cup\,]1, 2[\, \cup\,]3, +\infty[= \{x \in R \mid x < 0 \vee 1 < x < 2 \vee x > 3\}$
j) $J = [0, 1] \cup [2, 3] = \{x \in R \mid 0 \leq x \leq 1 \vee 2 \leq x \leq 3\}$
k) $K = \{3\} \cup\,]\pi, 4[= \{x \in R \mid x = 3 \vee \pi < x < 4\}$
l) $L =]-\infty, 1[\, \cup\,]\sqrt{2}, 2] \cup \{\sqrt{5}\} \cup [3, +\infty[= \{x \in R \mid x < 1 \vee \sqrt{2} < x \leq 2 \vee x = \sqrt{5} \vee x \geq 3\}$

35.
a) $]0, 3] = \{x \in R \mid 0 < x \leq 3\}$
b) $]-2, 4] = \{x \in R \mid -2 < x \leq 4\}$
c) $]-2, 0] = \{x \in R \mid -2 < x \leq 0\}$
d) $]3, 4] = \{x \in R \mid 3 < x \leq 4\}$
e) não está definido

36.
a) $\left]-\dfrac{1}{3}, 2\right] = \left\{x \in R \mid -\dfrac{1}{3} < x \leq 2\right\}$
b) $\left[-\dfrac{1}{2}, \dfrac{15}{7}\right] = \left\{x \in R \mid -\dfrac{1}{2} \leq x \leq \dfrac{15}{7}\right\}$
c) $\left[-\dfrac{1}{2}, -\dfrac{1}{3}\right] \cup \left]2, \dfrac{15}{7}\right] = \left\{x \in R \mid -\dfrac{1}{2} \leq x \leq -\dfrac{1}{3} \vee 2 < x \leq \dfrac{15}{7}\right\}$
d) $\varnothing$
e) não está definido

f) $\left[-\frac{1}{2}, -\frac{1}{3}\right] \cup \left]2, \frac{15}{7}\right] =$

$\left\{x \in R \middle| -\frac{1}{2} \leq x \leq -\frac{1}{3} \vee 2 < x \leq \frac{15}{7}\right\}$

37.
a) $\varnothing$
b) $\{x \in R | \sqrt{2} < x \leq \pi\} =]\sqrt{2}, \pi]$
c) $\{x \in R | \sqrt{2} < x < 3\} =]\sqrt{2}, 3[$
d) $\{x \in R | 3 \leq x \leq \pi\} = [3, \pi]$
e) não está definido

38.
a) $]1, 2] = \{x \in R | 1 < x \leq 2\}$
b) $[0, 4] = \{x \in R | 0 \leq x \leq 4\}$
c) $[0, 1] = \{x \in R | 0 \leq x \leq 1\}$
d) $]2, 4] = \{x \in R | 2 < x \leq 4\}$
e) $]-\infty, 0[\cup]2, +\infty[=$
   $\{x \in R | x < 0 \vee x > 2\}$
f) $\varnothing$
g) $[0, 2] \cup]3, 4] =$
   $\{x \in R | 0 \leq x \leq 2 \vee 3 < x \leq 4\}$
h) $[0, 2] = \{x \in R | 0 \leq x \leq 2\}$
i) $]3, 4] = \{x \in R | 3 < x \leq 4\}$
j) $]-\infty, 1] \cup]4, +\infty[=$
   $\{x \in R | x \leq 1 \vee x > 4\}$
k) $]3, 4] = \{x \in R | 3 < x \leq 4\}$
l) $]1, 4] = \{x \in R | 1 < x \leq 4\}$
m) $]1, 3] = \{x \in R | 1 < x \leq 3\}$
n) $\varnothing$ o) $]1, 3] = \{x \in R | 1 < x \leq 3\}$

39.
$]1, 2] = \{x \in R | 1 < x \leq 2\}$

40.
$M = \{x \in R | x < -3 \vee x \geq 4 \wedge x \neq 5\} =$
$]-\infty, -3[\cup [4, 5[\cup]5, +\infty[$

41.
a) $A \times B = \{(1, 3), (1, 4), (1, 5), (2, 3),$
(2, 4), (2, 5)\}
b) $B \times A = \{(3, 1), (3, 2), (4, 1), (4, 2),$
(5, 1), (5, 2)\}
c) $A \times A = A^2 = \{(1, 1), (1, 2), (2, 1),$
(2, 2)\}
d) $B^2 = B \times B = \{(3, 3), (3, 4), (3, 5), (4, 3), (4, 4), (4, 5), (5, 3), (5, 4), (5, 5)\}$
e) $A \times \varnothing = \varnothing$

42.

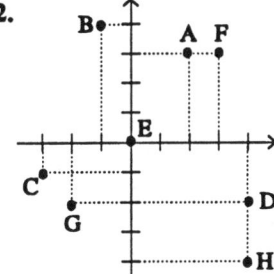

43.

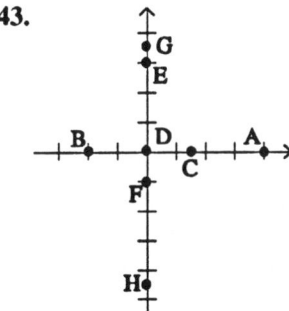

44.
a) no eixo das ordenadas (0y)
b) no eixo das abscissas (0x)
c) na reta que contém as bissetrizes dos quadrantes I e III (y = x).

45.
a)

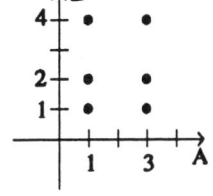

b) 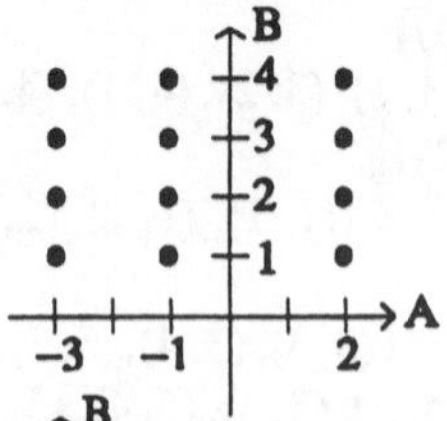
c)

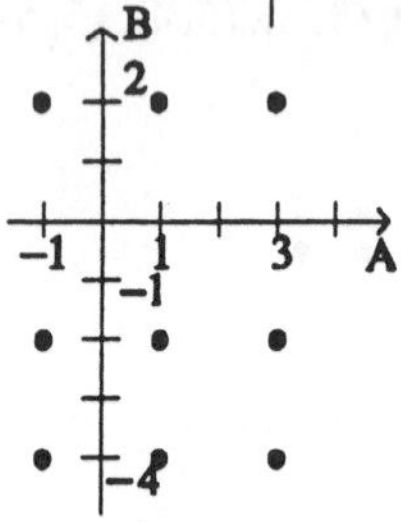

46.
a) b) 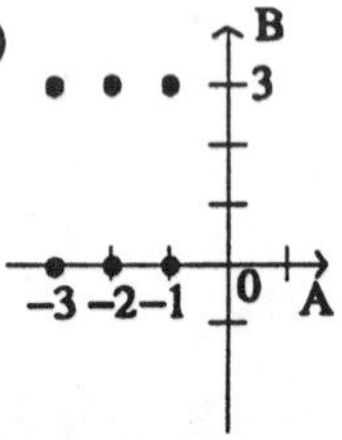 c)

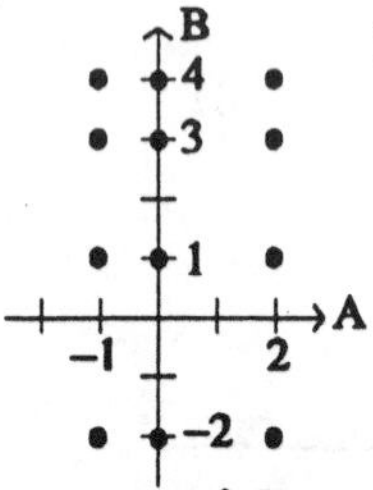

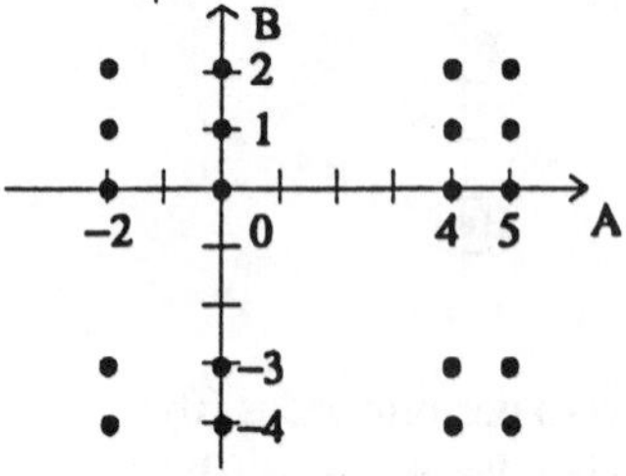

47. $A \times B = \left\{ \left(-\dfrac{3}{2}, 0\right), \left(-\dfrac{3}{2}, 1\right), \left(-\dfrac{3}{2}, \pi\right), \left(\sqrt{2}, 0\right), \left(\sqrt{2}, 1\right), \left(\sqrt{2}, \pi\right) \right\}$

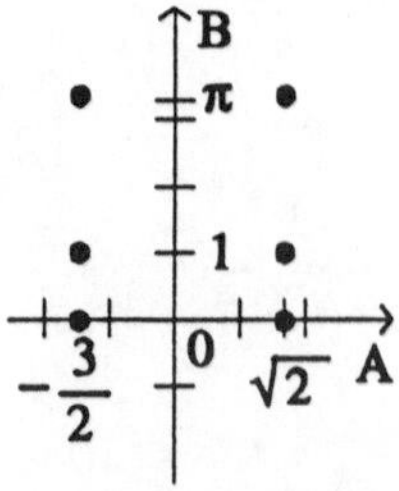

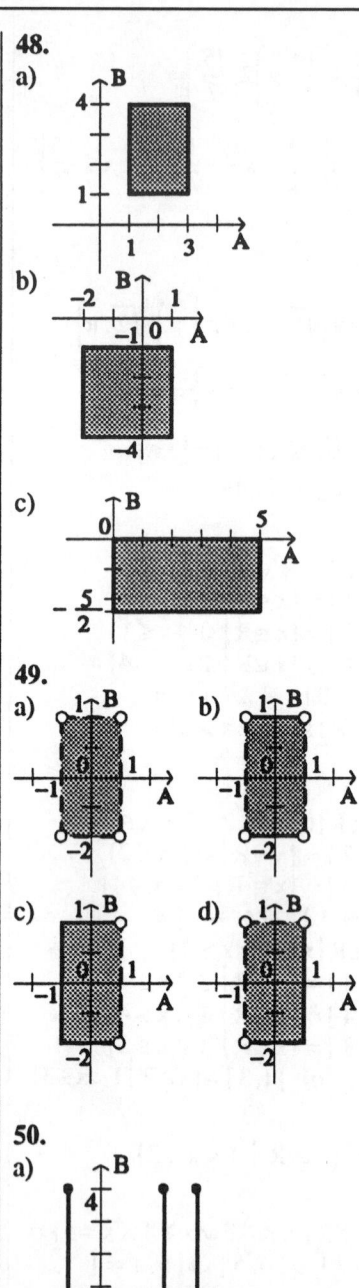

48.
a)
b)
c)

49.
a) b)
c) d)

50.
a)

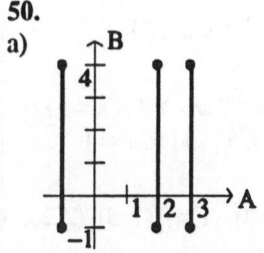

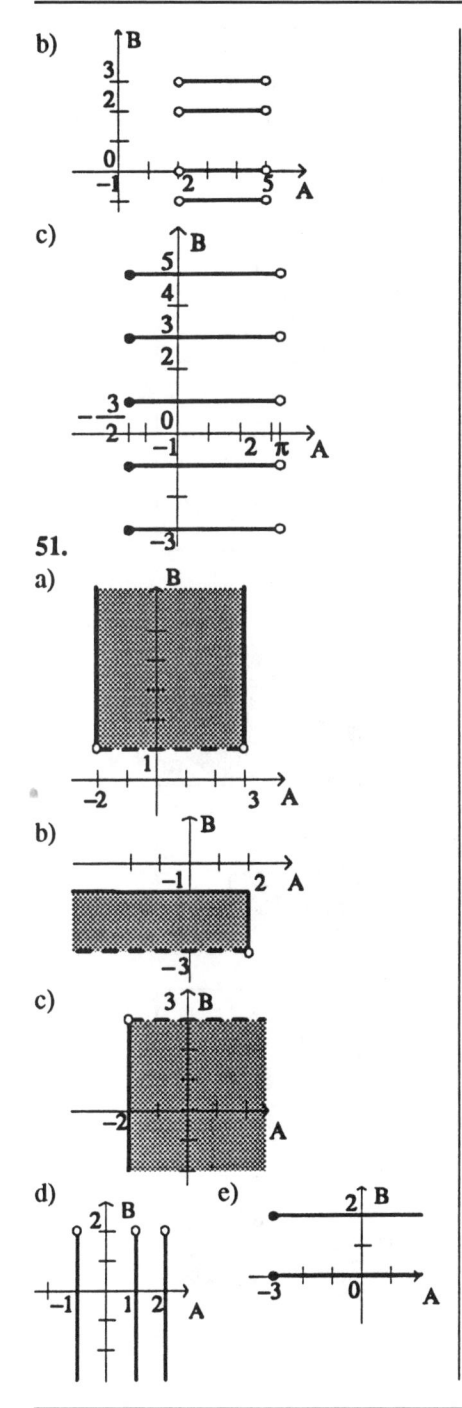

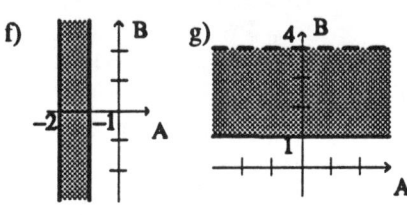

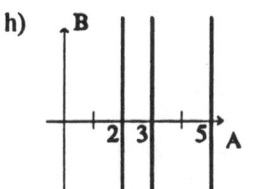

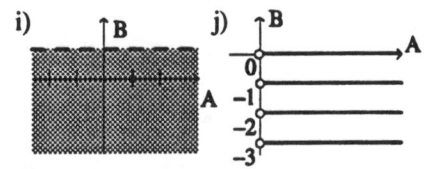

52.
a) $A = \{-14, -7, -2, -1, 1, 2, 7, 14\}$
b) $B = \{..., -9, -6, -3, 0, 3, 6, 9, ...\}$
c) $C = \{2, 3, 5, 7, 11, 13, 17, 19, 23, 29\}$
d) $D = \{-7, -5, -3, -2, 2, 3, 5, 7\}$
e) $E = \{2\}$ f) $F = \emptyset$ g) $\{A, R\}$

53.
a) $A = \emptyset$ b) $B = \{0, 2, 4, 6, 8, ...\}$
c) $C = \{1, 3, 5, 7, 9, ...\}$
d) $D = \{..., -9, -6, -3, 0, 3, 6, 9, ...\}$
e) $E = \{-1, 4, 9, 14, 19, ...\}$
f) $F = \{4, 5\}$ g) $G = \{5, 6, 7\}$
h) $H = \{5\}$ i) $I = \emptyset$

54.
a) F   b) V   c) V   d) F
e) V   f) V   g) F   h) F
i) F

55.
a) V   b) V   c) V   d) F
e) F   f) V   g) F   h) V

56.
72

57.
a) A = {i, b, n, g, o, a, h, p, m}
b) D = {n, g, o, a, h}
c) E = {i, b, n, g, o, a, h, p, m, d, e l, f}
d) F = {a, h}
e) G = {n, g, o, c, j}
f) H = {b, i, p, m, e, l, f, x, y, z}

58.
a) n (B) = 8   b) n (J) = 15
c) n (L) = 3   d) n (M) = 13
e) n (P) = 2   f) n (Q) = 7
g) n (R) = 5

59.
a) V   b) F   c) V   d) V
e) F   f) V   g) V   h) V
i) V   j) V   k) V   l) F

60.
a) V   b) F   c) F   d) F
e) V   f) V   g) V   h) V

61.
a) V   b) V   c) F   d) V
e) F   f) V   g) V   h) F
i) F

62.
P (A) = {∅, {a}, {b}, {c}, {d}, {a, b},
{a, c}, {a, d}, {b, c}, {b, d}, {c, d},
{a, b, c}, {a, b, d}, {a, c, d}, {b, c, d},
{a, b, c, d}}

63.
{1, 2, 4}, {1, 2, 5}, {1, 2, 6}, {1, 4, 5},
{1, 4, 6}, {1, 5, 6}, {2, 4, 5}, {2, 4, 6},
{2, 5, 6}, {4, 5, 6}

64.
a)
b)
c)
d)

65.
a)
b)
c)
d)

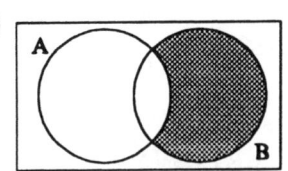

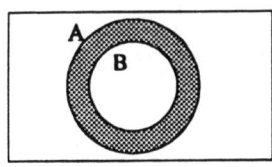

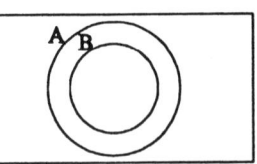

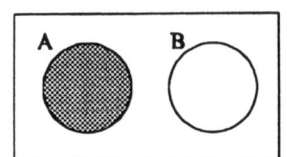

66.
a) [Venn diagram: A \ B shaded]
b) [Venn diagram: B \ A shaded]
c) [Venn diagram: B ⊂ A, ring shaded]
d) [Venn diagram: A ⊂ B, nothing shaded]
e) [Venn diagram: A shaded, B separate]
f) [Venn diagram: B shaded, A separate]

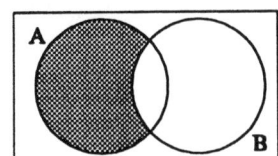

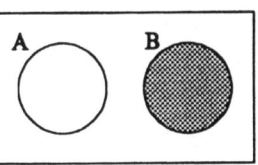

67.
a) {0, 2, 3, 5}   b) {0, 2, 4, 6, 8}
c) {1, 3, 7}   d) ∅   e) ∅
f) {0, 2}   g) {3}   h) ∅

68.
a) {−2, −1, 0, 1, 2, 3, 4, 5, 6, 7, 8, 9}
b) {0, 1, 2, 3, 4, 5, 6, 7, 8, 9}
c) {0, 1, 2, 3, 4, 5, 6, 7, 8, 9}
d) {0, 1, 2, 3, 4, 6, 7, 8}
e) {0, 2, 4, 6, 8}
f) {−2, −1, 0, 1, 2, 3, 4, 5, 6, 7, 8}

69.
a) {1, 3, 5, 7, 9}   b) ∅
c) {0, 2, 4, 5, 6, 8, 9}   d) ∅
e) {1, 4, 6, 7, 8, 9}   f) {−2, −1}
g) {0, 1, 2, 3, 4, 5, 6, 7, 8, 9}
h) ∅   i) {0, 2, 4, 6, 8}
j) {1, 3, 7}

70.
a) {1, 3, 5, 7, 9}
b) {0, 2, 4, 5, 6, 8, 9}
c) não está definido
d) {0, 2, 4, 6, 8}   e) ∅
f) não está definido
g) não está definido
h) não está definido
i) não está definido

71.
a) {5, 9}   b) {0, 1, 2, 4, 5, 6, 7, 8, 9}
c) {0, 1, 2, 3, 4, 5, 6, 7, 8, 9}

72.
a) {−2, −1, 3, 4, 5, 6, 8}
b) {−2, −1, 3, 4, 5, 6, 8}
Note que:
(B − D) ∪ (D − B) = (B ∪ D) − (B ∩ D)

73.
a) {0, 2}   b) {0, 2}
Note que B ∩ (C ∪ D) = (B ∩ C) ∪ (B ∩ D) que se chama *propriedade distributiva da interseção em relação à união*.

74.
a) {0, 1, 2, 3, 4, 5, 6, 7, 8, 9}
b) {0, 1, 2, 3, 4, 5, 6, 7, 8, 9}
Note que A ∪ (B ∩ D) = (A ∪ B) ∩ (A ∪ D) que se chama *propriedade distributiva da união em relação à interseção*.

75. [Diagrama de Venn com A e B; regiões sombreadas]

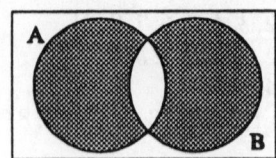

76. [Diagrama de Venn com conjuntos A e B em universo U: A = {4,7,8,9,0,1,6}; A∩B = {0,1,6}; B = {0,1,6,2,3}; fora: 5, 10]

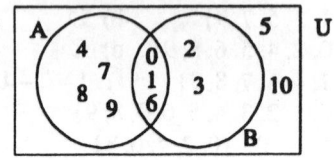

a) 3   b) 9   c) 4   d) 6
e) 8   f) 2

77.
$n(A \cup B \cup C) = n(A) + n(B) + n(C) - n(A \cap B) - n(A \cap C) - n(B \cap C) + n(A \cap B \cap C)$

78. a) 42   b) 15

79.
a) 25   b) 30   c) 47   d) 9
e) 23   f) 2

80.
a) 15   b) 4   c) 6   d) 7

81.

a) $\left]-3,-\dfrac{2}{3}\right[\cup \left[\dfrac{\pi}{5}, \dfrac{\sqrt{2}}{2}\right] =$

$\left\{ x \in \mathbb{R} \,\middle|\, -3 < x < -\dfrac{2}{3} \,\vee\, \dfrac{\pi}{5} \leq x \leq \dfrac{\sqrt{2}}{2} \right\}$

b) $\left]-\infty, -\dfrac{1}{3}\right[\cup \left]\dfrac{\sqrt{3}}{3}, +\infty\right[=$

$\left\{ x \in \mathbb{R} \,\middle|\, x < -\dfrac{1}{3} \,\vee\, x > \dfrac{\sqrt{3}}{3} \right\}$

c) $\left[-\dfrac{2}{3}, -\dfrac{1}{3}\right[\cup \left]\dfrac{\sqrt{2}}{2}, +\infty\right[=$

$\left\{ x \in \mathbb{R} \,\middle|\, -\dfrac{2}{3} \leq x < -\dfrac{1}{3} \,\vee\, x > \dfrac{\sqrt{2}}{2} \right\}$

d) $]-\infty, -3] \cup \left]\dfrac{\sqrt{3}}{3}, \dfrac{\pi}{5}\right[=$

$\left\{ x \in \mathbb{R} \,\middle|\, x \leq -3 \,\vee\, \dfrac{\sqrt{3}}{3} < x < \dfrac{\pi}{5} \right\}$

82. $M = \left\{ x \in \mathbb{R} \,\middle|\, x \leq \sqrt{5} \,\vee\, \dfrac{5}{2} < x \leq \pi \right\}$

83. $\complement_A^X = \left\{ x \in \mathbb{R} \,\middle|\, 0{,}25 \leq x < 0{,}\overline{3} \right\}$

84.
a) $\{(1,-2), (1,1), (1,2), (3,-2), (3,1), (3,2)\}$

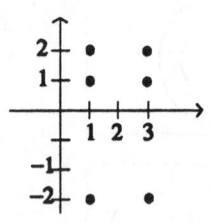

[gráfico com pontos: (1,2), (3,2), (1,1), (3,1), (1,-1)... pontos em y=2,1,-1,-2 para x=1,3]

b) $\{(-2,1), (-2,3), (1,1), (1,3), (2,1), (2,3)\}$

[gráfico com pontos em x=-2,1,2 e y=1,3; também (-2,2)]

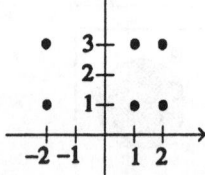

c) $\{(1,1), (1,3), (3,1), (3,3)\}$

[gráfico com pontos (1,1), (1,3), (3,1), (3,3); também (2,1), (2,3)... pontos em x=1,2,3 e y=1,3]

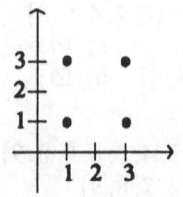

d) {(−2, −2), (−2, 1), (−2, 2), (1, −2), (1, 1), (1, 2), (2, −2), (2, 1), (2, 2)}

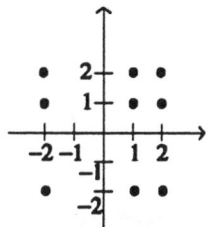

e) {(1, −1), (1, 0), (1, 1), (1, 4), (3, −1), (3, 0), (3, 1), (3, 4)}

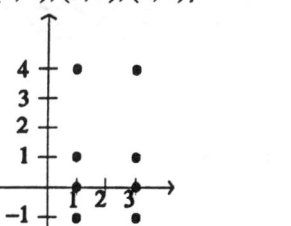

f) {(−1, 1), (−1, 3), (0, 1), (0, 3), (1, 1), (1, 3), (4, 1), (4, 3)}

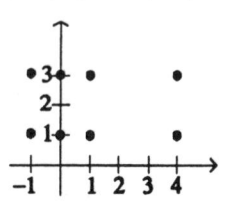

g) {(−2, −1), (−2, 0), (−2, 1), (−2, 4), (1, −1), (1, 0), (1, 1), (1, 4), (2, −1), (2, 0), (2, 1), (2, 4)}

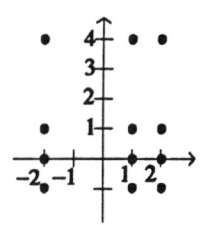

h) {(−1, −2), (−1, 1), (−1, 2), (0, −2), (0, 1), (0, 2), (1, −2), (1, 1), (1, 2), (4, −2), (4, 1), (4, 2)}

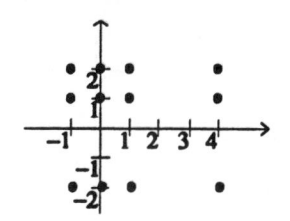

85.
a)

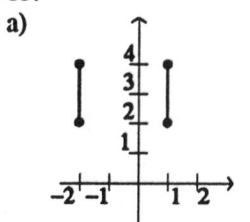

b)

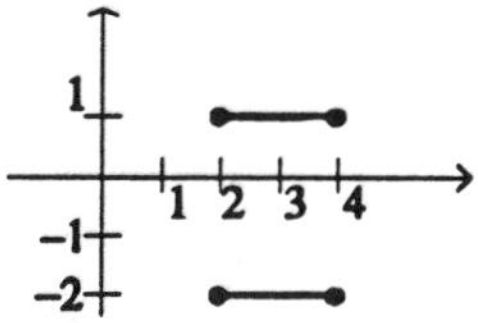

c)

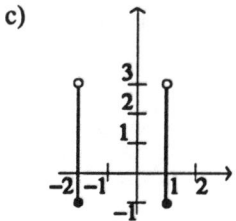

d)

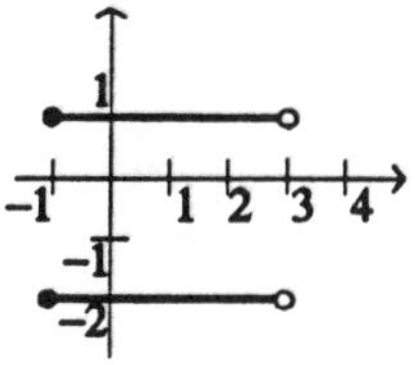

e)

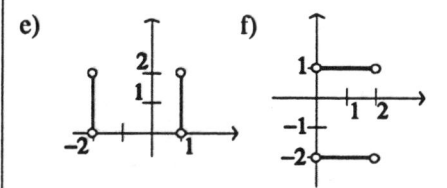

f)

87.
{4, 5}, {0, 4, 5}, {4, 5, 6}, {0, 4, 5, 6}

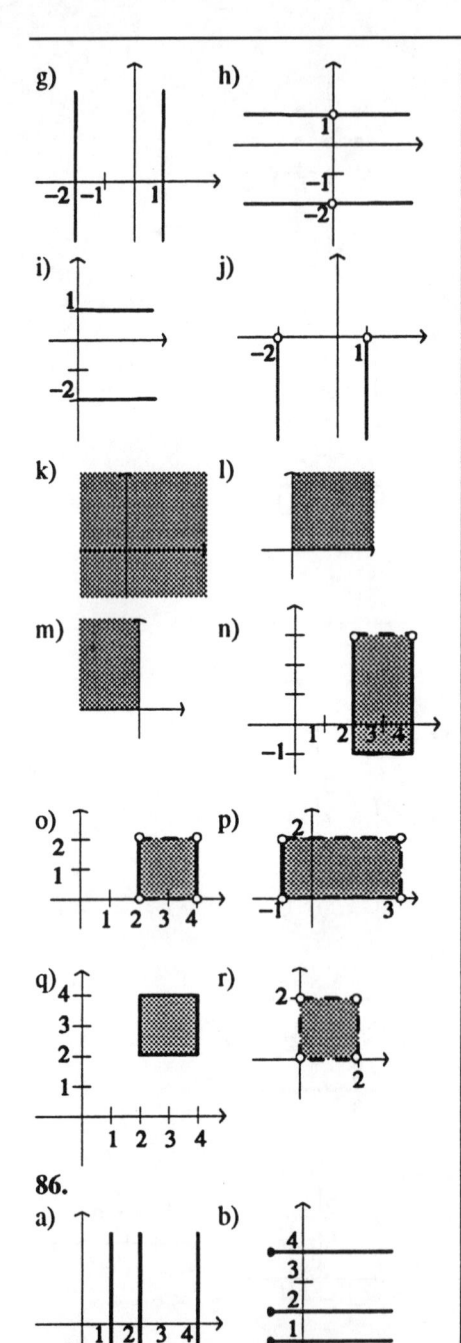

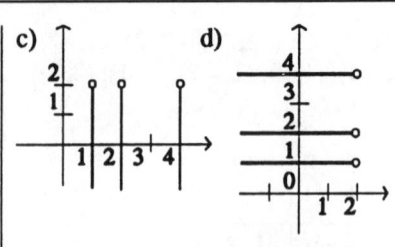

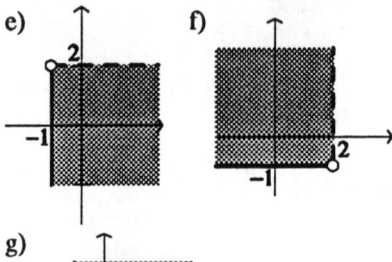

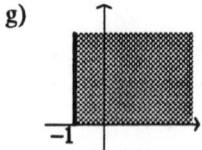

88.
a) 256   b) 2^{40}

89.
Se X tem α elementos então A = P (X) tem 2^{α} elementos e, portanto, A **não** pode ser o conjunto das partes de X pois $\nexists\, \alpha \in N \mid 2^{\alpha} = 30$

90.
a) V   b) V   c) F   d) V
e) F   f) V   g) F   h) V
i) V   j) V

91.
a) {1, 6, 9, 11}   b) {0, 2, 4, 7, 8}
c) {3, 5, 10, 12, 13}

92.
a) $\overline{A \cap B}$ = {2, 3, 4, 5, 6, 7, 8}
b) $\overline{A} \cup \overline{B}$ = {2, 3, 4, 5, 6, 7, 8}

c) $\overline{A \cup B} = \{2, 3, 4\}$

d) $\overline{A} \cap \overline{B} = \{2, 3, 4\}$

Note que $\overline{A \cap B} = \overline{A} \cup \overline{B}$ e que $\overline{A \cup B} = \overline{A} \cap \overline{B}$. Essas propriedades são chamadas de "leis de De Morgan".

93.

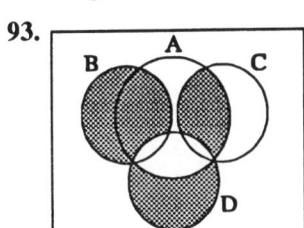

94
a) 83 b) 57 c) 37 d) 23

95.
a) 50 b) 30 c) 10

96.
a) 2 b) 10 c) 7 d) 15

97.
a) b) 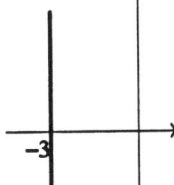 c) 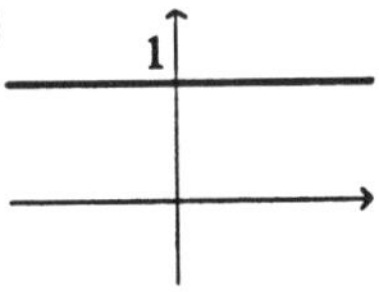 d) 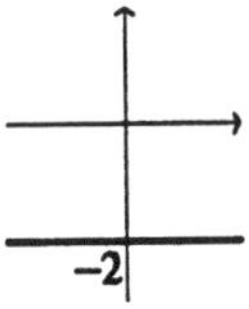 e) 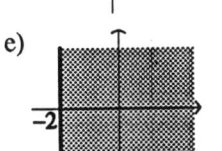 f) 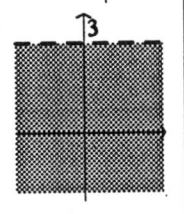 g)

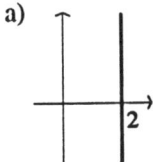

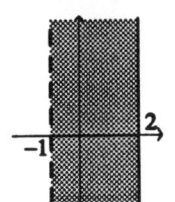

98.
a) $\{(1,-2,-1), (1,-2,0), (1,-2,1), (1,-2,4), (1,1,-1), (1,1,0), (1,1,1), (1,1,4), (1,2,-1), (1,2,0), (1,2,1), (1,2,4), (3,-2,-1), (3,-2,0), (3,-2,1), (3,-2,4), (3,1,-1), (3,1,0), (3,1,1), (3,1,4), (3,2,-1), (3,2,0), (3,2,1), (3,2,4)\}$

b) $\{(1,1,1), (1,1,3), (1,3,1), (1,3,3), (3,1,1), (3,1,3), (3,3,1), (3,3,3)\}$

99.
a) b) 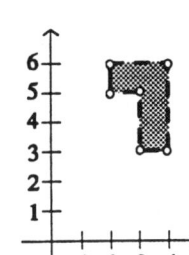 c) 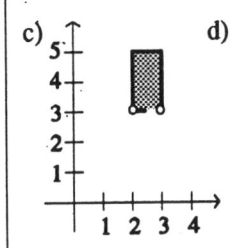 d)

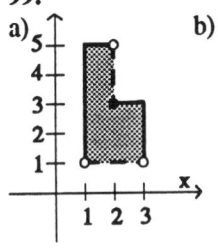

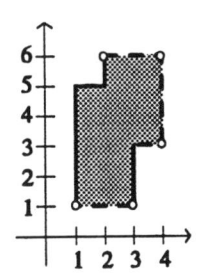

100.
a) b)

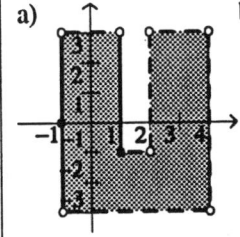

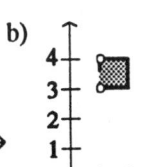

c)
d)

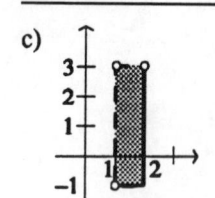

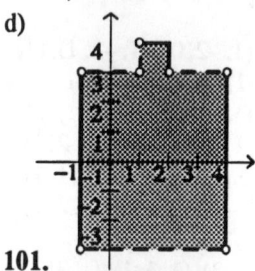

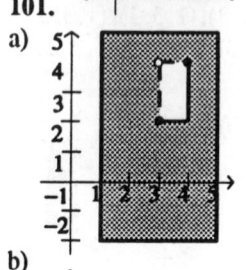

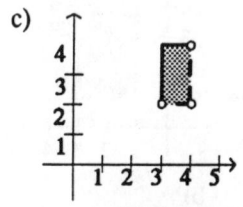

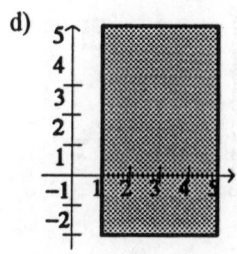

101.
a)
b)
c)
d)

Capítulo 2

102.
a) 12   b) 18   c) 24   d) 6
e) 8   f) 14   g) –7   h) –12
i) –17   j) –7   k) 2   l) 4
m) –6   n) 0   o) 0   p) –9
q) –4   r) –8

103.
a) 27   b) –28   c) 75   d) –63
e) 9   f) –4   g) 5   h) –15

104.
a) 9   b) –18   c) 16   d) –16
e) 22   f) –2   g) –3   h) –9
i) 2   j) –5   k) 0   l) 19
m) –25   n) –2   o) –4

105.
a) –4   b) 3   c) 2   d) –13
e) – 16 f) – 18

106.
a) –11   b) 19   c) –10   d) –14
e) 1   f) – 2

107.
a) 5   b) –16   c) –12   d) – 2
e) – 15

108.
a) –7   b) –1   c) – 7   d) – 7
e) 1   f) 9   g) 3

109.
a) 40   b) 35   c) – 48 d) – 12
e) 15   f) – 20 g) – 56 h) 63
i) 72

110.
a) 15   b) –56   c) – 63 d) 54
e) – 77 f) 123   g) 0   h) 299
i) 30   j) – 30 k) 42   l) – 240

111.
a) – 56 b) – 40 c) 32   d) 54

112.
a) 2 b) –4 c) 2 d) –8
e) 2 f) –26 g) –7 h) –7
i) 9

113.
a) 2 b) –2 c) –3 d) 4
e) 4 f) 2 g) 4 h) –6
i) –6 j) –13 k) 5 l) 8
m) –1 n) 17

114.
a) 3 b) 2 c) –2 d) 2

115.
a) –7 b) –21 c) 21

116.
a) 96, 43524 e 6420
b) todos c) 92, 43524 e 6420
c) 2745 e 6420
e) 96, 43524 e 6420 f) 2745 e 43524

117.
a) 1260 e 1440
b) 1260 e 1440 e 4590
c) todos d) 1260, 1440 e 4590

118.
a) 3024, 7056 e 11088
b) todos c) 3920
d) 3024, 7056 e 11088
e) 3024, 7056 e 11088 f) 11088

119.
a) 3 e 4 b) 8 e 0 c) 0 e 3
d) 0 e 0 e) 2 e 7 f) –2 e 7
g) –3 e 2 h) 3 e 2 i) 0 e 11
j) 0 e 11 k) 1 e 4 l) –1 e 4

120.
a) $2^2 \cdot 3$ b) $2 \cdot 3^2$ c) $2 \cdot 3^2 \cdot 5$
d) $2^2 \cdot 3 \cdot 5^2$ e) $2^3 \cdot 3^2 \cdot 7$

121.
a) {1, 2, 3, 6, 9, 18}
b) {1, 2, 4, 5, 10, 20}
c) {1, 2, 3, 4, 6, 9, 12, 18, 36}
d) {1, 2, 3, 4, 6, 8, 12, 16, 24, 48}

122.
a) 24 b) 18 c) 12 d) 12

123.
a) {±1, ±2, ±3, ±4, ±6, ±12}
b) {±1, ±2, ±3, ±5, ±6, ±10, ±15, ±30}
c) {±1, ±3, ±5, ±9, ±15, ±45}

124.
a) 12 e 120 b) 1 e 6930
c) 36 e 432 d) 36 e 7560

125.
a) $\frac{2}{3}$ b) $\frac{2}{5}$ c) $\frac{2}{3}$ d) $\frac{4}{5}$
e) $\frac{2}{5}$ f) $\frac{3}{4}$ g) $\frac{3}{2}$ h) 3
i) $\frac{5}{3}$ j) $\frac{1}{3}$ k) $\frac{3}{7}$

126.
a) $\frac{6}{12}, \frac{8}{12}, \frac{9}{12}, \frac{10}{12}$
b) $\frac{12}{12}, \frac{6}{12}, \frac{4}{12}, \frac{3}{12}$
c) $\frac{60}{30}, \frac{20}{30}, \frac{6}{30}, \frac{25}{30}$

127.
a) $\frac{1}{4}, \frac{1}{3}, \frac{1}{2}, \frac{2}{3}$
b) $\frac{1}{6}, \frac{1}{4}, \frac{1}{3}, \frac{5}{12}, \frac{2}{3}, \frac{5}{6}$
c) $\frac{3}{5}, \frac{4}{3}, \frac{3}{2}, \frac{5}{3}, 2$

128)
a) $\frac{3}{5}$ b) $\frac{4}{9}$ c) $\frac{1}{2}$ d) $\frac{1}{2}$
e) $-\frac{2}{3}$ f) $-\frac{3}{5}$

129.
a) $\frac{13}{4}$ b) $\frac{13}{5}$ c) $\frac{17}{4}$ d) $-\frac{8}{3}$

e) $\dfrac{3}{2}$ f) $-\dfrac{11}{4}$

130.
a) $\dfrac{19}{12}$ b) $\dfrac{-1}{36}$ c) $-\dfrac{23}{30}$ d) $\dfrac{2}{3}$
e) $-\dfrac{1}{6}$ f) $\dfrac{23}{18}$ g) $\dfrac{19}{15}$ h) $\dfrac{7}{36}$
i) $\dfrac{91}{60}$

131.
a) $-\dfrac{5}{12}$ b) $\dfrac{2}{5}$ c) $\dfrac{113}{60}$ d) $-\dfrac{8}{9}$

132.
a) $\dfrac{5}{7}$ b) $\dfrac{1}{3}$ c) $-\dfrac{1}{12}$ d) $\dfrac{19}{24}$
e) $\dfrac{7}{6}$ f) $\dfrac{5}{12}$ g) $\dfrac{7}{2}$ h) $\dfrac{23}{7}$
i) $-\dfrac{16}{5}$ j) $-\dfrac{23}{5}$ k) $-\dfrac{2}{3}$ l) $\dfrac{7}{8}$

133.
a) $2\dfrac{3}{5}$ b) $3\dfrac{5}{7}$ c) $8\dfrac{3}{7}$
d) $7\dfrac{8}{9}$ e) $13\dfrac{2}{11}$ f) $17\dfrac{7}{13}$

134.
a) $\dfrac{16}{3}$ b) $\dfrac{31}{8}$ c) $\dfrac{33}{5}$ d) $\dfrac{3}{2}$
e) $\dfrac{124}{9}$ f) $-\dfrac{7}{3}$ g) $-\dfrac{9}{7}$ h) $-\dfrac{40}{7}$
i) $-\dfrac{44}{9}$ j) $-\dfrac{88}{5}$

135.
a) $\dfrac{7}{12}$ b) $-\dfrac{49}{12}$ c) $\dfrac{31}{20}$ d) $\dfrac{17}{12}$

136.
a) $\dfrac{15}{28}$ b) $\dfrac{8}{27}$ c) $\dfrac{3}{2}$ d) $\dfrac{9}{10}$
e) $\dfrac{2}{9}$ f) 1 g) $-\dfrac{2}{7}$ h) $-\dfrac{10}{9}$

i) $\dfrac{10}{3}$ j) $\dfrac{10}{3}$ k) $-\dfrac{8}{3}$ l) $\dfrac{125}{4}$

137.
a) $\dfrac{63}{256}$ b) 2

138.
a) $-\dfrac{5}{56}$ b) $\dfrac{49}{216}$ c) 5 d) 1

139.
a) $\dfrac{10}{21}$ b) $\dfrac{10}{63}$ c) $\dfrac{3}{2}$ d) $\dfrac{5}{2}$
e) $\dfrac{1}{7}$ f) $\dfrac{1}{2}$ g) $\dfrac{5}{9}$

140.
a) $\dfrac{12}{35}$ b) 9 c) $\dfrac{3}{10}$ d) $\dfrac{21}{4}$
e) $\dfrac{28}{45}$ f) $\dfrac{5}{6}$ g) $\dfrac{9}{2}$ h) $\dfrac{4}{27}$
i) $\dfrac{4}{3}$ j) $\dfrac{3}{2}$

141.
a) $-\dfrac{1}{2}$ b) $-\dfrac{9}{70}$ c) $\dfrac{32}{75}$ d) $-\dfrac{2}{5}$

142.
a) $-\dfrac{26}{9}$ b) $\dfrac{1}{2}$ c) $-\dfrac{20}{891}$

143.
a) $\dfrac{14}{15}$ b) $\dfrac{3}{20}$ c) $\dfrac{7}{15}$ d) $\dfrac{4}{3}$
e) $\dfrac{10}{7}$ f) $\dfrac{35}{3}$ g) 2 h) $\dfrac{3}{2}$

144.
a) $\dfrac{13}{100}$ b) $\dfrac{113}{1000}$ c) $\dfrac{232}{100}$ d) $\dfrac{6}{10}$
e) $\dfrac{25}{100}$ f) $\dfrac{75}{100}$ g) $\dfrac{8}{1000}$ h) $\dfrac{15}{100}$
i) $\dfrac{575}{1000}$

145.
a) $\dfrac{1}{4}$ b) $\dfrac{5}{2}$ c) $\dfrac{5}{4}$ d) $\dfrac{101}{25}$
e) $\dfrac{326}{25}$ f) $\dfrac{17}{125}$

146.
a) 1,73   b) 12,3   c) 0,0013
d) 0,14   e) 0,52   f) 0,168
g) 2,0625 h) 0,34375 i) 0,136
j) 0,203125

147.
a) $0,\overline{3}$ b) $0,\overline{6}$ c) $1,\overline{6}$
d) $2,\overline{27}$ e) $1,\overline{75}$ f) $1,\overline{27}$

148.
a) $\dfrac{1}{3}$ b) $\dfrac{3}{11}$ c) $\dfrac{2}{3}$
d) $\dfrac{4}{33}$ e) $\dfrac{5}{37}$ f) $\dfrac{5}{27}$

149.
a) $\dfrac{1}{6}$ b) $\dfrac{83}{660}$ c) $\dfrac{61}{45}$

150.
a) 12,15   b) 129,357   c) 8,142
d) 14,755   e) 2,868   f) −11,47

151.
a) 24,31 b) 13,2   c) 340   d) 250
e) 24   f) 19,5   g) 27,5 h) 1,705
i) 0,156

152.
a) 23,45 b) 0,3412 c) 3,45 d) 6,25
e) 1,51   f) 3,42   g) 32   h) 106
i) 40   j) 5   k) 10,42 l) 20,7

153.
a) 123,45   b) 1,3   c) 2,356
d) 0,0017   e) 0,9567   f) 52,605
g) 28,737   h) 2,1355   i) −2,781
j) 10,3   k) 30   l) 12,1

154.
a) $\dfrac{21}{40}$ b) $-\dfrac{1}{12}$

155.
a) 4   b) −3   c) −7   d) 8
e) −34   f) 38   g) 2   h) 3
i) −54   j) 100 k) 12   l) −20
m) 4   n) 1

156.
a) 7   b) −54   c) −28   d) −55   e) 25
f) 24 g) −225 h) −63000   i) 58800
j) 1   k) −3   l) −18   m) −1

157.
a) −34   b) 5   c) −17
d) 2   e) −1

158.
a) $2 \cdot 3 \cdot 5$ b) $2^4 \cdot 3^2 \cdot 5$
c) $2 \cdot 3^2 \cdot 5^3$ d) $2 \cdot 3 \cdot 7 \cdot 13$
e) $3 \cdot 7^2 \cdot 17$ f) $3^2 \cdot 7 \cdot 11 \cdot 13$

159.
a) {1, 2, 5, 10, 25, 50}
b) {1, 2, 4, 5, 10, 20, 25, 50, 100}
c) {1, 2, 3, 5, 6, 10, 15, 25, 30, 50, 75, 150}

160.
a) 12   b) 15   c) 30

161.
a) 72   b) 96   c) 160

162.
a) 1, 4 ou 7   b) 0, 4 ou 8
c) 0 ou 6   d) 4   e) 6
f) 0   g) 4   h) 2
i) não existe   j) não existe

163.
a) 3 e 5400   b) 30 e 3600
c) 1 e 32760   d) 18 e 216   e) 9 e 630

164.
a) $\dfrac{5}{7}$ b) $\dfrac{3}{5}$ c) $\dfrac{3}{4}$ d) $\dfrac{5}{6}$

e) $\dfrac{4}{9}$ f) $\dfrac{8}{7}$ g) $\dfrac{9}{14}$ h) $\dfrac{9}{10}$

i) $\dfrac{15}{16}$ j) $\dfrac{11}{13}$ k) $\dfrac{1}{7}$

165.

a) $\dfrac{22}{24}, -\dfrac{3}{24}, -\dfrac{8}{24}, \dfrac{30}{24}$

b) $\dfrac{126}{42}, \dfrac{6}{42}, \dfrac{21}{42}, \dfrac{28}{42}$

c) $-\dfrac{4}{6}, -\dfrac{3}{6}, \dfrac{4}{6}, -\dfrac{12}{6}$

166.

a) $\dfrac{1}{2}, \dfrac{3}{5}, \dfrac{7}{10}, \dfrac{9}{10}, \dfrac{5}{4}, \dfrac{3}{2}$

b) $\dfrac{7}{23}, \dfrac{11}{23}, \dfrac{13}{23}, \dfrac{17}{23}, \dfrac{19}{23}$

c) $\dfrac{19}{17}, \dfrac{19}{13}, \dfrac{19}{11}, \dfrac{19}{7}, \dfrac{19}{5}$

d) $-\dfrac{7}{10}, -\dfrac{2}{3}, -\dfrac{5}{8}, -\dfrac{3}{5}, \dfrac{1}{2}, \dfrac{3}{5}, \dfrac{5}{8},$

$\dfrac{2}{3}, \dfrac{7}{10}, \dfrac{3}{4}, \dfrac{5}{6}$

167.

a) $\dfrac{1}{4}$ b) 2 c) $\dfrac{1}{6}$ d) $-\dfrac{31}{16}$

e) $\dfrac{31}{30}$ f) $-\dfrac{47}{36}$ g) $\dfrac{9}{5}$ h) $\dfrac{19}{4}$

i) $-\dfrac{59}{8}$ j) $\dfrac{23}{4}$ k) $\dfrac{22}{15}$ l) $-\dfrac{299}{90}$

168.

a) $1\dfrac{2}{5}$ b) $2\dfrac{1}{7}$ c) $2\dfrac{7}{9}$ d) $23\dfrac{13}{17}$

e) $103\dfrac{3}{7}$ f) $-205\dfrac{7}{13}$ g) $-107\dfrac{11}{18}$

h) $27\dfrac{35}{64}$

169.

a) $-\dfrac{7}{5}$ b) $-\dfrac{32}{15}$ c) $-\dfrac{50}{7}$ d) $\dfrac{11}{6}$

e) $-\dfrac{151}{30}$

170.

a) $\dfrac{15}{2}$ b) $\dfrac{49}{3}$ c) 3 d) –15

e) $-\dfrac{3}{28}$ f) $\dfrac{1}{12}$ g) 20 h) – 60

171.

a) $\dfrac{8}{27}$ b) $\dfrac{25}{3}$ c) $\dfrac{8}{15}$ d) $\dfrac{5}{3}$ e) $\dfrac{5}{21}$

f) $\dfrac{9}{5}$ g) $-\dfrac{14}{3}$ h) $\dfrac{1}{216}$ i) $\dfrac{225}{763}$

172.

a) $\dfrac{257}{10}$ b) $\dfrac{35}{10000}$ c) $\dfrac{5}{10}$

d) $\dfrac{875}{1000}$ e) $\dfrac{9375}{10000}$ f) $\dfrac{48}{100}$

173.

a) $\dfrac{1}{8}$ b) $\dfrac{15}{4}$ c) $\dfrac{11}{32}$

d) $\dfrac{11}{25}$ e) $\dfrac{11}{625}$ f) $\dfrac{1}{16}$

174.

a) $\dfrac{5}{33}$ b) $\dfrac{5}{11}$ c) $\dfrac{20}{11}$

d) $\dfrac{1}{27}$ e) $\dfrac{2}{15}$ f) $\dfrac{4}{3}$

g) $\dfrac{1}{60}$ h) $\dfrac{7}{55}$ i) $\dfrac{53}{1650}$

175.

a) 132   b) 13,567   c) 17,19
d) 44,944   e) 21,01   f) 53,828
g) 4,9655   h) 345   i) 50
j) 1,05   k) 1,5   l) 0,084
m) –15,2548

176.
a) 700 b) 100 c) 10
d) $7\frac{1}{2}$ e) 5 f) 3
g) $2\frac{3}{80}$ h) 5 i) $1\frac{17}{84}$ j) –5

177.
a) 10 b) –160 c) 107
d) 1 e) 3 f) 1

178.
a) 2 b) –2 c) $-\frac{7}{6}$

179.
a) $-\frac{3}{4}$ b) $\frac{2}{3}$

180.
a) $\frac{105}{16}$ b) $\frac{355}{12}$ c) $365\frac{5}{8}$
d) $3\frac{4}{15}$ e) $18\frac{1}{3}$ f) 50
g) $\frac{4773}{200}$ h) $36\frac{25}{72}$ i) $\frac{5993}{10}$
j) $\frac{3363}{40}$ k) $\frac{5}{2}$ l) $2\frac{17}{21}$
m) $\frac{23}{2000}$ n) $\frac{157}{280}$ o) $38\frac{15}{64}$
p) 6

181.
a) 10 b) 1 c) 1320
d) 11 e) 250 f) 4
g) 64 h) 2 i) $\frac{19}{2}$
j) $\frac{9}{100}$ k) $\frac{35}{48}$ l) 2

182.
a) $-\frac{1}{16}$ b) $2\frac{1}{3}$ c) $\frac{1}{8}$
d) 1301 e) 22

Capítulo 3

183.
a) 16 b) 9 c) 343 d) 5
e) 1 f) 1 g) 0 h) 1

184.
a) 121 b) 15 c) 1024 d) 1
e) 0 f) 173 g) 1 h) 1

185.
a) 1 b) a c) 1
d) $\begin{cases} 0 \text{ se } n \in N^* \\ 1 \text{ se } n = 0 \end{cases} (0^0 = 1)$

186.
a) 16 b) 729 c) –125
d) –10 e) –32 f) 144

187.
b) 125 c) 81 d) 128
e) 125 f) 196

188.
a) 1 b) –1 c) 1 d) 1

189.
a) positiva b) positiva
c) positiva d) negativa
Note que: Se $a \in R \mid a > 0$ então $a^\alpha > 0$, $\forall \alpha \in R$.

190.
a) –16 b) 16 c) –64 d) –64
e) 100 f) 100 g) 1 h) 1

191.
a) 1 b) –1 c) 1
d) –1 e) 1 f) 1

192.
a) $\frac{1}{32}$ b) $\frac{4}{9}$ c) $\frac{25}{4}$
d) $-\frac{1}{64}$ e) $\frac{1}{125}$ f) $\frac{1}{16}$

g) $-\dfrac{1}{8}$ h) $\dfrac{1}{16}$

193.
a) $\dfrac{16}{81}$ b) 1 c) $\dfrac{1}{2^6}=\dfrac{1}{64}$
d) $-\dfrac{1}{2^{10}}=-\dfrac{1}{1024}$

194.
a) 0,04 b) 0,25 c) 0,01
d) 0,0169 e) 0,0009 f) 0,008
g) 0,064 h) 0,000512

195.
a) 1,44 b) 0,09
c) −0,0016 d) −0,000343

196.
a) −7 b) −1 c) − 2

197.
a) a^{12} b) $2^2=4$ c) $5^0=1$ d) a^{30}
e) $3^{-2}=\dfrac{1}{3^2}$ f) $x^{-2}=\dfrac{1}{x^2}$
g) $81\,a^{12}b^8$ h) $\dfrac{3^6}{7^{30}}=3^6.7^{-30}$
i) $\dfrac{1}{11^{14}}=11^{-14}$ j) 7^6 k) 7^8
l) $\dfrac{2^5\,a^5 b^{10}}{c^{15}d^{20}}$ m) x^{12} n) x^{512}
o) 2^{-1} p) 3

198.
b) 5^{12} c) 5^{81} d) 2^{552} e) 3^{12}
f) -3^{12} g) 2^{137} h) -2^{45}
i) $2^{14}.3^4.5^{38}$ j) 1

199.
a) $\dfrac{1}{32}$ b) $\dfrac{1}{5}$ c) $\dfrac{9}{4}$ d) $\dfrac{7}{5}$
e) $\dfrac{1}{100}$ f) 81 g) 196
h) $\dfrac{18}{35}$ i) 16 j) $\dfrac{9375}{4}$

200.
a) $\dfrac{1}{100}$ b) $-\dfrac{1}{729}$ c) 1
d) −1 e) 1 f) 1
g) −729 h) -2^{60} i) 2^{-24}

201.
a) 1 b) a^{-1} c) x^3 d) 5^{14}
e) 3^{-8} f) a^{14} g) m^{-5} h) 2^{-4}
i) 2^{-8} j) 3^{22} k) 7^{20}

202.
a) V b) F c) V d) F
e) F f) F g) F h) V
i) F j) F k) V l) V

203.
b) 10^0 c) 10^2 d) 10^5
e) 10^{-1} f) 10^{-2} g) 10^{-3}
h) 10^{-6} i) 10^6 j) -10^3
k) 10^{12} l) -10^{-12} m) -10^{-20}
n) 10^9

204.
a) 10^2 b) 10^{-11} c) -10^3 d) 10^{13}

205. -10^{62}

206.
a) 2^3 b) -2^{-8} c) -2^{18}
d) -2^{24} e) 2^{25} f) 2^9
g) 2^{-14} h) -2^{-11} i) −2

207. -2^6

208. 3^{-1}

209. $\dfrac{17}{24}$

210. $-\dfrac{5}{2}$

211. $\dfrac{4}{7}$

212.
b) 10^3 c) 10^{-2} d) 10^{-4} e) 10^3
f) 10^2 g) 10^4 h) 10 i) 10^{-3}
j) 10^{-6}

213.
c) $12 \cdot 10^{-1}$ d) $5 \cdot 10^{-4}$ e) $7 \cdot 10$ f) $3 \cdot 10^{-1}$ g) $54 \cdot 10^2$ h) $6 \cdot 10^{-2}$
i) $25 \cdot 10^{-3}$ j) $2 \cdot 10^2$ k) $9 \cdot 10^3$
l) $2 \cdot 10^{-3}$ m) $6 \cdot 10^6$ n) $15 \cdot 10^9$
o) $123 \cdot 10^{-3}$ p) $45 \cdot 10^{-4}$ q) $104 \cdot 10^{-6}$
r) $203 \cdot 10^3$ s) $5009 \cdot 10^{-9}$

214.
a) 16 b) $-\dfrac{1}{32}$ c) $\dfrac{1}{6}$

215.
a) 256 b) 0 c) 1 d) 1
e) 144 f) –169 g) –1 h) 1
i) 1 j) –1 k) 1 l) – 1

216.
a) $\dfrac{1}{2^3} = \dfrac{1}{8}$ b) $\dfrac{1}{10^2} = \dfrac{1}{100}$ c) 1
d) $\dfrac{1}{2^{16}}$

217.
a) 0,04 b) –0,81 c) 0,0121
d) 1,69 e) 0,0001 f) –0,00243
g) –0,1764 h) 0,0225

218.
a) 2^{10} b) $3^{-2} = \dfrac{1}{3^2}$
c) 2^6 d) -2^6 e) -2^5
f) -2^5 g) -13^{10} h) -13^{10}
i) -13^{10} j) -13^{10} k) $-5^7 a^{21}$
l) $-2^3 a^{21}$ m) 11^{24} n) 11^{24}

219.
a) V b) F c) V d) F
e) F f) F g) V h) V
i) V j) F k) V l) F
m) F

220.
a) -2^{120} b) 2^{22} c) $2^{12} \cdot 7^6$
d) $2^{12} \cdot 7^6$ e) 2^{32} f) $2^5 \cdot 5^5$
g) $-2^{14} \cdot 3^{14} \cdot 5^{14}$ h) $3^2 \cdot 2^{36}$
i) $-2^{144} \cdot 3^{54}$

221. -10^{-7}

222.
a) 10^2 b) 10^0

223.
a) 2^{-9} b) 2^{48} c) 2^{-77}

224. $\dfrac{82}{3}$

225. –1

226. $-\dfrac{4}{7}$

227.
b) $5{,}1 \cdot 10^4$ c) $8 \cdot 10^1$
d) $4{,}83 \cdot 10^{-4}$ e) $1{,}27 \cdot 10^6$
f) $2{,}01 \cdot 10$ g) $6{,}04 \cdot 10^2$
h) $2 \cdot 10^{-10}$ i) $8{,}021 \cdot 10^{11}$
j) $5{,}009 \cdot 10^{-4}$

228.
b) 4,83 c) 0,08 d) 10^7
e) 10^{-1} f) 0,0002 g) 10^{-20}
h) 201 i) 10^{36} j) 10^{-52}

229.
a) 10 b) 10^{-3} c) 10^2 d) $\pm 10^2$

230.
a) $1{,}0020032 \cdot 10^2$ b) $2{,}4988 \cdot 10$
c) $9{,}05 \cdot 10^{42}$ d) $6{,}304 \cdot 10^{-24}$
e) $-8{,}2 \cdot 10^{-14}$ f) $2{,}9933 : 10^{75}$
g) $2{,}3 \cdot 10^{-15}$

231. $\dfrac{99}{5}$

232.
a) 10^6 b) –1 c) 1

233.
a) $\dfrac{1}{4}$ b) 16

234. -6^{30}

Capítulo 4

235.
a) 2 b) –3 c) 0 d) 2
e) –2 f) 0 g) 5 h) 0
i) não está definida em **R**
j) 7 k) 5
l) não está definida em **R**
m) 2 n) 3

236.
a) 5 b) 10 c) 0 d) $\dfrac{1}{2}$
e) $0,\overline{3} = \dfrac{1}{3}$ f) 2 g) 2 h) 0

237.
a) $2+\sqrt{3}$ b) $2-\sqrt{3}$ c) $2-\sqrt{3}$
d) $2+\sqrt{3}$ e) $a-b$
f) $-(m-n) = n-m$

238.
a) 5 b) 7
c) não está definida em R.
d) 4 e) –2 f) –6

239.
a) 11 b) 3
c) não está definida em R.
d) –2 e) –7 f) 2 g) $2-\sqrt{3}$
h) $\sqrt{5}-2$ i) $\pi-3$ j) $3-\pi$ k) 6

240.
a) $\sqrt[7]{5^3}$ b) $\sqrt[3]{2}$ c) $\sqrt{a}$ d) 7^4
e) 3 f) 7^8 g) $\sqrt[3]{3^2}$ h) x
i) 5^7 j) 2^3 k) a^2 l) a^p

241.
b) $2\sqrt[5]{2^3}$ c) $7^3\sqrt{7}$
d) $2 \cdot 3^4 \sqrt[3]{2}$ e) $ab^5\sqrt[4]{a^3b}$
f) $2^7 5^3 \sqrt{10}$ g) $25a^3 x^6 \sqrt[3]{5a^2}$

242.
b) 2^2 c) 5 d) 3^2 e) $\sqrt[5]{2^3}$
f) 2^3 g) $\sqrt[5]{2}$ h) $\sqrt{2 \cdot 3}$
i) $\sqrt[5]{5a^3}$ j) $\sqrt[3]{2a^2}$

243.
b) $a^5 \sqrt[6]{a}$ c) $3a^2 b^3 \sqrt{3}$ d) $2\sqrt[3]{6}$
e) $a^2 b \sqrt[5]{c^2}$ f) $6a^2 b^6 \sqrt[3]{2b^2}$
g) $6x^2 y^2 \sqrt{2x}$

244.
b) $x^{\frac{3}{5}}$ c) a^5 d) 11^7
e) $7^{\frac{1}{2}}$ f) $5^{\frac{1}{3}}$ g) $6^{\frac{1}{n}}$
h) $\sqrt[4]{2^{14}} = 2^{\frac{14}{4}} = 2^{\frac{7}{2}} = 2^{3\frac{1}{2}} = 2^3 \cdot 2^{\frac{1}{2}}$
i) $3^6 \cdot 3^{\frac{2}{3}}$ j) $2 \cdot 2^{\frac{2}{3}}$

245.
b) –7 c) não se define em R.
d) $\sqrt[4]{2}$ e) $-\dfrac{1}{3}$ f) 5
g) $3\sqrt[4]{3}$ h) $\sqrt{2}$

246.
a) F b) V c) V d) F
e) F f) V g) F h) F
i) V j) V k) V l) V

247.
a) $-\sqrt[3]{2}$ b) $\sqrt[5]{8} + \sqrt[5]{16}$
c) $5\sqrt{7} - 12\sqrt{5}$ d) $\dfrac{1}{2}\sqrt{3} - \dfrac{3}{4}\sqrt[3]{3}$

248.
a) $-9\sqrt[5]{2}$ b) 0
c) $\sqrt[3]{5} - \sqrt[3]{25}$ d) $\dfrac{5\sqrt[4]{2}}{12}$

249.
a) $\sqrt[6]{ab}$ b) $2\sqrt[3]{3}$ c) $\sqrt[5]{6x^4}$

d) $2a\sqrt[4]{a}$ e) $12\sqrt{10}$

250.

a) $\sqrt[12]{a^{10}}$; $\sqrt[12]{a^9}$

b) $\sqrt[15]{a^{10}b^5}$; $\sqrt[15]{2a^4b^3}$

c) $\sqrt[36]{2^6 x^6 y^3}$; $\sqrt[36]{x^{18}}$;

$\sqrt[36]{3^3 x^3 y^6}$; $\sqrt[36]{2^4 \cdot 3^2 \cdot x^8 \cdot y^6}$

d) $\sqrt[12]{a^8}$; $\sqrt[12]{b^9}$; $\sqrt[12]{c^5}$; $\sqrt[12]{d^2}$

e) $\sqrt[12]{2^6}$; $\sqrt[12]{2^4}$; $\sqrt[12]{2^3}$

f) $\sqrt[8]{81}$; $\sqrt[8]{a^3 b^4}$

g) $\sqrt[15]{a^3 b^3}$; $\sqrt[15]{a^5 b^5}$; $\sqrt[15]{a^3 b^2}$

251.

a) $\sqrt[30]{x^{13}}$ b) $\sqrt[6]{a}$ c) $\sqrt[48]{xy^4}$

d) $\sqrt[60]{m^{37}}$ e) $2\sqrt[24]{32b^4 c}$

f) $\dfrac{y}{3} \cdot \sqrt[12]{\dfrac{2a^{11}}{3^{11} x^{10} y^5}}$

252.

a) $\sqrt[20]{2}$ b) $a^2 \sqrt[6]{a}$ c) $5\sqrt[3]{5}$

d) $\sqrt[3]{2}$ e) $2^9 \sqrt{2}$ f) $8x\sqrt{x}$

g) $5\sqrt[3]{5}$ h) $4x^2$

253.

b) $\sqrt[4]{a^4 x}$ c) $\sqrt[3]{\dfrac{b}{a^3}}$ d) $\sqrt[5]{b^2 \cdot a^{15}}$

e) $\sqrt{\dfrac{a}{b}}$ f) $\sqrt[5]{\dfrac{2^7}{5}}$ g) $\sqrt[6]{5 \cdot 2^8}$

h) $\sqrt[6]{2^3 \cdot 3}$

254.

a) $\dfrac{\sqrt[3]{2^4}}{2}$ b) $2\sqrt[4]{5^3}$ c) $\dfrac{\sqrt{3}}{3}$

d) $\sqrt[3]{7}$ e) $6\sqrt[6]{3}$ f) $\dfrac{\sqrt[5]{a^4 b^3}}{ab}$

g) $20\sqrt[6]{2^3 3^5}$ h) $\dfrac{\sqrt[3]{9}}{2}$ i) $-5\sqrt[3]{12}$

255.

a) $\sqrt{3} - \sqrt{2}$ b) $2(\sqrt{5} + \sqrt{2})$

c) $2 + \sqrt{3}$ d) $12 - 3\sqrt{10}$

e) $1 + 2\sqrt{2}$

256.

a) $\sqrt[4]{27} + \sqrt[4]{12} - \sqrt[4]{18} - \sqrt[4]{8}$

b) $2\sqrt[4]{1000} + 4\sqrt[4]{10} + 4\sqrt{5} + 4\sqrt{2}$

c) $\sqrt[4]{8} + \sqrt[4]{2} - \sqrt{2} - 1$

d) $\dfrac{11}{2}\left(\sqrt[4]{27} + 5\sqrt[4]{3} - \sqrt{15} - 5\sqrt{5}\right)$

e) $\sqrt[4]{125} + \sqrt[4]{20} + \sqrt[4]{50} + \sqrt[4]{8}$

257.

a) $\dfrac{7\sqrt{2} + 5\sqrt{3} + \sqrt{6} + 12}{23}$

b) $\sqrt{5} - 7\sqrt{2} - 4\sqrt{10} - 6$

c) $\dfrac{11\sqrt[4]{216} - 55\sqrt[4]{6} - 33\sqrt{3} - 22\sqrt{2}}{19}$

d) $\sqrt{6} + \sqrt{3} - \sqrt{2} - 2$

258.

a) $\sqrt[3]{25} + \sqrt[3]{15} + \sqrt[3]{9}$

b) $\dfrac{1 - \sqrt[3]{2} + \sqrt[3]{4}}{3}$

c) $\dfrac{5\sqrt[3]{25} - 5\sqrt[3]{35} + 5\sqrt[3]{49}}{6}$

d) $8 + 4\sqrt[3]{7} + 2\sqrt[3]{49}$

259.

a) $\sqrt[6]{1125} + \sqrt[6]{243} + \sqrt[6]{1875} +$
$\sqrt[6]{405} + \sqrt[6]{3125} + \sqrt[6]{675}$

b) $\sqrt[6]{32} - \sqrt[6]{16} + \sqrt[6]{8} - \sqrt[6]{4} + \sqrt[6]{2} - 1$
c) $2\sqrt[6]{9} + 2\sqrt[6]{12} + 2\sqrt[3]{4} + \sqrt[6]{243} + \sqrt[6]{324} + \sqrt[6]{432}$
d) $3\sqrt[3]{10} - 3\sqrt[3]{4} - 3\sqrt[3]{25}$

260.
a) $\sqrt[3]{2} - 1$ b) $2(\sqrt[3]{5} + \sqrt[3]{2})$
c) $\sqrt[3]{4} + \sqrt[6]{2} - \sqrt{2} - 1$
d) $2\sqrt[3]{2} - \sqrt[6]{108} + 2\sqrt[6]{3} - \sqrt[3]{9}$

261.
a) 5   b) 6   c) -1
d) não está definida em R.
e) 0   f) 0   g) 12   h) 1
i) não está definida em R.
j) 1   k) -1
l) não está definida em R.

262.
a) $\dfrac{1}{6}$ b) $\pi - 3$
c) $-(3 - \pi) = \pi - 3$ d) $\sqrt{2} - 1$
e) $\sqrt{2} - 1$ f) 0

263.
a) $\sqrt{8} - 1$ b) $|\sqrt{8} - 3| = 3 - \sqrt{8}$
c) $a - b$ d) $|a| = \begin{cases} a \text{ se } a \geq 0 \\ -a \text{ se } a < 0 \end{cases}$
e) m f) $|x - y|$
g) a se $n \in N^*$ I n é ímpar
   Ial se $n \in N^*$ I n é par.

264.
a) 16   b) $\sqrt[3]{9}$ c) $\sqrt[4]{a^3}$ d) 5
e) $|x^3|$ f) -7 g) $\sqrt{2} - 1$ h) a

265.
a) $ab^3c^2\sqrt{ab}$ b) $2x^2\sqrt[4]{9x^3}$
c) $x^2\sqrt[7]{x^2}$ d) $2ac^3\sqrt[7]{2ab^5c^3}$
e) $2ab^2\sqrt[3]{ab^2}$ f) $6\sqrt[3]{2}$

266.
a) $a\sqrt[3]{b}$ b) $2a^2$ c) $2^3\sqrt[5]{a^2}$
d) $2^2\sqrt[4]{a^3}$ e) $2^2a^2\sqrt{2ab}$
f) $2^2x\sqrt[4]{2x^2}$ g) $5x^2\sqrt[4]{2x^2}$
h) $a^3b^2c^5\sqrt[3]{6b^2c}$ i) $4\sqrt{2}$
j) $3xy^2\sqrt{3y}$ k) $2 - \sqrt{3}$

267.
a) $3^{\frac{2}{5}}$ b) $3^{\frac{2}{3}}$ c) $4a^3$
d) $x^{\frac{1}{2}}$ e) $a^{\frac{1}{3}}$ f) $2^{\frac{3}{4}}$
g) 4   h) $5^8 \cdot 5^{\frac{1}{2}}$ i) $7^7 \cdot 7^{\frac{1}{2}}$

268.
a) $\dfrac{1}{16}$ b) a^n c) 3   d) $\sqrt[4]{2^{-3}}$
e) 7   f) $\sqrt[9]{5^{-1}}$

269.
a) 1   b) $-\dfrac{23}{16}$

270.
a) F   b) F   c) F   d) V
e) V   f) F   g) V   h) V
i) V   j) V   k) V   l) F
m) V   n) F

271.
a) $\sqrt{3}$ b) $2\sqrt[3]{2}$ c) $2\sqrt{6} - 2\sqrt{5}$
d) $-\sqrt{2}$

272.
a) $4\sqrt{5}$ b) $\sqrt[4]{8}$ c) $3\sqrt{13}$ d) $12\sqrt[3]{7}$

273.
a) $9ab\sqrt[3]{a^2}$ b) $2\sqrt{3}$ c) $5\sqrt[3]{5}$
d) $54\sqrt{2}$

274.
a) $2\sqrt[3]{4} - 7\sqrt[3]{6} + 6\sqrt[3]{9}$
b) $4\sqrt{6} - 12\sqrt{3} - 4\sqrt{2}$
c) $\sqrt{6} - 16$

275.
a) $\sqrt[12]{3^5}$ b) $\sqrt[18]{a}$ c) $\sqrt[12]{2^5}$ d) $\sqrt[5]{x}$
e) $\dfrac{3\sqrt[36]{9a^5 b^4}}{2}$

276.
a) $3\sqrt[6]{3}$ b) $a^2\sqrt[3]{a}$ c) 18
d) $32\sqrt[9]{32}$ e) $\sqrt[48]{7^{17}}$

277.
a) $\sqrt[3]{a^3 b^6 cd}$ b) $\sqrt[5]{a^{14} b^{18}}$
c) $\sqrt[5]{2^{19}}$ d) $\sqrt[4]{3^{-5}}$
e) $\sqrt{\dfrac{2ab}{9(a+b)}}$ f) $\sqrt[8]{2^7}$
g) $\sqrt[8]{3}$

278.
a) $\dfrac{\sqrt{6}}{2}$ b) $\dfrac{\sqrt{6}}{2}$ c) $5\sqrt[3]{25}$
d) $2\sqrt[5]{2}$ e) $9\sqrt[5]{9}$ f) $\dfrac{\sqrt[3]{49}}{14}$
g) $\sqrt{3}$ h) $a\sqrt[9]{a^{n-m}}$

279.
a) $\dfrac{\sqrt{3}-1}{2}$ b) $22 + 2\sqrt{33}$
c) $19 + 6\sqrt{10}$ d) $\dfrac{\sqrt[4]{27} - \sqrt[4]{3}}{2}$
e) $\sqrt{5} - \sqrt{6}$

280.
a) $\dfrac{\sqrt{3}+1}{2}$
b) $2\sqrt{2} - \sqrt{6} - 2\sqrt[4]{3} + \sqrt[4]{27}$
c) $3 + 2\sqrt{2} + \sqrt{5} + \sqrt{10}$
d) $\dfrac{3\left(\sqrt{10} - 1 - \sqrt{2} + \sqrt{5}\right)}{2}$

281.
a) $\sqrt[3]{36} - 2\sqrt[3]{6} + 4$ b) $\sqrt[3]{b} - \sqrt[3]{a}$
c) $\sqrt{a} + \sqrt[3]{a^2} + \sqrt[3]{a} + \sqrt[6]{a^5} + \sqrt[6]{a} + 1$
d) $\sqrt[6]{2} + \sqrt{3}$

282.
a) $\sqrt[3]{\dfrac{x}{y}} = \dfrac{\sqrt[3]{xy^2}}{y}$ b) 2

283.
a) $2\sqrt{3}$

284.
a) 2 b) 1

285.
I) F II) V III) F

286. $\sqrt{a+b} + \sqrt{a}$

287. $\dfrac{a}{b} = \dfrac{3}{4} \Rightarrow \dfrac{a}{b} < 1 \Rightarrow a < b$

288. $\sqrt[4]{8} + \sqrt[4]{2} - \sqrt{2} - 1$

289.
a) $\dfrac{\sqrt{30} + 2\sqrt{3} - 3\sqrt{2}}{12}$
b) $\dfrac{4\sqrt[3]{4} - 2\sqrt[3]{6} + \sqrt[3]{9}}{19}$
c) $\dfrac{2 + \sqrt{2} + \sqrt{6}}{4}$

290. $\dfrac{\sqrt{7} - 1}{6}$

291.

a) 12 b) 0 c) $\dfrac{2}{3}$

292. $-\dfrac{2+\sqrt{15}}{2}$

293. 18

294. $\dfrac{9}{10}$

295.

a) $5+2\sqrt{6}$ b) $\sqrt{2}+\sqrt{3}$
c) $\sqrt{2}+\sqrt{3}$ d) $7-4\sqrt{3}$
e) $2-\sqrt{3}$ f) $\sqrt{\sqrt{10}-3}$
g) não se define em **R**

296.

a) $\dfrac{\sqrt{6}+\sqrt{10}}{2}$ b) $2-\sqrt{3}$
c) $\sqrt{21}+\sqrt{10}-\sqrt{15}-\sqrt{14}$
d) $2-\sqrt[4]{8}$ e) $1+\sqrt{2}$

Capítulo 5

297.

a) RI b) RF c) RF d) I
e) I f) RF g) RI h) RI

298.

a) -6 b) 2 c) $-14\sqrt{2}$

299.

a) -1 b) -2 c) $\dfrac{-11}{9}$
d) $2\sqrt{2}-1$ e) não está definido

300.

a) 3 b) 6 c) 7 d) 5
e) 7 f) 5 g) 4 h) 2
i) 0 j) não se define

301.

a) $9x-7y$ b) $5a$
c) $2x^2-2xy+3y^2$ d) $2x^2-2x-2$
e) $4x^2+6x+7$

302.

a) $3x+8$ b) $8x^2-10xy+3y^2$
c) $-2x+16$ d) x^2+x

303.

a) $6x^5y^8$ b) $6x^3y^2$ c) $12abxy$
d) $30a^4b^6c^9$ e) $-24a^5b^3c^3$
f) $6x^5y^3-12x^3y^4-15x^2y^5$
g) $15x^4+12x^3y-18x^2y^2$

304.

a) $10x^2-19xy+6y^2$
b) $6x^3+x^2-44x+21$
c) $6x^4-5x^3-10x^2+19x-10$
d) $x^4+x^3y-2x^2y^2+3xy^3-y^4$
e) $18x^4+27x^3-149x^2+118x-24$
f) $2x^6-7x^5+9x^4+x^3-16x^2+27x-10$

305.

a) $-6abx^5$ b) $\dfrac{2}{5}a^3b^4$ c) $6x^{2n}y^{2n}$
d) $30a^4bx^4$ e) $2x^3+6x^2-2x$
f) $-3x^2y+6xy^2$ g) $6x^2+5x-6$

h) $-8x^3 + 8x^2 + 4x + 3$
i) $6x^3 - 7x^2 - x + 2$
j) $2x^2 + \dfrac{23}{9}x - \dfrac{2}{3}$

306.
a) $5x^3$ b) $-7x^4y^6$ c) $8ax^2$
d) $-\dfrac{3}{2}x^3y^3$ e) $4x$ f) $4x^2y$

307.
a) $a^4 + a^3 + a^2$ b) $5x^4 - 6x$
c) $2x - 3y$ d) $\dfrac{1}{3}ax - \dfrac{4}{3}b$

308.
a) $-3a^4b^6$ b) $-5a^2c$ c) $2x$
d) $8x^3y^2$ e) $2x^2 - 3x - 4$
f) $\dfrac{2}{5}x - \dfrac{3}{5}y - \dfrac{1}{5}$

309.
a) $Q = 4x - 2, R = 5$
b) $Q = 3x - 1, R = 0$
c) $Q = 3, R = -3x + 7$
d) $Q = 2x^3 - 3x^2 + 2x, R = -2x - 3$
e) $Q = 0, R = 2x - 3$
f) $Q = 0, R = 2$ g) $Q = 0, R = 0$

310.
a) $-28x^3 - x$ b) $19x^2 - 20x + 3$
c) $4x - 3$ d) $-x^2 - 3x + 6$

311.
a) $x^2 + 10x + 21$ b) $x^2 - 9x + 20$
c) $x^2 + 2x - 35$ d) $x^2 - 7x - 18$
e) $a^2 - 8a + 15$ f) $y^2 + 2y - 24$

312.
a) $x^2 + 8x + 15$ b) $x^2 - 12x + 35$
c) $x^2 + 3x - 18$ d) $y^2 - \dfrac{5}{6}y + \dfrac{1}{6}$
e) $x^4 - 6x^2 - 16$ f) $x^2 - 4\sqrt{3}x + 9$
g) $x^2 - 4mx - 21m^2$
h) $x^2 + (p + q)x + pq$
i) $9x^2 - 9x - 28$ j) $4x^2 - 16x + 15$

313.
a) $9x^2 - 16$ b) $16x^2 - 25$
c) $25x^2 - 36$ d) $36 - 49y^2$
e) $16x^8 - 9y^{10}$ f) $9x - y^{2n}$

314.
a) $a^2 - b^2$ b) $x^2 - 36$ c) $a^2 - \dfrac{1}{4}$
d) $y^2 - 18$ e) $25x^{10} - 9y^6$
f) $x - 3$ g) $36x^{12} - y$

315.
a) $4x^2 + 12xy + 9y^2$
b) $9x^2 - 30xy + 25y^2$
c) $9x^2 + 12xy + 4y^2$
d) $16x^2 - 24xy + 9y^2$
e) $x^2 - 10x + 25$ f) $y^2 + 6x + 9$
g) $49x^2 + 70xy + 25y^2$
h) $81x^2 - 90xy + 25y^2$
i) $3x^2 + 12xy + 12y^2$

316.
a) $a^2 + 2ab + b^2$
b) $9x^2 + 30x + 25$
c) $a^2 - 2ab + b^2$
d) $25x^2 - 70xy + 49y^2$
e) $36x^{12}y^{10} + 48x^{10}y^8 + 16x^8y^6$
f) $\dfrac{9}{25}x^6 + 2x^4 + \dfrac{25}{9}x^2$
g) $x - 2\sqrt{xy} + y$
h) $25y^{6m-4} - 70y^{5m+1} + 49y^{4m+6}$
i) $a^2 + 2 + a^{-2}$

317.
a) $a^2 + b^2 - c^2 + 2ab$
b) $a^2 + b^2 - c^2 - 2ab$
c) $a^2 + b^2 - c^2 - d^2 + 2ab - 2cd$
d) $x^4 + 4x^3 + 4x^2 - 9$

318.
a) $a^2 + b^2 + c^2 + 2ab + 2ac + 2bc$
b) $a^2 + b^2 + c^2 - 2ab - 2ac + 2bc$
c) $9a^4 - 12a^3 + 22a^2 - 12a + 9$
d) $4a^{12} + 12x^9 + 29x^6 + 30x^3 + 25$
e) $4x^6 - 12x^5 - 7x^4 + 44x^3 - 14x^2 - 40x + 25$

319.
a) $a^2 + b^2 + c^2 - d^2 + 2ab + 2ac + 2bc$
b) $4x^6 - 12x^5 + 17x^4 - 12x^3 + 4x^2 - 9$

320.
a) $25x^4 - 8x^3 - 58x^2 + 14x - 48$
b) $8\sqrt{2} + 14\sqrt{3} + 8\sqrt{6} - 66$

321.
a) $a^3 + b^3$ b) $x^3 - a^3$ c) $27x^3 - y^3$
d) $125x^9 + 1$ e) $64x^{12} - 125$
f) $x^{15m} + y^{21n}$ g) $8x^3 + 27y^3$
h) $64x^3 - 27$ i) $343x^3 + 216y^3$

322.
a) $a^3 + 3a^2b + 3ab^2 + b^3$
b) $a^3 - 3a^2b + 3ab^2 - b^3$
c) $x^3 - 9x^2y + 27xy^2 - 27y^3$
d) $27x^3 + 54x^2y + 36xy^2 + 8y^3$
e) $27a^6b^3 - 54a^5b^4 + 36a^4b^5 - 8a^3b^6$

323.
a) $64x^6 - 729$ b) $729x^6 - y^6$
c) $729x^6 - 64y^6$

324.
a) $131x^2 + 156x + 47$
b) $-8x^3 + 2x^2 + 10x + 46$

325.
a) $m(x + y)$ b) $5(a - b)$
c) $x(x - y)$ d) $x^2y^2(y - x)$
e) $4(2x - 3y)$
f) $x(x^2 + x + 1)$
g) $3x^2y(2ax^2 - 3bxy + 4cy^2)$

326.
a) $a(x + y)$ b) $4x^2y^2(2y - 3x)$
c) $17(2xy + 5z)$
d) $13x(2x + 3xy + 4y)$
e) $2x^{n-1}y^{n-1}(y^2 + 2x^2)$
f) $(a + b)(x + y)$

327.
a) $(x + y)(m + a)$
b) $(x - y)(x + a)$
c) $(x + y)(a - b)$

d) $(x + y)(a + 1)$
e) $(x - 1)(x^2 + 1)$
f) $(2x - 3y)(x^2 - 2y)$

328.
a) $(x + y)(a + b)$
b) $(x - 2y)(2x - 3)$
c) $(n - p)(m - 1)$
d) $(x - 2y)(3x - 4z - 2)$
e) $(2a + 3b)(2a - 3b^2)$

329.
a) $xy(3x + y)(3x - 4)$
b) $4x^2(3x - 2y)(2x - y^2)$

330.
a) $(a + b)(a - b)$ b) $(x + 3)(x - 3)$
c) $(2x + 5)(2x - 5)$
d) $(7x^3y + 1)(7x^3y - 1)$

331.
a) $(x^2 + y^2)(x + y)(x - y)$
b) $(x^2 + 12)(x + 2\sqrt{3})(x - 2\sqrt{3})$
c) $4a^2(5a + 4b)(5a - 4b)$
d) $(2x - y)(2x + 3y)(2x - 3y)$
e) $6x^2y(2x + y)(2x - y)(3x + 1)(3x - 1)$

332.
a) $(a + b + c)(a + b - c)$
b) $(x + y - z)(x - y + z)$
c) $(a + b)(a + b + c)(a + b - c)$
d) $(x - y)(x - z)(x - 2y + z)$

333.
a) $(x + 3y)^2$ b) $(x - 6y)^2$
c) $(2x - 3)^2$ d) $(y + 4)^2$
e) $(x^3 + 7y)^2$ f) $(3x - 1)^2$

334.
a) $(a + b)^2$ b) $(x - 5y)^2 = (5y - x)^2$
c) $(17x + y)^2$ d) $\left(x + \dfrac{1}{x}\right)^2$
e) $(x + x^{-1})^2$ f) $\left(\dfrac{3}{2}x - \dfrac{2}{3}y\right)^2$
g) $-(2x - 3y)^2$

335.
a) $2x(x+2y)^2$ b) $4x^2y^2(3x-y)^2$
c) $(2x+3)^2(2x-3)^2$
d) $3x(2x+\sqrt{3})^2(2x-\sqrt{3})^2$
e) $(3x+y+5)(3x+y-5)$
f) $(6+5x-2y)(6-5x+2y)$

336.
a) $(a+2)(a^2-2a+4)$
b) $(x+3)(x^2-3x+9)$
c) $(7x+2)(49x^2-14x+4)$
d) $(6x^2-5y)(36x^4+30x^2y+25y^2)$
e) $(x+2\sqrt[3]{2})(x^2-2\sqrt[3]{2}x+4\sqrt[3]{4})$

337.
a) $x(x-2)(x^2+2x+4)$
b) $xy(x+y)(x^2-xy+y^2)$
c) $3x^2(2x-1)(4x^2+2x+1)$
d) $8x^3(2x+3y)(4x^2-6xy+9y^2)$
e) $(x-2)(x^2+2x+4)(x^6+8x^3+64)$
f) $(x+y)(x-y)(x^2-xy+y^2)(x^2+xy+y^2)$
g) $(2x+3)(2x-3)(4x^2+6x+9)(4x^2-6x+9)$
h) $(x+\sqrt{2})(x-\sqrt{2})(x^4-2x^2+4)$

338.
a) $(a+b)^3$ b) $(x-y^2)^3$
c) $(3x-2)^3$ d) $(2x+5)^3$
e) $(3x^2+1)^3$ f) $(4-x)^3$

339.
a) $2x(2x+3)^3$ b) $8x^3(2x-1)^3$
c) $(2x+1)^3(2x-1)^3$
d) $27x^3(x+1)^3(x-1)^3$

340.
a) $(x+2)(x+5)$ b) $(a+8)(a+1)$
c) $(y+5)(y-2)$ d) $(x+3)(x-6)$
e) $(x-1)(x+2)$ f) $(x-1)(x+5)$
g) $(x-3)(x-7)$ h) $(x+7)(x-8)$
i) $(x-3)(x-12)$ j) $(a^2+3)(a^2+8)$
k) $(a^n+5)(a^n+1)$
l) $(x+2a)(x-12a)$

341.
a) $2x(x+3)(x-4)$
b) $3x(x-2)(x-3)$
c) $3x(x-3a)(x+4a)$
d) $5x^2(x-6m)(x+7m)$
e) $(x+2)(x-2)(x+5)(x-5)$
f) $x^2(x+1)(x-1)(x+\sqrt{3})(x-\sqrt{3})$
g) $(x+2a)(x-2a)(x+3a)(x-3a)$
h) $(x+a)(x-a)(x+5a)(x-5a)$

342.
a) $(2x-3)(3x-2)$
b) $(3x+1)(2x+1)$
c) $(2x-1)(x+3)$
d) $2(x-3)(x+2)$
e) $(4x-a)(3x-2a)$
f) $2(x+3)(3-2x)$
g) $(x-2-\sqrt{2})(x-2+\sqrt{2})$
h) não admite fatoração em R

343.
a) $2x(3x-1)(2x-5)$
b) $(x+2)(x-2)(2x+3)(2x-3)$
c) $6x(3x^2+1)(x+\sqrt{3})(x-\sqrt{3})$
d) $(x-y)(2x-3)(3x-8)$
e) $(x-a-1)(x-2a+1)$
f) $(x-a-2b)(x-2a+b)$

344.
a) $(x-2a+b)(x-a-2b)$
b) $(x-2y-3)(x+y+2)$
c) $(2x-3y-1)(3x+y+2)$

345.
a) $(x-1)(x^2+x+2)$
b) $(x+3)(x^2-3x+5)$
c) $(x-1)^2(x+3)$
d) $(x-1)(x-3)(2x-1)$
e) $(x+1)(x-1)(x+2)(x^2-2x+6)$
f) $(x^2+x+2)(x^2-x+2)$

346.
a) $(x^2+xy+y^2)(x^2-xy+y^2)$

b) $(x^2+\sqrt{3}xy+y^2)(x^2-\sqrt{3}xy+y^2)$
c) $(x^2+3x+3)(x^2-3x+3)$
d) $(x^2+\sqrt{2}xy+y^2)(x^2-\sqrt{2}xy+y^2)$
e) $(x+1)(x+2)(x-3)$
f) $(x^2+1)(x^2+x+1)$
g) $(x+1)(x-3)(x-5)$
h) $x(x+1)(x^2+x+7)$

347.

a) $(\sqrt{5}+\sqrt{3})^2$ b) $(\sqrt{2}+1)^2$

c) $(\sqrt{5}-2)^2$ d) $\frac{1}{2}(\sqrt{7}-1)^2$

e) $\frac{1}{2}(\sqrt{5}+3)^2$ f) $2(\sqrt{3}-1)^2$

348.

a) $\sqrt{3}+\sqrt{2}$ b) $\sqrt{5}-\sqrt{3}$
c) $\sqrt{6}+\sqrt{2}$ d) $\sqrt{6}-\sqrt{3}$
e) $\sqrt{15}+\sqrt{10}$ f) $\sqrt{5}-2$

349.

a) 1 b) $5-7\sqrt{2}$

350.

a) a^2b^2; a^3b^4cde
b) $2^2 \cdot 3^2 x^2 y$; $2^3 \cdot 3^3 x^3 y^3 z$
c) 2; $120a^2b^2c^2$
d) $2(x+y)$; $12x^2y(x+y)^2(x-y)(x^2-xy+y^2)$
e) $(x+y)$; $(x+y)^2(x-y)(x^2-xy+y^2)$
f) $x(x+y)$; $6x(x+y)^2(x-y)$

351.

a) $\frac{18b^3}{12a^2b^2}, \frac{8a^3}{12a^2b^2}, \frac{9ab}{12a^2b^2}$

b) $\frac{(a-b)^2(b+c)}{(a+b)^2(a-b)(b+c)}$;

$\frac{(a+b)(b+c)^2}{(a+b)^2(a-b)(b+c)}$;

$\frac{(a+b)(a-b)^2}{(a+b)^2(a-b)(b+c)}$;

c) $\frac{a^2b^2}{ab(a+b)(a-b)}; \frac{b(a-b)^2}{ab(a+b)(a-b)};$

$\frac{b(a+b)^2}{ab(a+b)(a-b)}$

352.

a) $\frac{3b^3c}{4a^2d}$ b) $\frac{a-b}{2ay+2by}$

c) $\frac{x^2-2xy+y^2}{x^2+xy+y^2}$

353.

a) $\frac{x}{y}$ b) $\frac{2x}{2x+3}$ c) $\frac{x-5}{x+2}$

d) $x+2$ e) $\frac{x+y}{x}$ f) $\frac{a-2}{a+2}$

g) $\frac{1}{2a+b}$ h) $\frac{x^2+xy+y^2}{x-1}$

i) $\frac{3x-2}{x-1}$ j) $\frac{x-1}{x^2-4}$

354.

a) $\frac{12x^2-11x+2}{15x^2+19x+6}$ b) $\frac{c}{d}$ c) $x-y$

d) $\frac{2x+4}{5}$ e) $\frac{x^2-4x+4}{3x+6}$

f) $\frac{x^2+5x+6}{x-2}$

355.

a) $\frac{8x^4}{9y^3}$ b) $\frac{9x}{4}$ c) $\frac{x^2-2x}{x^2+3x+9}$

d) $\frac{9x-15}{8x^2-22x+12}$

356.
a) $\dfrac{2x+2y}{y-x}$ b) $\dfrac{1-x}{x^2+x}$ c) $\dfrac{a-2}{a-3}$
d) 0

357.
a) $\dfrac{1}{2x+4}$ b) $\dfrac{a+b}{a-b}$

358.
a) $a^{\frac{3}{2}} - 2x^{\frac{1}{4}}$ b) $x - y$

359.
a) $a^2 - 2$ b) $a^2 + 2$ c) $a^3 + 3a$

360.
a) -2 b) 2   c) $\sqrt{3} + 6\sqrt{2}$

361.
a) $x = y = z = 9$
b) $x = z = 25; y = 13$
c) $x = z = \dfrac{1}{4}; y = \dfrac{5}{4}$
d) $x = z = 12; y = 10$

362.
a) $3x^2 - 11x - 1$ b) $3a^2 - 4ab - 5b^2$
c) $\dfrac{11}{3}x^2y - \dfrac{3}{2}xy^2$ d) $\dfrac{11}{6}x^2 - \dfrac{9}{5}x$
e) $-4x^3 + 5x^2 - 7x - 2$
f) $-\dfrac{2}{3}a^3 + \dfrac{5}{2}a^2b - \dfrac{19}{30}ab^2 + \dfrac{2}{15}b^3$
g) $3y^2 - 8y - 3$

363.
a) $8x^6y^4$ b) $6x^3y - 9x^2y^2 - 6xy^3$
c) $-2x^3 - 3x^2 - x$
d) $\dfrac{1}{4}x^{2m}y^{2m} - \dfrac{2}{9}x^{2m+3}y^{2m-3} - \dfrac{1}{5}x^{2m+1}y^{m+n-1}$ e) $6x^2 - 11x + 3$
f) $3y^4 - 12y^3 + 13y^2 - 4$
g) $x^2 - \dfrac{19xy}{36} - \dfrac{1}{6}y^2$
h) $120x^4 - 2x^3 - 97x^2 + 3x + 18$

364.
a) $5xy^2z$ b) $-3xy$ c) $\dfrac{10}{3}y$
d) $6x^2 - 4x - 3$ e) $a^2b - a - 1$
f) $-\dfrac{7}{9}x^2 + \dfrac{7}{10}xy + \dfrac{7}{8}y^2$
g) $3a^{m+1}b^{m-1} - 2a^{m+2}b^m - 5a^{m+3}b^{m+1}$

365.
a) $Q = 0; R = 0$ b) $Q = 0; R = 7$
c) $Q = 4; R = 12x + 20$
d) $Q = 2x^3y + 2x^2y^2 + 2xy^3$; $R = 0$
e) $Q = 4x^3 + 2x^2 + x + \dfrac{1}{2}$, $R = -\dfrac{9}{2}$

366.
a) $3x + 90$ b) $-x^2 + x - 3$
c) $90x^3 - 141x^2 - 33x + 30$

367.
a) $x^2 + 12x + 20$ b) $x^2 + 5x - 14$
c) $y^2 - 13y + 40$ d) $x^2 - 10x + 24$
e) $a^2 + 8a - 9$ f) $y^2 - y - 6$
g) $4x^2 - 25$ h) $49x^2 - 81$
i) $16y^2 - 25$ j) $9x^2 + 30x + 25$
k) $25y^2 - 40y + 16$
l) $25x^2 - 60xy + 36y^2$
m) $64x^2 - 80x + 25$
n) $36x^2 + 60xy + 25y^2$
o) $9x^2 + 42x + 49$

368.
a) $x^2 + 3x + 2$ b) $x^2 - 3x - 10$
c) $x^2 - 2x - 35$ d) $x^2 - 49$
e) $y^2 - 0{,}09$ f) $x^6 - 5y^4$

369.
a) $a^2 - 2ab + b^2$ b) $49x^2 - 42xy + 9y^2$
c) $x^2 + 2xy + y^2$
d) $25x^{10} - 70x^5y^7 + 49y^{14}$
e) $m^2 + \dfrac{1}{6}m - \dfrac{1}{6}$ f) $y^4 + 4y^2 - 77$
g) $x^4 + \left(\sqrt{2} + \sqrt{3}\right)x^2 + \sqrt{6}$
h) $x^2 - 9mx + 20m^2$

370.
a) $9x - \frac{1}{4}y^2$ b) $49x^2 - 25y^2$
c) $m^2x^{2n} - y^{6m}$ d) $\frac{9}{4}x^2 - xy + \frac{1}{9}y^2$
e) $x^2 - 2 + \frac{1}{x^2}$
f) $9x^{2n+2} + 24x^{2n} + 16x^{2n-2}$
g) $12x^2 - 4\sqrt{6}x + 2$
h) $27x^2 + 12\sqrt{15}xy + 20y^2$

371.
a) $a^2 + b^2 + c^2 + 2ab - 2ac - 2bc$
b) $9x^2 + 4y^2 + 16 - 12xy - 24x + 16y$
c) $4y^4 + 12y^3 + 25y^2 + 24y + 16$
d) $a^2 + b^2 + c^2 + d^2 + 2ab + 2ac + 2ad + 2bc + 2cd + 2bd$

372.
a) $a^2 - b^2 - c^2 + 2bc$
b) $4a^2 + 9b^2 - 12ab - 16$
c) $x^6 - 4x^5 + 4x^4 - 9x^2 + 12x - 4$
d) $x^6 - 12x^4 - 20x^2 - 9$
e) $9x^6 - 9x^4 + 12x^3 - 34x^2 + 20x - 25$
f) $4x^8 - 12x^7 + 17x^6 - 12x^5 + 4x^4 - 25x^2 + 20x - 4$

373.
a) $-a^2 + 4ab + b^2$ b) $-2a^2 - c^2$
c) $12x^2 - 11x - 32$
d) $-45 - 6\sqrt{2} - 12\sqrt{3} + 12\sqrt{6}$

374.
a) $64x^3 - 27y^3$ b) $216x^3 + 125y^3$
c) $x + y$
d) $\frac{8}{27}x^3 - \frac{1}{3}x^2y + \frac{1}{8}xy^2 - \frac{1}{64}y^3$
e) $x^4\sqrt{x} - 3x^3y\sqrt{y} + 3y^3x\sqrt{x} - y^4 \cdot \sqrt{y}$
f) $x^3y\sqrt{y} + 3x^2y^2\sqrt{x} + 3x^2y^2\sqrt{y} + xy^3\sqrt{x}$
g) $162\sqrt{2} - 132\sqrt{3}$

375.
a) $a - 1$ b) $\frac{8}{27}x^3 + 27$ c) -4
d) $3\sqrt{3} - 1$ e) $81\sqrt{3} + 8$

376.
a) $64x^6 - 192x^5 + 144x^4 - 36x^2 + 12x - 1$
b) $x^9 - 64$ c) $x^8 - y^8$

377.
a) $-29x^2 + 5x - 2$
b) $77x^4 - 20x^3 - 55x^2 - 42x - 27$

378.
a) $x(a + b + c)$ b) $x(7x + 4)$
c) $a(a^2 + a + 1)$
d) $19a^3b^3(2bc - 3d - 5ad)$
e) $5x^{n-1}(1 + 2x + 3x^2)$
f) $(a + b)(a + 5b - 1)$

379.
a) $(x - y)(x + z)$ b) $(a - b)(a + 1)$
c) $(x^2 + 1)(x - 1)$
d) $(x + 2y - 3)(2x - 3z)$
e) $(3x - 4y)(3x - 2y^2 - 3)$

380.
a) $5y(3x - y)(2x^2 - y - 3)$
b) $6x^{n-1}(3x - 4)(2x^2 - y - 1)$
c) $(2a - b)(2a - 3)(3c - 2)$
d) $2x(3x + y)(x - 2)(z - 3)$

381.
a) $\left(\frac{x}{6} + \frac{y}{11}\right)\left(\frac{x}{6} - \frac{y}{11}\right)$
b) $(x + \sqrt{5})(x - \sqrt{5})$
c) $(xy + 2\sqrt{3})(xy - 2\sqrt{3})$
d) $(a + \sqrt[4]{2})(a - \sqrt[4]{2})$
e) $(a + 0,3)(a - 0,3)$

382.
a) $(25a^2 + 9b^2)(5a + 3b)(5a - 3b)$
b) $5ab(6a + b)(6a - b)$

c) $36x^2y^2 (3x + 2y) (3x - 2y)$
d) $(3x + y) (3x - y) (2x + 1) (2x - 1)$

383.
a) $(x^2 + 1) (x + 1) (x - 1)^3$
b) $3(x^2 + 1) (x + 1)^3 (x - 1)$
c) $(2x^2+1) (2x+1) (2x-1) (x+2)(x-3)$

384.
a) $(m - n)^2 = (n - m)^2$
b) $(3a + 2b)^2$ c) $(a - 5)^2$
d) $(x - y^{-1})^2$ e) $(x^n + y^n)^2$
f) $(x^3 + y)^2$ g) $(2x + y - 4)^2$
h) $(x + y - 3z)^2$ i) $-(x - 2y - 1)^2$

385.
a) $(2x - 3) (2x - 3y)^2$
b) $(a + b)^2 (x - y)^2$
c) $(2x + y) (2x - y) (2x - 1)^2$

386.
a) $(x - 4) (x^2 + 4x + 16)$
b) $(x - 5y) (x^2 + 5xy + 25y^2)$
c) $(x^n + y^n) (x^{2n} - x^n y^n + y^{2n})$
d) $\left(x - \dfrac{1}{2}y\right)\left(x^2 + \dfrac{1}{2}xy + \dfrac{1}{4}y^2\right)$

387.
a) $(2x + y)^2 (4x^2 - 2xy + y^2)^2$
b) $(a - 3b)^2 (a^2 + 3ab + 9b^2)^2$
c) $(x+y+z)(x^2+y^2+z^2+2xy-xz-yz)$
d) $(a-b+c)(a^2+b^2+c^2-2bc+ab-ac)$
e) $(3x - 2)^2 (9x^2 + 6x + 4)$
f) $(2x + 3)(2x - 3)(2x + 1)(4x^2 - 2x + 1)$
g) $(2x + 3y)^2 (x - 2) (x^2 + 2x + 4)$
h) $(x + 1)^3(x - 1)^3(x^2 + x + 1)(x^2 - x + 1)$

388.
a) $3x\left(\sqrt{2}x + \sqrt{3}\right)^3\left(\sqrt{2}x - \sqrt{3}\right)^3$
b) $(2x - 1)^3 (4x^2 + 2x + 1)^3$
c) $(x+y-z)(x^2+y^2+z^2+2xy+xz+yz)$
d) $(2x - 1)^3$

389.
a) $(x + 2) (x + 4)$ b) $(x - 3) (x - 4)$
c) $(x - 5) (x + 3)$ d) $(x - 5) (x + 7)$
e) $(x - 6) (x + 7)$ f) $(x - 6) (x + 5)$
g) $(x + 2a) (x + 9a)$
h) $(x - 3a) (x - 12a)$
i) $(x + 9) (x + 12)$

390.
a) $(x + 6) (x - 8)$ b) $(a + 9) (a - 8)$
c) $(x - 5a) (x + 7a)$
d) $(y - 4m) (y + 6m)$
e) $(x + 6y) (x - 8y)$
f) $(x - 5m) (x + 15m)$
g) $(y - 5x) (y - 3x)$
h) $(n - 4y) (n + 3y)$
i) $(x + a) (x + 2b)$
j) $(x + 3b) (x - 2a)$

391.
a) $4a^2(y + a) (y - a) (y + 4a) (y - 4a)$
b) $9y^2(y + 2a) (y - 2a) (y + 6a) (y - 6a)$
c) $25x^2(x+2y)(x-2y)\left(x+\sqrt{2}y\right)\left(x-\sqrt{2}y\right)$
d) $(x - a) (x + 2a) (x^2 + ax + a^2) (x^2 - 2ax + 4a^2)$
e) $2x(x^2 + a^2) (x + 2a) (x - 2a)$
f) $3x\left(x^2 + a^2\right)\left(x + 2\sqrt{2}a\right)\left(x - 2\sqrt{2}a\right)$
g) $(x + 2y - 2) (x + 2y - 5)$
h) $(x - 5y - 3) (x + 2y - 3)$

392.
a) $(5x - 1) (x + 2)$ b) $(3x + 2)(x - 2)$
c) $(4x - a) (3x + 5a)$
d) $\left(x - \sqrt{2} - 1\right)\left(x + \sqrt{2} - 1\right)$
e) $(3x + m) (5x + 2m)$
f) Não se fatora em R
g) $(2x - a) (x - a + b)$
h) $(3x-y+3)(x+y-2)$

393.
a) $(x - 1) (x^2 - x + 1)$
b) $(x - 1)^2 (x + 2)$
c) $(x + 1) (x^2 - 2x + 2)$

d) $(x + 3) (x^2 + x + 2)$
e) $(x - 1)^2 (2x + 1)$
f) $(x-1)(x-2+2\sqrt{2})(x-2-2\sqrt{2})$
g) $(x - 1) (x + 2)^2$
h) $(x-1)(x-2)(x-3)$

394.
a) $(x+1)(x^2-x+1)\cdot(x^2+\sqrt{6}x+3)$
   $(x^2-\sqrt{6}x+3)$
b) $3x^2(x^2 + x + 1) (x^2 - x + 1)$
c) $4xy(x^2+\sqrt{3}x+1)(x^2-\sqrt{3}x+1)$
d) $(a^2 + b^2) (a^2 + ab + b^2) (a^2 - ab + b^2)$
e) $(x^2 + 1) (x^2 + 2x + 7) (x^2 - 2x + 7)$
f) $(x^2+y^2)(x^2+\sqrt{3}xy+y^2)$
   $(x^2-\sqrt{3}xy+y^2)$
g) $(x^2 + x + 10) (x^2 + x + 5)$

395.
a) $(\sqrt{5}+\sqrt{2})^2$ b) $(\sqrt{7}-\sqrt{3})^2$
c) $(\sqrt{11}+\sqrt{3})^2$ d) $(\sqrt{7}-\sqrt{5})^2$
e) $(\sqrt{11}+\sqrt{5})^2$ f) $(\sqrt{11}-\sqrt{7})^2$

396.
a) $(\sqrt{7}+\sqrt{2})^2$ b) $\frac{1}{2}(\sqrt{3}+1)^2$
c) $(\sqrt[5]{3}+\sqrt[5]{2})^3$
d) $(\sqrt{7}+\sqrt{5})(\sqrt{3}+\sqrt{2})$

397.
a) $\sqrt{11}+\sqrt{2}$ b) $\sqrt{7}-1$
c) $\sqrt{13}-\sqrt{2}$

398.
a) $3\sqrt{2}+2\sqrt{3}$ b) $\sqrt{3}-1$
c) $\sqrt{10}-3$ d) $\frac{\sqrt{6}-\sqrt{2}}{2}$

399.
a) $6\sqrt{6}$ b) 0

400.
a) x^2y; $12x^5y^3$ b) x ; $12x^2$
c) 1; $6a^2b^2$
d) $(a-b)$; $(a-b)^3$ $(a+b)^2$
e) x; $12x(x+1)^2 (x-1)^2$
f) $(x-2)$; $6x(x+2)(x-2)^2(x^2+2x+4)$
g) $x(x-3)$; $6x^2(x-3)(x-1)(x+1)(x + 2)$

401.
a) $\frac{15ab}{12a^2}, \frac{18b}{12a^2}, \frac{4a^5}{12a^2}$
b) $\frac{40yz^3}{60x^2y^2z^2}, \frac{45xy^3}{60x^2y^2z^2}, \frac{48x^3z}{60x^2y^2z^2}$
c) $\frac{b^2c}{abc}, \frac{ac^2}{abc}, \frac{a^2b}{abc}$
d) $\frac{10a(a+b)^3}{20a^2(a+b)^2(a-b)^2}$;
   $\frac{25ab(a+b)(a-b)}{20a^2(a+b)^2(a-b)^2}$;
   $\frac{12b(a-b)^3}{20a^2(a+b)^2(a-b)^2}$
e) $\frac{(a+b)^3}{(a-b)^3(a+b)^2}; \frac{(a+b)(a-b)}{(a-b)^3(a+b)^2}$;
   $\frac{(a+b)^4}{(a-b)^3(a+b)^2}$

402.
a) $\frac{1}{2a}$ b) $\frac{y^2}{3x}$ c) $\frac{a}{2c}$
d) $\frac{ab-b^2}{3a+3b}$ e) $\frac{x^2-5x+6}{2x^2+10x+12}$
f) $\frac{x+y}{x-y}$ g) $\frac{2x-1}{x-2}$
h) $\frac{2a-1}{a^2+2ab+b^2}$ i) $\frac{a^2+ab+b^2}{6a}$

j) $2a-3$ k) $\dfrac{x-3}{y-3}$

403.

a) $\dfrac{80a^2c}{21b^2}$ b) $\dfrac{6x^2+8xy}{12xy-9y^2}$

c) $\dfrac{8x^3-1}{9x^2-1}$ d) $2y$

e) $\dfrac{x+3}{x^2-x-6}$ f) $\dfrac{2x+3}{2x}$

404.

a) $\dfrac{by^2}{ax}$ b) $\dfrac{4x^2}{5y}$

c) $\dfrac{9x^3+21x^2-18x}{4x^2-13x+3}$

405.

a) $\dfrac{-7x+5}{12x}$ b) $\dfrac{3}{2x}$ c) $\dfrac{2x^2-4x}{x+2}$

d) $\dfrac{x^2}{x-y}$ e) $\dfrac{2x^2-x-2}{x^2-3x+2}$

f) $\dfrac{2y}{x+y}$ g) $\dfrac{2+3x}{1-x^2}$ h) $\dfrac{m}{m-1}$

i) $\dfrac{a+5}{2a-1}$ j) 0

406.

a) 2 b) $2x^2+2$ c) $\dfrac{3}{2}$

d) $\dfrac{1}{x+1}$ e) $\dfrac{1}{a^3-a}$ f) $\dfrac{b+1}{a^2b}$

g) $4a$

407.

a) $1-\dfrac{2}{y^{\frac{1}{6}}}$ b) $\sqrt{a}+\sqrt{b}$

408.

a) $\dfrac{5}{3}$ b) $\dfrac{5}{3}$

409.

a) a^3-3a b) m^3-3m c) 60
d) 37908 e) 312 f) 5 ou -3

410. 2

411.

a) $x=y=0$ b) $x=y=-14$

c) $x=y=\dfrac{1}{2}$ d) $x=y=11$

412.

a) $Q=3, R=-4x+9$
b) $Q=0, R=0$
c) $Q=\dfrac{13}{5}; R=0$
d) $Q=0, R=2x-1$
e) $Q=-\dfrac{2}{3}a^2-ab+\dfrac{3}{4}b^2$;
   $R=-\dfrac{1}{4}ab^3+b^4$
f) $Q=-\dfrac{4}{3}x^2-\dfrac{43}{15}x-\dfrac{207}{10}; R=\dfrac{581}{10}$

413.

a) $x-3$ b) x^2+2x-3 c) $-x+6$

414.

a) $3x^6-10x^5-28x^4-25x^3+26x^2+80x+14$
b) $3x^6-8x^5-82x^4+85x^3+74x^2-66x+30$
c) $2x^6+14x^5-134x^4-45x^3+228x^2+50x-11$
d) x^2-x-1

415.

a) x^2+2x+9 b) x^2-3x+4

416.

a) $-31x^4-4x^3+198x^2+12x-535$
b) $-7x^2-7x+11$
c) $-12x^5+29x^4-90x^3+155x^2-122x+37$
d) $-3-2\sqrt{6}$
e) $42\sqrt{2}-48\sqrt{3}+36\sqrt{6}-64$
f) $93-48\sqrt{3}$

417.
a) 2y   b) $|a-b|$ c) $4y^2$

418.
a) $-69\sqrt{2} + 37\sqrt{3} + 2\sqrt{6} - 9$
b) $6\sqrt[3]{2} - 63\sqrt[3]{4} + 114$

419.
a) $3(x + 4m)(2m - 3x)$
b) $4(3x - 2y)(3y - 5x)$
c) $\left(x - 3 + \sqrt{3}\right)\left(x - 3 - \sqrt{3}\right)$
d) $\left(2x - 3 + \sqrt{5}\right)\left(2x - 3 - \sqrt{5}\right)$
e) $\left(3x - 1 + \sqrt{3}\right)\left(3x - 1 - \sqrt{3}\right)$

420.
a) $5xy(3y - 7)(2y + 3)$
b) $3y^2\left(y + \sqrt{2}\right)\left(y - \sqrt{2}\right)(2y + 1)(2y - 1)$
c) $5x^2(x - 1)(2x + 1)(x^2 + x + 1)(4x^2 - 2x + 1)$
d) $(x - 2)(2x - 3y)(5x + 6y)$
e) $(y - 3)(x + y)(x - y)(2x^2 + y^2)$
f) $(x - 1)(x + y)(x - y)\left(\sqrt{2}x + \sqrt{3}y\right)\left(\sqrt{2}x - \sqrt{3}y\right)\left(x^2 + x + 1\right)$
g) $(2x - 1)(3x + 1)(2x - 3y)(3x + 2y)$

421.
a) $(x + 2y)(x - 2y)(x^2 + 2xy + 4y^2)(x^2 - 2xy + 4y^2)$
b) $(z + x + y)(z - x - y)$
c) $(x + y - 28)(x - y + 2)$
d) $(y - 2)(x - y + 2)$
e) $(a + b + x - y)(a + b - x + y)$
f) $(y + 2a + 1)(y - 2a + 7)$
g) $(b + 2)\left(b + \sqrt[3]{5}\right)\left(b^2 - 2b + 4\right)\left(b^2 - \sqrt[3]{5}b + \sqrt[3]{25}\right)$
h) $(a + b)(a^2 + ab + b^2)$
i) $\left(x^2 + 2x + 2\right)\left(x^2 - 2x + 2\right)\left(x^2 + \sqrt{2}x + 1\right)\left(x^2 - \sqrt{2}x + 1\right)$
j) $(x - y)(y - z)(x - z)(x + y + z)$

422.
a) $(a + b)(a - b)(a^2 + b^2)$
$\left(a^2 + \sqrt{2}ab + b^2\right)\left(a^2 - \sqrt{2}ab + b^2\right)$
b) $(x - 1)(x^2 + x + 1)(3x^2 + 7x + 7)(3x^2 - 7x + 7)$
c) $(x - 1)(2x - 1)^2$
d) $(x - 1)(x - 2)(x + 1)^2$
e) $(x + 1)(x - 1)(x - 2)(x - 3)$
f) $(x - 1)^3 (x + 1)$
g) $(x - 1)(x - 2)(x + 2)(x + 3)$
h) $(x + y + 1)^2$ i) $(x - y - 2)^2$
j) $(x^2 - x + 1)^2$
k) $(x - 3m + 5)(x - 4m - 5)$
l) $(x - 2m + 1)^2$
m) $(x - 2y + 3)(x - 2y - 3)$
n) $(2x - 2a + 3)(2x - 2a - 3)$
o) $(x - 2a - 1)(x - 3a + 2)$
p) $(2x - 3y + 1)(3x + 2y - 3)$
q) $(a + b + c)(a^2 + b^2 + c^2 - ab - ac - bc)$

423.
a) $1; 30x^2y^2(x - 1)^2 (x + 1)^2$
b) $2x^{2n-1}y^{2n-1}; 24x^{2n+1}y^{2n+1}$
c) $(x + 1); 6x(x - 5)(x + 1)^2 (x^2 - x + 1)$
d) $1; 24x(2x - 1)(x - 2)(x + 2)(2x + 1)$
e) $x + 1; 3x^2(x - 1)(x + 1)(x^2 + x + 1)$

424.
a) $\dfrac{x+1}{x-1}$ b) $\dfrac{x-5m}{m^2+1}$ c) $\dfrac{x+3}{3x+5}$
d) $\dfrac{1}{9x^2 - 6mx + 4m^2}$ e) $\dfrac{x-2}{x^2+1}$
f) $\dfrac{x-2y+1}{x-1}$ g) $x^2 + x + 1$

425.
a) $\dfrac{6x-4}{3}$ b) $\dfrac{x-2a}{x+2a}$ c) $\dfrac{2x-1}{2x+1}$

426.
a) $\dfrac{x^2 - 5ax - 6a^2}{x^2 - ax + a^2}$ b) $\dfrac{x^2 + 2}{3x - 2}$

427.

a) $\dfrac{ax-2a}{x+y}$ b) $\dfrac{x}{a}$ c) 1 d) 1

e) $-\dfrac{\left[2a(b+c)^n+1\right]c}{2(n+a+1)}$

428.

a) $\sqrt{5}-\sqrt{2}$ b) $3-2\sqrt{2}$

c) $\dfrac{1}{2}\left(\sqrt{10}+\sqrt{2}\right)$ d) $1-\dfrac{\sqrt{6}}{3}$

e) $\sqrt{2}+1$ f) $\sqrt{3}-1$

g) $\sqrt{5}-1$ h) $\sqrt{6}+\sqrt{2}$

i) $\dfrac{4}{3}\sqrt{6}+\sqrt{3}$ j) $\sqrt{2}$

429.

a) $\dfrac{adf+ae}{bdf+be+cf}$ b) $\dfrac{2}{x+3}$

c) $-a$ d) $\dfrac{3abc}{3abc-bc-ac-ab}$

e) $a(2a-x-y)$ f) 0

430.

a) $-\dfrac{193}{30}$ b) $\dfrac{5}{8}$

431.

a) $\dfrac{ab}{a+b}$ b) $\dfrac{1}{x+y}$ c) $\dfrac{x^2+1}{x^4+x^2+1}$

432.

a) $(a+c)^2-b^2$ b) $\dfrac{n^2+n+1}{n}$

c) $\dfrac{1}{a}$ d) $\dfrac{1}{a+2x}$

e) $\dfrac{12(2a+5)(a+3)}{a-2}$

433.

a) $\dfrac{72}{a^2-3a+9}$ b) $\dfrac{x+2}{2}$

c) $\dfrac{x+1}{(2y-x)\left(2x^2+y+2\right)}$ d) $\dfrac{a+2}{a^{n+1}}$

434.

a) $\dfrac{1}{abc}$ b) $a^{n-1}b$ c) $b(a^3-b^3)$

d) $-2\sqrt[3]{x}$ e) $\dfrac{a\sqrt[4]{(a-1)^3}}{2(a+2)}$

435.

a) $\dfrac{\sqrt[6]{a}}{3}$ b) 1 c) -115

d) $\dfrac{\sqrt{a-b}}{b}$ e) $\dfrac{2}{3}$

436.

a) 0 b) $\sqrt{ab}$ c) $\dfrac{a+x}{\sqrt{ax}}$

d) $\sqrt{x^2+a}$ e) $2\left(x+\sqrt{x^2-1}\right)$

f) $\sqrt{x^2-4x}$

437.

a) n b) $-\dfrac{a^2}{4(x-a^2)}$

c) $x-1$ d) 0

438.

a) $-\sqrt{\dfrac{a-b}{a+b}}$ b) $-\sqrt{1-a^2}$

c) $\dfrac{\sqrt{x}}{x+1}$ d) $2\sqrt{R^2-x^2}$

439.

a) $\dfrac{1}{pq}$ b) $\dfrac{a^2}{x^4}$ c) 27 d) 9a

440.

a) $2b(a-b)$ b) $a\sqrt[4]{b}\left(\sqrt[4]{a}+\sqrt[4]{b}\right)$

c) $\sqrt[3]{(a-b)^2}$ d) $-4\sqrt{x}$
e) $32x$ f) $\sqrt{a}(\sqrt{x}+\sqrt{a})$
g) $-\sqrt{ac}$

441.
a) -1 b) $\dfrac{\sqrt{x}-\sqrt{a}}{\sqrt{x}}$
c) $5(\sqrt{x}+1)^2$ d) $\dfrac{x^2}{2x-1}$
e) $2(a-b)$

442.
a) 1 b) $\dfrac{1}{2b}$ c) $\dfrac{5}{a-9b}$ d) 0

443.
a) 3 b) 1 c) a d) $4(a-x)$
e) a f) a^2x

444.
a) $-x^3$ b) 0
c) $\sqrt[6]{a}$ d) $\dfrac{4}{a+a^{\frac{1}{2}}+1}$

445.
a) 1 b) $\sqrt[3]{a}$
c) $2x+a$ d) $\dfrac{1}{x(x-1)}$

446.
a) $\dfrac{1}{a+2b}$ b) $\dfrac{1}{b}$ c) $\dfrac{2b-a}{2b+a}$

447.
a) $\dfrac{a^3}{2(a-1)}$ b) $\dfrac{a^2+b^2}{a^2b^2+1}$
c) $\dfrac{1}{m}$ (para a > 0) d) $\dfrac{1}{n}$
e) $\sqrt{k-1}\left(1+\dfrac{1}{\sqrt{k}}\right)$ f) 1 g) 1

h) $2,52$ i) 1
448. 1
449. $\sqrt{3}-\sqrt{2}$
451.
a) $3(x+y)(x+z)(y+z)$
b) $3(a-b)(a-c)(c-b)$
452. $24abc$
453. demonstração
454. demonstração
455. demonstração
456. demonstração
457. demonstração

Capítulo 6

458.
a) V b) V c) V d) F

459.
a) {4} b) $\left\{\dfrac{1}{2}\right\}$ c) {−5}
d) $\left\{\dfrac{2}{7}\right\}$ e) $\left\{-\dfrac{5}{3}\right\}$ f) {0}
g) {1} h) {13} i) $\left\{-\dfrac{1}{3}\right\}$
j) {−1} k) $\left\{\dfrac{21}{2}\right\}$ l) {−6}

460.
a) {−1} b) ∅ c) {33}
d) {1} e) {1} f) ∅

461.
a) {−1} b) {12} c) $\left\{-\dfrac{3}{7}\right\}$
d) $\left\{\dfrac{15}{2}\right\}$ e) {2} f) $\left\{\dfrac{2}{7}\right\}$

462.
a) $\{4\sqrt{3}\}$ b) $\{2\sqrt{2}+3\}$
c) $\{2(\sqrt{3}+1)\}$ d) $\{2\sqrt{3}+\sqrt{2}\}$
e) $\{2(\sqrt{3}-\sqrt{2})\}$

463.
a) 0 b) $-\dfrac{7}{4}$

464.
a) {1;2} b) $\left\{\dfrac{\sqrt{3}}{2};\sqrt{2}\right\}$
c) $\left\{\dfrac{1}{2};\dfrac{2}{3}\right\}$ d) $\left\{0;-\dfrac{3}{2};\dfrac{3}{2};\dfrac{2}{5}\right\}$
e) $\{0{,}2\sqrt{5};\sqrt{2}\}$

465.
a) {±1} b) $\left\{\pm\dfrac{5}{2}\right\}$ c) $\left\{0;\dfrac{9}{2}\right\}$
d) $\left\{\dfrac{3}{2}\right\}$ e) $\left\{-\dfrac{3}{5}\right\}$ f) {−3;−5}
g) {−1;2} h) {−7;6}
i) $\{0;\pm\sqrt{5}\}$ j) {±3}
k) $\left\{\pm\dfrac{2}{3}\right\}$ l) $\{\pm 2;\pm\sqrt{2}\}$
m) {1; −2; 2} n) {1; 2; 3}
o) $\left\{\dfrac{2}{3}\right\}$ p) {−2, 0}

466.
a) {±2,±3} b) $\left\{\pm\dfrac{1}{3}\right\}$
c) {−3, −2, −1, 2, 3, 4}

467.
a) {0} b) {0} c) {0}
d) {0; 3} e) {0; 2}
f) $\left\{0;-\dfrac{3}{2}\right\}$ g) $\{0;\sqrt{2}\}$
h) $\left\{0;-\dfrac{\sqrt{6}}{6}\right\}$ i) $\{0;-2\sqrt{5}\}$
j) {±5} k) $\{\pm 2\sqrt{3}\}$ l) ∅
m) $\left\{\pm\dfrac{3}{2}\right\}$ n) ∅ o) $\left\{\pm\dfrac{1}{5}\right\}$
p) $\{\pm 3\sqrt{2}\}$ q) $\left\{\pm\dfrac{\sqrt{2}}{2}\right\}$ r) $\{\pm\sqrt[4]{2}\}$

468.
a) $\left\{\dfrac{3}{2}\right\}$ b) $\left\{\dfrac{1}{3},\dfrac{7}{3}\right\}$ c) {−2;10}
d) $\left\{-\dfrac{3}{2},\dfrac{7}{2}\right\}$ e) $\left\{\dfrac{2}{3},\dfrac{7}{3}\right\}$

469.
a) {0}   b) {0; 1}   c) $\left\{\pm\dfrac{1}{4}\right\}$
d) $\left\{\pm\dfrac{\sqrt{30}}{5}\right\}$

470.
a) $\left\{-\dfrac{3}{2},\dfrac{1}{2}\right\}$ b) $\left\{\dfrac{3}{2}\right\}$ c) ∅
d) $\left\{\dfrac{1}{3},4\right\}$ e) $\left\{-3,-\dfrac{2}{5}\right\}$
f) $\left\{-\dfrac{3}{4},\dfrac{1}{7}\right\}$ g) $\left\{\dfrac{3\pm\sqrt{5}}{2}\right\}$
h) $\left\{\dfrac{-2\pm\sqrt{6}}{2}\right\}$ i) $\left\{\dfrac{2}{5}\right\}$
j) $\left\{\dfrac{1\pm\sqrt{2}}{2}\right\}$ k) $\left\{1\pm\sqrt{3}\right\}$
l) $\left\{-\dfrac{3}{2},5\right\}$

471.
a) $\left\{3\sqrt{2},2\sqrt{2}\right\}$ b) $\left\{-2\sqrt{3},3\sqrt{3}\right\}$
c) $\left\{\sqrt{2},\sqrt{2}-1\right\}$ d) $\left\{\sqrt{3},\sqrt{3}+2\right\}$
e) $\left\{\dfrac{\sqrt{2}}{2},\dfrac{2\sqrt{3}-\sqrt{2}}{2}\right\}$
f) $\left\{\sqrt{3}-1,-\sqrt{3}+2\right\}$

472.
a) $\left\{-\dfrac{1}{3},1\right\}$ b) {−2}

473.
a) $\left\{\dfrac{43}{6},\dfrac{37}{9}\right\}$ b) $\left\{-2,\dfrac{-3}{2},0,\dfrac{1}{2}\right\}$
c) $\left\{-\dfrac{3}{2},-\dfrac{1}{2},-1\right\}$

474.
a) $S=3, P=\dfrac{3}{2}$
b) $S=\dfrac{-1}{5}, P=-1$
c) $S=2, P=0$
d) $S=0, P=-2-\sqrt{2}$

475.
a) {3; 4}   b) {1; 4}
c) {−3; 5}   d) {2; −5}
e) {−6; 7}   f) {−6; 5}

476.
a) $x^2 - 9x + 20 = 0$
b) $x^2 - 2x - 15 = 0$
c) $5x^2 + 18x - 8 = 0$
d) $x^2 - 9 = 0$ e) $x^2 + 5x = 0$
f) $x^2 - 6x + 9 = 0$
g) $6x^2 - x - 1 = 0$
h) $x^2 - 4x + 1 = 0$

477.
a) m = 4   b) m = 0
c) m = 7   d) m = 4
e) $m = -\dfrac{1}{2}$ f) não existe

478.
a) $\dfrac{1}{2}$ b) 1 e $\dfrac{1}{2}$

479.
a) 3 ou −4   b) $\dfrac{3}{2}$ ou −2

480.
a) $\dfrac{7}{2}$ b) −1   c) $\dfrac{57}{4}$ d) $-\dfrac{7}{2}$
e) $\dfrac{57}{4}$ f) $\dfrac{427}{8}$

481.
a) {± 2}   b) {4}   c) {−2}   d) ∅
e) {3}   f) {± 1}   g) ∅   h) {±1}
i) {−1}

482.
a) $\{\pm 2; \pm 3\}$ b) $\{\pm 1\}$
c) $\left\{\pm\dfrac{1}{2},\pm\sqrt{3}\right\}$ d) $\varnothing$
e) $\left\{\pm\dfrac{\sqrt{2}}{2},\pm\dfrac{\sqrt{3}}{3}\right\}$ f) $\left\{\pm\dfrac{\sqrt{6}}{3}\right\}$
g) $\{\pm\sqrt{3}\}$ h) $\left\{\pm\dfrac{\sqrt{2}}{2}\right\}$

483.
a) $\{-2,\sqrt[3]{2}\}$ b) $\{\pm\sqrt{2}\}$ c) $\left\{-\dfrac{1}{2},1\right\}$
d) $\{\pm 1\}$ e) $\{-1,\sqrt[3]{2}\}$ f) $\{\pm\sqrt{2}\}$
g) $\{\pm 1\}$ h) $\{\pm\sqrt{3}\}$

484.
a) $\{\pm(\sqrt{2}\pm 1)\}$ b) $\{\pm(\sqrt{5}\pm 1)\}$
c) $\{\pm(\sqrt{2}+1),\pm(2-\sqrt{2})\}$

485.
a) $\left\{0,\pm\dfrac{2}{3}\right\}$ b) $\{0;-2\}$ c) $\left\{0,\pm\dfrac{1}{2}\right\}$
d) $\{0\}$ e) $\left\{0,\dfrac{1}{2}\right\}$ f) $\{\pm 2\sqrt{3}\}$

486.
a) $\{5\}$ b) $\{4\}$ c) $\{-3;2\}$
d) $\{4\}$ e) $\varnothing$

487.
a) $\{2\}$ b) $\{4\}$ c) $\{-19;3\}$ d) $\{4\}$

488.
a) $\{4\}$ b) $\{4,40\}$ c) $\{4\}$
d) $\{1;5\}$ e) $\{-1\}$ f) $\{0\}$
g) $\{1;-3\}$ h) $\{5\}$ i) $\{6\}$

489.
a) $\{8\}$ b) $\{34\}$ c) $\{6;-7\}$
d) $\{1\}$

490.
a) $\{81\}$ b) $\{17\}$ c) $\left\{-\dfrac{27}{8},1\right\}$
d) $\left\{64,-\dfrac{125}{8}\right\}$ e) $\{\pm 5\}$

491.
a) $\{-2\}$ b) $\varnothing$ c) $\{\pm 2\}$
d) $\left\{-1,\dfrac{1}{2}\right\}$ e) $\{-2\}$ f) $\{-2\}$
g) $\{-2\}$ h) $\{-1\}$

492.
a) $\left\{-2,2,\dfrac{3}{2}\right\}$ b) $\left\{-4,\dfrac{7}{3}\right\}$

493.
a) $\{81\}$ b) $\left\{\dfrac{3}{4}\right\}$ c) $\left\{-1,\dfrac{9}{16}\right\}$

494.
a) $\left\{\dfrac{3}{4}\right\}$ b) $\mathbb{R}$ c) $\varnothing$ d) $\{0\}$
e) $\varnothing$ f) $\{3a\}$ g) $\left\{\dfrac{a^2-2a}{6}\right\}$

495.
a) $\begin{cases} m\neq 0 \Rightarrow S=\left\{\dfrac{n}{m}\right\} \\ m=0 \wedge n=0 \Rightarrow S=\mathbb{R} \\ m=0 \wedge n\neq 0 \Rightarrow S=\varnothing \end{cases}$

b) $\begin{cases} m\neq 0 \Rightarrow S=\left\{\dfrac{2}{m}\right\} \\ m=0 \Rightarrow S=\varnothing \end{cases}$

c) $\begin{cases} a\neq 2 \Rightarrow S=\left\{\dfrac{3}{a-2}\right\} \\ a=2 \Rightarrow S=\varnothing \end{cases}$

d) $\begin{cases} a \neq -2 \Rightarrow S = \left\{\dfrac{b-1}{a+2}\right\} \\ a = -2 \wedge b = 1 \Rightarrow S = R \\ a = -2 \wedge b \neq 1 \Rightarrow S = \emptyset \end{cases}$

e) $\begin{cases} m \neq 3 \Rightarrow S = \{2\} \\ m = 3 \Rightarrow S = R \end{cases}$

f) $\begin{cases} a \neq b \Rightarrow S = \left\{\dfrac{a+b}{a-b}\right\} \\ a = b = 0 \Rightarrow S = R \\ a = b \neq 0 \Rightarrow S = \emptyset \end{cases}$

496.

a) $\left\{\dfrac{7b(b-a)}{3(b-3a)}\right\}$ b) $\{0\}$

c) $\{a+b+c\}$

497.

a) $\left\{-\dfrac{a}{2}, \dfrac{2a}{3}\right\}$ b) $\left\{-\dfrac{2a}{3}, -\dfrac{a}{2}\right\}$

c) $\{a; b\}$ d) $\{2a+b; a-b\}$

e) $\{-2a; 2a-3b\}$ f) $\left\{\dfrac{a}{b}, \dfrac{b}{a}\right\}$

498.

a) $\left\{\dfrac{(-3 \pm \sqrt{3})a}{2}\right\}$ b) $\{2a \pm b\}$

c) $\left\{-\dfrac{5a}{6}, \dfrac{a}{2}\right\}$

499.

a) $\{\pm a; \pm b\}$ b) $\left\{\pm \dfrac{a}{b}\right\}$

500.

a) $\{3a; 5a\}$ b) $\{0\}$

501. 6

502.
a) $\{(4; 1)\}$ b) $\{(5; 0)\}$
c) $\{(1; -1)\}$ d) $\{(-1; -2)\}$
e) $\{(3; -3)\}$ f) $\{(0; 0)\}$

503.
a) $\{(5; 2)\}$ b) $\{(-1; 2)\}$
c) $\{(0; 2)\}$

504.
a) $\{(-3; 2)\}$ b) $\{(2; 2)\}$
c) $\{(3; 4)\}$

505.

a) $\left\{\left(\dfrac{6}{5}, -\dfrac{9}{10}\right)\right\}$ b) $\{(11; 4)\}$

c) $\{(4; 2)\}$ d) $\left\{\left(\alpha, \dfrac{5-\alpha}{2}\right), \alpha \in R\right\}$

e) $\emptyset$ f) $\{(5, -3)\}$

506.
a) $\{(3; -1; 2)\}$ b) $\{(2; 4; -1)\}$
c) $\{(-3; 0; 1)\}$ d) $\{(0; 1; 1)\}$
e) $\{(1; 2; 3)\}$ f) $\{(5; 3; 1)\}$

507.
a) $\{(3; -1; 2; 4)\}$ b) $\{(2; -2; -2; -1)\}$
c) $\{(-1, 0, 5)\}$

508.
a) $\{(2, 2)\}$ b) $\{(4, 2)\}$

509.
a) $\{(2, 3)\}$ b) $\{(1, 2)\}$ c) $\{(2, 3)\}$

510.

a) $\left\{\left(\dfrac{a+b}{2}, \dfrac{a-b}{2}\right)\right\}$

b) $\{(2a+b; 2a-b)\}$ c) $\{(2a, a-b)\}$

511.
a) $\{(4, -1); (1, -4)\}$

b) $\left\{(5, 2); \left(\dfrac{-17}{3}, \dfrac{-10}{3}\right)\right\}$

c) $\{(3, 1); (-2, -4)\}$
d) $\{(-1, 2); (5, -1)\}$
512.
a) $\{(3, 2); (2, 3)\}$
b) $\{(-1, -3); (-3, -1)\}$
c) $\left\{\left(3, \frac{-1}{2}\right), \left(\frac{-1}{2}, 3\right)\right\}$
d) $\{(5, 2); (-2; -5)\}$
e) $\left\{(-1,-2); \left(3, \frac{2}{3}\right)\right\}$ f) $\{(3, 3)\}$
513.
a) $\{(3, 2); (3, -2); (-3, 2); (-3, -2)\}$
b) $\{(1, 2); (1, -2); (-1, 2); (-1, -2)\}$
c) $\{(0, -3), (0, 3)\}$
514.
a) $\{(3, 1)\}$ b) $\{(2, -2)\}$
c) $\{(5, -3)\}$ d) $\left\{(4, -3), \left(\frac{-7}{2}, \frac{9}{2}\right)\right\}$
e) $\left\{(5, 2\sqrt{5}), (5, -2\sqrt{5}), (-5, 2\sqrt{5}), (-5, -2\sqrt{5})\right\}$
f) $\{(2, -1)\}$
515.
a) $\{(5,2), (2,5)\}$ b) $\{(-2,-6), (6,2)\}$
c) $\{(-4,2), (4,-2)\}$
d) $\{(8,4), (4,8), (-8,-4), (-4,-8)\}$
516.
a) $\{(3,-4), (4,-3)\}$ b) $\{(0,6), (6,0)\}$
c) $\{(-1,2), (2,-1), (-2,1), (1,-2)\}$
d) $\{(7,5), (-6,-8)\}$
e) $\left\{(1,2), (-1,-2), \left(\frac{3}{5}, \frac{14}{5}\right), \left(-\frac{3}{5}, -\frac{14}{5}\right)\right\}$
517.
a) $\{(1,2,5), (-1,-2,-5)\}$
b) $\{(1,2,3), (-1,-2,-3)\}$
c) $\left\{\left(-\frac{1}{2}, -1, -\frac{3}{2}\right), \left(\frac{2}{3}, \frac{4}{3}, 2\right)\right\}$

d) $\{(1, 4, 4), (4, 1, 4), (1, -4, -4), (-4, 1, -4)(4, -4, -1)(-4, -4, -1)\}$
518.
a) Sim b) Sim c) Sim d) Não
519.
a) $\sqrt{\dfrac{20 - 2.5\sqrt{3}}{2}} = \sqrt{\dfrac{20 - 2\sqrt{75}}{2}} =$
$\sqrt{\dfrac{15 - 2\sqrt{75} + 5}{2}} =$
$\sqrt{\dfrac{(\sqrt{15} - \sqrt{5})^2}{2}} =$
$\dfrac{\sqrt{15} - \sqrt{5}}{\sqrt{2}} = \dfrac{\sqrt{30}}{2} - \dfrac{\sqrt{10}}{2}$

b) $\sqrt{10 - 5\sqrt{3}} = \sqrt{x} - \sqrt{y} \Rightarrow$
$\left(\sqrt{10 - 5\sqrt{3}}\right)^2 = \left(\sqrt{x} - \sqrt{y}\right)^2 \Rightarrow$
$\Rightarrow \begin{cases} x + y = 10 \\ 2\sqrt{xy} = 5\sqrt{3} \end{cases} \Rightarrow$
$\Rightarrow \begin{cases} x + y = 10 \\ 4xy = 75 \end{cases} \Rightarrow \begin{cases} x = \dfrac{15}{2} \\ y = \dfrac{5}{2} \end{cases}$

520.
a) $\left\{\pm(\sqrt{3} \pm \sqrt{2})\right\}$ b) $\left\{\pm(3 \pm \sqrt{2})\right\}$
521.
a) V b) V c) V d) V
522.
a) $\{12\}$ b) $\{10\}$ c) $\{3\}$ d) $\{2\}$
e) $\{3\}$ f) $\{7\}$ g) $\{-3\}$ h) $\{-2\}$
i) $\left\{\dfrac{14}{11}\right\}$ j) $\{-13\}$
523.
a) $\{7\}$ b) $\varnothing$ c) $\{2\}$ d) $\varnothing$
e) $\{1\}$

524.
a) {4}   b) {4}   c) {9}
d) $\left\{\dfrac{61}{7}\right\}$ e) {−2}

525.
a) $\{3\sqrt{2}+3\}$ b) {−2}
c) $\{2\sqrt{3}+\sqrt{2}\}$ d) {0}
e) $\left\{\dfrac{5\sqrt{3}}{12}\right\}$ f) $\left\{\dfrac{7\sqrt{3}+6}{111}\right\}$
g) $\left\{\dfrac{7}{3}\right\}$ h) $\{3\sqrt{2}-6\}$

526.
a) 4   b) 3

527.
a) $\left\{-3,\dfrac{1}{2}\right\}$ b) $\{\sqrt{3},\sqrt{2}\}$
c) $\left\{\dfrac{4}{3},2\right\}$ d) $\left\{0,\dfrac{7}{2},\dfrac{21}{2},\dfrac{10}{9}\right\}$

528.
a) {±3}   b) {0; 7}   c) {0; −5}
d) $\left\{-\dfrac{7}{3}\right\}$ e) {2; 3}   f) {−2; 5}
g) {−4; 3}   h) {0; ±4}
i) $\{0,\pm\sqrt{2}\}$ j) $\left\{\pm\dfrac{1}{2}\right\}$
k) {±1; ±2}   l) $\{\pm\sqrt{3};\pm\sqrt{5}\}$

529.
a) {−3, −2, 3}   b) {−3, −2, 1}
c) $\left\{\dfrac{1}{2}\right\}$ d) $\left\{\pm\dfrac{1}{2}\right\}$

530.
a) {0}   b) {±5}   c) {0, 2}
d) $\{\pm\sqrt{2}\}$ e) $\left\{0,\dfrac{1}{6}\right\}$ f) {0, −7}

g) $\left\{-\dfrac{7}{3}\right\}$ h) $\left\{-\dfrac{1}{10},\dfrac{1}{2}\right\}$
i) $\{\pm\sqrt{6},\pm\sqrt{2}\}$ j) $\{\pm 3,\pm 2\sqrt{3}\}$

531.
a) $\left\{0,\dfrac{5}{6}\right\}$ b) $\left\{\pm\dfrac{3}{2}\right\}$ c) {0,1,3}
d) {−2, 1, 3}   e) {−2, −1, 1, 2}

532.
a) $\left\{-2,\dfrac{1}{3}\right\}$ b) $\left\{-2,-\dfrac{1}{4}\right\}$
c) $\left\{-\dfrac{1}{2},\dfrac{3}{2}\right\}$ d) $\left\{-\dfrac{1}{4}\right\}$
e) ∅   f) $\left\{-\dfrac{1}{5},\dfrac{2}{3}\right\}$ g) $\left\{\dfrac{2\pm\sqrt{2}}{2}\right\}$
h) $\left\{\dfrac{-2\pm\sqrt{7}}{3}\right\}$ i) ∅   j) $\left\{-\dfrac{3}{5},\dfrac{3}{2}\right\}$
k) $\{-2\pm\sqrt{3}\}$ l) $\left\{-\dfrac{1}{7},7\right\}$

533.
a) $\{2\sqrt{3}-3,2\sqrt{3}+1\}$
b) $\{2\sqrt{2}+3,2\sqrt{2}-3\}$
c) $\{\sqrt{5}+3,\sqrt{5}-1\}$ d) $\left\{\dfrac{1}{2},\dfrac{2\sqrt{3}-1}{2}\right\}$
e) $\{2\sqrt{5}-2,-\sqrt{5}+1\}$
f) $\{2\sqrt{2}+\sqrt{3}+1,2\sqrt{2}-\sqrt{3}-1\}$

534.
a) $\left\{-\dfrac{2}{3},1\right\}$ b) $\left\{4,-\dfrac{31}{17}\right\}$
c) $\left\{-\dfrac{1}{3},0,\dfrac{8}{3},3\right\}$ d) $\left\{-2,\dfrac{2}{5},1,\dfrac{17}{5}\right\}$

535.
a) $S=\dfrac{1}{5}, P=-2$ b) $S=2, P=-\dfrac{1}{6}$
c) $S=0, P=-\dfrac{1}{7}$ d) $S=\dfrac{1}{5}, P=0$

536.
a) {2, 6} b) {−5, −4} c) {−6, 3}
d) {−2, 7} e) {−7, 8} f) {−9, 8}

537.
a) $x^2 - 6x - 55 = 0$
b) $x^2 - 14x + 49 = 0$
c) $2x^2 + 3x - 2 = 0$
d) $2x^2 + x = 0$ e) $9x^2 - 4 = 0$
f) $x^2 = 0$ g) $x^2 - 4\sqrt{3}x + 11 = 0$

538.
a) 5 b) 3 c) $-\dfrac{1}{6}$
d) 0 e) 4 f) 1

539. $2 \text{ e } -\dfrac{3}{2}$

540.
a) $-\dfrac{3}{11}$ ou 3   b) -3 e $\dfrac{3}{5}$

541.
a) $\dfrac{1}{9}$ b) $\dfrac{55}{9}$ c) $-\dfrac{82}{27}$

542.
a) {±3} b) {5} c) {−2}
d) ∅ e) {−1} f) $\{\pm\sqrt{2}\}$
g) {0, ±2} h) {0} i) {0, 2}
j) {0, −3}

543.
a) $\left\{\pm\dfrac{1}{2}\right\}$ b) $\left\{\pm\dfrac{\sqrt{3}}{2}\right\}$
c) {−2, 1} d) {±1}
e) $\{\pm(\sqrt{5}\pm\sqrt{2})\}$ f) $\{\pm(\sqrt{10}\pm 1)\}$

544.
a) $\left\{-\sqrt[3]{2}, \dfrac{1}{2}\right\}$ b) $\left\{\pm\dfrac{\sqrt{6}}{2}\right\}$
c) $\left\{\dfrac{4}{3}, \dfrac{5}{3}, 2\right\}$ d) $\left\{1, \dfrac{1}{3}\right\}$
e) $\left\{-\dfrac{5}{2}, -\dfrac{1}{2}, 1, 3\right\}$ f) $\left\{-\dfrac{1}{3}, 0, \dfrac{2}{3}, 1\right\}$

545.
a) {1} b) {±1} c) {−4, 5}
d) {1} e) {2}

546.
a) {5} b) {1} c) {8} d) {±5}

547.
a) {2} b) {2} c) {7} d) {6}
e) {2, 34} f) {1} g) {5}
h) {4} i) {1} j) {−2, 1}

548.
a) {0, 5} b) {2}
c) $\left\{1, 2, \dfrac{3}{2}\right\}$ d) {1}

549.
a) {−1, 4} b) {−2, 1, 4}
c) {±8} d) $\left\{-\dfrac{4}{3}, 2\right\}$ e) {15}

550.
a) {±1} b) $\left\{\dfrac{3}{2}\right\}$ c) $\left\{-\dfrac{1}{3}, 2\right\}$
d) $\left\{-\dfrac{6}{7}\right\}$ e) $\left\{\dfrac{3}{2}\right\}$

551.
a) $\left\{-2, -1, \dfrac{3}{2}, 2\right\}$ b) $\left\{-\dfrac{1}{2}, 0\right\}$

552.
a) $\left\{-\dfrac{8}{5}, 2\right\}$ b) {5} c) {±27}
d) {7} e) {6}

553.
a) R b) $\{0\}$ c) $\emptyset$
d) $\{2m - 7n\}$ e) R
f) $\left\{\dfrac{b-a}{3}\right\}$ g) $\left\{\dfrac{a^2-1}{4}\right\}$

554.
a) $\begin{cases} m \neq 2 \Rightarrow S = \left\{\dfrac{m+2}{m-2}\right\} \\ m = 2 \Rightarrow S = \emptyset \end{cases}$

b) $\begin{cases} m \neq 1 \wedge m \neq -1 \Rightarrow S = \left\{\dfrac{m-1}{m+1}\right\} \\ m = 1 \Rightarrow S = R \\ m = -1 \Rightarrow S = \emptyset \end{cases}$

c) $\begin{cases} a \neq 2 \Rightarrow S = \left\{\dfrac{a+2}{a-2}\right\} \\ a = 2 \Rightarrow S = R \end{cases}$

d) $\begin{cases} a \neq -2 \wedge a \neq 1 \Rightarrow S = \left\{\dfrac{a+3}{a-1}\right\} \\ a = -2 \Rightarrow S = R \\ a = 1 \Rightarrow S = \emptyset \end{cases}$

e) $\begin{cases} m \neq -n \Rightarrow S = \left\{\dfrac{m-n}{m+n}\right\} \\ m = -n \Rightarrow S = R \end{cases}$

f) $a \in R \Rightarrow S = \{a^2 - 1\}$

555.
a) $\left\{\dfrac{c(4c^2 - 9d^2)}{8c^2 + 27d^2}\right\}$ b) $\left\{\dfrac{3}{4}\right\}$

c) $\left\{\dfrac{a}{a+1}\right\}$

556.
a) $\left\{\dfrac{a}{3}, 3a\right\}$ b) $\{a+b, a-b\}$
c) $\left\{\dfrac{a+b}{2}, \dfrac{a-b}{2}\right\}$ d) $\{-3b, a+2b\}$
e) $\left\{\dfrac{a+b}{a-b}, \dfrac{a-b}{a+b}\right\}$ f) $\left\{1, \dfrac{a-b}{2a}\right\}$

557.
a) $\left\{-\dfrac{b}{6}, \dfrac{b}{2}\right\}$ b) $\left\{-\dfrac{b}{c}, \dfrac{a-b}{c}\right\}$
c) $\left\{-1, \dfrac{n+1}{n-1}\right\}$ d) $\left\{1, \dfrac{a-1}{a+1}\right\}$

558.
a) $\{-b, a\}$ b) $\left\{a, b, \dfrac{a+b}{2}\right\}$
c) $\{-a, 1-a\}$

559.
a) $\dfrac{\sqrt{2}}{2}$ b) 2

560.
a) $\{(-2, 3)\}$ b) $\{(2, 2)\}$ c) $\{(0, -1)\}$
d) $\{(2, -1)\}$ e) $\{(7, 5)\}$ f) $\{10, 10\}$

561.
a) $\{(1, 4)\}$ b) $\{(-3, 2)\}$ c) $\{(-1, -1)\}$

562.
a) $\{(0, -1)\}$ b) $\{(2, -3)\}$ c) $\{(-1, -3)\}$

563.
a) $\{(-1, -4)\}$ b) $\{(4, -1)\}$
c) $\{(1, 3)\}$ d) $\emptyset$
e) $\{(a, 5a-1), a \in R\}$
f) $\{(6, -5)\}$

564.
a) $\{(3, 2, 1)\}$ b) $\{(5, 2, -3)\}$
c) $\{(-1, -2, 3)\}$ d) $\{(3, -2, 2)\}$
e) $\{(3, -3, 0)\}$ f) $\{(-1, 2, 6)\}$

565.
a) $\{(1, 2, 2, 3)\}$ b) $\{(-1, 2, -3, 1)\}$
c) $\{(5, 3, -3, 0)\}$ d) $\{(0, -1, 2, 2)\}$

566.
a) $\{(-1, 2)\}$ b) $\{(1, -1, 2, 3)\}$
c) $\{(2, 2, 1)\}$

567.
a) $\{(1, 1)\}$ b) $\left\{\left(\dfrac{1}{2}, \dfrac{1}{3}\right)\right\}$
c) $\left\{\left(\dfrac{1}{2}, \dfrac{1}{3}\right)\right\}$

568.
a) $\{(a + 1, a)\}$ b) $\{(a + b, a - b)\}$

569.
a) $\{(3, 2); (-2, -3)\}$
b) $\left\{(1, 2); \left(\dfrac{-5}{11}, \dfrac{-26}{11}\right)\right\}$
c) $\{(4, 2); (1, -1)\}$
d) $\left\{(0, 1); \left(\dfrac{-5}{4}, \dfrac{7}{2}\right)\right\}$

570.
a) $\{(1, 9); (9, 1)\}$
b) $\{(-2, 3); (3, -2)\}$
c) $\left\{\left(\dfrac{2}{3}, \dfrac{3}{2}\right), \left(\dfrac{3}{2}, \dfrac{2}{3}\right)\right\}$
d) $\{(5, -2); (-1, 10)\}$
e) $\left\{(3, 3); \left(-\dfrac{3}{2}, -6\right)\right\}$ f) $\varnothing$

571.
a) $\{(\sqrt{2}, 1); (\sqrt{2}, -1); (-\sqrt{2}, 1); (-\sqrt{2}, -1)\}$
b) $\{(\sqrt{2}, 2); (\sqrt{2}, -2); (-\sqrt{2}, 2); (-\sqrt{2}, -2)\}$
c) $\{(\sqrt[3]{2}, -2)\}$
d) $\{(1, \sqrt{2}), (1, -\sqrt{2}), (-1, \sqrt{2}), (-1, -\sqrt{2})\}$

572.
a) $\{(-3, 1)\}$ b) $\{(4, 3)\}$
c) $\{(4, 0); (-4, -4)\}$
d) $\left\{(-1, -2), \left(\dfrac{5}{2}, \dfrac{3}{2}\right)\right\}$
e) $\{(\sqrt{3}, 1)(\sqrt{3}, -1), (-\sqrt{3}, -1), (-\sqrt{3}, 1)\}$
f) $\{(4, 3); (4, -3)\}$

573.
a) $\{(4, -2), (2, -4)\}$
b) $\{(5, -1), (-1, 5)\}$
c) $\{(4, -1), (-4, 1)\}$
d) $\{(7, 2), (2, 7)\}$
e) $\{(9, 4), (-4, -9)\}$
f) $\{(5, -1), (1, -5), (-1, 5), (-5, 1)\}$

574.
a) $\{(5, -1), (-1, 5)\}$
b) $\{(5, -6), (6, -5)\}$
c) $\{(5, -4), (-4, 5)\}$
d) $\{(10, -7), (-16, 19)\}$
e) $\{(5, 0), (3, 2), (2, -3), (0, -1)\}$

575.
a) $\left\{(1, 1, 4), \left(\dfrac{-8}{3}, \dfrac{-19}{3}, -7\right)\right\}$
b) $\{(3, 4, 5); (3, 4, -5); (3, -4, 5); (3, -4, -5); (-3, 4, 5); (-3, 4, -5); (-3, -4, 5); (-3, -4, -5)\}$
c) $\{(1, 3, 4), (1, 4, 3)\}$
d) $\{(9, 10, 12); (10, 9, 12)\}$

576. $\dfrac{\sqrt{26}}{2} - \dfrac{\sqrt{6}}{2}$

577.
a) $\left\{\dfrac{\sqrt{10}+\sqrt{2}}{2}, \dfrac{\sqrt{10}-\sqrt{2}}{2}, \dfrac{-\sqrt{10}+\sqrt{2}}{2}, \dfrac{-\sqrt{10}-\sqrt{2}}{2}\right\}$
b) $\{3+\sqrt{7}, 3-\sqrt{7}, -3+\sqrt{7}, -3-\sqrt{7}\}$

c) $\{\sqrt{2}+2, 2\sqrt{2}-3\}$
d) $\{3\sqrt{2}+\sqrt{3}, 2\sqrt{2}-\sqrt{3}\}$
e) $\{3-2\sqrt{3}, 1+2\sqrt{3}\}$

578. $\{-2, -3-\sqrt{5}, -3+\sqrt{5}\}$

579.
a) $\{-1, 3, 1+\sqrt{10}, 1-\sqrt{10}\}$ b) $\{2, 3\}$
c) $\{0, -2, -1, 1\}$ d) $\left\{\dfrac{1}{2}, 2\right\}$

580.
a) $\varnothing$ b) $\{3\}$ c) $\{-1\}$

581.
a) $\left\{\dfrac{29}{11}\right\}$ b) $\left\{\dfrac{85}{8}\right\}$
c) $\left\{-\dfrac{395}{28}\right\}$ d) $\{0\}$

582.
a) $\left\{-\dfrac{17}{10}\right\}$ b) $\{0\}$ c) $\{2\}$

583.
a) $\left\{0, \dfrac{1}{2}\right\}$ b) $\{\pm 1\}$

584.
a) $\left\{-1, \dfrac{3}{2}, \dfrac{2}{3}\right\}$ b) $\{0, 1, 5\}$

585.
a) $\{-3, 2\}$ b) $\{2\}$
c) $\left\{-\dfrac{1}{5}, 3\right\}$ d) $\{0\}$

586.
a) $\left\{\dfrac{25}{16}\right\}$ b) $\{9\}$ c) $\left\{0, \dfrac{16}{9}, 2\right\}$
d) $\{8\}$

587.
a) $\begin{cases} m \neq 1 \wedge m \neq -1 \Rightarrow S = \left\{\dfrac{m-2}{m+1}\right\} \\ m = 1 \Rightarrow S = R \\ m = -1 \Rightarrow S = \varnothing \end{cases}$

b) $\begin{cases} m \neq 2 \wedge m \neq 3 \Rightarrow S = \left\{\dfrac{m-4}{m-3}\right\} \\ m = 2 \Rightarrow S = R \\ m = 3 \Rightarrow S = \varnothing \end{cases}$

c) $\begin{cases} a \neq c \wedge a \neq b \Rightarrow S = \left\{\dfrac{a+c}{a-c}\right\} \\ a = b \vee a = c = 0 \Rightarrow S = R \\ a = c \neq 0 \wedge a \neq b \Rightarrow S = \varnothing \end{cases}$

588.
a) $\left\{\dfrac{ab}{a+b}\right\}$ b) $\left\{\dfrac{m(a+b)}{a}\right\}$

589.
a) $\left\{\dfrac{a-b}{a+b}\right\}$ b) $\left\{\dfrac{a-b}{a}, \dfrac{a+b}{b}\right\}$
c) $\left\{\dfrac{a}{a-b}, \dfrac{b}{a+b}\right\}$ d) $\left\{-a, \dfrac{a^2}{a-b}\right\}$

590.
a) $\{b; 2a+b\}$ b) $\{-2n, n+2\}$
c) $\{2n-a; 2a-n\}$
d) $\left\{\dfrac{a-1}{n-1}, \dfrac{1}{n-1}\right\}$
e) $\left\{\dfrac{2a(a+b)}{5a+2b}, \dfrac{2a(a+b)}{2b-a}\right\}$

591.
a) $\left\{\pm\dfrac{\sqrt{3}a}{b}\right\}$ b) $\{\pm(a \pm b)\}$

c) $\{\pm\sqrt{a^2+b^2}, \pm(a+b)\}$

592.
a) $\left\{\dfrac{3a}{4}\right\}$ b) $\{a,b\}$

593.
a) $\{(5,3,1,3)\}$ b) $\{(1,1,2,2)\}$
c) $\{(-1,1,0,-1)\}$ d) $\{(1,-1,2,-2)\}$

594.
a) $\left\{\dfrac{3a}{4}\right\}$ b) $\{(3,-2)\}$ c) $\{(1,1,2)\}$

595.
a) $\{(a+2b, 2a-b)\}$
b) $\left\{\left(\dfrac{a+b}{a-b}, \dfrac{a-b}{a+b}\right)\right\}$
c) $\{(2a-b, a+b, a-2b)\}$

596.
a) $\{(2,1)\}$ b) $\{(2,2)\}$
c) $S = \varnothing$ d) $S = \varnothing$

597.
a) $\{(6,1),(1,6)\}$
b) $\{(6,4),(4,6),(-6,-4),(-4,-6)\}$
c) $\{(2,3),(3,2)\}$
d) $\{(5,2),(-2,-5)\}$
e) $\{(5,7),(7,5),(-5,-7),(-7,-5)\}$
f) $\{(8,5),(-5,-8),(5,8),(-8,-5)\}$
g) $\{(10,3),(3,10),(-10,-3),(-3,-10)\}$
h) $\{(6,4),(4,6),(-6,-4),(-4,-6)\}$

598.
a) $\left\{(1,2),(2,1),(-3,1),(1,-3),\right.$
$\left(\dfrac{3+\sqrt{21}}{2}, \dfrac{3-\sqrt{21}}{2}\right),$
$\left.\left(\dfrac{3-\sqrt{21}}{2}, \dfrac{3+\sqrt{21}}{2}\right)\right\}$

b) $\left\{(1,-2),(2,-1),(2,-3),(3,-2),\right.$
$\left(\dfrac{3+\sqrt{17}}{2}, \dfrac{\sqrt{17}-3}{2}\right),$
$\left.\left(\dfrac{3-\sqrt{17}}{2}, \dfrac{-\sqrt{17}-3}{2}\right)\right\}$

c) $\{(2,4),(4,2),(-2,-4),(-4,-2)\}$
d) $\{(7,-3),(-3,7),(-7,4),(4,-7)\}$
e) $\{(6,7),(7,6)\}$

599.
a) $\{\pm 1\}$ b) $\{-1,6\}$ c) $\{21\}$
d) $\left\{3, -\dfrac{1}{2}\right\}$ e) $\{1,3\}$ f) $\{-2\}$
g) $\left\{\dfrac{25}{16}\right\}$ h) $\{1\}$
i) $\left\{0, \pm 1, \pm\sqrt{\dfrac{2+3\sqrt{3}}{2}}\right\}$

600.
a) $\{4m\}$ b) $\left\{\dfrac{a+b}{a-b}\right\}$ c) $\left\{\dfrac{n^2}{a}\right\}$
d) $\{2a\}$ e) $\left\{\dfrac{3}{2a^2}\right\}$ f) $\{(a+b)^2\}$
g) $\left\{\dfrac{a}{b-a}, \dfrac{b}{a-b}\right\}$

601.
a) $\{(12,6,8)\}$ b) $\{(2,3,4,6)\}$
c) $\{(3,-7,5)\}$ d) $\{(-2,-5,3)\}$
e) $\{(-3,3,2,5)\}$

602.
a) $\{(3,-4)\}$ b) $\{(2,-3)\}$
c) $\{(-1,0,2)\}$

603.
a) $\{(2,4),(4,2)\}$
b) $\{(5,1),(1,5)(2,3),(3,2)\}$
c) $\{(4,\sqrt{3}),(4,-\sqrt{3}),(3,2),(3,-2)\}$
d) $\{(5,2),(-5,2)\}$
e) $\left\{(3,2),(-3,-2),\left(\dfrac{25}{\sqrt{113}}, \dfrac{-16}{\sqrt{113}}\right)\right\}$

$\left(\dfrac{-25}{\sqrt{113}}, \dfrac{16}{\sqrt{113}}\right)\}$

f) $\{(0, 0), (4, 2), (-2, -4)\}$
g) $\{(3, 2), (-2, -3)\}$
h) $\{(4, 3), (-4, -3)\}$
i) $\{(3, 2), (2, 3)\}$
j) $\{(2, -1), (-1, 2)\}$

604.
a) $\{(3, 2), (2, 3)\}$
b) $\{(3, 2), (-3, -2)\}$
c) $\left\{\left(\dfrac{(c-d)(b-d)}{(c-a)(b-a)}, \dfrac{(a-d)(c-d)}{(a-b)(c-b)}, \dfrac{(b-d)(a-d)}{(b-c)(a-c)}\right)\right\}$
d) $\{(1, 2, 3, 4)\}$
e) $\left\{\left(2, 3, -1\right), \left(\dfrac{11}{3}, \dfrac{-1}{3}, \dfrac{2}{3}\right)\right\}$
f) $\left\{\left(\dfrac{9}{58}, \dfrac{-6}{29}, \dfrac{23}{29}\right)\right\}$
g) $\{(4, 6, 3), (4, 3, 6)\}$
h) $\{(3,4,5),(4,3,5),$
$\left(\dfrac{7+\sqrt{113}}{2}, \dfrac{7-\sqrt{113}}{2}, 9\right),$
$\left(\dfrac{7-\sqrt{113}}{2}, \dfrac{7+\sqrt{113}}{2}, 9\right),$
$(-3,-4,-5), (-4,-3,-5),$
$\left(\dfrac{-7+\sqrt{113}}{2}, \dfrac{-7-\sqrt{113}}{2}, -9\right),$
$\left(\dfrac{-7-\sqrt{113}}{2}, \dfrac{-7+\sqrt{113}}{2}, -9\right)\}$

605.
a) $\{(-a + b + c, ab + ac + bc, abc)\}$
b) $\{(17, 6)\}$ c) $\{(9, 1), (1, 9)\}$
d) $\left\{(6,12), \left(-\dfrac{9}{2}, -9\right)\right\}$

e) $\{(10, 6), (10, -6)\}$
f) $\{(5a, 4a), (5a, -4a)\}$
g) $\{(2, 8)\}, (8, 2)\}$
h) $\{(3, 1), (1, 3)\}$

606.
a) $\left\{\left(\dfrac{1}{2}\sqrt[3]{4}, \dfrac{1}{2}\sqrt[3]{4}\right), \left(\dfrac{1}{3}\sqrt[3]{3}, \dfrac{2}{3}\sqrt[3]{3}\right)\right\}$
b) $\{(2, 0), (0, 2)\}$
c) $\left\{\left(\dfrac{2+\sqrt{2}}{2}a, \dfrac{2-\sqrt{2}}{2}a\right), \left(\dfrac{2-\sqrt{2}}{2}a, \dfrac{2+\sqrt{2}}{2}a\right)\right\}$
d) $\{(3, 1), (-3, -1), (1, 3), (-1, -3)\}$
e) $\{(0,0), (\sqrt{7}, \sqrt{7}), (-\sqrt{7}, -\sqrt{7}),$
$(\sqrt{19}, -\sqrt{19}), (-\sqrt{19}, \sqrt{19}),$
$(2,3), (-2,-3)(3,2)(-3,-2)\}$
f) $\left\{\left(2, \dfrac{1}{2}\right), \left(\dfrac{1}{2}, 2\right)\right\}$
g) $\{(2, 1), (-1, -2)\}$
h) $\{(2, -1) (-1, 2)\}$
i) $\{(1, 2), (-1, -2)\}$
j) $\{(2, 1), (1, 2), (-3, 0), (0, -3), (1, -2), (-2, 1)\}$

607.
a) $\left(\sqrt[4]{8}, \sqrt[4]{2}\right), \left(-\sqrt[4]{8}, -\sqrt[4]{2}\right),$
$\left(\sqrt[4]{\dfrac{27}{4}}, \sqrt[4]{\dfrac{3}{4}}\right), \left(-\sqrt[4]{\dfrac{27}{4}}, -\sqrt[4]{\dfrac{3}{4}}\right)\}$
b) $\{(1, 2, 3), (-1, -2, -3)\}$
c) $\{(1,0,1); (0,1,1); (1,1,0);$
$\left(-\dfrac{1}{2}, \dfrac{3}{2}, -\dfrac{1}{2}\right); \left(\dfrac{1}{2}, -\dfrac{3}{2}, -\dfrac{1}{2}\right);$
$\left(-\dfrac{1}{2}, -\dfrac{1}{2}, \dfrac{3}{2}\right);$

$\left(\dfrac{-1+\sqrt{17}}{4}, \dfrac{-1+\sqrt{17}}{4}, \dfrac{-1+\sqrt{17}}{4}\right);$
$\left(\dfrac{-1-\sqrt{17}}{4}, \dfrac{-1-\sqrt{17}}{4}, \dfrac{-1-\sqrt{17}}{4}\right)\}$

d) $\{(0,1,2);(0,-1,-2);$
$\left(\dfrac{2\sqrt{3}}{3}, -\dfrac{\sqrt{3}}{3}, -\dfrac{4\sqrt{3}}{3}\right);$
$\left(-\dfrac{2\sqrt{3}}{3}, \dfrac{\sqrt{3}}{3}, \dfrac{4\sqrt{3}}{3}\right)\}$

e) $\{(1, 2, 3), (2, 1, 3)\}$
f) $\{(3, 3, 3)\}$
g) $\{(0, 3, -1), (-1, 0, 3), (0, -1, 3), (3, -1, 0), (3, 0, -1), (-1, 3, 0)\}$

608.
a) $\left\{\left(\dfrac{2\sqrt{65}}{65}, \dfrac{\sqrt{65}}{65}\right), \left(-\dfrac{\sqrt{65}}{65}, -\dfrac{2\sqrt{65}}{65}\right)\right\}$

b) $\{(216, 27), (-27, -216)\}$

c) $\left\{(4,1), \left(-9, -\dfrac{9}{4}\right)\right\}$

d) $\{(3,1),(-5,-3),$
$\left(\sqrt{10}-1, \dfrac{\sqrt{160}-5}{5}\right),$
$\left(-\sqrt{10}-1, \dfrac{-\sqrt{160}-5}{5}\right)\}$

e) $\left\{\left(5, \dfrac{5}{6}\right), \left(-3, -\dfrac{1}{2}\right)\right\}$

f) $\{(5,4),(-5,-4);(15,-12);(-15,12)\}$

g) $(3\sqrt{3}, 2), (-3\sqrt{3}, 2)$

h) $\left\{(3,2), \left(\dfrac{17}{27}, \dfrac{-14}{9}\right)\right\}$

i) $\left\{(0,0), \left(\sqrt{2}, \dfrac{\sqrt{2}}{2}\right), \left(\dfrac{3\sqrt{3}}{4}, \dfrac{\sqrt{3}}{4}\right)\right\}$

609.
a) $\{(1,-1)\}$ b) $\{(2, 2, -2)\}$
c) $\left\{\left(\dfrac{5}{8}a^2, \dfrac{\sqrt{6}}{4}a^2\right)\right\}$

610.
a) 1   b) $\sqrt{3}-1$ c) 2

611.
$\begin{cases} m = -5 \Rightarrow V = R \\ m = 5 \Rightarrow V = \emptyset \\ m \neq -5 \wedge m \neq 5 \Rightarrow V = \left\{\dfrac{m+3}{m-5}\right\} \end{cases}$

612. $\{\pm\sqrt{5} \pm 2\}$

613. $\{3, -4\}$

614. $\left\{\left(5, \dfrac{3}{2}\right)\right\}$

615. $\{-5, 0\}$

616. $\{-3, 1\}$

617. $\left\{(1,2); \left(\dfrac{-5}{3}, \dfrac{10}{3}\right)\right\}$

618. $\{15\}$

619. $\left\{0, -3, -\dfrac{5}{7}, 2\right\}$

620.
$\begin{cases} m \neq -7 \wedge m \neq -2 \Rightarrow V = \left\{\dfrac{m-7}{m+7}\right\} \\ m = -7 \Rightarrow V = \emptyset \\ m = -2 \Rightarrow V = R \end{cases}$

621. $\{-2\}$

622. $\left\{1, -\dfrac{1}{2}\right\}$

623. $\{\pm\sqrt{3}\}$

624.
$$\begin{cases} m \neq 4 \wedge m \neq -1 \Rightarrow V = \left\{\dfrac{m+4}{m-4}\right\} \\ m = -1 \Rightarrow V = \mathbb{R} \\ m = 4 \Rightarrow V = \emptyset \end{cases}$$

625. $\emptyset$

626. $\{-3\}$

627. $\left\{\dfrac{a+b}{a-b}\right\}$

628. $\left\{\dfrac{2\sqrt{5}}{5}\right\}$

629. $\{1, -4\}$

630. $\{(3, 1)\}$

631. $\left\{\dfrac{2+\sqrt{2}}{2}, \dfrac{-2-\sqrt{2}}{2}, \dfrac{2\sqrt{2}-\sqrt{6}}{2}, \dfrac{\sqrt{6}-2\sqrt{2}}{2}\right\}$

632. $\{2\sqrt{3}+\sqrt{2}-1, -\sqrt{2}+1\}$

Capítulo 7

633.
a) 13 b) 75 c) 18 d) 10
e) 6 f) –25 g) –11 h) 22
i) 30 j) 30 k) 25

634.
a) 180 e 60 b) 180 e 60
c) 160 e 80 d) 100 e 140

635.
a) 111, 112, 113, 114
b) 1098, 1100, 1102, 1104
c) 213, 215, 217, 219
d) não existem e) não existem
f) 143, 154, 165, 176

636.
a) 3 anos b) 80 e 120 c) 32, 25 e 43

637.
a) 60 km b) 240 c) 24 e 32
d) 12 patos e 20 coelhos

638.
a) 647 b) 79

639.
a) 14min, 24s b) 2h, 24 min.

640.
a) 4 b) 8 c) 40

641.
a) 12 b) $-\dfrac{21}{2}$ c) 18

642.
a) 9 b) 1,8 c) $\sqrt{3}$

643.
Basta dividir ambos os membros de ab = xy por
a) bx b) by c) ay

644.
a) somamos 1 a ambos os membros da igualdade dada.
b) subtraímos 1 de ambos os membros da igualdade
c) Permutar os meios e depois aplicar o item a e permutar os meios de novo.
d) Idem ao anterior aplicando o item b
e) Multiplicar ambos os membros da

igualdade dada uma vez por $\frac{a}{b}$ e outra por $\frac{c}{d}$.

645.
a) 32, 48, 64 e 96   b) 81, 18, 72, 108

646.
a) 464, 174, 696   b) 368, 138, 828

647.
a) 16   b) 88   c) 1500

648.
a) $\frac{7}{100}$ b) $\frac{15}{100}$ c) $\frac{130}{100}$ d) $\frac{1}{100}$

649.
a) 0,7   b) 0,02   c) 1   d) 1,5
e) 12   f) 0,12   g) 0,003   h) 0,5

650.
a) 30%   b) 20%   c) 150%
d) 230%   e) 100%   f) 200%
g) 500%   h) 5%

651.
a) 50   b) 300   c) 75   d) 750
e) 735   f) 2000

652.
a) 70   b) 350   c) 128   d) 60

653.
a) 240   b) 816   c) 50   d) 2400

654.
a) 90, 270   b) 150, 210
c) 72, 288   d) 60, 300

655.
a) 60, 105
b) Cr$ 50.000,00, Cr$ 80.000,00 e Cr$ 100.000,00
c) 30, 20, 15

656.
a) 50   b) Cr$ 15.400,00   c) 27%
d) 840   e) Cr$ 1.200,00   f) 75%
h) Cr$ 1.500,00

657.
a) 43l b) 4 horas

658.
a) 21 dias   b) 48 dias

659.
a) −2 ou 3   b) −2 ou 6
c) −12, −11, −10 ou 10, 11, 12
d) 8 e 12   e) 4 e 14

660.
a) 14   b) 25 crianças, 16 balas
c) 8 dias

661.
a) 12 horas e 24 horas   b) 48 e 35

662.
a) 3h   b) 14 km/h   c) $\frac{5}{6}$ km/h

663.
a) 2l b) $\frac{ab}{a+b}$

664.
a) 9 anos   b) 20 anos e 8 anos
c) 6 anos e 35 anos
d) 13h, 20min.   e) 176

665.
a) 18 gansos, 16 cabritos
b) 25 de Cr$ 5,00 e 15 de Cr$ 10,00
c) 320 folhas, 8 alunos

666.
a) 48   b) 248

667.
a) 384, 48 e 128
b) 1188, 1584 e 396
c) 1269, 141, 282

668.
a) 10 dias   b) 9h/d

669.
a) 19   b) 69

670.
a) Cr$ 18.000,00   b) Cr$ 1.250,00
c) 15,2%

671.
a) Cr$ 3.000,00 e Cr$ 3.000,00
b) Cr$ 90.000,00 e Cr$ 135.000,00
c) 60 kg   d) 80 kg e 60 kg

672.
a) 12 ou −7
b) 11, 13, 15 ou −15, −13, −11
c) 12 dias   d) 20 km/h   e) 9

673.
a) 31   b) 24   c) 30
d) 8,5; 10 e 11,5

674.
a) 36 km/h, 48 km/h
b) 6 km/h e 8 km/h
675.
a) 44 km/h e 14 km/h   b) 20 e 24
676.
a) 8 p/d e 15 dias
b) 3 km/h, 5 km/h e 4 km/h
677.
a) 20 km/h   b) 9 km/h
678.
a) $2m^3/h$ e $5m^3/h$ b) $\frac{30}{31}$ h
679. $(2n-1)$ p%
680. $20l$ e $10l$ ou $10l$ e $20l$
681.
a) 1,5 kg   b) 40 ton. e 100 ton.
c) 12 e 1232   d) 103
682.
a) 31 e 41   b) 2 ak
683.
a) 30 kg, 24 kg e 10,2 kg
b) 17 kg de cobre e 7 kg de zinco
c) 1200 de 25m e 1600 de 12,5m
684.
a) 64   b) 24   c) 22
685.
a) 60 km/h   b) $\frac{t}{k-1}$
686.
a) 200 pulos   b) 350 km
c) eu tenho 24 anos e tu tens 18 anos.
687.
a) 21 e 10   b) 4 836 km
688.
a) AB = 14km e BC = 16km
b) 4 km
689.
a) 120m   b) $21\frac{9}{11}$ min   c) 10h
690.
a) $l = 3p - q$, $V_1 = \frac{4p - 2q}{t}$, $V_2 = \frac{2p}{t}$
b) Cr$ 75.000,00 e Cr$ 90.000,00

691.
a) 25 km/h   b) 50km/h
c) 21 horas
692.
a) 35 km/h e 30 km/h
b) 40 km/h e 50 km/h   c) 21 km
693.
a) 1350 peças e 27 dias
b) 10 p/ d e 12 dias
694.
a) 10h e 15h   b) 18h e 24h
c) 24h
695.
a) 10h e 8h   b)   10h e 9h
696.
a) 40 dias, 25%   b) 20h e 30h
697.
a) 4kg e 6kg   b) 3km/h e 1 km/h
698.
a) 1 kg da 1ª e 7 kg da 2ª
b) 20 : 6 : 3
699. 2 horas e 20 minutos
700. 9 dias

Testes e questões de Vestibulares

V.1)	e	V.2)	b	V.79)	d	V.80)	a
V.3)	a	V.4)	b	V.81)	d	V.82)	a
V.5)	d	V.6)	c	V.83)	e	V.84)	d
V.7)	a	V.8)	d	V.85)	d	V.86)	d
V.9)	e	V.10)	e	V.87)	c		
V.11)	c	V.12)	c	V.88)	{1,2,3,4,6,9,12,18,36}		
V.13)	d	V.14)	b	V.89)	MDC = 4, MMC = 2520		
V.15)	c	V.16)	d	V.90)	$\dfrac{12022}{99}$		
V.17)	b	V.18)	e				
V.19)	a	V.20)	d	V.91)	a) 2,3,5	b) 1,2,5,10	
V.21)	a	V.22)	a	V.92)	a) $-\dfrac{1}{15}$	b) $\dfrac{1}{20}$	
V.23)	e	V.24)	a				
V.25)	c	V.26)	e	V.93)	98	V.94)	2880
V.27)	d	V.28)	d	V.95)	e	V.96)	d
V.29)	d	V.30)	e	V.97)	e	V.98)	c
V.31)	a	V.32)	b	V.99)	b	V.100)	b
V.33)	d	V.34)	b	V.101)	e	V.102)	d
V.35)	c	V.36)	d	V.103)	c	V.104)	b
V.37)	e	V.38)	c	V.105)	c	V.106)	b
V.39)	d	V.40)	d	V.107)	d	V.108)	e
V.41)	a	V.42)	d	V.109)	como é dado o valor a, temos:		
V.43)	d	V.44)	e		1ª vez) $a \cdot a = a^2$ (está determinado o valor de a^2)		
V.45)	d	V.46)	b				
V.47)	d	V.48)	b		2ª vez) $a^2 \cdot a^2 = a^4$		
V.49)	e	V.50)	e		3ª vez) $a^4 \cdot a^4 = a^8$		
V.51)	b	V.52)	e		4ª vez) $a^8 \cdot a^8 = a^{16}$		
V.53)	c	V.54)	d		5ª vez) $a^{16} \cdot a^{16} = a^{32}$		
V.55)	b	V.56)	e		6ª vez) $a^{32} \cdot a^4 = a^{36}$		
V.57)	c	V.58)	b		7ª vez) $a^{36} \cdot a = a^{37}$ c.q.d		
V.59)	c	V.60)	e	V.110)	c	V.111)	c
V.61)	a			V.112)	a	V.113)	a
V.62)	1 + 4 + 8 + 16 = 29			V.114)	d	V.115)	b
V.63)	d	V.64)	c	V.116)	a	V.117)	c
V.65)	b	V.66)	a	V.118)	d	V.119)	e
V.67)	e	V.68)	e	V.120)	b	V.121)	a
V.69)	b	V.70)	a	V.122)	e	V.123)	a
V.71)	e	V.72)	b	V.124)	d	V.125)	d
V.73)	c	V.74)	e	V.126)	b	V.127)	b
V.75)	a	V.76)	d	V.128)	d	V.129)	e
V.77)	b	V.78)	a	V.130)	a	V.131)	b
				V.132)	d	V.133)	a

V.134) c V.135) e
V.136) a V.137) b
V.138) b V.139) a
V.140) d

V.141) $\dfrac{\sqrt{2}+2+\sqrt{6}}{4}$

V.142) $\dfrac{-23}{16}$

V.143) $\dfrac{-(2+\sqrt{15})}{2}$

V.144) b) O número $(\sqrt{2})^{\sqrt{2}} \in \mathbf{R}$ é racional ou irracional e, portanto, temos:

1ª) Se $(\sqrt{2})^{\sqrt{2}} \in \mathbf{Q}$ como $\sqrt{2} \in \mathbf{I}$ (conjunto de números irracionais), está provado.

2ª) Se $(\sqrt{2})^{\sqrt{2}} \in \mathbf{I}$ fazendo $\alpha = (\sqrt{2})^{\sqrt{2}}$ e $\beta = \sqrt{2} \in \mathbf{I}$, temos:

$\alpha^\beta = \left[(\sqrt{2})^{\sqrt{2}}\right]^{\sqrt{2}} = 2$

(ver item a), portanto, $\alpha^\beta \in \mathbf{Q}$ e, também, está provado.

V.145) b) $\sqrt{6} = \dfrac{r^2-5}{2}$

Por hipótese $\sqrt{6} \in \mathbf{I}$ (conj. dos irracionais) Se $r \in \mathbf{Q} \Rightarrow r \cdot r = r^2 \in \mathbf{Q} \Rightarrow (r^2 - 5) \in \mathbf{Q} \Rightarrow \left(\dfrac{r^2-5}{2}\right) \in \mathbf{Q}$ o que contraria a hipótese. Portanto $r \in \mathbf{I}$ c.q.d.

V.146) 50 000 V.147) 2,37
V.148) a) 2^{21} b) 7
V.149) c V.150) b
V.151) e V.152) b
V.153) d V.154) b
V.155) b V.156) e
V.157) d V.158) c
V.159) d V.160) d
V.161) c V.162) e
V.163) c V.164) e
V.165) b V.166) –10,1

V.167) $\dfrac{1}{2}\left(e^{\frac{x}{a}} + e^{-\frac{x}{a}}\right)$

V.168) $\dfrac{33}{4}$

V.169) I) $(2x-y)(4x^2+2xy+y^2)$
II) $(a+2b)(c-d)$

V.170) a) $(x-y)^2(x^2+xy+y^2)$
b) $(m^2+3)(m+\sqrt{7})(m-\sqrt{7})$

V.171) $x+1$ e $(x-1)(x+2)(x+1)^2$

V.172) $\dfrac{2u^2-7v^2}{5p^2-3q^2}$

V.173) $2xy$

V.174) $\dfrac{3(x-1)}{4x}$

V.175) a) (311, 175), (831, 347)
b) Aplicando o algoritmo de Euclides para o cálculo do m.d.c. obtemos:

	1	2	a
3a + 1	2a + 1	a	1
a	1	0	

Como mdc $(3a+1, 2a+1) = 1$

$\Rightarrow \dfrac{2a+1}{3a+1}$ é irredutível.

V.176) Se $x = a^2 + b^2$ e $y = c^2 + d^2$, com a, b, c, e d inteiros, queremos provar que $xy = r^2 + s^2$, com r e s inteiros.
Vejamos:
$xy = (a^2 + b^2)(c^2 + d^2) =$
$a^2c^2 + a^2d^2 + b^2c^2 + b^2d^2 =$
$a^2c^2 + 2abcd + b^2d^2 + a^2d^2 - 2abcd + b^2c^2 =$
$(ac + bd)^2 + (ad - bc)^2 =$
$r^2 + s^2$, onde $r = ac + bd$ e $s = ad - bc$ são inteiros.

V.177) com b é ímpar, $b = 2n + 1$, com n natural.
$a = 1 + b^2 \Rightarrow$
$a = 1 + (2n + 1)^2 =$
$1 + 4n^2 + 4n + 1 \Rightarrow$
$a = 4n^2 + 4n + 2 \Rightarrow$
$a = 2(2n^2 + 2n + 1)$.
Como n é natural, então:
$r = 2n^2 + 2n + 1$ é natural também, então $a = 2r$ onde / r é natural. Então: a é par.

V.215) $a = 1 \Rightarrow S = \mathbb{R}$
$a = -1 \Rightarrow S = \emptyset$
$a \neq 1$ e $a \neq -1 \Rightarrow$
$$S = \left\{\frac{1}{a+1}\right\}$$

V.216) a) $\dfrac{m^2 - 1}{m^2}$

b) $\dfrac{m^4 + 8m^3 + 1}{m^4}$

V.217) $m = 0$ ou $m = -4$

V.218) $\left\{-\dfrac{11}{12}\right\}$ V.219) {4}

V.220) a) $b^2 - 2$

b) $V = \left\{1, \dfrac{3 \pm \sqrt{5}}{2}\right\}$

V.221) a) $V = \emptyset$

V.222) $V = \{1\}$ V.223) $S = \emptyset$

V.224) $\left\{\dfrac{5}{4}\right\}$

V.225) $S = \{-1, 0, 1\}$
V.226) $S = \{-4, 0, 4\}$
V.227) $S = \{-4, 4\}$
V.228) $S = \{(3, 4), (4, 3), (-3, -4), (-4, -3)\}$
V.229) $S = \{(3,4), (4,3)\}$
V.230) 3   V.231) a
V.232) a   V.233) c
V.234) a   V.235) d
V.236) d   V.237) c
V.238) b   V.239) a
V.240) e   V.241) c
V.242) d   V.243) c
V.244) a   V.245) e
V.246) a   V.247) e
V.248) b   V.249) c
V.250) b   V.251) d
V.252) d   V.253) c

V.178) c   V.179) e
V.180) d   V.181) c
V.182) a   V.183) e
V.184) d   V.185) d
V.186) d   V.187) a
V.188) b   V.189) a
V.190) c   V.191) a
V.192) e   V.193) a
V.194) a   V.195) e
V.196) a   V.197) c
V.198) d   V.199) d
V.200) c   V.201) d
V.202) a   V.203) a
V.204) c   V.205) e
V.206) d   V.207) e
V.208) a   V.209) b
V.210) d   V.211) d
V.212) b   V.213) d
V.214) a

V.254) c	V.255) c	V.318)	8
V.256) d	V.257) d	V.319)	Cr$ 6.000,00
V.258) a	V.259) e	V.320)	7
V.260) e	V.261) e	V.321)	Cr$ 12,00 V.322) 48 rezes
V.262) a	V.263) c	V.323)	N = 47
V.264) d	V.265) b	V.324)	16,67 e 21
V.266) e	V.267) e	V.325)	54 milhões
V.268) e	V.269) c	V.326)	1237 e 893 V.327) 80,77g
V.270) d	V.271) c	V.328)	Cr$ 200.000,00
V.272) b	V.273) b	V.329)	$\dfrac{7}{3}, \dfrac{10}{3}, \dfrac{13}{3}, \dfrac{16}{3}$
V.274) e	V.275) b		
V.276) e	V.277) c	V.330)	3060
V.278) c	V.279) c		
V.280) b	V.281) b		
V.282) b	V.283) d		
V.284) a	V.285) e		
V.286) a	V.287) a		
V.288) b	V.289) e		
V.290) e	V.291) c		
V.292) e	V.293) b		
V.294) d	V.295) d		
V.296) d	V.297) d		
V.298) e	V.299) e		
V.300) b	V.301) b		
V.302) d	V.303) e		
V.304) e	V.305) c		
V.306) c	V.307) $\dfrac{29}{30}$		

V.308) 50 kg
V.309) Cr$320,00   V.310) 4 dias
V.311) 3% ao mês
V.312) a) 17600   b) 55000
V.313) a) $100(\sqrt{2}-1)\%$
b) 6 meses
V.314) $\dfrac{5}{3}b$
V.315) a) 10%   b) 57%
V.316) a alternativa (a) é mais vantajosa
V.317) 3 dias, 4 dias, 5 dias

Bibliografia

1) Antar Neto, Aref e outros - *Noções de Matemática*; Editora Moderna; 1979.

2) Antonov, N. e outros - *Problems In Elementary Mathematics For Home Study*; Mir Publishers; 1982.

3) Apostol, Tom M. - *Calculus*; Editorial Reverté; 1973.

4) Bogomolov, N.V. - *Mathematics For Technical Schools*; Mir Publishers; 1986

5) Dorofeev, G e Outros - *Elementary Mathematics, Selected Topics And Problem Solving*; Mir Publishers; 1973

6) Guelli, Cid A. e outros - *Coleção Matemática Moderna*; Editora Moderna

7) Gusev, V.A. e Mordkovich, A.G. - *Mathematics For Those Entering Technical Schools*; Mir Publishers; 1986.

8) Iezzi, Gelson e outros - *Fundamentos de Matemática Elementar*; Atual Editora; 1985.

9) Krechmar, V.A. - *A Problem Book In Algebra*; Mir Publishers; 1978.

10) Litvinenko, V. e Mordkovich, A. - *Solving Problems In Algebra And Trigonometry*; Mir Publishers, 1987.

11) Machado, Antonio dos Santos - *Matemática, Temas e Metas*; Atual Editora; 1986.

12) Milies, C.P. e Coelho, S.P. - *Números, uma Introdução À Matemática*; (2ª Edição Preliminar), 1982.

13) Spivak, Michael - *Cálculo Infinitesimal*; Editorial Reverté; 1970.

14) Trotta, Fernando e outros - *Matemática Por Assunto*; Editora Scipione.

15) Tulaikov, A.N. e outros - *Problemas de Matemáticas Elementales*, Editorial Mir; 1972.

16) Zaitsev, V.V. e outros - *Elementary Mathematics, A. Review Course*; Mir Publishers, 1978.